es 1448

edition suhrkamp

Neue Folge Band 448

Noch sind die Flakhelfer an der Macht. Die zwischen 1926 und 1930 Geborenen waren die »letzten Helden des Führers«. Als Jugendliche haben sie erlebt, wie Deutschland zusammenbrach und der Faschismus besiegt wurde. Heute sind viele gesellschaftliche Führungspositionen in der Bundesrepublik von Angehörigen dieser Generation besetzt. Die Untersuchung von Heinz Bude konzentriert sich auf die sozialen Aufsteiger aus der Flakhelfer-Generation. In ihrem Leben verdichtet sich persönliche und gesellschaftliche Geschichte: Sie haben mit dem kollektiven Aufbau der Bundesrepublik nach Krieg und Faschismus einen persönlichen Aufstieg vollzogen. Sie bilden die Spitze der Generation derer, die das »Modell Deutschland« nach 1945 mitaufgebaut haben. Gefragt wird nach den Lebenskonstruktionen des Aufstiegs. Welche Spuren hat der Riß von 1945 in ihrem Leben hinterlassen? Wie haben sie den Wiederaufstieg der Bundesrepublik erlebt und wie haben sie sich daran beteiligt? Wie verstehen sie sich nun als normative Repräsentanten dieser Gesellschaft?

Heinz Bude
Deutsche Karrieren

Lebenskonstruktionen sozialer Aufsteiger aus der Flakhelfer-Generation

Suhrkamp

2. Auflage 2015

Erste Auflage 1987
edition suhrkamp 1448
Neue Folge Band 448

Satz: Glücker, Würzburg
Printed in Germany
Umschlag gestaltet nach einem Konzept
von Willy Fleckhaus: Rolf Staudt
ISBN 978-3-518-11448-3

Inhalt

Vorwort

Es ist eine hermeneutische Grundeinsicht, daß man ohne Vorverständnis nichts versteht. Das gilt auch für jede Art empirischer Sozialforschung. Gegenstandsverständnis und Selbstverständnis hängen im Forschungsprozeß unauflösbar zusammen. Nur machen sich die damit verbundenen Irritationen bei interpretativen Verfahren möglicherweise stärker bemerkbar als bei standardisierten Verfahren. Im Hinblick auf die verschriftete Tonbandaufzeichnung eines biographischen Interviews erheben sich bald Fragen nach dem eigenen Interesse des Forschens: Wie kann man das Rätsel eines Menschen entschlüsseln? Warum soll man es, warum will ich es entschlüsseln? Woher kommt mein Wille zu wissen? Fragen dieser Art verwickeln den Forscher in seinen Gegenstand, so daß ihm gleichsam »Hören und Sehen vergeht«. Er ist durch die Wirklichkeit des anderen, so wie sie sich in dem vorliegenden Interviewtext dokumentiert, betroffen und muß sie in irgendeiner Weise bewältigen. Die Ethnologen sprechen vom »Felderlebnis«. Leicht sucht man in dieser Situation Zuflucht bei zwei widerstrebenden Affekten: entweder bei der Anteilnahme oder beim Verwerfen. Man will diesem Menschen beistehen, seinem Leben durch die Analyse eine Dignität eigener Art verleihen. Oder: Man will diesen Menschen beurteilen, den Lauf seines Lebens als Verfall ins Leere oder als Aufstieg ins Nichts darstellen. Bei beiden Reaktionen wird der Gegenstand vernichtet: entweder identifikatorisch aufgesaugt oder, nicht weniger identifikatorisch, weggestoßen.

Kurt H. Wolff hat in einem leider weitgehend unbeachtet gebliebenen Essay (1968) die Spannung, aus der die sozialwissenschaftliche Erkenntnis hervorgeht, mit den beiden Ausdrücken »Surrender and Catch«, d. h. »Hingebung und Begriff«, bezeichnet. Der Sozialforscher muß die eigenen vorgefaßten Meinungen soweit wie möglich einklammern und sich dem Material überlassen, um darin Strukturen erkennen zu können. Wie aber kommt aus der Hingebung ans Objekt die Eingebung des Begriffs zustande? Die Methode der vorliegenden Untersuchung hält sich an den Text. Durch die Verschriftlichung des Gesprächsprotokolls wird Distanz zu der Wirklichkeit des anderen gesucht: nicht das ganze Leben dieses Menschen gilt es sogleich zu erfassen, sondern zunächst einen Text zu lesen. Eine minuziöse Lektüre ist gefordert, die auf minimale Risse und Brüche im Text achtet, auf das Übersprungene, Geglättete und Ausgelassene, aber auch eine elastische Lektüre, die unwahrscheinliche Verbindungen zwischen scheinbar Absichtslosem und Zufälligem herzustellen vermag. Das verlangt vom Interpreten eine asketische Haltung in bezug auf seine Affekte: sie müssen umgewandelt werden in Lesarten, die erprobt und wieder beiseite gelegt werden können. Aber die Affekte lassen sich nicht ausschalten, und das Prüfen der Lesarten kann nicht endlos fortgesetzt werden. Plötzlich, so ein interpretativer Schluß gewagt wird, kommt der »Blitz« der Einsicht, in welcher die ambivalenten Affekte angesichts der überwältigenden Wirklichkeit des anderen ihre Entladung in der Ausdrucksgestalt einer Deutung finden. Darin kann eine Balancierung von Anteilnahme und Verwerfung stattfinden, die den Gegenstand nicht vernichtet, sondern ihn in seiner Andersheit in Erscheinung treten läßt. Inwieweit das im konkreten Fall wirklich gelungen ist, bleibt natürlich immer fraglich.

Danken möchte ich den Teilnehmern einer Reihe von Seminaren, die ich am Psychologischen Institut der Freien Universität Berlin zum Thema der Untersuchung durchgeführt habe: das gemeinsame Gespräch war für meine Interpretationsversuche bereichernd und auch bestärkend. Martin Kohli sei gedankt für seine kritischen Einwände, die mir wichtige Hilfen für die Klärung und Präzisierung der Analyse waren. Gustav Roßler sei gedankt für seine unnachgiebig genaue Lektüre des ursprünglichen Manuskripts und daraus folgende Hinweise für die Bearbeitung. Vor allen aber danke ich Maria Lieck: durch ihre Interpretation meiner Interpretationen habe ich immer wieder gesehen, wie ich nicht sehe, was ich nicht sehe. Die vorliegende Arbeit ist vom Fachbereich Gesellschafts- und Planungswissenschaften der Technischen Universität Berlin im Februar 1986 als Dissertation angenommen worden.

Berlin, im Mai 1987 *Heinz Bude*

1. Eine Spur des »Modells Deutschland«

Es geht in diesem Band um soziale Aufsteiger aus der Flakhelfer-Generation. Flakhelfer, das waren die Schüler höherer und mittlerer Schulen, die zu Ende des Zweiten Weltkriegs im Alter von 15 bis 17 Jahren klassenweise von der Schulbank weg als Luftwaffenhelfer herangezogen wurden, um »in einer ihren Kräften entsprechenden Weise bei der Luftverteidigung des Vaterlandes mitzuwirken«.[1] Von 1943 bis 1945 stellten sie den Hauptanteil des Behelfspersonals der Flugabwehr in der Heimat – bis zu 45% der Sollstärke. Zwar noch Schüler, waren sie schon Soldaten, die die Heimat gegen die Luftangriffe alliierter Bomberverbände verteidigen sollten. Sie wurden auf die Formel verpflichtet: »Ich verspreche, als Luftwaffenhelfer allzeit meine Pflicht zu tun, treu und gehorsam, tapfer und einsatzbereit, wie es sich für einen Hitlerjungen geziemt.«[2] Die Aufsteiger aus dieser Flakhelfer-Generation sind heute, Mitte der achtziger Jahre, Endfünfziger und können, wie man so sagt, auf ein erfolgreiches Leben zurückblicken. Sie haben es geschafft: Als Söhne eines Hilfsarbeiters, eines Kellners, eines Handwerkers, eines Kleinbauern sind sie Richter, Bankdirektor, Personalchef in einem Verlagshaus, Professor geworden. Damit gehören sie zum Führungspersonal der westdeutschen Gesellschaft.

Die persönliche Geschichte eines jeden von ihnen ist in besonderer Weise durchdrungen von gesellschaftlicher Geschichte. Durch ihr Leben geht ein historischer Riß: 1945, der »Zusammenbruch«, die »Stunde Null«. Sie waren zwischen 15 und 19 Jahre alt. Die meisten von ihnen kamen in Kriegsgefangenschaft, die für manche drei Jahre dauerte. Vorangegangen waren die Sozialisationserfahrungen im faschistischen Staat, in der Schule, im Jungvolk, in der HJ, die dann gipfelten in dem Aufruf, als die »letzten Helden des Führers« das Vaterland gegen die Übermacht der Feinde zu verteidigen. Schließlich brach das System zusammen, in dem sie groß geworden waren. Sie mußten sich zurechtfinden zwischen den Trümmern, in einem kulturellen Niemandsland. Deutungsbedürftig ist die Konsequenz, die sie aus dieser Situation gezogen haben: der persönliche Aufstieg nach 1945. Die Mehrzahl von ihnen wurde bald aus der Kriegsgefangenschaft entlassen. Viele gingen wieder zur Schule, um ihr Abitur zu machen. »Das Leben geht weiter« hieß es damals in Deutschland. Dann, Mitte der fünfziger Jahre, erklommen sie die ersten Stufen auf der Karriereleiter. Die »deutschen Karrieren« nahmen ihren Lauf. Das neu erwachte westdeutsche Selbstbewußtsein behauptete: »Wir sind wieder wer.« In den sechziger und Anfang der siebziger Jahre rückten sie weiter auf. Es ging voran. 1976 wurde gar das »Modell Deutschland«[3] verkündet. In den gesellschaftlichen Positionen, die sie nun einnahmen, waren sie zu Trägern dieses »Modells Deutschland« geworden. Zu Beginn der achtziger Jahre haben die Angehörigen der Jahrgänge 1926 bis 1930[4] schließlich auch die normative Repräsentanz dessen, was die Bundesrepublik darstellt, übernommen. Viele der repräsentativen gesellschaftlichen Spitzenpositionen sind mit Angehörigen dieser Jahrgänge besetzt. Man denke an einige prominente Beispiele: an den Vorsitzenden des Militärausschusses der NATO General Wolfgang Altenburg (Jahrgang 1928), an den Präsidenten der Bundesbank Karl-Otto Pöhl (Jahrgang 1929), an Kardinal Joseph Ratzinger, den einstigen Erzbischof von München und jetzigen Präfekten der Vatikanischen Glaubenskongregation (Jahrgang 1927), an Bundesaußenminister Hans-Dietrich Genscher (Jahrgang 1927), an den Unternehmer Willy Korf (Jahrgang 1929), an den früheren Leiter des Fernsehstudios Bonn und jetzigen Intendanten des Westdeutschen Rundfunks Friedrich Nowottny (Jahrgang 1929), an den Schriftsteller Martin Walser (Jahrgang 1927), an die Ministerpräsidenten Johannes Rau (Jahrgang 1931) und Ernst Albrecht (Jahrgang 1930), an den Showmann Joachim Fuchsberger (Jahrgang 1927) und an die Soziologen Jürgen Habermas (Jahrgang 1929) und Niklas Luhmann (Jahrgang 1927). Im Verhältnis der Generationen zueinander haben die Angehörigen der Flakhelfer-Generation die Werte und Leistungen dieser Gesellschaft glaubwürdig zu machen. Es ist an ihnen, ob sie wollen oder nicht, die Bundesrepublik in ihrem jetzigen Zustand nach innen und außen zu vertreten. Hier setzt die vorliegende Studie an. Sie fragt danach, wie die Flakhelfer-Generation mit der ihr zugefallenen Aufgabe, die Legitimität dieser Gesellschaft zu verkörpern, umgeht. Des »Führers letzte Helden« sind jetzt die Repräsentanten des »Modells Deutschland«. Wie verstehen sie sich in der westdeutschen Gesellschaft? Von welchen Überzeugungen und Einsichten lassen sie sich leiten? Welche Lebensmodelle bieten sie kommenden Generationen an?

In der persönlichen Geschichte der Aufsteiger aus der Flakhelfer-Generation spiegelt sich die Geschichte der Bundesrepublik. Mit dem Wiederaufstieg der westdeutschen Gesellschaft nach Krieg und Faschismus sind sie persönlich aufgestiegen. Der »Aufstieg aus Ruinen« begründet eine Art Wahlverwandtschaft von individueller und kollektiver Geschichte. Jene Aufsteiger aus der Flakhelfer-Generation sind Aufsteiger in einer Aufstiegsgesellschaft. Das Studium dieser Fälle führt uns auf die Spur des »Modells Deutschland«, wie es sich nach 1945 in Westdeutschland herausgebildet hat. Die Bundesrepublik ist eine Gesellschaft, deren herausragende Merkmale materieller Reichtum und funktionale Leistungsfähigkeit sind. Auf ihren Wohlstand, wie er sich in den altstadterneuerten westdeutschen Kleinstädten ausstellt, und auf das Funktionieren dieser Gesellschaft, von der Bundesversicherungsanstalt für Angestellte bis zum Bundeskriminalamt, darauf sind die Bundesbürger stolz, und dafür werden sie beneidet. Aber über allem schwebt die Frage, wie dieser unheimliche Erfolg für die Westdeutschen nach 1945 zu schaffen und zu verkraften war – nach dem von Deutschland zu verantwortenden Zweiten Weltkrieg, nach dem von Deutschen getragenen Faschismus, der die industrielle Vernichtung von Menschen betrieb. Vielleicht können uns die Aufsteiger aus der Flakhelfer-Generation eine Antwort auf diese Frage geben. Sie haben gewissermaßen das »Modell Deutschland« in ihrem Leben verwirklicht. Das Ganze spiegelt sich in diesen Fragmenten. Es scheint lohnend, diese Spur des »Modells Deutschland« zu verfolgen.

2. Der Aufstieg der »letzten Helden des Führers«

Im Rückblick bietet sich der Lebensweg der Aufsteiger aus der Flakhelfer-Generation so dar: Noch Kinder, werden sie der Familie entzogen und durch die Gliederungen der Staatsjugend erfaßt; sie werden eingeschworen auf den »Führer«, und ihnen wird die Vorstellung vermittelt, einer Herrenrasse anzugehören; auf dem Höhepunkt der Jugend werden sie in den letzten Kampf für »Führer und Vaterland« geworfen und erleben den Zusammenbruch der Welt, in der sie aufgewachsen sind; und daraufhin beginnen sie aus einem Zustand materieller Not, sozialer Zerrüttung und psychischer Irritation heraus ihren Aufstieg, teilnehmend an dem Wiederaufstieg dieser Gesellschaft, die unter dem Namen Bundesrepublik Deutschland bald in neuer Größe dasteht. Dieser Weg soll genauer verfolgt werden.

Für Hitler war die Jugend der »Garant der Zukunft Deutschlands«. In ihr sollte eine neue Stufe des Menschen erscheinen, der über die Welt herrscht.

> »... Meine Pädagogik ist hart. Das Schwache muß weggehämmert werden. In meinen Ordensburgen wird eine Jugend heranwachsen, vor der sich die Welt erschrecken wird. Eine gewalttätige, herrische, unerschrockene, grausame Jugend will ich. Jugend muß das alles sein. Schmerzen muß sie ertragen. Es darf nichts Schwaches und Zärtliches an ihr sein. Das freie, herrliche Raubtier muß erst wieder aus ihren Augen blitzen. Stark und schön will ich meine Jugend. Ich werde sie in allen Leibesübungen ausbilden lassen. Ich will eine athletische Jugend. Das ist das Erste und Wichtigste. So merze ich die Tausende von Jahren der menschlichen Domestikation aus. So habe ich das reine, edle Material der Natur vor mir. So kann ich das Neue schaffen.
>
> Ich will keine intellektuelle Erziehung. Mit Wissen verderbe ich mir die Jugend. Am liebsten ließe ich sie nur das lernen, was sie ihrem Spieltriebe folgend sich freiwillig aneignen. Aber Beherrschung müssen sie lernen. Sie sollen mir in den schwierigsten Proben die Todesfurcht besiegen lernen. Das ist die Stufe der heroischen Jugend. Aus ihr wächst die Stufe des Freien, des Menschen, der Maß und Mitte der Welt ist, des schaffenden Menschen, des Gottmenschen.«[1]

Die Anziehungskraft dieser »Pädagogik« resultiert aus einer eigentümlichen Verknotung rebellischer und repressiver Motivlinien. Rebellisch wirkt die Verkündung eines gänzlich neuartigen Verhältnisses zur eigenen Natur: »das freie Raubtier« tritt hervor. Darin klingt das Pathos der Befreiung der unterdrückten »inneren Natur« von den einschnürenden kulturellen Zwängen an. Auf dieser Linie liegt das Aufbegehren gegen die kleinbürgerliche Enge, gegen die »Einerseits-andererseits-Standpunkte«, gegen die »verhätschelte Individualitätspflege«, der Protest gegen das »morsche, faule Alte«. Rebellion freilich ist für den Rebellierenden, zumal für einen jugendlichen Rebellen ohne festen Grund, auch gefährlich. In seiner Angst vor der Vielgestaltigkeit und Unkalkulierbarkeit der losgelassenen »inneren Natur« sucht das rebellierende Selbst Schutz. An dieses Schutzverlangen knüpft die repressive Motivlinie dieser »Pädagogik« an: die Selbstbeherrschung, anders ausgedrückt: das Herr-über-sich-Werden durch den unbedingten Willen. Der Heranwachsende muß lernen, Schmerzen zu ertragen, alles Schwache und Zärtliche zu besiegen: die »innere Natur« muß durch die Macht des Willens »gestählt« werden. Leibesübungen heißt das neue Hauptfach an den Schulen, in dem die Selbstunterwerfung durch den Willen eingeübt wird. So ersteht eine »athletische Jugend«, die »schnell wie die Windhunde, zäh wie Leder und hart wie Kruppstahl« ist. Der »Triumph des Willens« – das ist bekanntlich der Titel von Leni Riefenstahls Film über den Reichsparteitag von 1934 – vollendet sich indes erst im Sieg über die Todesfurcht. Im »Fahnenlied«, der von dem Reichsjugendführer von Schirach verfaßten Hymne der Hitlerjugend, heißt es:

»Wir marschieren für Hitler
Durch Nacht und durch Not
Mit der Fahne der Jugend für Freiheit und Brot
. . .
Unsere Fahne ist mehr als der Tod.«

Das Pathos der Selbstbefreiung endet zuletzt im Pathos der Selbstauslöschung. Diese Verwirrung von Befreiung und Auslöschung, von Loslösung und Vernichtung, von Leben und Tod weckt archaische Größenvorstellungen: eine Größe, »vor der sich die Welt erschrecken wird«, eine Größe, aus der die Stufe des »Gottmenschen« wächst

Die Jahrgänge 1926 bis 1930 waren die Jugend, die den Auftrag zu erfüllen hatte, den neuen Menschen auf die Welt zu bringen.

In ihr sollte sich die Herrenrasse verwirklichen, die über die Welt zu herrschen hätte. Sie sollten die kommenden Träger der Größe Deutschlands sein.

> »Denn was immer wir auch heute schaffen und was wir tun, wir werden vergehen.
>
> Aber in euch wird Deutschland weiterleben, und wenn von uns nichts mehr übrig sein wird, dann werdet ihr die Fahne, die wir einst aus dem Nichts herausgeholt haben, in euren Fäusten halten müssen.«
>
> (Hitler auf dem Nürnberger Parteitag von 1934)[2]

Man muß sich jedoch vorsehen, nicht im nachhinein noch der Totalitätsästhetik des Faschismus anheimzufallen. Natürlich war das Ganze nicht so, wie der ideologische Schein es vorstellte. Das Leben vollzog sich in den Bahnen des Alltags, dessen gewordener Eigensinn sich gegen die reglementierte Totalisierung der Gesellschaft sperrte. Darin entstand ein kompliziertes Geflecht von Mitmachen und Verweigerung, von Hinhalten und Opposition, von ehrlichem Glauben und scheinbarer Loyalität. Die neuere alltagsorientierte Geschichtsschreibung über den deutschen Faschismus hat begonnen, diese vielschichtige Grauzone zwischen Angleichung und Protest auszuleuchten.[3] Den Nationalsozialismus haben die Kinder und Jugendlichen nicht als solchen erfahren, sondern innerhalb des alltagsweltlichen Kontextes, in dem sie aufgewachsen sind, vermittelt über konkrete Situationen und Personen. Darüber hinaus hat man in der historischen Einzelforschung in den letzten Jahren mehr und mehr die inneren Widersprüche des faschistischen Systems aufgedeckt. Martin Broszat nennt in einem *Plädoyer für eine Historisierung des Nationalsozialismus:* »die Diskrepanz zwischen der normativen und der realen Verfassung, zwischen dem Harmonisierungs- und Ordnungsanspruch des Führerprinzips und seiner tatsächlich desorganisierenden polykratischen Wirkung; die unterschiedlichen Bereiche und Ebenen der administrativen, rechtlichen, wirtschaftlichen, sozialen oder kulturellen Entwicklung im Dritten Reich mit ihren jeweiligen Spielräumen, Eigengesetzlichkeiten und Anverwandlungen der NS-Ideologie; die Multikausalität und Improvisation von Entscheidungsprozessen, die qualitativ zu unterscheidenden Phasen der Struktur und Politik des Regimes, die heterogene Durchsetzungsfähigkeit und Dichte seiner Herrschaft, populistische Sensivität neben brachialer Gewalt; die vielfältigen Formen der Assimilation von Repräsentanten und Institutionen des Dritten Reichs an ihnen vorgegebene Interessen, Traditionen und Einstellungen etc.«[4]

Die historische Forschung belegt die soziologische Einsicht, daß die gesellschaftliche Wirklichkeit nie nur eine Wirklichkeit ist, sondern ein Zusammenspiel vieler, relativ autonomer Wirklichkeiten – und das war auch im deutschen Faschismus der Fall. Aber es kann bei dieser Rückschau nicht darum gehen, die Multiplität der Realitäten im Faschismus auszumalen, sondern darum, die Wirkungen des staatlich organisierten Ganzen für den einzelnen Jugendlichen in den Blick zu bringen, weil dies die historische Ausgangslage darstellt, die dem hier ins Auge gefaßten Personenkreis gemeinsam ist.

Den Nationalsozialismus als ein geschlossenes System der Lebensorganisation haben die Jahrgänge 1926 bis 1930 in Gestalt der Hitler-Jugend mit ihren Untergliederungen kennengelernt. Der NS-Staat hatte ein Gesamterfassungssystem aufgebaut, das jeden jungen Deutschen vom zehnten Lebensjahr an im Sinne des nationalsozialistischen Menschenbildes »sozialisieren« sollte. Im Alter von zehn Jahren mußte jeder deutsche Junge und jedes deutsche Mädchen ins »Deutsche Jungvolk« (DJ) bzw. bei den »Jungmädeln« (JM) eintreten; mit 14 Jahren wurden sie dann in die eigentliche »Hitler-Jugend«, die HJ, bzw. in den »Bund Deutscher Mädel«, den BDM, überwiesen, denen sie bis zum 18. Lebensjahr angehörten; von dort wurden sie in den »Reichsarbeitsdienst« (RAD) und schließlich in die Wehrmacht bzw. in Frauenorganisationen wie »Glaube und Schönheit« übernommen; am Ende dieses Erfassungssystems stand die Partei.

Die Angehörigen der Flakhelfer-Generation traten zwischen 1936 und 1940 in die Gliederungen der HJ ein. In dieser Zeit vollzog sich eine Veränderung im NS-Staat, die den »totalen Krieg« und die »Endlösung der Judenfrage« einleitete. 1938 kann man als Schnittjahr ansehen. Nach der Röhm-Affäre, Mitte 1934, war ein Schein relativer Ruhe und Umgänglichkeit entstanden, der begleitet war von spektakulären Erfolgen Hitlers: die Zahl der Arbeitslosen sank, der außenpolitische Coup der »Heimholung« der Saar und der Besetzung des entmilitarisierten Rheinlandes war geglückt. Dieser Schein verflog nun. Viele noch von gefügigen Konservativen besetzte Spitzenpositionen im Staate wurden von militanten Nazis übernommen, zum Beispiel wurde Hjalmar Schacht in der Rüstungs- und Wirtschaftsplanung durch Göring ersetzt, im Auswärtigen Amt von Neurath durch Ribbentrop, Hitler selbst wurde Oberbefehlshaber über die Streitkräfte. Im März 1938 wurde das souveräne Österreich okkupiert und im September die souveräne Tschechoslowakei zur Abtretung des Sudetenlandes gezwungen; im November 1938 geschah dann das, was man »Kristallnacht« nannte. Die Militarisierung und Terrorisierung der Gesellschaft durch den NS-Staat erreichte eine neue Qualität. Die sicher bei vielen Deutschen entstandene Sorge, vielleicht Furcht, was daraus werden sollte, wurde aber besiegt von der Blitzkriegeuphorie von 1939 bis 1941.

Auch die Entwicklung der Hitler-Jugend fügt sich in diesen Entwicklungsverlauf des Dritten Reichs. 1939 wurden drei Durchführungsverordnungen zum »Gesetz über die Hitler-Jugend« von 1936 erlassen, die die Verstaatlichung der Hitler-Jugend zum Abschluß brachten: Es wird noch einmal festgeschrieben, daß die Betreuung der Jugend außerhalb von Elternhaus und Schule einzig und allein Sache der HJ ist; die Jugenddienstpflicht wird gleichgeordnet neben die Arbeitsdienstpflicht und die Wehrdienstpflicht gestellt und damit die rechtlichen Voraussetzungen für die jahrgangsweise Zwangsrekrutierung der gesamten deutschen Jugend zur HJ geschaffen; zur Durchführung der Jugenddienstpflicht können die Polizei und andere staatliche Organe eingesetzt werden. Allerdings verrechtlichten diese Verordnungen nur eine bestehende Praxis, denn ab 1936 trat nahezu restlos jeder Jahrgang der zehnjährigen Jungen und Mädchen am Tag von »Führers« Geburtstag dem Jungvolk und den Jungmädeln bei. Mit der endgültigen Verstaatlichung der HJ wurden auch die Tendenzen der Bürokratisierung, Disziplinierung und Militarisierung stärker offenbar. Für alles mögliche wurden Dienstvorschriften erlassen, die in Dienstbüchern niedergelegt waren. In einem HJ-Führerdienst vom November 1938 heißt es:

> »Mit 10 Jahren kommt der Jugendliche zu uns und verläßt die HJ mit 18 Jahren wieder. In dieser Zeitspanne erfaßt ihn ein Plan wohldurchdachter Schulung ... und Ertüchtigung, der bei seinem Eintritt in die HJ genauso festliegt, wie bei seinem Eintritt in die Schule der Lehrplan ... Der Plan darf nicht nur die bloße Organisation schaffen, sondern er muß auch den ganzen Dienst bis hinunter zu der kleinsten Einheit umschließen.«[5]

Die weltanschauliche Schulung hatte sich an Schulungsmappen

zu orientieren, die, vierzehntäglich erscheinend, den Inhalt der Heimabende der vier HJ-Gliederungen exakt vorgaben; daneben gab es noch den vom Rundfunk übertragenen wöchentlichen reichszentralen Heimabend, die »Stunde der jungen Nation«. Das freie Fahrtenwesen, ein zentrales Anliegen der Jugendbewegten, wurde unterbunden. Man benötigte einen »Fahrtenerlaubnisschein«, wollte man außerhalb der Veranstaltungen der HJ auf Fahrt gehen. Einzelfahrten, vor allem das Trampen, wurden bald ganz verboten. Über die Einhaltung dieser Vorschriften wachte der 1938 eingerichtete polizeiartige HJ-Streifendienst, der übrigens eine Nachwuchsquelle für die SS-Verbände darstellte. »An die Stelle der wandernden Horde trat die marschierende Kolonne.«[6]

Dazu paßt die weitergetriebene Professionalisierung des HJ-Führungskorps. Einen Schlußpunkt markiert eine Verfügung von Schirachs aus dem Jahre 1938, in der die HJ-Führungspositionen von der Stellung eines Bannführers bzw. einer Bannmädelführerin ab aufwärts zum Beruf erklärt und die entsprechenden Berufsbedingungen festgelegt wurden. Der von Anbeginn streng hierarchische Führungsaufbau der HJ mit dem Reichsjugendführer an der Spitze verfestigte sich. Davon, daß »Jugend von Jugend geführt« wurde, diesen alten Grundsatz der Jugendbewegung hatte sich die HJ programmatisch zu eigen gemacht, konnte keine Rede mehr sein. Die Führung der Jugend war vielmehr geregelt durch ein abgestuftes System von Befehlsbereichen, Dienstwegen und Zuständigkeiten. Allein die Tatsache des Alters der HJ-Führer, die in der Regel kaum älter waren als die Jugendlichen, die sie führen sollten, erweckte den Anschein jugendlicher Gruppenautonomie. Das setzte sich tatsächlich bis zu den obersten Führungspositionen fort. Baldur von Schirach war bei seiner Ernennung zum Reichsjugendführer 27 Jahre alt; ebenso Arthur Axmann, als er dessen Nachfolge antrat.

Mit der Mobilisierung der Gesellschaft für den »totalen Krieg« trat besonders für die Jungen die vormilitärische Ausbildung in den Vordergrund. Bei der HJ wurde Antreten, Marschieren, Exerzieren geübt; die Jungen lernten sich im Gelände zu orientieren und mit Kleinkaliber-Gewehren zu schießen. Die Wehrertüchtigung wurde ab 1942 durch die Schaffung von sogenannten Wehrertüchtigungslagern erweitert, wo fünfzehnjährige Hitlerjungen unter Mitwirkung von Wehrmachtausbildern in einem dreiwöchigen

Kurs für die Infanterie gedrillt wurden. Die generelle Tendenz ist offensichtlich. Die Aufbruchstimmung der »Kampfzeit« vor 1933 war nicht mehr gefragt, ja selbst die Auslegung der HJ als Pfadfinderei und Abenteuer wurde unterbunden; mit ihrer Verstaatlichung nahm die HJ mehr und mehr den Charakter eines quasi-militärischen Dienstbetriebs an. Arno Klönne, der die Entwicklung und die Organisation der HJ eingehend untersucht hat, stellt fest: »Dieser Haupttrend ist die Entwicklung und Perfektion eines statischen, zwangsweisen und in jeder Hinsicht möglichst totalen Erfassungssystems mit militärähnlich-reglementiertem Charakter, institutioneller Verfestigung, Hierarchisierung und Zentralisierung der Führungsgewalt und der Dominanz hauptamtlicher Führungskaders.«[7]

Für einen Jungen, der z. B. 1938 zum Jungvolk kam und 1942 in die HJ übernommen wurde, war der Gang zur Hitler-Jugend zunächst einmal eine Pflicht, der er nachzukommen hatte, so wie er auch in die Schule gehen mußte. Fragt man heute diese Jugendlichen von damals nach ihren Erfahrungen bei der Hitler-Jugend, wird meistens das Erlebnis der Gruppenaktivität als erstes angeführt.[8] Das sei das Ansprechende gewesen: die gemeinsamen Fahrten, Zeltlager, die Geländespiele, überhaupt der Sport. Die weltanschauliche Schulung habe kaum eine Rolle gespielt; die Heimabende seien langweilig gewesen, und wenn es ging, habe man versucht, sich davor zu drücken. Aber es sei auch erhebend gewesen, endlich die HJ-Uniform tragen zu dürfen mit Schulterband, Koppelschloß, Abzeichen; und natürlich sei man auf sein Fahrtenmesser stolz gewesen. Erst später kommen die Gesprächspartner auf den Zwangscharakter der HJ zu sprechen: zweimal in der Woche antreten, dann im Marschschritt zum Sportplatz und exerzieren, hinlegen, robben, strammstehen, das habe man nicht gerne gemacht. Für viele war das stumpfsinnig und lästig, manche haben das sogar als regelrechten Zwang empfunden, und es kam vor, daß sich mehrere nach der HJ-Übung einen der Führer schnappten, der dann Prügel bezog.

Aus diesen Erzählungen kann man den Eindruck gewinnen, daß in Wirklichkeit die Jugendlichen eher die HJ ihren Bedürfnissen und Interessen angeglichen haben, als daß die HJ die Antriebe der Jugendlichen im Sinne der Ideologie des Nationalsozialismus habe formen können. Das wird verständlich, wenn man sich vor Augen hält, daß eine Jugend im Faschismus immer auch eine Jugend war.

Und Jugendliche haben nun mal Spaß an Sport, Spiel und Spannung. Überhaupt macht man sich die Dinge zu einfach, wenn man glaubt, die Heranwachsenden wären der staatlichen Jugenderziehung nur reaktiv unterworfen gewesen. Die Erinnerungen der Beteiligten belegen, daß sie sich die ihnen gemäßen Spielräume im System auch aktiv geschaffen haben. Das entspricht im übrigen nur der entwicklungspsychologischen Einsicht von der Eigenkonstruktivität des sich bildenden Subjekts.

Man sollte allerdings auch nicht übersehen, daß jenseits aller propagierten ideologischen Inhalte in der Praxis des organisierten jugendlichen Spiels eine bestimmte ideologische Struktur verborgen war. Die Gruppenaktivität, wie sie in der HJ praktiziert wurde, fußte nämlich auf zwei gegensätzlichen Prinzipien: der Wettbewerbsorientierung und der Gruppenorientierung. Dauernd wurden irgendwelche Wettbewerbe veranstaltet, wodurch der Leistungswille und die Durchsetzungskraft des einzelnen angestachelt wurden. Melita Maschmann, eine ehemalige BDM- und RAD-Führerin, berichtet:

> »Es gehörte zur Methodik der nationalsozialistischen Jugendführung, daß fast alles in Form von Wettkämpfen abgewickelt wurde. Man kämpfte nicht nur im Sport und im Beruf um die beste Leistung. Jede Einheit wollte das schönste Heim, das interessanteste Fahrtenbuch, das höchste Ergebnis bei der Spendensammlung fürs Winterhilfswerk haben (oder sollte es doch haben wollen) usw. Im ›musischen Wettstreit‹ kämpften Chöre, Spielmannszüge, Kammerorchester und Laienspielgruppen der HJ ebenso wie junge Sänger, Instrumentalisten, Bildhauer, Graphiker und Dichter um den Ruhm der glanzvollsten Leistung. In einem Erzählerwettstreit sollten sogar der Junge und das Mädchen gefunden werden, die es von all ihren Altersgenossen am besten verstanden, Märchen zu erzählen.«[9]

Die Belohnungen bei dieser »Auslese der Tüchtigsten« wurden durch ein ausgebautes System von Leistungsabzeichen geregelt. Allerdings durfte die individuelle Leistung nie auf Kosten der Gruppe oder des Ganzen gehen. Als unbedingte Forderung der Hitlerjugend galt kameradschaftliches Verhalten in der Gruppe, das hieß Hilfsbereitschaft, Pflicht und Gehorsam. Der einzelne mußte sich selbstlos zeigen und sich stets dem Ganzen unterstellen. Das Schuldgefühl hinsichtlich der hemmungslosen Konkurrenzaggression sollte kompensiert werden durch die Selbstopferung für die Gemeinschaft.

Diese Verbindung von egoistischer Rücksichtslosigkeit und kollektivistischem Symbioseverlangen definiert das von Ernst Wiechert so genannte »Boxerethos« des Nationalsozialismus.[10] »Ich boxe, also bin ich«, behauptet das nationalsozialistische Subjekt.[11] Boxen war Hitlers Lieblingssportart.[12] »Man beweist das Existentielle, indem man aus dem Zustand, in dem man sich befindet, einfach losschlägt; man pfeift auf Gründe und Beweisführungen; man ist schlechthin da und zeigt es jedem, der daran zweifelt.«[13]

Die Formel zeigt eine Radikalisierung der Formen bürgerlicher Selbsterfahrung: vom »Ich denke, also bin ich« zum »Ich boxe, also bin ich«. Nicht mehr das Bewußtsein, nicht mehr die Sprache, nur noch die reine rücksichtslose Tat beweist, daß man da ist, allein sie verspricht eine existentielle Evidenz. Es handelt sich um die verzweifelte Gegenwehr angesichts einer existentiellen Gefahr. Das nationalsozialistische Subjekt boxt dagegen an, niemand und nichts zu sein. Die drohende Gefahr ist seine Vernichtung. Deshalb vielleicht diese Radikalität, die letztlich über Leichen geht. Aber der boxende einzelne spürt die Vergeblichkeit seines militanten Aktivismus, und das macht ihn nur noch rasender.

> »In der Aktion bestätigt man sich, daß man existiert; aus unerforschlichen Gründen stellt sich immer die Ungewißheit ein, ob man nicht doch schon vom Leben verworfen sei und nur noch als gespenstischer Schatten umhergeistere. Man agiert, um diese Ungewißheit ad absurdum zu führen und zum Schweigen zu bringen. Je bohrender sie sich meldet, desto mehr häufen sich die Aktionen. Man kann nicht zur Ruhe kommen; man würde fürchten, sich damit bereits verloren zu geben; man wird zu ununterbrochenen Aktionen durch das dunkle Gefühl gepeitscht, nichts außerhalb der Aktion zu sein.«[14]

In dieser endlosen Verlorenheit signalisiert das allumfassende Ganze der »Volksgemeinschaft« Rettung: »Nichts für uns, alles für Deutschland.« Das nationalsozialistische Subjekt überläßt sich dem Ganzen und geht darin unter. Selbstlos zu sein in der »Volksgemeinschaft« und für die »Volksgemeinschaft« ist ihm die Erlösung von seiner rasenden Vergeblichkeit. Die Selbstvernichtung in Form des Sichopferns für das kollektive Ganze rettet vor der existentiellen Gefahr der Vernichtung.

Das »Boxerethos« ist auch ein Aufsteigerethos. Der deutsche Faschismus verstand es, Aufstiegswünsche für sich zu mobilisieren. Der Nationalsozialismus schien dem einzelnen, wenn nicht ihm, so doch zumindest seinen Kindern, den Weg nach oben zu ermöglichen. Im Dritten Reich sollten nicht mehr ererbte Privilegien, sondern nur noch Einsatz und Leistung der einzelnen zählen. Das sollte schon in der HJ beginnen. Im Alter von zehn Jahren wurden die Kinder ihren »Standes- und Klassenerzeugern« abgenommen und der Staatsjugend in die Hände gelegt, wo ihre Formung zum Gemeinschaftswesen geschehen sollte. In der HJ galt nicht die Herkunft, sondern allein der Wille und die Tüchtigkeit des einzelnen. Jeder Pimpf, sagte man, habe seinen Marschallstab im Tornister. In der programmatischen Schrift *Die Hitler-Jugend*, von von Schirach 1934 verfaßt, heißt es unter der Überschrift »Jugend und Sozialismus«:

> »Auch der Sohn des Millionärs hat keine andere Tracht als der Sohn des Arbeitslosen. Beide tragen das Kleid der Kameradschaft. In ganz Deutschland gibt es keinen kostbareren und für seinen Träger ehrenvolleren Anzug als das Braunhemd der HJ. Das weiß jeder Hitlerjunge, genau so wie jedes Hitlermädel, dem die Tracht dasselbe bedeutet.
>
> Die Uniform der HJ ist der Ausdruck einer Haltung, die nicht nach Klasse und Besitz fragt, sondern nur nach Einsatz und Leistung. Konnte man früher einmal diejenigen als ›gesellschaftsfähig‹ erklären, die über Frack und Lackschuhe verfügten, oder kostbare Anzüge besaßen, so ist das heute anders. *Gesellschaftsfähig ist heute jeder, der eine Uniform Adolf Hitlers* trägt. Das ist die gute Gesellschaft von heute. Mancher Reiche, der unseren Kampf nicht mitkämpfte und dem Schlosser im ›blauen Anton‹ den Zutritt zu seiner guten Gesellschaft der oberen Zehntausend verwehrte, ist heute ein Außenseiter der neuen, guten Gesellschaft geworden. So ändert sich die Zeit.
>
> Das Symbol der klassenlosen Gesellschaft unserer Jugend ist die Fahne der HJ, die Fahne des Nationalsozialismus, die Fahne Adolf Hitlers. In ihr ist der sozialistische Wille der neuen Generation Gestalt geworden. Wer unter dieser Fahne egoistisch denkt, scheidet sich von ihr; nur die Selbstlosen dürfen ihr folgen. Unsere Fahne und unsere Uniform sind die Symbole des deutschen Sozialismus, den uns die Kämpfer der Nationalsozialistischen Deutschen Arbeiterpartei vorgelebt haben und dereinst als Erbe überantworten werden.«[15]

Wieder die Ambivalenz des »Boxerethos«: In der »klassenlosen

Gesellschaft unserer Jugend« zählen allein »Einsatz und Leistung«, aber um den Preis der selbstlosen Hingabe an das unbestimmbar Ganze der Bewegung, das sich in der Fahne verkörpert. Das »Boxerethos« ist die Ideologie, durch die die Jugendlichen über die Praxis der Gruppenaktivität bei der HJ sozialisiert wurden. Sie lernten sich durchzusetzen und sich aufzuopfern.

Mit dem Ausbruch des Krieges wurde die HJ nach und nach in den Kriegseinsatz hineingezogen. Jedes Jahr stand für die HJ unter einem Schlagwort; an ihrer Abfolge kann man ablesen, wie sich der Kriegseinsatz der Hitler-Jugend entwickelte:

1940 Das Jahr der Bewährung
1941 Unser Leben ein Weg zum Führer
1942 Ortseinsatz und Landdienst
1943 Deutsche Jugend im Kriegseinsatz
1944 Das Jahr der Kriegsfreiwilligen[16]

Es begann mit den Sammelaktionen für »unsere Soldaten an der Front«. Überall im Reich waren Hitlerjungen auf den Beinen, um Kupfer, Rasierklingen, Flaschen zu sammeln. Nach dem ersten Winter des Rußlandfeldzuges wurden wertvollere Sachen benötigt: die Hitlerjungen »organisierten« wollene Unterwäsche, Pelze, Skier.

Immer mehr Aufgaben fielen der Hitler-Jugend mit dem Fortgang des Krieges zu:

> »Partei-Einsätze (Kurier-, Wach-, Propaganda-Dienst); Einsatz für Staat und Kommunen (Meldedienst, Luftschutz, Feuerwehrdienst); sogenannte Technische Nothilfe; Hilfsdienst bei der Post, der Polizei, der Bahn; Einsatz bei der Wehrmacht (Kurier- und Verladedienst, Verpflegungsausgabe, Telephondienst u.a.m.); Einsatz in Wirtschaftsbetrieben und Arbeitskommandos; ... Land- und Ernteeinsatz, NSV-Dienst und ›kulturelle Betreuung‹.«[17]

Diese Einbeziehung der Hitler-Jugend in den Krieg hatte eine psychologische Wirkung. Internen Hitler-Jugend-Berichten zufolge[18] mehrten sich zwischen 1936 und 1938 die Anzeichen, daß für viele Jugendliche die HJ an Anziehungskraft verlor. Der HJ-Dienstbetrieb war in Routine erstarrt und dazu noch eine Pflichtveranstaltung: es passierte nichts mehr. Das war nun anders: Deutschland führte Krieg, und die deutsche Jugend war aufgerufen, ihren Beitrag für den Endsieg zu leisten. Eine neue Welle der Begeisterung schien durch die Hitler-Jugend zu gehen. Der totale

Einsatz für den Endsieg war gefordert. Es hieß, es ginge um Leben und Tod Deutschlands. Darauf folgte der unmittelbare Kriegseinsatz der Hitler-Jugend.

Am 23. Februar 1942 übernahm Luftmarschall Sir Arthur Harris das Bomber-Kommando der Royal Air Force. Die Erfindung, die ihm den Beinamen »Bomben-Harris« einbrachte, hieß »areal-bombing«. Die englischen Militärs hatten erkannt, daß die deutsche Rüstungsindustrie wegen der massierten Abwehr in Direktangriffen nicht auszuschalten war. Der Plan von Harris war deshalb, mit Flächenbombardements die dichtbesiedelten Stadtkerne zu vernichten: so hatte man sowohl die Wohnungen der arbeitenden Bevölkerung zerstört, als auch die Moral der Menschen angegriffen, was indirekt zu einer Schwächung der deutschen Rüstungsindustrie führte. Das »areal-bombing« hatte die Wirkung eines »moral-bombing«. Mit dieser neuen Taktik wurde in der Nacht vom 28. auf den 29. März 1942 Lübeck angegriffen, vom 24. bis 27. April Rostock und in der Nacht vom 30. auf den 31. Mai 1942 wurde der erste Tausend-Bomber-Angriff auf Köln geflogen. 900 Flugzeuge warfen innerhalb von 90 Minuten 1455 Tonnen Bomben auf die Stadt, davon zwei Drittel Brandbomben. Der Luftkrieg begann. Daß die Engländer bei ihrem Angriff auf Köln nur 39 Maschinen verloren, zeigt, wie schlecht die deutsche Luftabwehr für diese Angriffe gerüstet war. Die »Luftschlacht« über England im Sommer 1940 hatte starke Verluste gekostet. Der Krieg im Osten forderte immer mehr Luftwaffenverbände, die von der Heimat abgezogen wurden. Die Luftabwehr mußte also in erster Linie von der Flakartillerie übernommen werden. Außerdem hatte die Luftwaffe Ende 1942 120000 Mann für das Heer im Osten freistellen müssen. In dieser Situation kam vom Oberbefehlshaber der Luftwaffe Reichsmarschall Hermann Göring der Vorschlag, Schüler zu Hilfsdiensten bei der Heimat-Flak heranzuziehen. Geeignet schienen Schüler höherer und mittlerer Schulen, denn sie waren noch nicht in der Produktion beschäftigt; zudem verfügten sie über schnelle Reaktionsfähigkeit und geistige Beweglichkeit, so daß ihre Ausbildung an den Flakwaffen wenig Zeit in Anspruch nehmen würde. Der Vorschlag Görings konnte sich im nationalsozialistischen Staatsapparat zwar nicht sofort durchsetzen; besonders der Reichserziehungsminister Rust und der Chef der Parteihierarchie, Reichsleiter Bormann, sperrten sich zunächst, vermutlich weil sie das als Eingriff in ihren Kompetenzbereich ansahen;

aber schließlich kam es zu einer »Führerentscheidung«. Am 22. Januar 1943 verfügte der Reichsminister für Erziehung, Wissenschaft und Volksbildung den »Kriegshilfeeinsatz der Jugend bei der Luftwaffe«, und im Februar 1943 rückten die ersten fünfzehn- bis siebzehnjährigen Schüler höherer und mittlerer Schulen zu Flakbatterien in ihrer Umgebung ein. Die militärische Figur des Flakhelfers war geboren.

Die staatliche Maßnahme, Jugendliche zu Soldaten zu machen, stieß kaum auf gesellschaftlichen Widerstand.

> »Im Bereich des Luftgaues XVII fanden die Elterninformationen am 13. und 14. Februar statt; in einzelnen Versammlungen sprachen die Kreisleiter selbst. Etwaige Unklarheiten über den Einsatz wurden dabei durch Beantwortung der gestellten Fragen ›... ohne Schwierigkeiten ...‹ beseitigt. SB IIIe bezeichnete die Stimmung bei den Jungen als begeistert. Nach den Angaben der übrigen Sonderbeauftragten soll die Aufnahme bei den Eltern durchweg gut, bei den Jungen sogar sehr gut gewesen sein.«[19]

Ein Flakhelfer des Jahrgangs 1928 schreibt im Jahre 1980:

> »Daß Eltern, Lehrer, Geistliche und die deutsche Intelligenz sich gegen diesen Mißbrauch von Kindern nicht erhoben haben, gehört zu den dunkelsten Kapiteln der jüngeren deutschen Geschichte. ... Unter den Eltern beschränkte sich der Widerstand auf ein paar Versuche, ihre Schutzbefohlenen durch ärztliche Atteste vom Flakdienst freistellen zu lassen.«[20]

Als erste wurden 1943 die Jahrgänge 1926 und 1927 eingezogen; der Jahrgang 1926 kam 1944 zum Reichsarbeitsdienst und von da aus zur Wehrmacht. Ihnen folgten 1944 die Jahrgänge 1928 und 1929; von diesen Jahrgängen wurden, da die erforderliche Sollstärke für die Flakbatterien mit Schülern höherer und mittlerer Schulen nicht zu erreichen war, auch berufstätige Jugendliche zum Dienst bei der Flak verpflichtet. Im Februar 1944 waren im Reich rund 76 500 Luftwaffenhelfer im Einsatz.[21] Die Schüler-Soldaten hatten zu einem großen Teil die Verteidigung des Vaterlandes gegen die Angriffe der »anglo-amerikanischen Bomberflotten« übernommen.

Wie haben diese Jugendlichen ihre Einberufung zur Flak erlebt? Den Gestellungsbefehl hätten sie wie eine Art Erlösung empfunden, erzählen die Gesprächspartner heute. Endlich für würdig befunden, »süß und ehrenhaft für das Vaterland zu sterben«; endlich weg von dem Gejammere der Mutter, raus aus dem Einerlei der Schule; endlich seinen Mann stehen dürfen. Aber auf der Geschützstellung hätte dann doch vieles anders ausgesehen: schlechte Verpflegung, Unterkunft in notdürftigen Baracken und die Brutalität der Ausbilder. Man wäre erst mal kaputt gemacht worden; die Unteroffiziere hätten wohl keine andere Möglichkeit gesehen, sich gegen eine geschlossene Klasse von Oberschülern zur Wehr zu setzen. Nach kurzer Zeit hätte sie ein fürchterliches Heimweh überkommen. Die Bestimmungen sahen vor, daß den Jungen zur Aufrechterhaltung des Kontakts zur Familie wöchentlich einmal Gelegenheit zu einem mehrstündigen Besuch bei der Familie zu geben sei; ferner daß zweimal im Monat Wochenendurlaub und ein zweimaliger vierzehntägiger Jahresurlaub, zusätzlich zweier Reisetage, zu gewähren sei.[22] Das galt freilich nur bei örtlichem Einsatz, waren die Flakhelfer überörtlich, d. h. weit weg von ihrem Elternhaus, verpflichtet, mußte naturgemäß anders verfahren werden. Letzteres war 1944 oft der Fall. Die Flakhelfer waren in ihren Stellungen kaserniert und einem militärischen Regime unterworfen. Daneben sollte noch Schulunterricht stattfinden; mindestens 18 Wochenstunden waren angeordnet. Das war als Kompromiß zwischen dem Reichsluftfahrtministerium und dem Reichserziehungsministerium ausgehandelt worden. Die Schüler-Soldaten fühlten sich aber in erster Linie als Soldaten und ließen sich von ihren Lehrern keine Anweisungen mehr geben. Ein geordneter Schulunterricht war nicht mehr möglich. Viele Lehrer resignierten und ließen den Unterricht von sich aus ausfallen; teilweise kamen sie gar nicht mehr in die Stellungen.

Das Waffensystem der Flak stellte für die Fünfzehn- bis Siebzehnjährigen gewiß eine Herausforderung dar. An den Flakgeschützen gab es verschiedene Funktionspositionen, auf deren reibungsloses Zusammenwirken es ankam: den Richtkanonier, den Visierkanonier, den E-Meßmann, den Ladekanonier. Hier konnte man beweisen, wozu man in der Lage war. Es zeigte sich auch bald, daß die Flakhelfer-Mannschaften bei Übungsvergleichen den alten Stammmannschaften überlegen waren. Die Oberschüler hatten das Geschütz schneller feuerbereit und konnten auch Störungen im Funktionsablauf in kürzerer Zeit beseitigen.[23] Die Beherrschung des Waffensystems schaffte Kompetenzerfahrungen. In dieser Kompetenz steckte auch Potenz: Man war fähig, ein in sich dreh- und schwenkbares Kanonenrohr zu bedienen, mit dem man feindliche Bomber vom Himmel holen konnte.

Was zwischen 1943 und 1945 passierte, ist bekannt. Das Bild des »totalen Kriegs« wurde Wirklichkeit, vor allem in den bombardierten Städten. Im August 1944 notierte ein Flakhelfer des Jahrgangs 1928 in sein Tagebuch: »Wir sind stolz, bei der letzten Schlacht um das Reich noch dabeizusein. Niemand soll uns feige nennen dürfen!«[24] Am 8. Oktober 1944 fand im ganzen Reichsgebiet der »Wehrertüchtigungstag der Hitler-Jugend« statt. An diesem Tag übermittelte der Reichsjugendführer Axmann Hitler die Nachricht, daß sich 70% des Jahrgangs 1928 als Kriegsfreiwillige gemeldet hätten. Diese Erfolgsmeldung sagte zugleich, daß immerhin 30% dies nicht getan hatten. Der »Führer« antwortete in einem Telegramm.

> »Mit Stolz und Freude habe ich eure Meldungen als Kriegsfreiwillige des Jahrgangs 1928 entgegengenommen. Vorbildlich haben eure Kriegsfreiwilligen in den Divisionen ›Hitler-Jugend‹, ›Großdeutschland‹, in den Volksgrenadierdivisionen und als Einzelkämpfer in allen Wehrmachtsteilen ihre Treue, ihre Härte und ihren unerschütterlichen Siegeswillen durch die Tat bewiesen. Wir kennen die erbarmungslosen Vernichtungspläne unserer Feinde. Ihr als junge nationalsozialistische Kämpfer müßt unser ganzes Volk an Standfestigkeit, zäher Beharrlichkeit und unbeugsamer Härte noch übertreffen. Adolf Hitler«[25]

Gegen Ende des Krieges wurden die Sechzehn- und Siebzehnjährigen der Jahrgänge 1928 und 1929 zu Kampfeinheiten des Reichsarbeitsdienstes und auch zur regulären Wehrmacht einbezogen. Im Oktober 1944 wurde der »Volkssturm« als »drittes Aufgebot« geschaffen; alle männlichen Deutschen im Alter von sechzehn bis sechzig Jahren wurden zum Kriegsdienst in den Volkssturmeinheiten verpflichtet. Hitlerjungen, unter ihnen elf- und zwölfjährige, wurden als »Panzerknacker« in den Kampf gegen »bolschewistische Horden« und »angloamerikanische Gangster« geworfen. Man kennt die Wochenschaubilder: Hitler heftet bei seinem letzten öffentlichen Auftreten anläßlich seines 56. Geburtstages am 20. April 1945 einigen zwölfjährigen Hitlerjungen das »Eiserne Kreuz zweiter Klasse« an die soldatische Brust.

Die »letzten Helden des Führers« erlebten den langen Zusammenbruch Deutschlands. Vielen war, wie sie heute sagen, Ende 1944 klar, daß der Krieg verloren war. Im Januar 1945 hatten 48 Staaten Deutschland den Krieg erklärt. Das änderte aber nichts an ihrer Bereitschaft zu kämpfen. Wie gesagt: »Niemand soll uns feige nennen dürfen!« Manche haben an das Wunder einer Wende geglaubt: die Geheimwaffe V 2, eine Matrosendivision unter Führung des Großadmirals Dönitz, die Armee Wenk sollten dieses Wunder vollbringen. In Wahrheit herrschte Chaos. Der sechzehnjährige Dieter Borkowski schrieb am 16. April 1945 in sein Tagebuch:

»Die Stadt summt wie ein Bienenschwarm. Jetzt geht es los! Heute nacht sollen die Russen an der Oder mit der Großoffensive begonnen haben. Sogar der Wehrmachtsbericht meldet, daß die Amerikaner die Elbe erreicht haben: Barby, Zerbst, Bernburg, Halle und Bitterfeld werden umkämpft. Doch in Berlin hören wir die russischen Kanonen. Die Panzersperren in der Reichshauptstadt werden besetzt. Lebensmittelrationen, die erst zu einem späteren Zeitpunkt verzehrt werden sollten, sind heute vorfristig aufgerufen worden. Vor den Geschäften stehen lange Menschenschlangen, viele haben Angst, daß es der letzte Einkauf ist ... Überall auf den Straßen begegnet man den Feldgendarmen, kräftige Soldaten mit Messingschildern auf der Brust, nach Flüchtigen und Deserteuren fahndend, die sofort abgeurteilt werden. Sogenannte ›Fliegende Standgerichte‹ sind in jedem Stadtviertel. Wer nur Versprengter ist, also seinen Truppenteil verlor, wird in eine Alarmkompanie gesteckt und muß sofort an die Front. An den Hausecken ist ein Anschlag mit einem Aufruf des Führers an das Ostheer zu lesen. Darin heißt es: ›Der Bolschewist wird diesmal das alte Schicksal Asiens erleben, er wird und muß vor der Hauptstadt des Deutschen Reiches verbluten. Wer euch Befehle zum Rückzug gibt, ohne daß ihr ihn genau kennt, ist sofort festzunehmen und nötigenfalls augenblicklich umzulegen, ganz gleich, welchen Rang er besitzt. Berlin bleibt deutsch, Wien wird wieder deutsch, und Europa wird niemals russisch!‹ Ich bin erschüttert, denn wieder sagt er von den neuen Geheimwaffen kein Wort.«[26]

Schließlich war der Krieg zu Ende. Deutschland hatte bedingungslos kapituliert.

Die Alliierten hatten gesiegt. Die meisten der Jahrgänge 1926 bis 1929, einige sogar vom Jahrgang 1930, kamen in Kriegsgefangenschaft. Das sei die schlimmste Zeit ihres Lebens gewesen, hört man immer wieder. Das Leben in den Kriegsgefangenenlagern der Amerikaner, Engländer und vor allem der Russen war hart. Unter diesen Bedingungen zu überleben, sich den Lebenswillen zu erhalten, sei schwer gewesen. Aber warum war das die schlimmste Zeit ihres Lebens, schlimmer noch als der Krieg? Es sind nicht allein die äußeren Bedingungen gewesen, die sie meinen. In den Kriegsgefangenenlagern haben manche eine tiefe Enttäuschung erlebt: Die älteren erwachsenen Mitgefangenen verhielten sich in ihren Augen ehrlos. Sie hätten sich nicht mehr richtig gewaschen, hätten gebettelt um Brot und Zigaretten, hätten sich aufgegeben. Der soldatische Mann entpuppte sich als Phantomgestalt. 1946 schrieb ein Neunzehnjähriger: »Die Verwahrlosung griff den Soldaten wie die schleichende Pest an. Schwache entwurzelte Offiziere, vom Wohlleben in Frankreich verweichlicht, nahmen mir den letzten Glauben, wenn ich so etwas jemals für diese Sache aufbringen konnte.«[27]

Es sieht so aus, als habe sich für die letzten Helden des Führers angesichts des Verhaltens ihrer erwachsenen Mitgefangenen, die nur mit ihrem bloßen Überleben beschäftigt waren, der Zusammenbruch Deutschlands noch einmal, oder vielleicht zu diesem Zeitpunkt erst wirklich, ereignet. Hier scheint eine widersinnige Konstellation auf. Die Väter können auf die Ehre verzichten, und die Söhne müssen auf der Ehre bestehen. Die Alten können sich die Auflösung des soldatischen Ich-Panzers leisten, wohingegen die Jungen soldatische Stärke beweisen müssen. Das könnte damit zusammenhängen, daß die Jugendlichen den Zusammenbruch ihrer Idolbildungen noch nicht verkraften können. Die Ehrlosigkeit der Alten ist für sie der bildhafte Ausdruck der endgültigen Niederlage Deutschlands. Ihnen diese Ehrlosigkeit vorzuwerfen stellt so gesehen eine Abwehr der Anerkennung der Niederlage dar. Diese Abwehr jedoch dient dem Schutz der Idealisierungen des Selbst, das ohne diese zusammenfallen würde. Letztlich also ist es nicht eine Abwehr der Schmach der Niederlage, sondern eine Abwehr der existentiellen Angst vor der Nihilierung des Selbst, die sich hinter dem von den Jungen geäußerten Vorwurf der Ehrlosigkeit gegenüber den Alten verbirgt.

Ende 1945 kamen die meisten wieder nach Hause. Sie fanden ein ruiniertes Land vor. Äußerlich: die Verkehrswege, die Städte, die Wohnungen waren zerstört. Innerlich: die andere Wahrheit des deutschen Faschismus, Auschwitz, lag zutage. Wie war zu leben? Die meisten von den Flakhelfern gingen wieder zur Schule. Es war eine merkwürdige Situation, daß die Schüler-Soldaten sich nun wieder in die Schülerrolle fügen mußten. Wer sollte ihnen etwas beibringen, nach dem, was sie erlebt hatten? Die durch den Krieg früh Gereiften hatten Schwierigkeiten mit den Lehrern. Das hindert sie aber nicht daran, in möglichst kurzer Zeit ihr Abitur zu machen. Einige studierten dann, andere erlernten erst mal einen praktischen Beruf, wieder andere nahmen eine Stelle an, die sich ihnen gerade bot. Irgendwas tun, egal was, das sei der Lebensimpuls gewesen. Man hätte versucht, irgendwie durchzukommen.

> »Das junge Bürschchen in der abgeänderten Uniform der ehemaligen Flakhelfer ist der geborene Börsenmakler; es hat alle Preise des Schwarzen Marktes im Kopf, außerdem verkauft es Brotmarken. Auf meine Frage, warum es nicht arbeiten ginge, erklärt es mir lachend: ›So verrückt bin ich doch nicht, hier verdiene ich viel mehr.‹ Ein beträchtlicher Teil der Schwarzhändler besteht aus solchen jungen Menschen, die mit 15 Jahren von der Schulbank weggeholt wurden und die Hitler für würdig empfand, für ihn zu verbluten. Ihr Schulwissen ist lückenhaft, und eine berufliche Lehre haben sie noch nicht durchgemacht: so bevölkern sie den Schwarzen Markt. Hier muß Änderung geschaffen werden.«[28]

In den drei westlichen Besatzungszonen (die von der Sowjetunion besetzte Zone lassen wir für unseren Zusammenhang außer Betracht[29]) wehte ein neuer Wind – ein westlicher Wind: aktive Zigaretten (nicht aus Kippen gedreht), Wrigley's Kaugummi, Swing-Musik, Debattierclubs. Begierig nahmen sie das alles auf. Die ehemaligen Flakhelfer, die vor einem Jahr noch auf angreifende Boeing-Bomber geschossen hatten, ließen sich von einer neuen Verkörperung anziehen: Amerika. Amerika stand für die Ferne, für den anderen Horizont, für das Unbeschwerte, für eine Zukunft ohne Vergangenheit – und natürlich für den Erfolg. Der amerikanische Lebensstil bot Möglichkeiten einer neuen Existenz.

Es widerspricht der Gründungslegende der Bundesrepublik, wenn man behauptet, daß die ökonomische Lage Deutschlands nach Kriegsende gar nicht so schlecht war.

> »Am Ende des Krieges schien unter den Trümmern der Großstädte auch der Kapitalstock der deutschen Industrie begraben. Es lag nahe, den fast völligen Stillstand der Produktion auf die Luftangriffe der beiden letzten Kriegsjahre zurückzuführen. Tatsächlich war im Mai 1945 die Substanz des industriellen Anlagevermögens jedoch keineswegs entscheidend getroffen. Bezogen auf das Vorkriegsjahr 1936 war das Brutto-Anlagever-

mögen der Industrie sogar noch um rund 20% angewachsen.«[30] Diese erstaunliche Bilanz ist im wesentlichen zwei Tatsachen geschuldet. Zum einen lag zwischen dem Ende der Weltwirtschaftskrise und dem Beginn der Luftkriegsoffensive der Alliierten ein Jahrzehnt ungeheurer Investitionstätigkeit in Deutschland. Erst 1944 übertrafen die Bombenschäden den Wert der laufenden Investitionen. Zum anderen wurde unmittelbar nach Kriegsende das Ausmaß der Bombenschäden nicht richtig eingeschätzt. Die Flächenbombardierungen der Alliierten zielten, wie berichtet, vornehmlich auf die Wohngebiete und das Transportsystem. Auf die Zivilbevölkerung und auf die Verkehrseinrichtungen fielen jeweils siebenmal mehr Bomben als auf die Rüstungsindustrie. Was der deutschen Kriegswirtschaft letztlich das Genick brach, war nicht die Zerstörung der industriellen Anlagen, sondern die Lähmung des Transportsystems. Es waren also nach Kriegsende moderne industrielle Anlagen vorhanden. Darüber hinaus stand ein Heer von Arbeitskräften bereit, »leer« und »schlapp« zwar, aber gut qualifiziert. Außerdem kamen mit den Flüchtlingen aus dem Osten – rund zwölf Millionen strömten bekanntlich in die Westzonen – anhaltend ebenfalls gut qualifizierte Arbeitskräfte hinzu.

Die konkrete Lebenswirklichkeit sah natürlich anders aus: Millionen von Flüchtlingen und Ausgebomten suchten eine Bleibe. Es gab nichts zu heizen und kaum etwas zu essen. Die Lebensmittelkarten in der britischen Zone sahen im Oktober 1945 1500 Kalorien pro Person und Tag vor, in der amerikanischen Zone wurden gar nur 1350 Kalorien angesetzt. Dabei handelte es sich fast ausschließlich um Kohlehydrate, also Kartoffeln und Brot, Eiweiße und Fette bekam man nur in winzigen Mengen. Aber unter dem Gesichtspunkt einer reinen Wirtschaftsgeschichte ist die Situation nach Kriegsende als Störung einer längerfristig angelegten Wachstumsentwicklung zu verstehen, zumindest ist das eine Deutungshypothese. Es bestand eine große Diskrepanz zwischen der realen Leistung und der aufgrund von Anlagevermögen sowie Art und Umfang des Arbeitskraftreservoirs gegebenen potentiellen Leistungsfähigkeit der deutschen Volkswirtschaft.

Die ersten zaghaften Aufschwungsbewegungen der deutschen Wirtschaft kamen im Winter 1946/47 plötzlich zum Erliegen. Die Versorgung der Bevölkerung mit Nahrungsmitteln und Heizmaterial verschlechterte sich drastisch. Im Frühjahr 1947 flackerten im Ruhrgebiet Unruhen und Arbeitskämpfe auf. Man konnte sich nur durch Klauen und »Organisieren« von einem Tag zum anderen über Wasser halten. Der Kölner Erzbischof Kardinal Frings erteilte für derartige Gesetzesübertretungen eine Art Generalabsolution. Ein neues Wort machte die Runde: »Fringsen«. Die Militärregierungen in der amerikanischen und der britischen Zone reagierten auf diesen Schwächeanfall der deutschen Wirtschaft mit einer Konzentration der Kräfte auf die neuralgischen Punkte. Das von den deutschen Wirtschaftsplanern bevorzugte Prinzip eines »Gleichgewichts des Mangels« wurde aufgegeben. Priorität erhielten die Instandsetzung des Transportsystems, besonders der Eisenbahn, und die Ankurbelung des Kohlebergbaus. Im Herbst 1947 entspannte sich die Versorgungslage, und es zeigten sich sogar erste Anzeichen einer wirtschaftlichen Wiederbelebung. Der Wiederaufstieg Westdeutschlands, die Verwirklichung des »Modells Deutschland« begann

Am 20. Juni 1948 wurde die separate Währungsreform in den Westzonen vollzogen. Die Folgen davon waren für den Alltagsmenschen verblüffend: Die Läden waren urplötzlich gefüllt mit Waren, die man ohne Bezugsschein kaufen konnte. Die Deutschen drückten sich an den Schaufenstern die Nase platt und vergaßen dabei einen »der rücksichtslosesten Akte des Klassenkampfes von oben in der deutschen Sozialgeschichte«.[31] Während nämlich Bank- und Sparkassenguthaben in die Währungsumstellung eingeschlossen wurden, blieb das Produktivvermögen unangetastet. Am 23. Mai 1949 verkündete Adenauer als Präsident des Parlamentarischen Rates schließlich das Grundgesetz.

Die Flakhelfer kümmerten sich um ihr Fortkommen. Sie waren Anfang zwanzig und hatten gute Chancen. Viele aus der Kriegsgeneration waren gefallen oder noch in Kriegsgefangenschaft, und gleichzeitig wurde der Wiederaufbau in Angriff genommen. Ehrgeizige junge Männer wurden gebraucht. Der Koreakrieg, der im Juni 1950 ausbrach, scheint sie wenig beeindruckt zu haben. Mitte der fünfziger Jahre hatten die Aufsteiger aus der Flakhelfer-Generation schon ihren ersten Schritt auf der Karriereleiter getan: Nach dem Studium haben sie eine Stelle angetreten, oder sie sind in eine höhere Position aufgerückt. Sie heirateten und beteiligten sich an dem Wiederaufstieg Westdeutschlands aus den Ruinen von Faschismus und Krieg. 1954 fand in der Schweiz die Fußballweltmeisterschaft statt. »Das Unglaubliche ist wahr, das Unerwartete Wirklichkeit! Der Fußball-Weltmeister 1954 heißt Deutschland!«[32] Es stand fest: »Wir sind wieder wer!«

Dieser schlaglichtartige Rückblick beleuchtet, wie die Jugend der Jahrgänge 1926 bis 1930 bestimmt war von Faschismus, Krieg und Wiederaufbau. Das ist, wenn man so will, das historische Schicksal, unter dem die Flakhelfer-Generation steht. Die Zeitläufe ziehen sich wie eine Auf- und Abbewegung durch die Lebensläufe dieser Gleichaltrigen: eine Folge von Erfahrungen der Potenzierung, der Depotenzierung und der Repotenzierung. Die Potenzierung: Aufgebaut zu den »letzten Helden des Führers«, in deren Händen das Geschick des Vaterlandes liegt, werden sie in den Endkampf um das Reich geschickt. Die Depotenzierung: 1945 stehen sie inmitten der Trümmer eines äußerlich und innerlich ruinierten Landes, das, wie Erich Kästner dichtete, nicht frei, sondern bloß befreit war. Die Repotenzierung: Der Wiederaufbau gebiert das Wirtschaftswunder, wodurch die Bundesrepublik zu einem von aller Welt bewunderten und beneideten Land emporsteigt. Man fragt sich, wie die einzelnen diese Folge von Erfahrungen verarbeitet haben. Die Frage verschärft sich angesichts der Aufsteiger aus der Flakhelfer-Generation. Sie haben die objektiven Chancen der Nachkriegssituation für einen subjektiven Aufstieg genutzt. Die Depotenzierung 1945 hinter sich lassend, haben sie die gesellschaftliche Repotenzierung voll für sich ausgeschöpft. Welche Arten von Lebenskonstruktionen verkörpern diese Repräsentanten des Wiederaufstiegs Westdeutschlands?

3. Zwei Begriffsklärungen

Bevor wir in der Sache weitergehen, sind zwei Begriffsklärungen nötig. Die Rede ist von »sozialen Aufsteigern aus der Flakhelfer-Generation«. Es muß geklärt werden, was unter der Bezeichnung »Flakhelfer-Generation« und was unter dem Begriff »Aufsteiger« zu verstehen ist. Zunächst zur Bezeichnung »Flakhelfer-Generation«. Diese Bezeichnung nimmt den Begriff der Generation als Grundlage einer sozialen Kategorisierung. Der Generationsbegriff stellt zwar eine, besonders in der deutschen Soziologie, eingeführte, aber doch keineswegs eingespielte soziologische Kategorie dar. Ich will deshalb kurz erläutern, worin die analytische Brauchbarkeit dieses Begriffes besteht. Karl Mannheim unterscheidet in seinem klassischen Aufsatz über das Problem der Generationen[1], in dem er die geisteswissenschaftliche Diskussion um den Generationsbegriff für die Soziologie fruchtbar macht, zwischen zwei Arten der sozialen Lagerung: Klassenlage und Generationslage. Daß die soziale Klassenlage das Handeln, Denken, Fühlen und Wollen der Individuen bedingt, ist eine soziologische Grundaussage, der kaum widersprochen werden kann. Gleiches gilt aber nach Mannheim auch für die Generationslage. Wir sprechen etwa von der Generation der Jugendbewegung, von der Kriegsgeneration des Zweiten Weltkriegs, von der Flakhelfer-Generation, von der Generation der Studentenbewegung und meinen damit, daß die Mitglieder solcher Generationen etwas gemeinsam haben: Überzeugungen, Gefühlsweisen und Handlungsnormen, die sie von anderen Generationen unterscheiden. Wir führen das darauf zurück, daß ihr Leben von unwiederholbaren, d. h. nur historisch zu bestimmenden, Kollektivereignissen und gesellschaftlichen Konstellationen geprägt worden ist, und zwar in Abhängigkeit von der Lebensphase, in der sie davon betroffen waren. Die Kriegsgeneration des Zweiten Weltkriegs lebt aus anderen Erfahrungen als die Flakhelfer-Generation. Das äußert sich symptomatisch in der Literatur. Die »Kahlschlagliteratur« (Wolfgang Weyrauch) eines Wolfgang Borchert, eines Günter Eich, eines Wolfdietrich Schnurre oder eines Werner Stelly ist von anderen Themen beherrscht und in einem anderen Stil geschrieben als die Literatur, für die Günter Grass, Hans Magnus Enzensberger, Martin Walser oder Ingeborg Bachmann stehen. Thema bei den einen ist die Rückkehr der Ausgebrannten, Geschundenen, Schuldigen; man versucht, Inventur zu machen, konstatiert, was konkret ist; die Stilmittel sind kurze, oft abgehackte Aussagesätze und knappe Dialoge. In der Literatur, die Ende der fünfziger Jahre als »neue deutsche Literatur« erscheint, dominiert die Auseinandersetzung mit den neuen Lebensverhältnissen; man seziert die bundesrepublikanische Realität, spürt die verborgene Gegenwärtigkeit der weggedrängten Vergangenheit im Wohlstand und in der Wohlanständigkeit auf; der Stil sucht Anschluß an die Formen der klassischen kulturellen Moderne. Der Begriff der Generation scheint eine soziale Realität zu treffen: die Gleichartigkeit von Lebenshaltungen und Lebensgefühlen bei Gleichaltrigen, welche erwachsen ist aus historisch einzigartigen Erfahrungszusammenhängen.

Dieser Gleichartigkeit der ungefähr Gleichaltrigen in Begriffen von Deutungen und Normen entspricht auch eine Gleichartigkeit in Begriffen objektiver Lebenschancen. Darauf haben die Vertreter des Kohortenansatzes in der Demographie sowie daran anschließend in der Mobilitätsforschung und in der Sozialisationsforschung aufmerksam gemacht, welcher neben der geisteswissenschaftlichen Diskussion die andere Quelle des soziologischen Generationsbegriffs darstellt.[2] So legt z. B. schon die Jahrgangsstärke den Spielraum objektiver Lebenschancen fest. In Zeiten stagnierenden ökonomischen Wachstums ist es für geburtenstarke Jahrgänge besonders schwierig, einen Studienplatz, einen Ausbildungsplatz oder einen Arbeitsplatz zu finden. Nachfolgende geburtenschwache Jahrgänge hingegen können wieder gefragt sein. Weiter bedingen der Zustand des Bildungssystems während Kindheit und Jugend und schließlich die Lage auf dem Arbeitsmarkt beim Eintritt in das Berufsleben die Lebensmöglichkeiten einer Generation. Und natürlich werden diese auch durch Kollektivereignisse wie Kriege festgelegt. Das alles zeigt, daß sich Generationen auch nach Maßgabe objektiver Lebenschancen voneinander unterscheiden. Festzuhalten ist: Generationen können als durch materielle Umstände bedingte und durch die Eigeninterpretationen der Betroffenen hervorgebrachte soziale Realitäten betrachtet werden.

In der Abfolge der Generationen schlägt sich der Gang der Geschichte nieder. Revolutionäre Bewegungen, geistige Aufbrüche, ökonomische Krisen, Kriege markieren Einschnitte im Fluß der Geschichte, die generationsbildend wirken. Aber auch in relativ befriedeten Zeiten entstehen Generationen. Das hängt mit dem Charakter moderner Gesellschaften überhaupt zusammen. Die rasante Veränderung der Lebensverhältnisse läßt immer neue, von der vorangegangenen sich unterscheidende Generationen in Erscheinung treten. Der Generation von Kindern, die mit dem Fernsehen aufgewachsen sind, folgt eine Generation von Kindern, die den Minicomputer und die Telespiele als Alltagsrealität kennen. Der schnelle Wandel der Lebensumstände verringert den zeitlichen Abstand zwischen einer Generation und der nächsten. Dazu kommt, daß die Menschen eine immer höhere Lebenserwartung haben, was zur Folge hat, daß gleichzeitig mehr Generationen leben als früher. Das alles zusammen führt zu einer beträchtlichen Vervielfältigung der »Ungleichzeitigkeit des Gleichzeitigen« (Wilhelm Pinder).[3] Die gesellschaftliche Realität scheint sich in einer Vielfalt generationsspezifischer Lebensauffassungen und Lebensstile aufzulösen.

An dieser Stelle zeigt sich, daß in der soziologischen Verwendung des Generationsbegriffs die Gefahr einer analytischen Täuschung liegt. Der analytische Gewinn ist darin zu sehen, daß mit Hilfe des Begriffs der Generation besser erforscht werden kann, wie sich der beständige gesellschaftliche Wandel auf das Verständnis und das Verhalten der Individuen auswirkt. Im Nacheinander der Generationen werden die kleinen Schritte des großen gesellschaftlichen Wandels sichtbar. Allerdings können dabei die gesellschaftlichen Verhältnisse aus dem Blick geraten, die sich nur langsam wandeln oder trotz Wandlungserscheinungen einen strukturellen Bestand haben. Ich denke in erster Linie an das Gefüge sozialer Klassen innerhalb einer Gesellschaft.[4] Der Generationsforscher ist fixiert auf die Wahrnehmung des Nacheinanders der Generationen und übersieht dabei das unverändert bleibende Verhältnis zwischen den sozialen Klassen. Natürlich, das war der Ausgangspunkt, ist das Handeln, Denken, Fühlen und Wollen der Individuen durch ihre Klassenlage bedingt; hinzu kommen aber, wie die vorstehenden Überlegungen gezeigt haben, die Wirkungen ihrer Generationslage. Dem Individuum ist eine Klassenaffinität zu eigen, die von seiner Generationsaffinität überlagert wird. Man kann sich das etwa folgendermaßen vorstellen: In die für soziale Klassenlagen charakteristischen Deutungsmuster und Handlungsregeln lagern sich im Laufe der Geschichte immer neue Generationsgestalten ein, die diese gleichsam historisieren, d. h. auf problemschaffende Kollektivereignisse und sich wandelnde Lebensumstände beziehen. Das passiert besonders dann, wenn eine Gesellschaft als Ganze von Ereignissen getroffen und von Bewegungen erfaßt wird. Ohne Frage sind auch die Auswirkungen etwa eines Krieges klassenspezifisch. Die einen werden Offiziere, und die anderen müssen als einfache Soldaten ins Feld. Und doch gibt es Erfahrungen, die die Gleichaltrigen aus verschiedenen sozialen Klassen miteinander teilen und die sie von den Älteren und Jüngeren der gleichen Klassenlage trennen. Die Älteren haben dieselben Ereignisse und Entwicklungen anders erlebt, und von den Jüngeren können sie nicht nachgeholt werden. Klassenlage und Generationslage können freilich in unterschiedlicher Art zusammenwirken: Die Generationserfahrungen können die klassenspezifischen kulturellen Muster verstärken, sie können sie aber auch in eine nicht vermutete Richtung drängen, sie können ihre Deutungskraft schwächen oder beide können beziehungslos nebeneinanderherlaufen. Letztlich hängt es indes von der Fragestellung einer Untersuchung ab, auf welchen Tiefenaspekt man sich konzentriert: auf den mehr strukturellen der über lange Zeit tradierten klassenspezifischen Lebensstile oder den mehr historischen der generationsspezifischen Lebensauffassungen.

Bei der Verwendung des Generationsbegriffs erhebt sich die Frage, wie man eine Generation identifiziert. Das aus der Demographie stammende methodische Konzept der Kohorte hilft dabei nicht weiter. Eine Kohorte wird definiert als die Gruppe von Individuen, die während einer bestimmten Zeitperiode von einem »signifikanten Lebensereignis« getroffen werden.[5] Was als »signifikantes Lebensereignis« angesehen wird, bestimmt der Sozialforscher in der Regel aufgrund methodischer Erwägungen. Deshalb wird der Einfachheit halber für gewöhnlich mit Geburtskohorten gearbeitet. Der Begriff der Generation meint freilich mehr. Generationen weisen eine innere Homogenität auf: gleichartige Lebensgefühle und Lebenshaltungen verbinden benachbarte Geburtsjahrgänge zu einer Generation. Wie kann man diese qualitative Identität einer Generation bestimmen? Karl Mannheim hat in dem schon genannten Aufsatz drei Momente am Phänomen der Generationen herausgearbeitet: die Generationslagerung, die Generationseinheiten und den Generationszusammenhang. Mit *Generationslagerung* bezeichnet er die objektiven Bedingungen und Umstände, die generationsbildend wirken: ein Kollektivereignis, die

Lebensverhältnisse in einer Zeitperiode. Darin sind Hemmungen und Chancen des Lebens beschlossen, die von den Betroffenen passiv ertragen, aber auch aktiv genutzt werden können. Eine Generation bildet sich dann, wenn diese Tatbestände von den Gleichaltrigen als prägend für ihr Leben erfahren werden. Wie das geschieht, ist freilich nicht ganz einfach zu verstehen. Oft findet man nämlich altersgleiche Gruppierungen, deren Wirklichkeitsauffassungen und Verhaltensweisen völlig verschieden sind. Mannheim führt das Beispiel der preußischen Jugend um 1800 an. Im Anschluß an den preußisch-französischen Krieg im Jahre 1813 wurden von Studenten die ersten Burschenschaften gegründet, die sich als Ausdruck eines neu erwachenden deutschen Nationalbewußtseins verstanden. Bald jedoch traten Meinungsverschiedenheiten auf, die schließlich zur Spaltung der Bewegung führten. Einer romantisch-konservativen Gruppe stand eine Gruppe mit einem rationalistisch-liberalen Programm gegenüber. Wohl kaum handelt es sich hierbei um zwei Jugendgenerationen. Denn beide Gruppierungen entstammten demselben historischen Problemzusammenhang, nämlich dem Widerstand gegen die Vormachtpolitik Napoleons, der im Namen der Prinzipien der Französischen Revolution Eroberungsfeldzüge in Europa unternahm. Sie haben nur unterschiedliche Antworten auf die von ihnen gemeinsam als Unterdrückung empfundene Situation gefunden. Mannheim unterscheidet deshalb den verdeckten *Generationszusammenhang* von den offenbaren *Generationseinheiten*. Mit dieser Differenzierung hat Mannheim m. E. die zentrale Schwierigkeit für das Verständnis einer Generationsgestalt aufgeworfen. Denn es dürfte in der Regel so sein, daß innerhalb des Kontextes einer Generation verschiedene Bezugsgruppen koexistieren, die unterschiedliche Lehren aus dem gezogen haben, was ihnen widerfahren ist oder was sie hervorgerufen haben. Die Arbeit des Interpreten besteht nun darin, unterhalb der Ebene sich widersprechender oder gar sich bekämpfender Auffassungen von verschiedenen Gruppierungen die Schicht des ihnen gleichwohl gemeinsamen Lebensgefühls freizulegen. Aus den diversen Selbstdeutungen einer Generation gilt es, die sie einigenden Deutungsbedürfnisse herauszulesen. Das meint Mannheim mit dem gemeinsamen Generationszusammenhang, der die verschiedenen Generationseinheiten zusammenfügt.

Mannheim ist also genötigt, drei Momente hinsichtlich des Phänomens der Generationen auseinanderzuhalten: erstens die in einer Zeitperiode gegebenen Bedingungen und Umstände, die die objektiven Lebenschancen der Gleichaltrigen festlegen (die Generationslagerung), zweitens die subjektiven Interpretationen dieser Lage durch konkrete Gruppierungen von Gleichaltrigen (die Generationseinheiten); und drittens eine mittlere Schicht von Deutungen, aus denen das Lebensgefühl und die Lebenshaltungen erwachsen, welche die innere Verbundenheit benachbarter Geburtsjahrgänge stiften (der Generationszusammenhang). Die Einheit einer Generation kommt nicht durch eine einheitliche Ideologie zustande, an der sich die Generationsangehörigen mehr oder minder bewußt orientieren, sondern sie gründet auf sozialisierend wirkenden Deutungsbedürfnissen, die sich in vielfältigen, möglicherweise sich widersprechenden Auffassungen und Überzeugungen artikulieren können. Die Angehörigen einer Generation haben das Gefühl, einer »Schicksalsgemeinschaft«, wie Mannheim sagt, verbunden zu sein, obwohl sie sich möglicherweise unterschiedlichen Gruppierungen zurechnen. In diesem Sinne stellt Hans Jaeger zu Recht fest, »daß eine historische Generation (wenn man sie als universale Jahrgangsgemeinschaft verstehen will) immer nur eine Problemgemeinschaft, nicht aber eine Problemlösungsgemeinschaft sein kann«.[6]

Nach dem Rückblick auf die geschichtliche Lagerung der Flakhelfer-Generation stellt sich, Mannheim folgend, nun die Frage nach dem inneren Zusammenhang dieser Generation. Zu fragen ist, welche Deutungsbedürfnisse die Flakhelfer beschäftigen, von welchem Lebensgefühl und von welchen Lebenshaltungen sie durchdrungen sind.

Zuvor muß noch festgelegt werden, welche Jahrgänge für den Zweck dieser Studie zur Flakhelfer-Generation gerechnet werden sollen. Das geht nicht ohne Willkür, denn natürlich sind die Übergänge zwischen den Generationen fließend. Die soziale Realität ist nicht nach Kriterien numerischer Exaktheit aufgebaut. Zwar wurden die Jahrgänge 1926 bis 1929 als Flakhelfer eingezogen, allerdings waren nicht alle Angehörigen dieser Jahrgänge Flakhelfer. Die Bezeichnung Flakhelfer-Generation bezieht sich allein auf die männliche Jugend. Zwar gab es auch Flakhelferinnen, doch ihre Zahl war weitaus geringer als die der männlichen Flakhelfer; zudem waren sie lediglich bei Scheinwerfer- und Sperrballon-Batterien eingesetzt. Schießen war den Mädchen untersagt.[7] Aber auch nicht alle männlichen Jugendlichen waren Flakhelfer. Ursprünglich wurden nur Schüler höherer und mittlerer Schulen zum Luftwaffenhilfsdienst herangezogen. Daneben gab es in den Küstenstädten noch den Marinehilfsdienst. Erst mit den Jahrgängen 1928 und 1929 wurden auch berufstätige Jugendliche zum Dienst bei der Flak verpflichtet. Im »Volkssturm« schließlich wurden Jugendliche des Jahrgangs 1930, zum Teil noch jüngere, erfaßt, die ein ähnliches Schicksal wie die Flakhelfer durchgemacht haben. Alle diese, die Schüler höherer und mittlerer Schulen der Jahrgänge 1926 bis 1929, die damals berufstätigen Jugendlichen dieser Jahrgänge und die Angehörigen des Jahrgangs 1930 oder gar 1931, 1932, die bei den »Volkssturm«-Einheiten eingesetzt waren, kann man zur Flakhelfer-Generation rechnen. Der Flakhelfer stellt sozusagen die Leitfigur dar, in der sich das ihnen gemeinsame Schicksal verkörpert. Für den Zweck dieser Studie zählen wir zur Flakhelfer-Generation die Männer der Jahrgänge 1926 bis 1930.

Der zweite Begriff, der einer Klärung bedarf, ist der des »Aufsteigers«. Man kann vielleicht zwei Arten von sozialen Aufstiegen unterscheiden: einen klasseninternen und einen klassenüberschreitenden Aufstieg. Der Sohn eines Studienrats und einer Klavierlehrerin, der Professor für Pädagogik geworden ist, ist gewiß aufgestiegen, aber er ist mit diesem Aufstieg innerhalb der Grenzen seiner sozialen Klasse geblieben. Hingegen hat der Richter, dessen Vater ein ungelernter Arbeiter war und dessen Mutter als Haushaltshilfe arbeitete, einen klassenüberschreitenden Aufstieg vollzogen. Hinter diesen anhand des konkreten Beispiels unmittelbar einleuchtenden Definitionen steht die Vorstellung, daß gesellschaftliche Ungleichheit aus der Differenz sozialer Klassen resultiert, die jeweils für sich einen eigenen Lebenszusammenhang bilden. Das Klassenschicksal des einzelnen vollzieht sich über die ausgetretenen Pfade typischer Lebensläufe durch Familie, Schule und Beruf; nur wenige entkommen dem Lebenszusammenhang ihrer Klasse durch sozialen Auf- oder Abstieg. Ich kann an dieser Stelle natürlich keine Theorie sozialer Klassen entwerfen[8], sondern nur erläutern, warum der qualitative Unterschied bei den beiden Beispielen offensichtlich ist. Trotz des ständigen Wandels der Lebensumstände fällt auf, daß es verschiedene als typisch wiederzuerkennende Lebensweisen in unserer Gesellschaft gibt. Geäußerte Lebensauffassungen, Konsumgewohnheiten, die Einrichtung der Wohnung, Freizeitverwendung, Lesegewohnheiten, die Formen des Familienlebens und der Geselligkeit – mannigfache Einzelheiten des Alltagslebens fügen sich im Ensemble zu einer typischen Lebensweise.[9] Obwohl die Einzelheiten von Fall zu Fall und von Zeit zu Zeit differieren, scheint sich im ganzen das Typische zu erhalten. Ohne Zweifel hängt die typische Gestalt einer Lebensweise damit zusammen, wieviel Einkommen den Individuen zur Verfügung steht, welche sozialen Beziehungen ihnen offenstehen bzw. verschlossen sind und welche Deutungen des Lebens für sie gelten. Man könnte auch sagen, daß in der Typik einer Lebensweise sich eine ökonomisch, sozial und kulturell bestimmte Klassenlage manifestiert.[10] Ich lasse an dieser Stelle offen, welche und wie viele von solchen typischen Lebensweisen in unserer Gesellschaft verbreitet sind. Bezogen auf die Beispiele ist jedenfalls deutlich, daß die Lebensweise eines Studienrats sich nicht wesentlich von der eines Pädagogik-Professors unterscheidet, daß freilich ein Richter, der so leben würde wie ein angelernter Arbeiter, sozial auffällig würde. Damit glaube ich, zumindest plausibel gemacht zu haben, daß es Aufstiege gibt, die im Horizont des klassenbedingten Lebenszusammenhangs bleiben, und solche, die mit einem Wechsel des Lebenszusammenhangs verbunden sind. Diese letzteren klassenüberschreitenden Aufstiege meint der Alltagsverstand, wenn von einem Aufstieg die Rede ist. Das Wunschbild ist der Aufstieg vom Tellerwäscher zum Millionär. Ein Individuum, das in seinem Leben einen solchen klassenüberschreitenden Aufstieg realisiert hat, wollen wir für den Zweck dieser Studie einen Aufsteiger nennen. Als Indikator für das Vorliegen eines Aufstiegs dient der Vergleich mit dem Beruf des Vaters. Ich bin mir der Verkürzungen und der Angreifbarkeit dieses Verfahrens bewußt, halte es aber in diesem Rahmen für legitim, da es hier nicht um ein repräsentatives Sample geht, sondern um eine begründete Auswahl einzelner Fälle. Und am einzelnen Fall wird sich dann zeigen, ob es sich wirklich um einen klassenüberschreitenden Aufsteiger handelt.

4. Der Zusammenhang der Flakhelfer-Generation

4.1 Skepsis oder die Schwierigkeit Nein zu sagen

»Wir Fünfundvierziger« nennt Joachim Kaiser die Generation der bei Kriegsende Achtzehn- bis Fünfundzwanzigjährigen.[1] 1945 ging ein Riß durch das Leben dieser Jugendlichen. Sie erlebten den Zusammensturz des Grandiositätssystems, in dem sie aufgewachsen waren. Wie antworteten sie auf diese Erfahrung? Mit der Wende zu einer Lebenseinstellung der Skepsis. Das jedenfalls ist die Deutung, die Helmut Schelsky in seinem 1957 erschienenen Buch *Die skeptische Generation*[2] anbietet. Die Rede von der »skeptischen Generation« ist inzwischen allgemein verbreitet. Viele aus dieser Generation haben diese Formel für sich übernommen; sie fühlen sich offenbar von Schelsky verstanden. Mit gewissem Recht kann dieser deshalb rückblickend feststellen, daß er mitgeholfen habe, »das politisch-soziale Selbstbewußtsein dieser Generation (zu) bilden und ihr Bild nach außen wirklichkeitsnäher und wahrheitsgemäßer durchzusetzen«. (Schelsky, S. IX) Was Schelsky als Deutungshypothese für die Jugend dieser Generation erschlossen hat, ist zum Kennzeichen dieser Generation überhaupt geworden.

Schelsky versucht eine Synthese zu bilden aus diversen ihm vorliegenden empirischen Untersuchungen, die einzeln jeweils nur einen Aspekt des Verhaltens und Selbstverständnisses dieser Jugendlichen in den Blick genommen haben. Es geht ihm darum, die »Verhaltens- und Gesinnungsgestalt« (Schelsky, S. XI) der westdeutschen Jugend von 1945 bis Mitte der fünfziger Jahre, der jungen Männer und Frauen also, die in dieser Zeitspanne zwischen 15 und 25 Jahre alt waren, zu bestimmen. Die Flakhelfer sind zwar nur eine Teilmenge dieser Jugendgeneration, aber eine, wie Schelsky auch sieht, die »in vieler Hinsicht für das Verhalten der gesamten Jugend nach 1945 vorbildlich und tonangebend geworden« (Schelsky, S. 109) ist. Obwohl Schelsky selbst nicht von der Flakhelfer-Generation spricht, kann man diese gewissermaßen als die Kerngruppe der »skeptischen Generation« betrachten.

Um die Eigenständigkeit der »skeptischen Generation« hervorzuheben, stellt Schelsky sie in eine Reihe von Generationsgestalten des Jugendverhaltens seit der Jahrhundertwende. Die Reihe beginnt mit der »Generation der Jugendbewegung«. Die Jugendbewegung begreift Schelsky als ein Aufbegehren der jugendlichen Seele gegen das mit Macht anhebende technische Zeitalter. Die vornehmlich dem Bürgertum entstammenden Jugendlichen flohen vor dem großstädtischen Leben, diesen »grauen Städten«, die den Menschen verwüsten und vereinsamen, in einen Zustand unverstellten Lebens, den sie in den Wäldern, im Bäuerlich-Ländlichen, in Vorstellungen vom Volkstümlich-Volkhaften zu finden glaubten. Ihr Ziel war die ideale Freiheit der Person, die, wie die Meißner-Formel sagt, »aus eigener Bestimmung, vor eigener Verantwortung in innerer Wahrhaftigkeit ihr Leben zu gestalten« in der Lage ist. Im intimen Milieu der autonomen, von der Erwachsenenwelt abgesonderten Jugendgruppe sollte sich der einzelne in diesem Sinne verwirklichen. Bewußte Weltfremdheit und Abwendung von der Erwachsenenwelt charakterisieren die »Generation der Jugendbewegung«. Diese Form des Jugendverhaltens zerfiel in den Materialschlachten des Ersten Weltkriegs und in der darauffolgenden Krisenzeit der zwanziger Jahre. Auf diese gesellschaftliche Situation wiederum antwortete die »Generation der politischen Jugend«, worunter Schelsky das Jugendverhalten versteht, das in den Jugendorganisationen zwischen den Weltkriegen sich manifestiert, im politischen Spektrum von rechts bis links, also sowohl in der Hitler-Jugend, in der Gewerkschaftsjugend als auch in der Kommunistischen Jugend. Die politische Jugend wählte nicht den Ausstieg aus der Gesellschaft, im Gegenteil, sie stand an, Verantwortung für die Gesellschaft zu übernehmen und ihren Elan für eine Neuordnung der Verhältnisse einzusetzen. Das galt für Jugendliche aus allen Klassenlagen. Sie verschrieben sich Ideen von einer neuen Gesellschaft, wie sie von den unterschiedlichen Weltanschauungen der Zeit angeboten wurden; sie reihten sich ein in die großen Kampforganisationen, in denen sie sich als Träger der zukünftigen Ordnung fühlen konnten. Man glaubte: »Mit uns zieht die neue Zeit.« Die Generationsgestalt der politischen Jugend ging unter mit dem Zusammenbruch des deutschen Faschismus. Ihr folgte die »skeptische Generation«.

Der Skeptizismus war, nach Schelskys Verständnis, die praktische Bilanz, welche diese Generation aus der Situation von 1945 zog – und zwar die gesamte Generation, unabhängig vom sozialen Milieu, dem die einzelnen entstammten. Man war im Namen einer politisch-ideologischen Größenidee vereinnahmt, vergewaltigt und zuletzt noch verheizt worden. Man mußte erkennen, wohin politische Glaubensbereitschaft und Weltverbesserungsengagement geführt hatten: in eine immense Zerstörung. Skeptizismus bedeutet in erster Linie Entideologisierung und Entpolitisierung des Bewußtseins. »Ohne uns«, signalisierte man jenen, die sie zum öffentlichen Engagement und zur politischen Parteinahme aufforderten. Die jüngeren Jahrgänge unter ihnen taten dies vielleicht etwas lautstärker als die Flakhelfer, die sich eher schweigend von der Politik abwandten. Man konzentrierte sich statt dessen auf die persönliche und private Welt des Alltags. Hier lagen die vordringlichen Probleme der Lebensbewältigung.

»Die in Kriegs- und Nachkriegszeit erfahrene Not und Gefährdung der eigenen Familie durch Flucht, Ausbombung, Deklassierung, Besitzverlust, Wohnungsschwierigkeiten, Schul- und Ausbildungsschwierigkeiten oder gar durch den Verlust der Eltern oder eines Elternteils haben einen sehr großen Teil der gegenwärtigen Jugendgeneration frühzeitig in die Lage versetzt, für den Aufbau und die Stabilisierung ihres privaten Daseins Verantwortung oder Mitverantwortung übernehmen zu müssen.« (Schelsky, S. 75)

Aus dieser Lebenslage resultieren die dominanten Lebensinteressen dieser Jugendgeneration: die eigene Familie, die Berufsausbildung und das berufliche Fortkommen, die Meisterung des Alltags. Ein nüchterner, aufs Konkrete gerichteter Wirklichkeitssinn, der sich auf Distanz hält zu den politisch-ideologischen Angeboten, charakterisiert diese Generation, ganz im Gegenteil zu der romantischen Geisteshaltung der Jugendbewegten und der ideologischen Ausrichtung der politischen Jugend. Mit einem Wort: eine »skeptische Generation«. Der Skeptizismus ist für Schelsky der Kern der Lebensgestalt dieser Generation. Damit zusammen hängen zwei weitere Züge: der Konkretismus ihres Wirklichkeitsbezugs und der Privatismus ihres Sozialverhaltens.

Konkretistisch – diese Bezeichnung geht übrigens, worauf Schelsky ausdrücklich hinweist, auf Adorno zurück[3] – wird die »auf das Praktische, Handfeste, Naheliegende, auf die Interessen der Selbstbehauptung und -durchsetzung gerichteten Denk- und Verhaltensweise« (Schelsky, S. 77) der »skeptischen Generation« genannt. Die »Skeptischen« hatten ihre Erfahrungen mit den Verführungen des Idealismus gemacht: die Suche nach Wesentlichem, die Aufopferung für die Gemeinschaft, das Aufgehen im Ganzen – mit derlei Parolen waren sie in die Irre geleitet worden. Sie versuchten eine neue Verhaltenssicherheit dadurch zu gewinnen, daß sie sich an das hielten, was konkret zu tun war. Daher rührt ein »geschärfter Wirklichkeitssinn« und ein »unerbittliches Realitätsverlangen«. (Schelsky, S. 71) Dieser Jugend wurde bescheinigt, »einen klaren und sicheren Sinn für das Mögliche und Nötige, ein scharfes, nüchternes Abschätzen eigener und anderer Fähigkeiten und ein erstaunliches Gespür für Nützlichkeiten«[4] zu besitzen. Dieser virtuose Pragmatismus ist freilich mit Selbstreduktionen verbunden. Die »Skeptischen« reduzieren ihren Lebensradius auf das Unmittelbare, Überschaubare, Kontrollierbare und verzichten auf die Verfolgung darüber hinausgehender Lebensziele. Sie wollen nicht die Welt verändern, sondern in ihrem Beruf vorankommen. Sie scheinen es hinzunehmen, daß der Wirkungsbereich des einzelnen in der Gesellschaft auf sein berufliches und privates Dasein beschränkt ist. Das bedingt den Privatismus der »skeptischen Generation«.

Privatistisch nennt Schelsky das Sozialverhalten der »skeptischen Generation«, weil sie im Privaten, in der Befriedigung persönlicher Interessen und Neigungen ihr Glück sucht. Die persönliche und private Welt gilt als existentielle Insel, von der aus der einzelne, nur soweit nötig, Expeditionen in die gesellschaftliche Öffentlichkeit unternimmt – seiner Arbeit nachgeht, die Freizeitangebote wahrnimmt, am öffentlichen Leben teilhat. Dahinter steht gewiß die Erfahrung der grenzenverletzenden »Sozialisierung« des einzelnen in den Gliederungen der nationalsozialistischen Staatsjugend, überhaupt der Mißachtung der bürgerlichen Privatsphäre während des Dritten Reichs. Schelsky findet heraus, daß die persönliche und private Welt der »Skeptischen« um die Familie zentriert ist. Der Familienverband hat sich für die »skeptische Generation« in den Wirren der Kriegs- und Nachkriegszeit, wie Schelsky meint, als einzig verläßlicher sozialer Zusammenhalt erwiesen. Die Familiensolidarität half einem zu überleben. Das ist der Grund für die familienkonforme Einstellung dieser Generation. Die Familie ist nicht, wie für die früheren Jugendgenerationen – und, wie wir wissen, auch für spätere –, Schauplatz von Generationskonflikten und politischen Debatten, kein Ort, an dem gesellschaftliche Konflikte und Spannungen ausgetragen werden, sondern ein Ort personal verpflichtender Solidarität, die einen gegen die Durchschlagskraft gesellschaftlicher Ereignisse und Entwicklungen schützt. Das Leitbild der Ehe- und Familienauffassung der

»skeptischen Generation« heißt »Partnerschaft im Lebenskampf«. (Schelsky, S. 149) Der Rückzug ins Private bedeutet freilich nicht den Rückzug aus der Gesellschaft. Aus dem Schutzraum des Privaten heraus vollziehen die »Skeptischen« eine zweckbetonte Anpassung an die in ihren Augen unvermeidlichen Organisationsformen der Gesellschaft. Sie erfüllen ihre staatsbürgerlichen Pflichten und sind durchaus willens, sich Verbänden und Interessengruppen anzuschließen, wenn sie darin einen Nutzen sehen oder es unter Gesichtspunkten der gesellschaftlichen Ordnung als zweckmäßig erachten. Wenn es erforderlich erscheint, finden sie sich sogar bereit, den »Galeerendienst«[5] eines öffentlichen Engagements auf sich zu nehmen, also einer Partei beizutreten oder sich für ein öffentliches Amt zur Verfügung zu stellen. Ihre Lebenssicherheit jedoch suchen sie im Kreis der Familie. Sie mühen sich ums Eigenheim, widmen sich ihren Hobbies und schaffen sich so ihr »eigenes Reich«.

Zu erkennen ist das Bild einer Jugendgeneration, die 1945 nach dem Zusammensturz deutschen Größendrangs ihren kleinen Frieden im persönlichen und privaten Dasein sucht. Darin liegt eine Hinwendung zu einer gewissen Begrenzung und Bescheidenheit. In den Erfordernissen des einfachen Lebens, nicht in den Verstiegenheiten ideologischer Systeme liegt für sie das Maß aller Dinge. Innerlich unbeteiligt an den politischen Debatten der Nachkriegszeit geht diese »skeptische Generation« mit einem verbissenen Pragmatismus an die Arbeit des Wiederaufbaus. Illusionslos, anpassungsgeschickt, zupackend stellt sie sich dem Lebenskampf. Die Wirkungsgeschichte von Schelskys Buch spricht dafür, daß dieses Bild zutrifft.

Bei der Rezeption von Schelskys Deutung wurde aber oft nicht berücksichtigt, daß dieser seine Studie als eine generelle Theorie der modernen Jugend in der industriellen Gesellschaft angelegt hat. In der zeitgeschichtlich-konkreten Gestalt der »skeptischen Generation« verwirklicht sich Schelskys Auffassung zufolge die Verhaltensstruktur der Jugend, die sich in allen komplexen Industriegesellschaften herausbildet. Die »skeptische Generation« ist die erste deutsche Jugendgeneration, deren Lebensformen den Anforderungen der Modernität gerecht werden. Diese von heute aus gesehen vielleicht überzogen anmutende Auffassung wird besser verständlich, wenn man sich den zeitgeschichtlichen Kontext vor Augen führt, in dem diese Interpretation entstanden ist.

Die »Fünfundvierziger« waren in der ersten Nachkriegszeit Gegenstand besorgter Kommentare. Besonders ihre jugendbewegten Großväter führten Klage über Verhalten und Gesinnung ihrer Enkelkinder. Einer von diesen, Eduard Spranger, schrieb im Jahre 1953:

> »Verlust der Heimat, Verlust des einheitlichen Vaterlandes, Zerreißung der Familien, Bedrohung der persönlichen Freiheit und der Unabhängigkeit des eigenen Staates, eine von Fiktionen getragene Wirtschaftslage, weitest getriebener Unfug mit völlig unproduktiven Dingen, wie meetings und Scheinkongressen – es sind nur herausgegriffene Stichworte, aber in ihrer Gesamtheit zielen sie auf den Zustand einer Welt, von der ich mir nicht vorstellen kann, daß ich ihn in jungen Jahren ertragen hätte, ohne in die äußerste Aufwallung zu geraten; meinetwegen: verbunden mit ebenso großer Ratlosigkeit. Aber wenn die Ratlosigkeit und das Leiden nicht produktiv machen, wenn auf diese Herausforderung die leidenschaftliche Antwort ausbleibt (Toynbee), in welcher Sprache soll dann das Schicksal noch zu uns reden?
>
> Kurz: ich vermisse eine Jugendideologie, die von den öffentlichen Angelegenheiten herausgepreßt wäre und zu ihnen eine Position bezöge.«[6]

Die »Fünfundvierziger« fühlten sich von Anteilnahmen und Aufforderungen dieser Art bedrängt:

> »Wir sind der Gegenstand ungezählter ernster Erörterungen. Die ältere Generation glaubt erkannt zu haben, daß die Jugend nicht die Kraft besitzt, allein aus ihrer geistigen Verirrung herauszufinden. Dagegen aber erhebt sich aus unseren Reihen immer wieder der Ruf ›Laßt uns in Ruhe! Wir wollen nichts mehr hören!‹ Wie anders war es doch in früheren Zeiten, da aus den Reihen der nachdrängenden Generation die neuen Impulse kamen, da mit dem Überlieferten gebrochen und auf allen Gebieten revolutioniert wurde. Es gab einmal eine Epoche, der die Jugend mit dem Namen ›Sturm und Drang‹ ihren Stempel aufdrückte.
>
> Wo liegen die Gründe, daß wir jungen Männer von heute nicht mehr vorwärtsstürmen, um uns eine neue, bessere Zukunft zu erobern, daß wir bei oberflächlichem Hinsehen wie bedächtige Greise erscheinen neben den 70jährigen fortschrittlichen Kämpfern, die im Vordergrund des öffentlichen Lebens von heute

> stehen? Um hierauf zu antworten, muß man die Jugend kennen. Wer aber kennt sie heute wirklich? ... Wer uns heute als Gesamtheit, als Masse behandelt, uns in Bausch und Bogen verurteilt oder Einheitsrezepte für unsere Politisierung erfindet, hat nichts von uns begriffen.«[7]

Schelsky will diese Jugend begreifen. Er will ihr beistehen gegen die für sie unverständigen Angriffe ihrer jugendbewegten Großväter, die sie als dumpf, uninteressiert und nicht mehr begeisterungsfähig hinstellen. Schelsky bietet sich dieser so bedrängten Jugend gewissermaßen als intellektueller Schutzpatron an. Seine Studie über die »skeptische Generation« kann als eine Art Verteidigungsrede zugunsten der »Fünfundvierziger« gelesen werden. Er sucht dem Sinn und der Berechtigung der Daseinsweise dieser Generation Ausdruck zu verleihen.

Das Plädoyer geht aus von den Bedingungen der geschichtlichen Lage. 1945 sahen sich diese Jugendlichen vor die Aufgabe gestellt, die »persönliche und private Welt des Alltags, vom Materiellen angefangen, selbst stabilisieren und sichern zu müssen«. (Schelsky, S. 75) Nach Faschismus und Krieg mußten sie sich die grundlegenden Bedingungen ihrer Existenz selber schaffen. Sie konnten nicht auf Vorleistungen ihrer Eltern zurückgreifen; im Gegenteil, die Alten bedurften ihrer Hilfe. Wie kann man angesichts dieser Lebenssituation vorwärtsstürmendes Weltverbesserungsengagement erwarten, woher soll die Kraft zur Rebellion kommen, vor allem, gegen wen soll sie sich richten?

Der Kernpunkt des Plädoyers jedoch ist die Umdeutung der vermeintlichen Schwächen der »skeptischen Generation« in ihre Stärken. Schelskys zentrale Deutungsidee besagt, daß die Lebensgestalt der »skeptischen Generation« als vollendete Angleichung an die Erfordernisse der modernen Gesellschaft zu verstehen ist. Damit erfüllt sich eine langanhaltende Entwicklungslinie der Anpassung des Jugendverhaltens an die Strukturen einer komplexen Gesellschaft. Die »Generation der Jugendbewegung« floh noch vor der anbrechenden gesellschaftlichen Modernisierung in das intime Refugium einer abgekapselten Jugendwelt; die »Generation der politischen Jugend« paßte sich schon an die Verhältnisse des technischen Zeitalters an, hegte aber noch die Illusion einer Beherrschung der Gesellschaft im ganzen; erst die »skeptische Generation« akzeptiert voll und ganz die partikulare Stellung des einzelnen innerhalb der modernen Gesellschaft. Skeptizismus, Konkretismus und Privatismus definieren die personale Existenzweise des modernen Individuums. Distanziert gegenüber Ganzheitsinterpretationen und Sinnerfüllungsangeboten bewegt sich der einzelne in der Vielfalt relativ autonomer Lebensbereiche. Er begrenzt die Ansprüche, die aus seinen diversen Funktionsrollen – der Berufsrolle, der Rolle als Konsument, der Rolle als Staatsbürger – an ihn erwachsen und zieht sich aus diesen Verpflichtungen sozusagen nach Feierabend in seine Privatsphäre zurück. Die »skeptische Generation« scheint zu wollen, was sie soll: Auf die Tendenzen zur Partialisierung und Funktionalisierung der Subjektivität in der modernen Gesellschaft reagiert sie mit dem Willen zur Partialisierung und Funktionalisierung ihrer selbst. Dem unterliegt eine grundsätzliche Bereitschaft zur Anpassung.

> »In der Tat ist die Konformität des Sich-gegenseitig-Anpassens nicht aus prinzipieller Gesinnung, sondern weil das Leben so leichter und sicherer ist, ein dauerhafter und bejahter Grundzug dieser Generation, aus dem heraus sie auch bereit ist, die sozialen Ansprüche zu erfüllen, die ihr an sich nicht liegen: Man wird die unvermeidlichen politischen Pflichten und Leistungen auf sich nehmen (man gewöhnt sich an Wahl- und Wehrpflicht), man wird bei aller Abneigung gegen Bürokratie und Funktionärtum sich selbst seine bürokratisch-funktionärhafte Stellung zu besorgen und zu sichern wissen usw.; die Notwendigkeiten der Anpassung haben den Vorrang vor allen noch vorhandenen Gegnerschaften.« (Schelsky, S. 383 f.)

Das Streben der »skeptischen Generation« scheint auf eine »möglichst umfassende Funktionstüchtigkeit« (Wilhelm Roessler)[8] zu zielen. Dabei drohen die Grenzen von Pragmatismus und Opportunismus ineinander zu fließen. Aus demjenigen, der entgegen seiner Neigung, aber aus pragmatischen Gründen bereit ist, organisatorische oder politische Verantwortung zu übernehmen, wird unter dem Zwang der Verhältnisse leicht ein orientierungsloser Technologe.

Man kann sagen, daß Schelsky das Bild der Funktionstüchtigkeit der Flakhelfer-Generation zeichnet. Er nennt sie die »Generation der vorsichtigen, aber erfolgreichen jungen Männer«. (Schelsky, S. 381) Dieses Bild hebt die Leistung dieser Generation angesichts eines ruinierten Landes hervor. Dabei wird die innere Logik ihres Erfolges sichtbar: sie machen sich klein und packen zu. Die Beschränkung auf das Nächstliegende und Handhabbare ist als Antwort auf den Expansionismus und die Phantastik des deutschen Faschismus zu verstehen. Durch ihre unermüdliche Arbeit im Konkreten haben sie dieses Land mitgeschaffen. Die »letzten Helden des Führers« erscheinen als die lautlosen Macher des westdeutschen Wiederaufstiegs. Das Bild verdeckt jedoch die andere Seite der Funktionstüchtigkeit dieser Generation: ein darunter liegendes Lebensgefühl des Schwindels, der Haltlosigkeit, der Unsicherheit.

Gegen das von Schelsky gezeichnete Bild der Funktionstüchtigkeit der Flakhelfer-Generation ist Einspruch erhoben worden. Einer, der protestiert hat, ist Klaus Heinrich. Sein 1962 fertiggestellter und 1964 zuerst veröffentlichter *Versuch über die Schwierigkeit nein zu sagen*[9] stellt einen Gegenentwurf zu Schelskys Deutung dar.

Auf den ersten Blick mag es verwundern, den Band von Heinrich als Einspruch gegen Schelskys Porträt heranzuziehen. Das Buch beansprucht, »eine religionswissenschaftliche Untersuchung unter religionsphilosophischer Fragestellung zu sein«. (Heinrich, S. 160) Zudem pflegt der Autor eine Art »gleichschwebende« Geisteshaltung, die die unterschiedlichsten Register der Darstellung zieht: das Essay ist religionsphilosophisches Traktat, soziologische Analyse und psychologische Studie; der Ton variiert vom Bericht zur Reflexion und dann von der Meditation zur Analyse. Doch man kann den Text auch so lesen, daß sich hier ein Angehöriger der Flakhelfer-Generation, Heinrich ist Jahrgang 1927, zu Wort meldet, um einen Kommentar abzugeben zu dem, was aus seiner Generation geworden ist.

> »Ich gehe von den Erfahrungen einer eng begrenzten Situation aus: den Erfahrungen mit einer bestimmten Art von Indifferenz, die sich, einige Jahre nach dem zweiten Weltkrieg, in Deutschland ausgebreitet hat. Diese Erfahrungen bestimmen alle Erwägungen, die hier angestellt werden. Sie können geradezu als ein Kommentar zu jenen Erfahrungen gelesen werden.« (Heinrich, S. 160)

Was Schelsky als skeptische Zurückhaltung gegenüber gesellschaftlichen Vorgängen charakterisiert, nennt Heinrich Indifferenz. Heinrich protestiert gegen Schelskys Apologie der lautlosen Konformität der Flakhelfer-Generation, eine Konformität, die nicht Jawohl brüllt, sondern immerfort und unverbindlich Nein sagt. »Nichts ist inhaltsleerer, allgemeiner als das Nein. Es kann sich gegen alles richten und sich mit allem verbünden. Nichts ist unselbständiger als das Nein.« (Heinrich, S. 9) Die Flakhelfer-Generation hat Schwierigkeiten, Nein zu sagen. Man kann Heinrichs Essay als eine Auseinandersetzung mit der Lebensweise der Indifferenz lesen, von der nach des Autors Auffassung seine Generation befallen ist. Heinrich deutet die Indifferenz als verzweifelten Versuch, angesichts übermächtiger Gefahren der Verschlingung sich selbst zu bewahren. Die Gefahren der Verschlingung gehen aus von der schäumenden Aufgeblähtheit des Wiederaufbaus. Verzweifelt ist dieser Versuch wegen seiner Vergeblichkeit: das tiefe Verlangen nach Versöhnung, das heißt nach einer lebensfähigen Vermittlung des historischen Risses, welcher das Leben der Flakhelfer spaltet, ist unstillbar. Schlimmer noch: die Indifferenz verrät die Versöhnung, sie führt, wie Heinrich glaubt, zum Selbstverrat.

Die Sprache des Essays muß für einen »Fünfundvierziger« abgehoben und lebensfremd wirken. Die Haltung des Lebenspositivismus verbietet sich Worte wie Versöhnung, Verschlingung, Verrat. Das ist die Sprache von Weltdeutern und Sinnproduzenten; die Sprache der skeptischen Macher ist eine andere. Die Abwehr könnte symptomatisch sein. Man könnte vermuten, daß Worte wie Versöhnung, Verschlingung und Verrat eine mühevoll abgedeckte Realität dieser Generation treffen.

Heinrich steht nicht alleine. Er steht für eine ganze Schar von Angehörigen der Flakhelfer-Generation, die dem affirmativen Bild von der »skeptischen Generation« widersprochen haben. Ich denke dabei vor allem an die literarischen Selbstdeutungen der Flakhelfer-Generation: an den widerspenstigen Blechtrommler Oskar Matzerath, mit dessen Lebensbild Günter Grass einst schokkierte, an Martin Walsers Schilderungen vom Aufstieg des Vertreters und Werbefachmanns Anselm Kristlein oder an Ingeborg Bachmanns Wort vom Ich ohne Gewähr. Heinrichs Deutung bringt diese literarischen Allegorien und Metaphern des Selbst auf Begriffe.

Die psychische Logik, die Heinrich zufolge die Indifferenz gebiert, ist die Flucht. Die Flakhelfer-Generation flüchtet in die Indifferenz. Die Flucht ist der innere Zwang, der die neinsagende Einpassung in die bundesrepublikanischen Verhältnisse beherrscht. Flucht wovor? Heinrich entdeckt drei Fluchtbewegungen: die Flucht vor der Drohung des Identitätsverlustes in die Identitätslosigkeit, die Flucht vor der Drohung des Nichtsprechenkönnens in die Sprachlosigkeit und die Flucht vor der Drohung der Zerstörung in die Selbstzerstörung. Es muß erläutert werden, was mit diesen drei so gewichtigen Formeln gemeint ist.

Eine Generation tarnt sich, diagnostizierte Gerhard Sanden im Jahre 1954. »Sie entflechten sich lautlos. Das Pathos der Massen ist ihnen verhaßt, aber sie werden es schweigend ertragen, um den Gegnern nicht ihren Standort zu verraten. Sie gehen jetzt schon in Deckung, sind jetzt schon getarnt ...«[10]

Das ist die Strategie, Niemand zu sein, keinen Angriffspunkt zu bieten, wegzutauchen in die graue Masse. Heinrich begreift dieses Verhalten der ehemaligen Flakhelfer als Flucht in die Identitätslosigkeit. Sie flüchten vor einem gesellschaftlichen Zustand, der die Identität des einzelnen bedroht. Heinrich bezeichnet diesen Zustand mit einer Metapher von Hans Magnus Enzensberger als einen Zustand des »Schaums«.

»ich bin geblendet geboren, schaum in den augen,
brüllend vor wehmut, ohne den himmel zu sehen,
am schwarzen freitag, heute vor dreißig jahren.

schaum vor dem mund des jahrhunderts! schaum
in den kassenschränken! jaulender schaum
in den gebärmüttern und den luxusbunkern!
schaum in den rosa bidets!

dagegen hilft kein himmlischer blitz! das blüht,
das überzieht die erde an haupt und gliedern
mit rasendem rotz! das reutet kein feuer,
kein schwert! das endet nicht! dagegen gibt es,
ehrlich gesagt, keinen rat, kein beil, kein geheimnis.
das ist zu süß! das steigt aus dem abgrund auf
und schäumt! und schmunzelt! und schäumt!

reicht mir die bruderhand, ihr verräter,
übersät mit warzen, flaksplittern und brillanten,
bewohner schmutziger nebensätze,
reicht mir den adamsapfel zum judasbiß,
das schäumende seifenherz und den kontoauszug,
rosig vom hämoglobin! zieht mich zu grund,
tiefer zu euch, zu den anderen quallen,
in den freiberuflichen schaum!

hier stehe ich täglich, ein feuerschlucker wie ihr,
wie alle andern, an meiner straßenecke, von neun
bis fünf, und schlucke mühsam für zwanzig mark
mein eigenes feuer, knietief im schäumenden status
quo, unter vergasern und ampeln.
horch!
wer ruft grüßgott aus dem schaum?
wer heißt mich hoffen? und warum hoffen?
wer reicht mir die klebrige bruderhand?

loslassen! loslassen! ich bin keiner von euch
und keiner von uns: ich bin zufällig geboren
unter schäumenden wasserwerfern, zufällig brüllend,
ehrlich gesagt, allein, ohne brüder, geblendet,
am schwarzen freitag, in einem rosa bidet.«

Dieses Passus stammt aus der Elegie »Schaum«, die in dem 1960 erschienenen Gedichtband *Landessprache* zu finden ist.[11] Enzensberger, Jahrgang 1929, scheint ein Lebensgefühl seiner Generation zum Ausdruck gebracht zu haben. Die literaturwissenschaftliche Rezeptionsforschung vermerkt: »Es ist erwiesen, daß die frühe Lyrik Enzensbergers ... zur Zeit ihrer Entstehung die Interessen und Bedürfnisse, das ›Lebensgefühl‹ einer ganzen Generation, der Generation der damals Fünfundzwanzig- bis Dreißigjährigen, so genau zum Ausdruck brachte, daß geradezu leitbildbestimmte und existentiell-identifikatorische Rezeptionsweisen sich einstellten. Das allgemeine (und ziellose) Unbehagen an den gesellschaftlichen und politischen Entwicklungen und Deformationen fand sich artikuliert und gleichsam erlöst in Enzensbergers Gebärde des Zorns, der Auflehnung und der Negation. In seiner Beschreibung und Bestimmung der Lage fanden die Leser ihre eigene beschädigte Wirklichkeit vor.« (D. Steinbach)[12]

»Die Metapher ›Schaum‹ ist für uns nicht mehr eine des Überschwangs ... Der Glaube an die alles erneuernde Macht des Lebens ist aufgebraucht. ›Schaum‹ ist weder eine helle noch eine dunkle Metapher mehr. ›Schaum‹ ist trübe.« (Heinrich, S. 74) Schaum besitzt Heinrich zufolge drei wesentliche Eigenschaften: Schaum ist ungreifbar, er ist minderer Qualität, und er kann einen ersticken. Ein »Schaum«, »zu süß«, überzieht die neuen Lebensverhältnisse nach dem Kriege. Darin geht alles unter; dagegen hilft nichts. Die Flakhelfer fühlen, daß sie in diesem Schaum ersticken: »loslassen!

loslassen! ich bin keiner von euch und keiner von uns: ich bin zufällig geboren.« Das ist ein Hilferuf angesichts der Drohung des Identitätsverlustes durch Ersticken, vor der es scheinbar nur eine Rettung gibt: die Flucht in die Identitätslosigkeit.

Helmut Schelsky sprach von einer »stillen Generation«. (Schelsky, S. 382) Die Flakhelfer-Generation scheut das öffentliche Wort. Sie will nicht die Welt verändern, sondern ihr persönliches und privates Dasein meistern. Die Flakhelfer-Generation erscheint sprachlos. »Sprachlosigkeit ist ein kapitulierendes oder ein realitätsgerechtes Verhalten oder beides zugleich«.« (Heinrich, S. 118) Diese Sprachlosigkeit reagiert auf die Erfahrung eines »verstrickenden Schweigens« (Heinrich, S. 109), das die westdeutsche Nachkriegsgesellschaft beherrscht. Zu der Hast des Wiederaufbaus gehört nach Heinrichs Deutung ein großes Schweigen: Schweigen über das Unfaßbare des Faschismus und des Krieges; kein Schweigen des Eingedenkens, sondern ein verleugnendes Schweigen. Worüber zu reden ist, darüber darf nicht geredet werden. Jeder bleibt mit seiner Irritation allein. Vor der Drohung des Nichtsprechenkönnens flüchtet die Flakhelfer-Generation in die Sprachlosigkeit.

Helmut Thielicke stellte im Jahre 1955 fest: »Diese Generation diskutierte nicht, sondern sie schwieg. Sie stellte sich tot wie ein Tier in der äußersten Gefahr.«[13] Die Art und Weise, wie die Flakhelfer-Generation sich tot stellt, ist die »Regression in stummes Tun«. (Heinrich, S. 133) Identitätslos und sprachlos kümmern sie sich um das berufliche Fortkommen, um die Familie, um die Einrichtung ihres Alltags. Sie verzichten auf Lebensziele und fügen sich den Erfordernissen des Neubeginns.

> »Aber Flucht vor der Sprachlosigkeit in die Sprachlosigkeit ist kein Ersatz für Sprache. Solange es nicht gelingt, Sprachlosigkeit zum Reden zu bringen, hat der Versuch, das sprachlose Selbst vor den Folgen des Zerrissenwerdens durch eine verstrickende Sprache zu schützen, selbstzerstörerische Konsequenz. Und auch die Hoffnung, daß unter dem Schutz von Identitätslosigkeit und Sprachlosigkeit ein auf seine ›kleinste Größe‹ reduziertes Selbst überwintern könne (obschon sich viele an diese Hoffnung klammern, weil sie für viele die letzte ist), ist nur gering. In dieser Situation scheint eine einzige Gruppe von Aktionen zu bleiben, in denen das bedrohte Selbst sich selbst als mächtig erfährt: die Aktionen der Selbstzerstörung«. (Heinrich, S. 134)

Die Versuche der Selbstbewahrung durch Selbstreduktion enden in Selbstzerstörung. Heinrichs Analysen führen zu der Konsequenz, daß in der Lebensweise der Flakhelfer-Generation die psychische Logik der Selbstbewahrung durch Selbstzerstörung wirksam ist. Die Form dieser Selbstzerstörung ist ein anscheinend realitätsgerechtes und selbstbewußtes Verhalten: die Form der Funktionstüchtigkeit. Angesichts der Drohung von Identitätsverlust und Sprachverlust durch eine Welt voll »Schaum« und Schweigen stürzen sich die »Fünfundvierziger« in die stumme Arbeit des Wiederaufbaus Westdeutschlands. Sie wollen sich immunisieren gegenüber Enttäuschungen, sie suchen einen Zustand des »Jenseits von Enttäuschung und Nichtenttäuschung«.[14] Das ist verständlich, wenn man bedenkt, welche Enttäuschungen ihnen widerfahren sind.

Die erste große Enttäuschung bestand in dem Schock von 1945. Die »letzten Helden des Führers« erlebten eine radikale Depotenzierung. Sie mußten erkennen, von einem System des bösen Scheins mißbraucht worden zu sein, und ihnen stand das historische Versagen ihrer Elterngeneration vor Augen. Die zweite große Enttäuschung war mit der Repotenzierung Westdeutschlands verbunden. Die Bundesrepublik entpuppte sich als substanzlose »Schaumwelt«, in der ein undurchdringliches Schweigen herrschte. Diese jungen Erwachsenen erfuhren, wie der Riß, der durch das Leben der Deutschen ging, annulliert wurde. Sie antworteten auf diese Enttäuschungserfahrungen mit dem geräuschlosen Einsatz beim Wiederaufbau, diesem, wie Alexander und Margarete Mitscherlich gesagt haben, »manischen Ungeschehenmachen« der Vergangenheit.[15] Sie beteiligten sich an der kollektiven Annullierung der deutschen Geschichte.

Die Versuche, sich gegen schmerzliche Enttäuschungen zu schützen, resultieren in einem resignativen Zynismus. Nein sagen zum »Schaum«, in dem man erstickt, zum Schweigen, in das man verstrickt wird, scheint nicht möglich. Man findet sich damit ab und schickt sich in unvermeidlich erscheinende Selbstreduktionen. Das ist für Heinrich Zynismus. Denn das Einverständnis mit der Enttäuschung macht die Resignation zynisch.

> »So kann der Traum einer jüngeren Generation von der Unberührbarkeit in Indifferenz – nebenbei ein Traum, der sie vor den Enttäuschungen ihrer Elterngeneration bewahren soll – sehr schnell in einer zynischen Karriere enden.«[16]

Dieser Zynismus ist Selbstverrat. Denn eine Form der Selbstbehauptung, die den Anspruch auf Selbstverwirklichung aufgibt, wird zu einer Form des Selbstverrats. In der Sicht Heinrichs könnte man die Flakhelfer-Generation eine verratene Generation[17] nennen. Verraten in einem doppelten Sinne: sie ist verraten worden, und in Antwort auf diesen Verrat an ihr verrät sie sich selbst.

Heinrichs Deutung stellt keine Anklage von außen dar, von dem selbstgerechten Standpunkt einer älteren Generation, sie fragt vielmehr von innen her nach der Wahrheit dieser Generation. Die Antwort lautet: Eine Generation verrät sich selbst. Die Flakhelfer-Generation fühlte keinen inneren Halt, der es ihr ermöglichte, den Gefahren der Verschlingung durch »Schaum« und Schweigen standzuhalten. Sie wurde sozusagen hingerissen von dem Strudel des westdeutschen Wiederaufstiegs. Sie hatte Schwierigkeiten, Nein zu sagen, weil es ihr an Grund mangelte, Ja sagen zu können. Sie war beherrscht von einem »bewußtlosen Bewußtsein des universellen Schwindels«.[18] Deshalb flüchtete sie in die Indifferenz. Man kann, einen Begriff von Ronald D. Laing aufgreifend[19], sagen, die Schwierigkeit Nein zu sagen resultiert aus der ontologischen Unsicherheit dieser Generation. Heinrich zeichnet so gesehen das Bild der ontologischen Unsicherheit der Flakhelfer-Generation.

Die Deutungen von Schelsky und Heinrich haben zwei Gesichter der Flakhelfer-Generation deutlich werden lassen: ihre Funktionstüchtigkeit und ihre ontologische Unsicherheit. Schelsky würdigt die verdeckte Aufbauleistung dieser Generation: geräuschlos, aber wirkungsvoll schafft sie den Aufstieg aus Ruinen. Heinrich deckt darin die Bewegung der Flucht auf: sich flüchtend in Formen der Selbstreduktion, sucht sie einen Zustand der Immunität gegen Enttäuschungen. Die Flakhelfer-Generation erinnert an Personen, die, innerlich haltlos, einen äußeren Halt durch eine elastische Anpassung an die Erwartungen der anderen suchen. Das sind keine größensüchtigen Ellbogentypen, sondern eher vorsichtige und erwartungssensible, aber mit verbissenem Willen ausgestattete Macher. Sie wollen nicht Macht und Reichtum, sondern Sicherheit und Auskommen. Sie agieren nicht von sich aus, sondern reagieren geschickt. Sie stellen sich nicht in den Vordergrund, sondern suchen Deckung. Funktionstüchtigkeit und ontologische Unsicherheit scheinen zusammenzugehören.

Es sollte nicht vergessen werden, daß Schelsky und Heinrich ihre Deutungen der Flakhelfer-Generation in einen weiteren historischen Zusammenhang stellen. Nach Schelsky, darauf wurde bereits hingewiesen, erfüllt sich in den Formen des Skeptizismus, Konkretismus und Privatismus die Existenzweise des modernen Individuums. Dadurch erhält sich der einzelne trotz seiner gesellschaftlichen Partialisierung in den verschiedenen Rollen, die er zu spielen hat. Schelskys Deutung der »skeptischen Generation« kann man verstehen als den Versuch, David Riesmans Diagnose vom allmählichen Ausbreiten des »außengeleiteten Charakters« auf die westdeutschen Verhältnisse nach 1945 zu übertragen.[20] Riesmans »außengeleiteter Charakter« verfügt nicht mehr über einen inneren Kreiselkompaß, welcher sein Verhalten leitet, sondern richtet sich seismographisch an den wechselnden Erwartungen der anderen aus. Die erste nachfaschistische Jugendgeneration stellt demnach die Vorhut in der Ausbreitung des »außengeleiteten Charakters« in der westdeutschen Gesellschaft dar. Die generationsbildend wirkenden Umstände von 1945 machten sie in besonderer Weise empfänglich für diese Individualitätsform. Die Enttäuschung angesichts der Erkenntnis der zerstörerischen Folgen des im deutschen Faschismus hochgepeitschten Souveränitätsanspruchs des Subjekts führte sie zu einer Akzeptierung der personalen Daseinsform der »Außengeleitetheit«. Schelsky zufolge ist es diese Enttäuschungserfahrung, die ihre Einpassung in die Modernität in die Wege geleitet hat. Was auch immer man von der ursprünglichen Diagnose Riesmans und ihre Aufnahme durch Schelsky hält, es besteht wohl kaum ein Zweifel daran, daß die beschriebenen Lebensformen der Flakhelfer-Generation zu einer Gesellschaft passen, die weniger in überschaubare Lebensbereiche segmentiert, vielmehr in eine Vielfalt unterschiedlicher Rollenbereiche funktional differenziert ist. Skeptizismus, Konkretismus und Privatismus ermöglichen es dem einzelnen im Durchgang durch diese Komplexität seine Individualität zu bewahren. Insofern kann man Schelskys Interpretation durchaus zustimmen, daß sich die Antwort der Flakhelfer-Generation auf die Erfahrung von 1945 in einen langfristigen historischen Entwicklungstrend fügt.

Aber auch die Deutung Heinrichs enthält einen weiteren historischen Blickwinkel. Nicht das von Schelsky betrachtete Verhältnis von Persönlichkeitssystem und sozialem System, sondern das Verhältnis von Persönlichkeitssystem und kulturellem System ist der Gegenstand seiner religionswissenschaftlichen Untersuchung. Die Indifferenz erscheint in dieser Sicht als eine Reaktionsform auf den Verlust der religiösen Verkörperungen von Versöhnung. Der

Flucht in die Immunität unterliegt die moderne Erfahrung einer »transzendentalen Obdachlosigkeit« – dieser Ausdruck von Georg Lukács[21] wird zwar von Heinrich nicht verwandt, trifft aber m. E. seine Diagnose der Problemsituation in der Moderne. Dabei gewinnen zwei Formen der Indifferenz an Bedeutung: der Ontologismus und der Positivismus. Die einen hören auf das »Geläut der Stille« (Martin Heidegger), um das Sein zu vernehmen; die anderen lassen nur gelten, was sich dem operationalisierten Zugriff fügt. Beiden ist gemeinsam ein Solipzismus aus Enttäuschung, der sich dem zerbrechlichen Vermittlungsgeschehen sprachlicher Verständigung entzieht. Man hat den Glauben an die Gelingensmöglichkeit einer versöhnenden Sprache verloren. Man überläßt sich statt dessen dem Sog der Ichauflösung und des Schweigens und fühlt sich mächtig in diesen Aktionen der Selbstzerstörung. Dem modernen Individuum, so läßt sich die religionswissenschaftliche Analyse Heinrichs zusammenfassen, fehlen kulturelle Manifestationen von Versöhnung, die ihm »Mut zum Sein« (Paul Tillich) verleihen, und enttäuscht überläßt er sich den Formen der Indifferenz. Diese Sicht der kulturellen Moderne wirft Licht auf die besonderen Erfahrungen der Flakhelfer-Generation. Der Enttäuschungsschock von 1945 hat sie in der empfänglichen Phase ihrer Jugend getroffen. Damit wurden zentrale Verkörperungen von Versöhnung, die gesellschaftlich hochgehalten worden waren, zerstört. Die Reaktion darauf war die Flucht in einen »Zustand jenseits von Enttäuschung und Nichtenttäuschung«. Nimmt man die religionswissenschaftliche Analyse Heinrichs ernst, dann kommt man zu dem Schluß, daß sich in der unter besonderen historischen Umständen gebildeten ontologischen Unsicherheit der Flakhelfer-Generation die ontologische Unsicherheit des modernen Individuums zuspitzt.

Sowohl Schelsky als auch Heinrich erblicken also in der Gestalt der Flakhelfer-Generation die Tendenz eines langfristigen gesellschaftlichen Wandels. Danach käme in den Lebensformen der Flakhelfer-Generation eines der großen Themen moderner Subjektivität zum Ausdruck, nämlich das Problem der Bewahrung von Souveränität angesichts der fortschreitenden Dezentrierung des Subjekts. Die Frage lautet, wie ein Individuum angesichts der Erfahrungen seiner Partialisierung ein »Gefühl seines eigenen Daseins« gewinnen kann.[22] In unserem Zusammenhang soll aber nicht am Fall der Flakhelfer-Generation ein evolutionärer Wandlungsprozeß verfolgt, sondern die zeitgeschichtlich-konkrete Gestalt dieser Generation erschlossen werden. Und dabei sind wir noch nicht am Ende. Die Deutungen von Schelsky und Heinrich haben uns die Funktionstüchtigkeit und ontologische Unsicherheit der Flakhelfer-Generation vor Augen geführt. Es sind dies zwei Gesichter einer Gestalt. Die »Fünfundvierziger« scheinen ihre ontologische Unsicherheit durch ihre Funktionstüchtigkeit zu verdecken. Welche Lebensproblematik äußert sich auf diese Weise? Genauer: Woher rührt die ontologische Unsicherheit der Flakhelfer-Generation?

4.2 Ontologische Mangelzustände: Vaterlosigkeit, Sprachlosigkeit, Geschichtslosigkeit

Den Fünfzehn- bis Neunzehnjährigen wurde 1945 gleichsam der Boden unter den Füßen weggezogen. Die »kindliche Verhaltensheimat« (Schelsky, S. 75), gegen die sich das Aufbegehren der Jugend richtet, auf der es sich aber auch gründet, war zertrümmert. Viele Familien waren zerrissen und zerstreut; die Wohnungen waren zu einem großen Teil zerstört; es fehlte an Nahrungsmitteln und Heizmaterial; überhaupt herrschte eine allgemeine gesellschaftliche Desorganisation und Verwirrung. Diese Erfahrungen der äußeren Not verdeckten Erfahrungen der inneren Not. Die mit 1945 zusammenhängenden inneren Nöte der Flakhelfer-Generation versuche ich mit drei Formeln zu fassen: Die Flakhelfer-Generation ist eine vaterlose Generation, sie ist eine sprachlose Generation und sie ist eine geschichtslose Generation.

Eine vaterlose Generation[23]

»›Glaub mir, mein Sohn‹, sagte mein Vater, ›Menschen wie ich werden in diesem Land bald wieder geachtet sein.‹ Das war im Januar 1946. Wir gingen in Soldatenmänteln durch Hameln. Ich trug einen Holzverschlag mit einem winzigen Fensterglas. Der sollte die Mauerhöhle im ersten Stock eines Hauses verschließen, wo mein Vater das Büro eines Steuerberaters eröffnen wollte.

Nach dem ersten Weltkrieg war er als Oberleutnant a. D. Buchhalter in einem Zeitungsverlag geworden. Jetzt war es wieder soweit. Zuletzt hatte mein Vater als Oberst in der Stellung des Waffengenerals der Artillerie im Stab der Heeresgruppe West gedient. Nach der Kapitulation brachten Amerikaner ihn in ein Umerziehungslager bei Attigny. Er kaute Trockenerbsen, ging am Drahtverhau entlang und sagte sich stundenlang Goethe-Gedichte auf. Er war nie ein schlimmer Nazi, aber immer gehorsam gewesen. Als er bei uns wieder auftauchte, im Dezember 45, war er einer von denen, deren Herkunft nichts mehr galt.

›Das wird nicht so bleiben‹, sagte mein Vater. ›Die Leute werden sich wieder auf das besinnen, was in Deutschland immer zählt.‹ Ich war ratlos über seine Unbeirrbarkeit. Er war ein demontierter Vater. Aber auf seine Familie konnte er sich verlassen.

Als ich ihm mit Ungeschick das Fenster einsetzte, ordnete er Steuergesetze, von denen niemand wußte, wie lange sie in Kraft blieben. Als er armselig eingerichtet war, kam der Bescheid der Besatzungsbehörde, daß er nur untergeordnete Arbeit verrichten und nicht mehr als 300 Reichsmark im Monat verdienen durfte.

Kerzengerade ging er davon und wurde Buchhalter in einer kleinen Holzfirma. Mein Vater hat recht behalten. Schon fünf Jahre später fragten sie ihn, ob er der Wiederaufrüstung dienen wollte. Wer für die Bundeswehr einen General brauchte, mußte jemanden nehmen, der unter Hitler mindestens als Oberstleutnant Befehle ausgeführt hatte. Diesmal wollte mein Vater keine Uniform mehr tragen. Weil alles wieder aufwärts ging, erhielt er Anspruch auf Pension nach dem 131er Gesetz. Er wurde Prokurist in einer Brauerei und trat später der CDU bei.

Immerzu geschah etwas, das ich mir nicht vorstellen konnte. Ich hatte geglaubt, nach diesem Krieg müßte alles anders werden in Deutschland.«[24]

Eine typische Erfahrung eines Flakhelfers nach dem Kriege: Der Vater war demontiert, aber auf seine Familie konnte er sich verlassen. Welches familiendynamische Beziehungsgefüge verbirgt sich hinter dieser einfachen Feststellung?

Ein Vater kehrt aus der Kriegsgefangenschaft nach Hause zurück. Der Sohn erzählt: Er war ein »soldatischer Mann« gewesen, Oberst. Nach der bedingungslosen Kapitulation, dem Eingeständnis der Niederlage, hatten ihn die Sieger in ein Umerziehungslager gesteckt. Der Sohn stellt sich vor, wie sein Vater zu überleben versuchte: Trockenerbsen kauend ging er am Drahtverhau entlang und sagte sich stundenlang Goethe-Gedichte auf. Ein Bild der Erniedrigung und des trotzigen Beharrens. Der Sohn stellt fest: Ein schlimmer Nazi war sein Vater nie gewesen, aber immer gehorsam, immer bereit, das zu tun, was man von ihm verlangte. Er war eine Stütze des Nazi-Systems gewesen. Leute wie er hatten dieses System möglich gemacht und hatten es getragen. Weiter heißt es: »Als er bei uns auftauchte, im Dezember 45, war er einer von denen, deren Herkunft nichts mehr galt.« Er tauchte wieder auf, sagt der Sohn. Er kehrte nicht nach Hause zurück, lang erwartet oder gar ersehnt, der liebe Vater, der geliebte Ehemann, nein, er tauchte wieder auf, wie einer, den man wohl oder übel aufnehmen muß. Der Vater erscheint als lästiger Verwandter. Was wollte er? Seine Rolle war ausgespielt. Sein einstiger Rang und Name galt nichts mehr, erklärt der Sohn. Die Armee, der er als Offizier gedient hatte, hatte kapituliert. Aber das war es nicht allein. Er trug nicht nur Verantwortung für den Krieg der Deutschen, sondern auch für den Faschismus der Deutschen. Man kann davon ausgehen, daß dem Sohn im Januar 1946 die Fakten über die Vernichtung der Juden bekannt waren. Der nach Hause zurückkehrende Vater stand für Niederlage und Schuld.

Bei »uns« tauchte er wieder auf, ist zu lesen. Da scheint es eine Wir-Gemeinschaft zu geben, die der Vater stört. Es ist die Mutter-Sohn-Gemeinschaft. Dazu muß man wissen, daß die Flakhelfer, obwohl noch Jugendliche, durch die Erfahrungen des Krieges zu einer frühen Selbständigkeit gezwungen waren. Zu früh, wenn man sich das Normalmodell einer Jugend in einer modernen Gesellschaft vor Augen hält, demzufolge die Jugend eine Art von »psychosozialem Moratorium« (Erik H. Erikson) zwischen Kindheit und Erwachsenenalter darstellt, das dem Heranwachsenden Raum eröffnen soll für experimentelle Selbsterkundungen. Diesen Raum hatten die Flakhelfer nicht. Sie kamen nach 1945 als frühgereifte junge Männer nach Hause. In der ersten Nachkriegszeit mußten sie mit für die Familie sorgen. Sie gingen auf Hamsterfahrt, betätigten sich auf dem Schwarzmarkt oder »organisierten« das Notwendige. In vielen Familien haben die noch jugendlichen, aber frühgereiften Söhne die vakante Vaterposition eingenommen. Eine geheime Mutter-Sohn-Allianz scheint sich da entwickelt zu haben, eine Allianz gegen den abwesenden Ehemann und Vater. Beide, Mutter und Sohn, erlebten in der Bewältigung der Notsituation eine ungeahnte Stärke, die sich gegen den herkömmlichen Repräsentanten der Stärke, den Vater, richtete. Diese verschwiegene Gemeinschaft wurde durch den auftauchenden Vater gestört. Dieser wollte seinen angestammten Platz wieder einnehmen. Aber er war nicht mehr der Ehemann und Vater von früher. Im Text steht: »Er war ein demontierter Vater.« Demontage bedeutet, daß etwas Aufgebautes abgebaut wird. Es handelt sich um das Standbild des Vaters. Es war durch die Ereignisse von 1945 eingestürzt. Der Vater war geschlagen, ungeachtet und schuldig.

»Aber auf seine Familie konnte er sich verlassen.« Für Konflikte, Auseinandersetzungen, Besinnung war nicht die Zeit. Anderes war vordringlich: Man mußte sich gemeinsam um die Sicherung der unmittelbarsten Lebensbedingungen kümmern. Glaubt man den in den fünfziger Jahren entstandenen Untersuchungen über die westdeutsche Nachkriegsfamilie[25], dann herrschte eine »Toleranz der gemeinsamen Not zwischen den Generationen«. (Schelsky, S. 129) Das Verhalten der Jugendlichen in der Familie war »elastisch und paßte sich den Erfordernissen der Situation an ...«.[26] Die Auseinandersetzung über gesellschaftliche Fragen und politische Themen wurde innerhalb der Familie gemieden. Die Generationen ließen einander resignativ gelten, ja bisweilen kam ein Ton des Mitleids auf.

> »Oftmals äußerten die Jugendlichen die Ansicht, daß die Eltern zu bedauern seien, weil sie es einmal besser gehabt haben. Neben den rein ökonomischen Leistungen des Jugendlichen für die Familie gibt es auch eine menschlich-soziale Leistung: den Eltern fiel die Anpassung an die neuen Verhältnisse oftmals sehr schwer, die Schockwirkung war bei ihnen besonders stark und in dieser ersten Periode übernahm der Jugendliche dann die Aufgabe, den notwendigen Kontakt mit der Umwelt und den Behörden aufzunehmen. Wir begegnen hier einem psychologisch sehr wichtigen Zug: der Jugendliche bedauert seine Eltern und glaubt, daß ihnen die Anpassung viel schwerer fällt als ihm selbst und entwickelt dabei das Gefühl, für sie mitverantwortlich zu sein.«[27]

Die Nachkriegsfamilie bietet das Bild notwendiger Friedfertigkeit und Toleranz zwischen den Generationen. Wie war dieses familiendynamische Arrangement möglich? Bedingung dafür war ein Vermeidungsverhalten der Söhne: Die früh gereiften Flakhelfer haben den Aufstand gegen die Väter vermieden. Das hätte bedeutet, einen

Strich zwischen sich und den Vätern zu ziehen und diese in ihre Verantwortung für die Vergangenheit zu stoßen. Das Gegenteil war der Fall: Die aus Krieg und Gefangenschaft zurückkehrenden Schüler-Soldaten haben sich reibungslos wieder in ihre Familie eingefügt, auffällig ist gerade die verspätete Ablösung aus der Elternfamilie[28], ja es sieht so aus, als hätten sie Zeit ihres Lebens ein überaus positives Verhältnis zu ihrer Herkunftsfamilie und zur Familie als Lebensform überhaupt bewahrt. Warum haben die Söhne den Aufstand gegen die Väter vermieden?

Mit dem Hinweis auf die äußeren Notstände während der ersten Nachkriegszeit allein ist dieses Verhalten nicht zu erklären. Vielmehr müssen die inneren Erfahrungen berücksichtigt werden. Es klingt paradox: Die Schwäche der Eltern, vor allem der Ruin des Vaters, hat das jugendliche Ablösungs- und Selbständigkeitsstreben der Flakhelfer erstickt. Wie kann sich der jugendliche Sohn mit einem demontierten Vater auseinandersetzen? Wie soll er sich von einem entwerteten Liebesobjekt abstoßen? Was ist von diesen geschlagenen und schuldigen Vätern zu erben?

> »Wenn die Söhne sich auflehnen, sind die Väter gemeint, die Welt, die sie repräsentieren, also eine zumindest äußerlich noch intakte Welt. Nach 1945 aber fanden die jungen Männer in Deutschland nur Trümmer vor. Was die Väter geschaffen hatten, war so ungeheuerlich, daß es jeder Anprangerung spottete. Und die Väter selbst waren keineswegs große Verbrecher, gegen die man sich hätte empören mögen, sondern erbärmliche Verführte, feige Mitmacher, willige Opfer eines Systems von Irrsinn und Barbarei, das jetzt zusammengebrochen war ...«[29]

Diese Väter waren keine Identifikationsfiguren mehr, die eine Lebensform verkörperten, die die Söhne übernehmen oder bekämpfen, an der sie sich jedenfalls abarbeiten konnten, um eine eigene Kontur zu gewinnen. Söhne benötigen Väter zur identifikatorischen Ausgestaltung ihrer Individualität. Der Bildungsprozeß der Jungen anverwandelt sich die Vorbildungen der Alten. Aus der Auseinandersetzung mit dem eine Lebensform verkörpernden Objekt zieht das seine Lebensform suchende Subjekt Selbstachtung und Lebensmut. Die Väter der Flakhelfer-Generation eigneten sich dazu nicht. Sie hatten sich durch das, was sie geschaffen hatten, den verlorenen Krieg, die unnachahmlich deutsche Spielart des Faschismus, von Grund auf entwertet. Die Erkenntnis, daß die Trümmer, vor denen man steht, das Lebenswerk der eigenen

Väter darstellen, muß auf die Söhne erniedrigend und entmutigend gewirkt haben. Nicht Selbstachtung und Lebensmut vermittelten diese Väter, sondern Kränkung und Schuld. Das ist das väterliche Erbe, das die Flakhelfer-Generation zu übernehmen hatte. Damit muß, das läßt sich wahrscheinlich erst sehr viel später ahnen, eine tiefe Enttäuschung und eine hoffnungslose Wut auf die durch und durch kompromittierten Väter einhergegangen sein. Die Söhne fühlten sich betrogen, im Stich gelassen, haltlos. Die dritte Komponente des Familiendreiecks war leer.

Der Vater sagte: »Glaub mir, mein Sohn, Menschen wie ich werden in diesem Lande bald wieder geachtet sein.« Er ordnete Steuergesetze, die vielleicht schon morgen nicht mehr gelten würden. Der Sohn war, wie es heißt, ratlos über die Unbeirrbarkeit des Vaters. Das ist nicht die Geradlinigkeit eines Souveräns, der an sich und seine Sache glaubt, sondern die Verstocktheit eines Mitläufers, der seine Schuld leugnet. Aber wie soll man sich mit einem Vater, der um sein Überleben ringt, streiten? Der Sohn verzichtet auf die Auflehnung gegen den Vater, denn das Leben mußte weitergehen. Und es ging weiter. Der Vater, der sich mit Goethe-Gedichten, Buchhalter-Geschick und kerzengerader Haltung über Wasser gehalten hatte, wurde bald wieder gebraucht. Er hatte recht behalten. »Immerzu geschah etwas, das ich mir nicht vorstellen konnte. Ich hatte geglaubt, nach diesem Krieg müßte alles anders werden in Deutschland.«

Vergleicht man die Generation der Väter mit der Generation der Söhne, tritt etwas Erstaunliches zutage: Väter und Söhne haben ein ähnliches Schicksal durchgemacht. Die Väter der Jahrgänge 1926 bis 1930 sind im Durchschnitt um die Jahrhundertwende geboren. Ihre Jugend stand im Zeichen des Mythos von Langemarck. Das Schlachtfeld von Langemarck steht für das Schicksal einer Jugendgeneration, die 1914 begeistert und freiwillig in den Krieg zog, damit dieser Krieg, als höchster Ausdruck deutschen Willens, wie es damals hieß, endlich die biedermännisch einwattierte Gesellschaft der Gründerzeit hinwegfegen würde, und die dann in den Materialschlachten des Ersten Weltkriegs als Menschenreserve diente. Das Dorf Langemarck war eine stark verteidigte britische Stellung an der westlichen Verteidigungslinie der Alliierten, an der der deutsche Vormarsch auf Paris zum Stoppen kam. Am 10. November 1914 wurde einem Reservekorps der Vierten Armee, die fast ausschließlich aus jungen Kriegsfreiwilligen bestand, Lehrlinge, Studenten und 40 000 Schüler, denen ein Teil des letzten Ausbildungsjahres erlassen worden war, der Befehl erteilt, an dieser Stelle die alliierte Verteidigungslinie zu durchbrechen. Es handelte sich um ein militärisch wohl völlig aussichtsloses Unternehmen. Mit dem Deutschlandlied auf den Lippen stürzten sich diese Jugendlichen todesmutig, so lautet die Überlieferung, in das britische Maschinengewehrfeuer. So endete der jugendliche Enthusiasmus für ein neues Deutschland. Die Faschisten haben den nationalen Mythos der singenden Märtyrer von Langemarck aufgegriffen und in ihre politische Mythologie eingefügt. Die Langemarck-Generation ist in gewisser Weise genauso verraten worden wie die Flakhelfer-Generation: jugendlicher Idealismus wurde von einer ideologischen Macht für militärische Zwecke ausgenutzt. Vielleicht spüren die Flakhelfer untergründig diese Gemeinsamkeit des Schicksals mit ihren Vätern. Vielleicht ist das auch ein Grund für das Mitleid, das die Flakhelfer-Generation an ihre Väter kettet: die Ahnung einer verborgenen Schicksalssolidarität.[30]

Die Flakhelfer-Generation ist durch eine Verpflichtung der Schuld an ihre demontierten Väter gebunden. Deshalb vermied sie 1945 die ödipale Rebellion. Die Söhne spürten die Hilflosigkeit der geschlagenen und schuldigen Väter, und dies verdammte sie zu einer »Toleranz der gemeinsamen Not«. Das hatte Folgen für ihre Selbstbildung. Die Söhne, die sich ihres väterlichen Identifikationsobjekts beraubt sahen, hatten Schwierigkeiten, sich selbst zu identifizieren. Im Grunde litt die Flakhelfer-Generation unter einer tiefen »Identifikationsnot«. Sie hatte jedoch das Vertrauen in versöhnende Identifikationen verloren. Denn sie hatte erfahren, daß Identifikationen die Gefahr von Erniedrigung und Schuld bergen. Davor schützte sie sich durch eine ausgesprochene »Identifikationsscheu«.[31] Von großen Figuren und Ideen wollte sie nichts mehr hören. »Ohne mich«, erwiderte sie auf entsprechende Angebote. Den »letzten Helden des Führers« mangelte es an möglichen väterlichen Verkörperungen, die ihnen den Mut geben konnten, das Risiko des Selbstseins auf sich zu nehmen. Sie verharrten statt dessen in Zuständen symbiotischer Verklammerung: mit der Familie, mit dem Kleinen und Überschaubaren, überhaupt mit dem Persönlichen und Privaten. Die Vaterlosigkeit der Flakhelfer-Generation scheint ein Grund ihrer ontologischen Unsicherheit zu sein.

Eine sprachlose Generation[32]

1957 veröffentlichte Hans Magnus Enzensberger, achtundzwanzigjährig, seinen ersten Gedichtband *Verteidigung der Wölfe*. Unter der Rubrik »Traurige Gedichte« findet sich, als letztes dieser Rubrik, das Gedicht mit dem Titel »Niemand singt«.

> »Niemand singt. Aber wer lauscht ihm denn,
> der sturmzüngig, ein leuchtend Moos
> sein Gesicht, droht, und zeichnet
> mit seiner Hand aus Tang die Gewaltigen
> und befällt sie mit Fäulnis, ersäuft
> ihren Schinderruhm in Vergessen? Drohend,
> mit Fisches Stimme, ruft er die Wahrheit,
> der alles weiß, Niemand. Er lacht, Algen-
> haar, Muschelmund lacht im Schlick
> und lobt das Licht und den Donner. Tod
> fürchtet er nicht. Wer fragt nach ihm, wer
> nach den Mördern, richtet, trauert,
> wer klagt über vieles Blut und bezeugt
> Unrecht viel? Niemand. Niemand singt,
> eingenäht in einen Sack aus Hanf,
> niemand sonst, Niemand singt aus der Flut.«[33]

1957 erzielte die CDU unter Konrad Adenauer bei den Bundestagswahlen als erste deutsche Partei in freien Wahlen die absolute Mehrheit der Stimmen. Die Mehrheit der Westdeutschen wollte »Keine Experimente«. Das Wirtschaftswunder lief auf vollen Touren. Das HB-Männchen, das 1956 das Licht der Welt erblickte, traf die Stimmung der Zeit. Ein anspruchsloser kleiner Mann kämpft mit den Objekten, die sich gegen ihn verschworen zu haben scheinen. Ein König erscheint am Himmel und spricht zu ihm mit gütiger Stimme: »Warum denn gleich in die Luft gehen? Greife lieber zu HB, dann geht alles wie von selbst.« Diese Szenenfolge kann man als Wunscherfüllung interpretieren. Der Wunsch vom kleinen Glück in einer widrigen und feindlichen Welt geht in Erfüllung. Der König nimmt sich dieses Männchens an und spricht ihm Mut zu: Es darf »frohen Herzens genießen«.[34] Die Bundesbürger suchten nach Faschismus und Krieg ihr kleines Glück. Man erfreute sich am »Förster vom Silberwald«, ging im Wienerwald sein halbes Hähnchen essen und machte im Sommer

Camping-Urlaub. Der 1945 verkündete und von vielen versuchte Neuaufbau war in einen Wiederaufbau übergegangen.

Ein betäubendes Schweigen hatte sich in der Bundesrepublik ausgebreitet. Die meisten wollten nichts mehr wissen von ihrer Vergangenheit. Man war wohlständig und wohlanständig geworden. Diese stumme Verleugnung der Vergangenheit wurde noch gerechtfertigt von der vornehmen Betroffenheit einer meinungsbildenden Öffentlichkeit, die, Adornos Diktum eilfertig aufgreifend, verlauten ließ, die Antwort auf Auschwitz könne nur Schweigen, dürfe nur Scham und Verstummen sein.

Enzensbergers Gedicht zeugt von der Sprachnot seiner Generation unter diesen Verhältnissen der Sprachlosigkeit: Niemand singt aus der Flut. Zu singen wäre von der Wahrheit, von Licht und Donner, vom Tod. Aber einem solchen Sänger will niemand zuhören. Ein Sänger, der nach den Mördern fragt, der richtet, trauert, der klagt über das Blut, der das Unrecht bezeugt, ist Niemand.

Dieter Hildebrandt, Jahrgang 1927, sagt in einem 1978 gesendeten Hörbild über die Luftwaffenhelfer:

> »Es wird nicht nur geschwiegen, sondern es wird sogar bekämpft, daß sich jemand erinnert. Es ist offensichtlich eine so schwere Zeit für viele gewesen, daß sie sie gerne vergessen, das seh' ich ein, und vielleicht ist sie auch schwer von Verfehlungen, dann seh' ich es auch ein, daß jemand nicht gern wieder die Zeit aufgerührt bekommt, aber andererseits müssen sie soweit denken, daß man das ganz deutlich sagen muß, daß das nicht wieder passiert, sonst taumeln wir da wieder hinein. Fünfzehn- und sechzehnjährige Jungens zur Abwehr von feindlichen Flugzeugen in einem Alter zu schicken, in dem eigentlich das Leben so anfängt, interessant zu werden, und dann dreißig, vierzig Jahre später nicht darüber nachdenken zu dürfen oder zu sollen, was das für ein Wahnsinn und für ein Verbrechen war, ist wiederum für meine Begriffe eine verbrecherische Handlung ...«[35]

Die Flakhelfer-Generation reagierte auf diese gesellschaftlichen Zustände der Sprachlosigkeit mit Sprachlosigkeit. 1945 hatten sich die aus Krieg und Gefangenschaft zurückkehrenden Flakhelfer einer neuen Sprache geöffnet, die ihnen eine neue Welt eröffnete. »Glühend vor Neugier, nein: vor Begierde«, heißt es in einem Rückblick[36], lasen sie Zeitung, »ausgeleert bis auf den Grund«, liest man in einer anderen Erinnerung[37], verschlangen sie Hemingway, Thornton Wilder, Sartre. Darin lag die Befreiung vom faschistischen Sprachgetöse, die Hoffnung auf eine Sprache, die sagt, was der Fall ist. Diese fiebrige Atmosphäre sprachhungrigen Einverleibens freilich verging bald. Mit der Restauration der Verhältnisse übernahm die Generation der Großväter die Führungsrolle im öffentlichen Diskurs. Auf die »letzten Helden des Führers« wirkte deren Sprache hohl und leer. Sie spürten, daß ihre Erfahrung eines »universellen Realitätszerfalls«[38] in dieser Sprache nicht zum Ausdruck kam. Wie aber war zu reden? Die Flakhelfer-Generation schwieg.

> »Ja, diese Generation schweigt, aber sie schweigt nicht, weil sie etwa zu ratlos wäre, sie schweigt nicht, weil sie nichts zu sagen hätte oder die Worte nicht fände, die notwendig wären, um das zu sagen, was gesagt werden muß. Sie schweigt aus dem sicheren Gefühl heraus, daß die Diskrepanz zwischen der bedrohten Existenz und der geruhsamen Problematik jener älteren Generation, die aus ihrem olympischen Schweigen nach zwölf Jahren heraustrat, zu groß ist, um überbrückbar zu sein. Sie weiß, daß jenes Bild des Menschen, das die ältere Generation von ihren Vorvätern ererbt hat und das sie nun wieder erreichen möchte, nicht mehr aufgebaut werden kann. Sie weiß, daß dieses Bild endgültig zerstört ist. Sie weiß es vielleicht nur intuitiv, aber sie weiß es.«[39]

Der Glaube an eine vermittelnde Sprache war der Flakhelfer-Generation genommen. Sie schützte sich vor der Verstrickung in eine trügerische Sprache durch Verstummen. Die Bilder Enzensbergers lassen die erstickte Wut in diesem Verstummen anklingen: Ein Niemand, ein leuchtend Moos sein Gesicht, ruft die Wahrheit, eingenäht in einen Sack aus Hanf, mit Fisches Stimme. Die nennungsbedürftigen Erfahrungen dieser Generation versinken ungenannt in Schweigen. Die Sprachlosigkeit der Flakhelfer-Generation scheint ein weiterer Grund ihrer ontologischen Unsicherheit zu sein.

Eine geschichtslose Generation[40]

> »Es war ein neuer Anfang, war wie am Anbeginn der Welt, als die Erde wüst und leer gewesen war, Gott aber das Licht von der Finsternis geschieden, Pflanzen und Tiere und zuletzt den Menschen geschaffen hatte. Wir alle waren neue Menschen, wie

neu geboren. Wer es nicht miterlebt hat, kann es kaum nachfühlen, wer es miterlebt hat, kann es nicht vergessen.«[41]

Mit diesen Worten beschreibt Arnulf Baring, Jahrgang 1932, das Ende des Krieges: die Stunde Null einer neuen Schöpfung. Natürlich handelte es sich keineswegs um eine Stunde Null, betrachtet man die Dinge aus heutiger Perspektive in ihren ökonomischen und politischen Zusammenhängen; aber im Erleben der Individuen war der 8. Mai 1945 offenbar die Geburtsstunde einer neuen Zeit. Dies gilt besonders für die Jugendlichen. Von nun an sollte alles neu beginnen, alles anders werden. Und tatsächlich zuckte in der ersten Nachkriegszeit eine Bewegung des historischen Aufbruchs durch die Jugend. In einer Woge der Europabegeisterung wurden Grenzpfähle niedergerissen. Die Vision der Vereinigten Staaten von Europa wirkte anziehend. Auch gab es bei nicht wenigen, die auf die wieder eröffneten Universitäten strebten, Bekenntnisse zu einem unideologischen Pragmatismus nach angelsächsischem Vorbild. Doch diese Aufbruchstimmung erlosch bald. Die Europabegeisterung erstarb mit der Stockung der europäischen Einigungsbewegung, und der Pragmatismus, der für diese Generation kennzeichnend wurde, bekam den defensiven Unterton des Skeptizismus und der Indifferenz.

Die schöpfungsmythische Beschreibung der Stunde Null zeigt die historische Bindungslosigkeit der Flakhelfer-Generation an. Die »letzten Helden des Führers« standen 1945 in einem historisch-kulturellen Niemandsland. Woran sollten sie sich orientieren? Hinter ihnen lag eine dunkle Vergangenheit, vor ihnen eine ungewisse Zukunft. Allein durch »die Gnade der späten Geburt«, wie Günter Gaus dieses Lebensgefühl zum Ausdruck bringt[42], waren sie schuldlos geblieben. Sie konnten sich sagen, daß sie als Kinder verführt und als Jugendliche verraten worden waren. Untergründig wußten sie jedoch, daß ihre Schuldlosigkeit nur die halbe Wahrheit war. Zwar waren sie noch halbe Kinder gewesen, aber doch auch halbe Soldaten, nein, ganze Soldaten, die geschossen und gekämpft hatten. Sie waren dem Schuldzusammenhang der deutschen Geschichte gnädig entronnen und spürten doch ihre Verstrickung darin: hoffnungslos dazwischen. Günter Grass beschreibt diese Zwischenlage in einem Vortrag, den er 1967 auf einer Israelreise in Tel Aviv und Jerusalem gehalten hat:

»Ich komme aus einem Land, dem ich durch Herkommen und Sprache, durch verpflichtende Tradition und geschichtliche Verschuldung, durch Liebe und Haß verbunden bin. Im Jahre 1927 wurde ich in Danzig geboren. Als 14jähriger war ich ein Hitlerjunge; als 16jähriger wurde ich Soldat, und mit 17 Jahren war ich ein amerikanischer Kriegsgefangener. Diese Daten besagten viel in einer Zeit, die zielstrebig den einen Jahrgang dezimierte, den nächsten schuldig werden ließ, einen anderen Jahrgang aussparte. Mein Geburtsjahr sagt: ich war zu jung, um ein Nazi gewesen zu sein, aber alt genug, um von einem System, das von 1933 bis 1945 die Welt zuerst in Staunen, dann in Schrecken versetzte, mitgeprägt zu werden. Es spricht also zu Ihnen weder ein bewährter Antifaschist noch ein ehemaliger Nationalsozialist, eher das Zufallsprodukt eines halbwegs zu früh geborenen und halbwegs zu spät infizierten Jahrgangs.«[43]

Zu jung, um ein Nazi gewesen zu sein, aber alt genug, um vom Nazi-System mitgeprägt worden zu sein – das ist das historische Dilemma der Flakhelfer-Generation. Sie steht weder auf der Seite der Angeklagten, noch kann sie sich auf die Seite der Ankläger schlagen. Es sieht so aus, als habe sich die Flakhelfer-Generation aus dieser hoffnungslosen Ambivalenz in einen geschichtslosen Pragmatismus geflüchtet. Den gesellschaftlich-politischen Programmen der Nachkriegszeit stand sie mit Reserve gegenüber, sie interessierte in erster Linie die Lösung der praktischen Probleme des Tages. Die ganze Wiedervereinigungsmetaphorik deutscher Außenpolitik ließ sie weitgehend unberührt. Überhaupt wandten sich die »Fünfundvierziger« ab von Fragen der nationalen Identität und orientierten sich mehr an den Ideen einer westlichen, genauer: einer nordamerikanischen Lebensweise. Die Öffnung zur »neuen Welt« schlug bisweilen in deren Kopie um.

Die Flakhelfer-Generation war 1945 bindungslos und verstrickt zugleich. Aus dieser geschichtlichen Situation erwuchs eine Art von Geschichtsnot. Sie hätte geschichtliche Anknüpfungspunkte gebraucht, um sich in dem kulturellen Niemandsland zurechtfinden zu können. Aber an die Möglichkeit einer kontinuierbaren deutschen Geschichte konnte sie nicht mehr glauben. Aus der heillosen Ambivalenz ihrer geschichtlichen Lage rettete sie sich in eine Haltung der Geschichtslosigkeit. Die Geschichtslosigkeit der Flakhelfer-Generation scheint ein dritter Grund ihrer ontologischen Unsicherheit zu sein.

In der Zusammenschau ist das Bild einer existentiell irritierten Generation zu erkennen. In der Umbruchsphase ihrer Jugend erlebten sie den Zusammenfall nicht nur der äußeren, sondern auch ihrer inneren Realität. Die Vorbilder waren demontiert, die öffentliche Sprache war trügerisch, der Überlieferungszusammenhang der Geschichte war gerissen. Sie mußten aus einem Zustand des universellen Schwindels heraus ihren Weg finden. Aus dieser biographischen Ausgangslage wird die defensive Gestimmtheit der Funktionstüchtigkeit dieser Generation verständlich. Für sie war die neinsagende Einpassung in die Lebensverhältnisse der wiederaufsteigenden Bundesrepublik eine Form des Überlebens angesichts von Vaterlosigkeit, Sprachlosigkeit und Geschichtslosigkeit. Diese defensive Methode des subjektiven Seins wurde überdeckt von einem rastlosen Einsatz des eigenen Seins. Man hat den Eindruck, als wollten sie durch die Aufbauarbeit eine existentielle Evidenz gewinnen. Wer das schafft, muß doch real sein. Und vielleicht hat für viele der unerwartete, wundergleich erscheinende Wiederaufstieg Westdeutschlands die Illusion ontologischer Sicherheit geschaffen. Der glänzende Erfolg schüttet das innere Vakuum zu.

Auf die Flakhelfer-Generation folgte eine Generation, die dieses defensive Arrangement mit den Verhältnissen brach: die Generation der Studentenbewegung. Die Studentenbewegung protestierte gegen die Väter, gegen die Atmosphäre des Verschweigens der Vergangenheit und die Reduktion der Lebensperspektive auf die Erledigung der Geschäfte des Tages. Es steht hier nicht zur Debatte, wie weit dieser Protest trug und was aus dieser Generation inzwischen geworden ist; unübersehbar aber ist der Generationsbruch zwischen den lautlosen Machern des westdeutschen Wiederaufstiegs und den lautstarken Protestlern gegen die westdeutsche Verfettung. Die Generation der Studentenbewegung reagierte auf eine ganz andere biographische Ausgangslage. Die »Gerümpel-Generation«, wie Rolf Dieter Brinkmann, Jahrgang 1940, seine Generation nennt, »Ruinenkinder, Bombensplitterkinder ... hastig und mit Angst vor dem Krieg oder in den ersten Kriegstagen zusammengefickt – ein verworrenes Motiv: ehe der Mann in den Krieg zieht, macht er der Frau noch ein Kind –«[44], wuchs mit dem Wiederaufstieg Westdeutschlands heran. Sie hatte aus der frühen Kindheit noch die Bombenangriffe im Ohr und das Wirtschaftswunder vor Augen. Einige der Flakhelfer-Generation scheinen sich im Stillen dem »nachträglichen Ungehorsam« der Studentenrevolte angeschlossen zu haben[45], ein paar haben diese verspätete

Revolte öffentlich unterstützt.[46] Auf jeden Fall wurde hier etwas nachgeholt, was der Flakhelfer-Generation zuvor versagt war: der Aufstand gegen die Väter.

Die Aufsteiger aus der Flakhelfer-Generation sind die Solisten im Orchester dieser »Generation der vorsichtigen, aber erfolgreichen jungen Männer« (Schelsky). Wie mögen sie heute ihr Leben sehen? Welche Auffassungen und Überzeugungen sind für sie maßgebend? Welche Lebensmodelle haben sie in ihrem Leben verwirklicht? Darüber sollen uns die nach der Vollendung des gesellschaftlichen und persönlichen Aufstiegs geführten Gespräche Aufschluß geben.

5. Die Datensammlung

Ich habe insgesamt elf Gespräche mit Aufsteigern aus der Flakhelfer-Generation geführt; sechs davon im Frühjahr 1981 und fünf im Frühjahr 1982. Es war nicht einfach, entsprechende Interviewpartner zu finden. Die Schwierigkeiten ergaben sich daraus, daß ich neben dem Kriterium der Jahrgangszugehörigkeit noch das Kriterium der sozialen Herkunft zu berücksichtigen hatte. Denn erstens ist die Zahl von Aufsteigern in gesellschaftlichen Führungspositionen relativ gering, und zweitens verlangt es ein gewisses detektivisches Geschick, die soziale Herkunft der einzelnen in Erfahrung zu bringen. Hatte ich einen Kandidaten gefunden, auf den meine Kriterien zutrafen, habe ich ihn brieflich über mein Anliegen informiert. Dem Brief war zu entnehmen, daß ich an einem psychologischen Institut an einem Forschungsprojekt arbeite, das die Lebensgeschichte von Angehörigen der Flakhelfer-Generation erkundet, die nach dem Zweiten Weltkrieg einen Lebensweg genommen haben, der im Hinblick auf die soziale Lage ihres Elternhauses nicht vorgezeichnet war. In diesem Zusammenhang bat ich um ein Interview, das die Form eines zwanglosen Gesprächs haben sollte. Ungefähr die Hälfte der Angeschriebenen hat sich schließlich zu einem solchen Interview bereit erklärt.

Ich habe mit verschiedenen Personen gesprochen: mit dem Inhaber eines mittleren Unternehmens mit 120 Beschäftigten, mit dem Vorstandsvorsitzenden einer gemeinnützigen Wohnungsbaugesellschaft, mit einem Staatsanwalt und Bundestagsabgeordneten, mit einem Abteilungsleiter in einem großen Chemiekonzern, mit einem Professor für katholische Theologie, mit dem Personalleiter eines großen Zeitungsverlages, mit dem Intendanten eines Rundfunksenders, mit einem Professor für politische Wissenschaften, mit dem Geschäftsführer eines Unternehmens der Computerindustrie, mit einem Weihbischof und mit dem Präsidenten eines Bundesamtes. Die Gespräche haben in der Regel ein bis eineinhalb Stunden gedauert – das war die Vorabsprache –, manche jedoch drei oder vier Stunden. Sie waren, wie in dem Anschreiben angekündigt, als »offene Interviews« angelegt, die meinen Gesprächspartnern Raum geben sollten für die Entfaltung ihrer eigenen Auffassungen und Überzeugungen. Ich war also nicht mit einem standardisierten Fragebogen bewaffnet, sondern hatte lediglich einige »Erzählimpulse« zu den Gesprächsgegenständen, die ich ansprechen wollte, im Kopf: zum Einsatz als Flakhelfer, zur Situation der »Stunde Null«, zu den Stationen des Aufstiegs und zur gegenwärtigen Lebenssituation. Dabei interessierten mich mehr die Erfahrungen als die Ereignisse, mehr die Deutungen als die Fakten, wenngleich natürlich Erfahrungen stets Erfahrungen von Ereignissen und Deutungen stets Deutungen von Fakten sind. Ansonsten habe ich mich als der »interessierte Gesprächspartner«, der ich war, verhalten. Ich bin also nicht ein neutraler Interviewer gewesen, sondern ich war in meinen Fragen und Nachfragen als ein, wenn auch mehr aufnehmender Gesprächspartner präsent.[1] Es bedurfte auch in der Regel keiner dauernden Anstöße von meiner Seite; schnell waren meine Gesprächspartner in den Fluß ihrer Rede gefallen, aus dem gleichsam organisch eine eigene Gestalt wuchs. Die Interviews habe ich – selbstverständlich mit Billigung meiner Interviewpartner – aufgezeichnet. Später wurden diese phonetischen Aufzeichnungen transkribiert. Diese verschrifteten Interviewtexte bilden das objektivierte Datenmaterial der folgenden Untersuchungen.

Der historische Zeitpunkt meiner Gespräche, der Beginn der achtziger Jahre, stand im Zeichen einer allgemeinen gesellschaftlichen Verunsicherung. 1981 lag die Zahl der Arbeitslosen in der Bundesrepublik im Jahresdurchschnitt bei 1,3 Millionen, 1982 ging sie auf die Zwei-Millionen-Grenze zu. Im Januar 1981 wurde Ronald Reagan Präsident der Vereinigten Staaten und setzte ein gewaltiges Rüstungsprogramm in Gang, womit anscheinend das Ende der Entspannungspolitik besiegelt wurde. In Polen zeichnete sich das Ende des 1980 erstrittenen gesellschaftlichen Experiments ab; am 13. Dezember 1981 wurde in Polen das Kriegsrecht verhängt. Innenpolitisch begann das »Ende des sozialdemokratischen Zeitalters« (Ralf Dahrendorf). Im Januar 1981 stürzte der von der SPD geführte Berliner Senat, die sozialliberale Koalition zerstritt sich zunehmend und zerbrach schließlich im Herbst 1982. Im Februar 1982 wurde die Affäre um die Neue Heimat bekannt. Der Beginn der achtziger Jahre stand aber auch im Zeichen gesellschaftlicher Bewegungen in der Bundesrepublik, der sogenannten »neuen sozialen Bewegungen«. Im Februar 1981 demonstrierten 100 000 in Brokdorf gegen den Bau eines Atomkraftwerkes an der Unterelbe. In Berlin, Freiburg und anderswo fanden Hausbesetzungen statt, die den Charakter von Jugendrevolten hatten. Anfang der achtziger Jahre kam es zu zahlreichen Auseinandersetzungen um den Bau der Startbahn West am Frankfurter Flughafen. Und am 10. Oktober 1981 erlebte die Bundesrepublik eine der größten Demonstrationen in ihrer Geschichte: Über 300000 Menschen protestierten im Bonner Hofgarten für Frieden und gegen die Nachrüstung mit atomaren Mittelstreckenraketen auf deutschem Boden.

Meine Gesprächspartner waren zum Zeitpunkt der Gespräche zwischen 51 und 54 Jahre alt. Sie befanden sich in einer Lebensphase, in der die Kinder das Elternhaus bereits verlassen haben oder dabei sind, dies zu tun, der Zenit der Berufskarriere erreicht ist und die körperliche Realität des Alterns unleugbar wird. In diesem Lebensabschnitt hält der einzelne ab und an Rückschau – vielleicht an dem Tag nach dem fünfzigsten Geburtstag, vielleicht irgendwann morgens beim Blick in den Spiegel. Fragen tauchen auf: nach dem, was man einst wollte, was man erreicht hat, wozu man noch in der Lage ist. Es ist eine Zeit der Bilanzen.

6. Lebenskonstruktion – Ein Begriff zur Erforschung persönlichen Sinns[1]

Die vorliegenden Texte stellen die verschrifteten Tonbandaufzeichnungen einzelner offener Interviews mit sozialen Aufsteigern aus der Flakhelfer-Generation dar. Wie sind diese Texte auszuwerten? Genauer: Wie sind sie zu lesen? Die Interviews sollen über die Lebensformen Auskunft geben, auf denen der Aufstieg der »letzten Helden des Führers« beruht. In der empirischen Sozialforschung ist es üblich, einzelne Auffassungs-, Motiv- oder Einstellungsdimensionen zu isolieren und ihre Verteilung in einer repräsentativen Stichprobe zu überprüfen. Ein solches Vorgehen verfehlt jedoch das, wonach hier gefragt wird, nämlich den tragenden Sinnzusammenhang, aus dem die Überzeugungen, Beweggründe und Haltungen einer Person erwachsen. Auf dieses Gefüge subjektiver Handlungsorientierungen zielt der Begriff der Lebenskonstruktion.

Der Begriff der Lebenskonstruktion entfaltet eine alltägliche Verständnisweise. Wir erhalten mannigfaltige Informationen über die Lebensweise einer Person: wie sie sich bewegt, wie sie sich kleidet, mit wem sie Umgang hat, wie sie redet und was sie tut. Wir meinen, in all dem eine Gestalt zu spüren, die sich in dem vielgestaltigen Lebensgeschehen hervorbringt. Dieses Gespür ist zu unterscheiden von dem Urteil, das wir über eine Person in bestimmten Situationen fällen. Ein Vorgesetzter wird aufgefordert, ein Urteil über die Eignung eines ihm Untergebenen abzugeben; oder ein Angegriffener wehrt sich dadurch, daß er mit einem Urteil über den böswilligen Charakter des ihn Angreifenden zurückschlägt. Solche Urteile haben in der Regel mehr mit der jeweiligen Situationspragmatik zu tun als mit dem Eindruck, den wir von der Lebensgestalt einer Person bekommen. Aber gewiß verfügt auch nicht jeder in gleicher Weise über das Vermögen, die Phänomene spielen zu lassen, um darin eine Gestalt zu erkennen. Freud hat für diese Haltung bekanntlich den schönen Begriff der »gleichschwebenden Aufmerksamkeit« geprägt.

In dieser alltäglichen Verständnisweise kann man drei Bestimmungen entdecken. Die erste und grundlegende Bestimmung besagt, daß das Individuum ein eigenkonstruktives Wesen ist. Der individuelle Lebensgang ist nicht ein reines Zufallsprodukt oder das Ergebnis äußerer Stimulationen. Trotz der Umstände und Vorkommnisse, mit denen sich der einzelne konfrontiert sieht und die er nicht beeinflussen kann, führt er doch sein Leben. Er antwortet in einer ihm eigenen Weise auf das, was ihm geschieht, und setzt natürlich auch von sich aus, durch seine Handlungen und Unterlassungen, bestimmte Bedingungen für den Spielraum möglicher Geschehnisse. Damit ist freilich nicht gemeint, daß eine individuelle Lebensweise das Resultat der Verwirklichung subjektiv gesetzter Ziele und Zwecke sei.[2] Wir sind im Alltag weit davon entfernt zu glauben, daß unser Leben durch rationale Kalkulationen reguliert würde. Und doch – das ist die zweite Bestimmung – ist das Leben einer Person von Regeln geleitet, die diesem eine erkennbare Gestalt verleihen. Diese Regeln müssen dem einzelnen allerdings nicht bewußt sein, sie werden vermutlich sogar nur selten ins Bewußtsein gehoben. Und schließlich als dritte Bestimmung ergibt sich, daß der Wirkungsbereich dieser Regeln sich auf das gesamte Lebensgeschehen erstreckt. Gerade weil alles mit allem zusammenspielt, die Einrichtung der Wohnung mit der Stellung im Betrieb, die Intonation der Stimme mit der Beziehung zum Ehepartner, die Körperhaltung mit dem Expansionsdrang, ziehen wir den Schluß, daß in den mannigfaltigen Lebensäußerungen sich eine Schlüssigkeit und Konsequenz eigener Art offenbart. Damit sind die Bestimmungen des Begriffs der Lebenskonstruktion gewonnen: Konstruktivität, Regularität und Totalität. Unter einer Lebenskonstruktion soll das tragende Regelgerüst eines individuellen Lebens verstanden werden.

Man kann davon ausgehen, daß der einzelne in seinem alltäglichen Verhalten diesen Regeln normalerweise nicht intentional folgt und daß sie gleichwohl sein Leben gestalten. Wie ist die Wirkungsweise dieser Regeln zu verstehen? Man kommt in dieser Frage vielleicht weiter, wenn man zwei Modalitäten der subjektiven Lebensrealität unterscheidet: die verborgene, dem Subjekt nicht vor Augen stehende Erzeugungsweise des subjektiven Lebensgangs und die Absichten, die es in seinem Leben verfolgt. Die hier zugrundeliegende Unterscheidung von Sinn und Intention ist grundsätzlicher Art.[3] Das läßt sich anhand der eigentümlichen Dialektik von Sagen und Meinen verdeutlichen, die Hegel in seiner *Phänomenologie des Geistes* dargelegt hat. Es ist eine allgemeine Erfahrung, daß man, wie Kleist seinen berühmten Aufsatz überschreibt[4], beim Reden allmählich seine Gedanken verfertigt. Ich beginne etwas zu sagen, ohne noch recht zu wissen, was ich sagen will. Im Fortgang des Sagens freilich komme ich auf Gedanken, die mir zur Meinung werden. Das Gemeinte läuft in diesem Fall dem Gesagten hinterher. Es scheint sich eine eigene Logik des Sagens zu entfalten, die nicht rückführbar ist auf eine gehabte Meinung. Im Gegenteil: das Gemeinte hat sich aus dem Gesagten ergeben. Eine andere allgemeine Erfahrung ist, daß einen die Sprache verrät. Ich will in einem Gespräch mit meiner Meinung »hinterm Berg halten« und bemerke plötzlich, daß mir meine Meinung im Sagen »herausgerutscht« ist. Das Gesagte hat das Gemeinte entgegen meinem Willen zum Ausdruck gebracht. Die Sprache sagt mehr als ich wollte. Beide Erfahrungen lehren, daß der Sinn, der sich im Gesagten enthüllt, die gemeinten Intentionen übersteigt. Oder anders ausgedrückt: das redende Subjekt sagt unfreiwillig mehr als es zu sagen meint. Das weist auf eine Paradoxie subjektiven Handelns überhaupt. Der Handelnde erzeugt in seinen Handlungsvollzügen stets mehr Sinn als er subjektiv vermeint. Er kann zwar im nachhinein versuchen, sein Handeln besser zu verstehen als er es im aktuellen Vollzug konnte – idealerweise vielleicht in einem psychoanalytischen Gespräch –, aber auch das vollzieht sich handelnd, das heißt, er produziert wieder Sinn, den er subjektiv nicht überschaut. Der in den Formen der Ekstase und der Meditation immer wieder gesuchte Grenzfall einer gegenwärtigen Übereinstimmung von Sinn und Intention – der vollbrachte »Zustand der Bedeutung« (Rilke) – scheint unerreichbar.

Die Unterscheidung von Sinn und Intention ist methodisch folgenreich. Man kann nämlich die Gestaltungslogik subjektiver Lebensäußerungen untersuchen, ohne auf so schwierige und schwerwiegende subjekttheoretische Annahmen zurückgreifen zu müssen, wie sie mit Begriffen wie Identität, Selbstkonzept, Lebensziel und ähnlichen verbunden sind. Der Begriff der Lebenskonstruktion ist kein Identitätsbegriff, der Unterstellungen über die subjektiv realisierte »Identität« einer Person beinhaltet. Er bezieht sich auf die verborgene Gefügeordnung individuellen Lebens, nicht auf subjektive Absichten, Pläne oder Maximen.

Wir können uns mit Hilfe der Unterscheidung von Sinn und Intention zwar den Charakter der subjektiven Verborgenheit der Lebenskonstruktionen begreiflich machen, geklärt ist aber noch nicht, wie Regeln das subjektive Handeln und Erfahren organisieren können, denen das Subjekt nicht intentional folgt. Vielleicht hilft wieder die Entfaltung einer alltäglichen Verständnisweise weiter. Wir haben sicher selten das Gefühl, voll und ganz mit uns identisch zu sein. Ja, wenn wir darüber nachdenken, was diese reflexive Verdrehung des Mit-sich-selbst-identisch-Seins eigentlich meint, werden wir unsicher. Die Intuition, mit der wir alltäglich leben, ist eher die, daß in unserem Leben alles mit allem irgendwie zusammenspielt. Es ist das Gefühl, »daß wir in ein Gewirke versponnen sind, das uns trägt«.[5] Diese Intuition hat eine existentielle Bedeutung. Sie bewahrt uns davor, in die Mannigfaltigkeit der Ereignisse auseinanderzurinnen. Wir leben alltäglich in der natürlichen Selbstverständlichkeit, daß es einen in sich folgerichtigen Anschlußzusammenhang in unserem Lebensgang gibt. In dieser vorreflexiven Gewißheit verstehen wir das individuelle Lebensgeschehen als die subjektive Realität unseres Lebens – als »mein« Leben.

Doch wie bildet sich das »Verweisungsganze« (Heidegger) dieses »meines« Lebens? Diese Frage bringt die soziale Dimension der alltäglichen Erfahrungsweise der Selbstgegebenheit ins Spiel. Die vielfältigen Verweisungen in unserem Leben fügen sich zur Gestalt eines subjektiven Lebens, insofern in ihnen die Ordnung eines möglichen subjektiven Lebens herrscht – möglich im Spiegel der anderen. Wir machen Anleihen bei den sozial angebotenen Formularen subjektiven Lebens, die uns als Kohärenzregeln für unsere Lebensorganisation dienen. Das sind Zurechnungsstandards, die regulieren, welche Handlungs- und Erfahrungsweisen zu unserem Leben passen und welche als unpassend ausgesondert werden. Diese Angemessenheitsurteile werden intuitiv, das heißt ohne besondere psychische Aufmerksamkeitsleistung, vollzogen. Das individuelle Leben modelliert sich so unmerklich nach der Struktur eines sozial anerkennungsfähigen Lebens. In Zeiten persönlicher Irritationen werden wir auf diese unterhalb der Ebene bewußter Intentionen wirkende Strukturalisierung unseres Lebens aufmerksam. Uns passiert etwas, was wir nicht mehr »auf die Reihe« bringen können. Die Kohärenzregeln unseres Lebens sind nicht mehr mächtig, unseren Handlungs- und Erfahrungsraum zu strukturieren. Wir geraten aus dem Geleis. Eine psychisch aufwendige Dekonstruktions- und Rekonstruktionsarbeit setzt ein, an deren Ende eine veränderte Lebenskonstruktion steht, die ein verändertes Leben regiert. Das Geleissystem, auf dem unser Leben fährt, ist in anderer Weise wieder hergestellt. Festzuhalten ist: Lebenskonstruktionen liegen der Alltagsaktivität des einzelnen als sozial validierte Kohärenzregeln zugrunde. Sie begründen eine Intuition des Zusammenhangs subjektiven Lebens.

Die Vorstellung einer Lebenskonstruktion, die das alltägliche Handeln und Erfahren des Individuums bestimmt, provoziert Einwände. Wird hier nicht einer längst unplausibel gewordenen Idee der Einheit der Person, der Identität des Selbst, der Unteilbarkeit des einzelnen das Wort geredet? Zweierlei Einwände werden geltend gemacht: Die einen monieren, daß die Multiplität, ja Disparatheit des Lebens verkannt wird, und die anderen beklagen, daß die »Unendlichkeit« des Lebens in eine »endliche« Struktur gezwungen wird. Diese Einwände betreffen eine grundsätzliche Kontroverse der Sozialwissenschaften, nämlich die zwischen Personalismus und Situationismus. Die personalistische Perspektive geht davon aus, daß der individuelle Akteur bestimmte Züge oder Einstellungen in sich trägt, die sein Verhalten auf Dauer bestimmen. In der situationistischen Perspektive dagegen ist das Verhalten des individuellen Akteurs durch die soziale Situation, in der er sich befindet, bedingt. Das eine Mal liegen die Gesetzmäßigkeiten des Verhaltens in der identischen Person, das andere Mal in den multiplen Situationen.

Die Situationisten haben wohl recht: das Verhalten der Individuen variiert tausendfach in Abhängigkeit von der jeweiligen sozialen Situation. Dafür braucht man keine Beispiele zu nennen. Jede soziale Situation hat ihre eigenen Regeln, die wie das Skript eines Theaterstücks die Situation definieren, den Akteuren ihren Part zuweisen und ihre einzelnen Handlungen zu einer gemeinsamen Handlung ordnen. Diese Regeln zu kennen, gehört zu unserem kulturellen Wissen. Wie differenziert dieses Wissen ist, zeigt sich angesichts fremder Kulturen, in denen ganz andere Regeln des sozialen Verkehrs gelten. Freilich sind die Regeln einer sozialen Situation nie zu Ende definiert. Selbst in höchstgradig formalisierten Situationen – man denke an ein Verkaufsgespräch oder an eine Trauungszeremonie auf dem Standesamt – bedarf es einer interpretativen Eigenleistung des individuellen Akteurs, um die allgemeinen Regeln der Situation auf die konkreten Umstände und Personen, mit denen er hier und jetzt zu tun hat, zu beziehen. Die Situationsregeln schreiben vor, wie man sich in Situationen dieser Art zu verhalten hat, aber nicht, wie ich in dieser konkreten Situation handeln soll. Insofern haben die Personalisten wohl recht: die Subjektivität des Akteurs ist in jeder Handlung präsent. Die Konsequenz aus dem relativen Recht beider Positionen liegt auf der Hand: Situation und Person spielen zusammen. Man kann an individuellen Handlungsvollzügen erkennen, was der allgemeinen kulturellen Normalform entspricht und was der besonderen Individualitätsform des Akteurs entspringt. Der Begriff der Lebenskonstruktion zielt auf die Struktur der Subjektivität, die in den allemal erforderlichen Eigenleistungen des individuellen Akteurs zutage tritt. Subjektivität meint wohlgemerkt nicht ein Bewußtsein, also die subjektiven Ideologien, die sich die einzelnen über ihr Leben zurechtgelegt haben, sondern die verständliche Sinnstruktur in ihren Lebensäußerungen. F.J.J. Buytendijk hat diesen Begriff von Subjektivität folgendermaßen bestimmt:

> »Wie gesagt, impliziert der Begriff ›Subjekt‹ zwar kein Wissend-Sein (Bewußtsein), wohl aber eine Seinsweise, die sich als ein sich selbst konstituierendes System von Bedeutungen im Verhalten verständlich macht. Das Subjekt ist nicht – genausowenig wie Kraft in der Physik – ein Ding neben anderen Dingen, sondern das Subjekt ist gemeint als ein ›quo ens est‹, als das, wodurch das Seiende so ist, wie es sich zeigt.«[6]

Die »Seinsweise« des Individuums macht sich in der Totalität seines Verhaltens geltend: in der Rede, im Tun, ja in der leiblichen Erscheinungsweise[7] des einzelnen entwickelt sich ein Verweisungszusammenhang, der einer eigenen Konsequenz und Schlüssigkeit folgt. Dieses »System von Bedeutungen« ist prinzipiell verständlich, weil es sozialen Ursprungs ist. Das individuelle Leben variiert die typische Gestalt eines sozial möglichen individuellen Lebens. Jede individuelle Lebenskonstruktion stellt sozusagen einen Fall einer typischen Lebenskonstruktion dar, für die es zwar nicht notwendig, aber doch wahrscheinlich noch weitere Fälle gibt. Es ist übrigens eine Erfahrung des Alltags, daß man in den Erscheinungsweisen verschiedener Individuen eine identische Lebensgestalt wahrnimmt. Obwohl das Verhalten im einzelnen nicht zu vergleichen ist, gestaltet sich doch im ganzen ein Verweisungszusammenhang, aufgrund dessen die verschiedenen Erscheinungsweisen als individuelle Ausprägungen eines gemeinsamen Typs zu erkennen sind.

Die Lebensgestalt einer Person ist indessen nicht zu reduzieren auf die von personalistischen Theorien konstruierten Persönlichkeitseigenschaften, »traits« oder »attitudes« genannt. Der Begriff der Lebenskonstruktion soll nicht dazu dienen, einzelne dominante Persönlichkeitseigenschaften zu fixieren, sondern die Logik der Erzeugungsweise eines individuellen Lebens zu entschlüsseln. Diese verwirklicht sich in einem beständigen Prozeß von Transformationen.[8] Die Handlungs- und Erfahrungsweisen des einzelnen verändern sich im Durchgang durch verschiedenartige Situationen und im Wechsel subjektiver Zustände. Was sich erhält, ist das Relationsgefüge zwischen seinen Lebensäußerungen. Sinn erwächst aus Verbindungen, Anschlüssen, Verweisungen zwischen differenten Momenten. Die Momente selbst variieren im Fluß der Zeit. Deshalb ist die individuelle Struktur in beständiger Selbstartikulation begriffen. Ist diese Sinnbewegung unterbrochen, entsteht ein Gefühl der Verstörung oder gar der Sinnlosigkeit. Eine individuelle Struktur lebt in der Bewegung der Relationierung von Handlungen und Erfahrungen. Wir kennen natürlich mehr oder weniger lebendige Individuen. Die einen sind offen für neue Erfahrungen, die die Transformationsbewegung in Gang halten, die anderen verschließen sich in Abwehrhaltungen gegen alles Unbekannte und Ungewisse und erstarren zum reinen Applikationssystem ihrer selbst. Für diese gibt es schließlich nichts mehr zu strukturieren, weil alles schon zu Struktur versteinert ist. »Structure without life is dead. But life without structure is unseen«, sagt John Cage in seiner »Lecture on Nothing«.[9] Wir können sagen: Die Lebenskonstruktion einer Person bestimmt, wie ein individuelles Leben in der Mannigfaltigkeit der Lebensereignisse sich seine Bahn schafft.

Lebenskonstruktionen haben ihre Zeit.[10] Sie stehen im Wirkungszusammenhang der objektiven Bedingungen einer gesellschaftlichen Epoche. Die vorherrschenden gesellschaftlichen Verhältnisse lassen einige Lebenskonstruktionen hervortreten und drängen andere in den Hintergrund. Zum Beispiel in der ersten Nachkriegsperiode, in der Schwarzmarktzeit von 1945 bis 1948, hatte der Individualitätstyp des »gewieften Geschäftemachers« seine Stunde. Für das Agieren im Halbdunkel brauchte man gewisse Fähigkeiten: man mußte das riskante Leben lieben, man mußte flink sein, und lästige Skrupel durften einen auch nicht plagen. Die »Schwarzmarktkönige« verschwanden aber von der Bildfläche, als die Verhältnisse wieder eine bürgerliche Ordnung annahmen. In der Konstitutionsphase der Bundesrepublik waren andere Fähigkeiten wieder gefragt. So kann man vermutlich für jede gesellschaftliche

Epoche Lebenskonstruktionen finden, die den Individualitätstyp der Stunde repräsentieren. Dieser Zusammenhang von Lebenskonstruktion und gesellschaftlicher Epoche zeigt sich bisweilen auch, wenn Ältere zusammensitzen und sich rückblickend über die »schönste Zeit ihres Lebens« unterhalten. Für den einen waren es vielleicht die fünfziger Jahre: er machte als Handelsvertreter die besten Geschäfte seines Lebens und schöpfte im übrigen aus dem vollen; für einen anderen waren es vielleicht die sechziger Jahre: er erhielt im Betrieb ohne Meisterbrief eine Meisterstelle und konnte endlich mit dem Hausbau beginnen; und für wieder einen anderen waren es vielleicht die siebziger Jahre: wieder verheiratet, trat er 1972 der SPD bei und machte noch eine kommunalpolitische Karriere. Jeder hatte in einer anderen Zeit seine Chance, das heißt, die objektiven Bedingungen paßten zu den in der verborgenen Lebenskonstruktion angelegten subjektiven Möglichkeiten.

Der Hinweis auf den gesellschaftlichen Wirkungszusammenhang wirft die Frage nach der Genese einer Lebenskonstruktion auf. Wie entsteht eine Lebenskonstruktion, vor allem, wie verändert sie sich im Laufe der Zeit? Wir können uns das in etwa so vorstellen: Jedes Individuum durchlebt im Laufe seines Lebens eine Reihe lebensgeschichtlicher Kristallisationen. An solchen Strukturierungspunkten verknoten sich die zunächst relativ unverbunden nebeneinander herlaufenden Lebenserfahrungen und bilden eine Struktur. Die Subjekte ziehen gleichsam die lebenspraktische Bilanz aus dominanten Erfahrungen. Der erste dieser Strukturierungspunkte liegt gewiß sehr früh – vielleicht schon in der Zeit der Entzweiung der symbiotischen Erlebnisweise im Alter von vier bis fünf Monaten.[11] Mit den ersten Schritten der Differenzierung und der Entwicklung des Körperschemas gewinnt das sich individualisierende Subjekt das Grundgefühl seiner Existentialität: die besondere Art seines Weltvertrauens und seines Weltmißtrauens bildet sich. An diese erste Strukturierung schließen sich weitere Strukturierungen an. Allgemeine Entwicklungskrisen über die gesamte Lebensspanne, geschichtliche Ereignisse, persönliche Schicksalsschläge und Entdeckungen[12] geben den Anstoß für lebensgeschichtliche Kristallisationen, aus denen eine neue Gestalt einer Lebenskonstruktion hervorgeht. An jedem dieser Punkte entscheidet sich etwas: Es werden bestimmte Lebenschancen ergriffen und andere gelassen, was für die Zukunft bestimmte Lebenschancen eröffnet und andere ausschließt. So entwickelt sich aus den Umstrukturierungen der Lebenskonstruktion eine Lebenslinie. Wir können sagen: Im Laufe des Lebens verändern sich nicht nur die Lebensinhalte, sondern auch die Lebensstrukturen. Zwischen den Veränderungen jedoch bestehen Anschlüsse, so daß eine strukturelle Kontinuität in der Veränderung sichtbar wird. Die gegenwärtige Gestalt einer Lebenskonstruktion ist Resultat der vorhergehenden Lebenslinie. Die zuletzt eingerollte Struktur enthält irgendwie ihre strukturellen Vorläufer und ihre strukturellen Nachfolger. Von der gegenwärtigen Lebenskonstruktion weisen Verbindungslinien sowohl in die Vergangenheit als auch in die Zukunft.

Der Begriff der Lebenskonstruktion definiert den Gegenstand unserer Untersuchung. Es geht um die Erforschung der Lebenskonstruktionen sozialer Aufsteiger aus der Flakhelfer-Generation auf der Datenbasis einzelner offener Interviews. Man wird einwenden, daß die Erfahrungsgrundlage eines Gesprächs von ein bis zwei Stunden oder auch von vier Stunden Dauer viel zu gering ist, um die verborgenen Regeln des Lebens eines Individuums herauszukristallisieren. Man muß viel mehr über das Leben des einzelnen in Erfahrung bringen. Man könnte Freunde und Nachbarn, Kollegen und Geschäftspartner befragen, man könnte die Gewohnheiten studieren und das Familienleben beobachten, und natürlich müßte man mehrere ausführliche Gespräche führen. Uns steht nur der Text eines einzigen Gesprächs als Datenmaterial zur Verfügung. Ich könnte schlicht auf die forschungspraktischen Bedingungen verweisen: mehr war eben von meinen Gesprächspartnern nicht zu bekommen. Ich glaube aber, daß man diese Beschränkung der Erfahrungsbasis auch begründen kann. Ich neige zu der Annahme, daß ein Interviewgespräch von ein bis zwei Stunden Dauer als Datenmaterial für die Erkundung der Lebenskonstruktion einer Person durchaus ausreicht. Diese auf den ersten Blick wohl erstaunliche Annahme folgt aus einem strukturtheoretischen Argument. Strukturen existieren in ihren Konkretionen. Es gibt im Wirkungsbereich einer Struktur keinen strukturlosen Zustand. Die Strukturgesetzlichkeit des Ganzen macht sich mithin in jeder momentanen Transformationsgestalt geltend. Das heißt bezogen auf individuelle Strukturen: die Lebenskonstruktion des einzelnen offenbart sich in jeder für die Lebenskontuierung relevanten Situation. Immer dann, wenn zur Gestaltung einer sozialen Situation die Eigenleistung des einzelnen gefordert ist, tritt die Struktur seiner Lebensorganisation zutage, zumal in einem Gespräch, in dem die eigene Lebensgeschichte zur Debatte steht. Meiner Erfahrung nach kamen die Gesprächspartner von selbst auf ihre Lebensthemen zu sprechen. Auch in der Art ihrer Auslassungen, Überzeichnungen oder Retuschen zeigt sich die verborgene Lebenskonstruktion. Die Subjekte sagen eben mehr, als sie meinen zu sagen. Diese Argumentation kann sich im übrigen wieder auf eine natürliche Verständnisweise berufen. Es ist eine Erfahrung des Alltags, daß wir von einzelnen Szenen auf die generelle Logik eines Handlungssystems schließen. Auf dem Spaziergang fällt uns eine Mutter mit ihrem Kind ins Auge. Wir sehen, wie die Mutter ihrem etwa vierjährigen Sohn hilft, auf einen Baumstamm zu klettern, und haben den klaren Eindruck, in dieser einzelnen, unscheinbaren Szene ein sich reproduzierendes Muster der Beziehung zwischen dieser Mutter und ihrem Sohn erkennen zu können.

Ein biographisches Gespräch bietet eine ungeheure Menge von Daten über die Lebensweise einer Person. Allein in der leiblichen Erscheinungsweise meiner Gesprächspartner, in der Art ihrer Haltung, im Duktus ihrer Bewegung, im Ton ihrer Stimme, in der Beschaffenheit ihrer Haut, im Geruch, der von ihnen ausgeht, klingt eine eigensinnige Gestalt an. Untergründig spürt man das innere Tempo, die Ausdehnung, die Färbung und die Kraft der Existenz des anderen. Diese Gestaltwahrnehmungen leibexpressiver Äußerungen hält man gleichsam als Deutungshypothesen im Sinn. Das für unsere Ausdeutung freilich maßgebliche Datenmaterial bildet der verschriftete Interviewtext. Meine Gesprächspartner berichten von ihren Erfahrungen bei der HJ, bei der Flak und zuletzt noch bei der Wehrmacht; sie erzählen, wie sie die Kriegsgefangenschaft erlebt haben, wie sie sich in der ersten Nachkriegszeit zurechtgefunden haben, wie sie ihren Weg nach oben gegangen sind; sie sprechen von ihren Eltern, von ihrer Frau, von ihren Kindern; sie geben Alltagsphilosophien, Einschätzungen, »alternative Träumereien« von sich; manchmal sagen sie direkt, was sie sagen wollen, manchmal kommen sie erst auf Umwegen darauf zu sprechen, manchmal treibt es sie auf Abwege. Alle diese Äußerungen kommentieren sich wechselseitig. Aus den Bezügen zwischen den einzelnen Ausführungen entsteht ein Netz von Relationen. Ein Wort gibt das andere. Im Fluß der Alltagsrede meiner Gesprächspartner artikuliert sich so die Gestalt ihres Lebens. Der Verweisungszusammenhang in diesem Text offenbart den Erzeugungszusammenhang dieses Lebens. Die Aufgabe der Interpretation besteht nun darin, die Logik dieses Zusammenhangs zu entschlüsseln. Dem gegenstandskonstitutiven Begriff der Lebenskonstruktion entspricht das methodische Vorgehen der strukturalen Sinnrekonstruktion. Was darunter zu verstehen ist, soll nach der Darstellung des ersten Falls erläutert werden.

7. Drei Porträts

Aus literarischen Zeugnissen der Flakhelfer-Generation wurde eine Hypothese über den »Generationszusammenhang« (Karl Mannheim) dieser Jahrgangsgemeinschaft herausgelesen. Die Formel lautete: Die Flakhelfer-Generation ist eine vaterlose, eine sprachlose und eine geschichtslose Generation. Diese ontologischen Mangelzustände bedingen ihre ontologische Unsicherheit. Aus einem Lebensgefühl der Bedrohtheit, des Schwindels, der Bodenlosigkeit heraus sucht diese Generation einen äußeren Halt in den Lebensformen der Funktionstüchtigkeit. Die ruhelose Aktivität des Wiederaufstiegs soll den Hunger nach existentieller Evidenz stillen. Die Selbstlosen scheinen zur Effizienz verurteilt zu sein. Das Ganze wird freilich erst wirklich einsichtig, wenn man sich die individuellen Züge vor Augen führt, in denen sich diese kollektive Gestalt verwirklicht. Dazu muß man nach einzelnen Schicksalen innerhalb der »Schicksalsgemeinschaft« (Karl Mannheim) der Flakhelfer-Generation forschen.

Es folgen drei Porträts von sozialen Aufsteigern aus der Flakhelfer-Generation. Dr. Manfred Gärtner ist Intendant eines Rundfunksenders in Köln, Peter Neumann bekleidet den Posten des Vorstandsvorsitzenden einer gemeinnützigen Wohnungsbaugesellschaft in Hamburg, und Professor Christoph Westmeyer ist Hochschullehrer für Politikwissenschaft in Aachen. Alle drei Personen gehören dem Jahrgang 1928 an und sind im deutschsprachigen *Wer ist Wer?* aufgeführt. Der Kern des Porträts besteht in der Rekonstruktion der verborgenen Lebenskonstruktion, wie sie in dem Text des biographischen Interviews zum Ausdruck kommt. Die an der Ausdeutung einzelner Textstellen gewonnene Strukturhypothese leitet die gestaltfüllende Darstellung der von meinen Gesprächspartnern erzählten Erfahrungen, dargelegten Auffassungen und vertretenen Überzeugungen. So entsteht nach und nach ein Porträt ihres Lebens.

Um die Anonymität meiner Gesprächspartner zu wahren, habe ich ihnen andere Namen gegeben und vor allem einige Lebensgegebenheiten so abgewandelt, daß sie kaum identifizierbar sein dürften. Bei einer solchen Verschlüsselung eines biographischen Textes kommen die Verhältnisse von Faktizität und Fiktionalität ins Spiel. Man muß zu der Lebensgeschichte, die die Interviewpartner erzählt haben, eine Lebensgeschichte erfinden, die zwar von den Daten her anders, aber vom Sinn her entsprechend ist. Eine gewisse Kontrolle der Fiktion ist dann möglich, wenn die Interpretation des biographischen Textes eine Grundgestalt entdeckt hat, an der gemessen die erzählte und die erfundene Lebensgeschichte als zwei mögliche Varianten einer zugrundeliegenden Struktur erscheinen.

7.1 Ein Mann ohne Eigenschaften Der spurlose Aufstieg des Dr. Manfred Gärtner

Zweimal mußte der Gesprächstermin wegen unerwarteter Verpflichtungen meines Interviewpartners verschoben werden. Das Interview fand im Februar 1981 an einem Montag mittag im Büro von Dr. Gärtner statt. Es dauerte eine Stunde, von halb zwölf bis halb eins. Der Rundfunksender, dem Dr. Gärtner seit 1978 als Intendant vorsteht, gehört zu den kleineren Anstalten in der Bundesrepublik. Er ist in einem Bau untergebracht, der aus den fünfziger Jahren stammen könnte. Die Fassade zeigt vereinzelte Risse. Der Posten eines Intendanten stellt wohl den Höhepunkt der bisherigen Berufslaufbahn des Dr. Manfred Gärtner dar. Nach dem Abitur, 1948, absolvierte er ein Volontariat bei einer Zeitung. Nebenbei arbeitete er für einen Rundfunksender und für eine Nachrichtenagentur. 1956 erhielt er eine feste Anstellung bei einem öffentlich-rechtlichen Sender. Nach und nach stieg er auf. Er hatte verschiedene Positionen bei verschiedenen Sendern inne. 1978 schließlich, Dr. Gärtner ist seit 1949 Mitglied der SPD, wurde ihm die Leitung dieses Senders übertragen. Dem *Wer ist Wer?* ist zu entnehmen, daß Dr. Gärtner seit 25 Jahren verheiratet ist, eine Tochter hat und seine Liebhabereien Foto, Garten und Wandern sind.

Dr. Gärtner trägt einen dieser grauen Anzüge, dazu ein hellblaues Hemd und eine dunkelblaue Krawatte. Mein Interviewpartner scheint die Sache kurz machen zu wollen. Während des gesamten Gesprächs sitzt er »wie auf dem Sprung«. Ich bemerke seine empfindliche Haut, eine leichte, stellenweise gesprenkelte Rötung, als wäre sie gereizt. Eine Atmosphäre dauernder Anspannung schlägt mir entgegen.

Da die Zeit drängt, kommen wir gleich zur Sache:

Interviewer: ... keinen strikten Fragekatalog oder irgendwie, daß wir ins Gespräch kommen können. Also vielleicht das erste: Können Sie sich noch erinnern, als Sie erfahren haben, daß Sie Luftwaffenhelfer werden sollten. Wissen Sie noch in etwa die Situation, wie das war?

Erzähler: Nein.

I.: Wissen Sie nicht mehr?

E.: Nein.

I.: Sie, Sie ...

E.: Ich, ich weiß nicht mehr, auf welche Weise es mir mitgeteilt wurde, per Brief oder mündlich, ich weiß es nicht.

I.: Ja. Also nach dem, wie ich nachgesehen und nachgeforscht habe, wurden ja Luftwaffenhelfer solche, die auf mittel- und weiterführenden Schulen waren. Das heißt, Sie waren auch in der Zeit auf einer weiterführenden ...

E.: ... auf einer Oberschule, wie es damals hieß.

I.: Ja. Hier in Köln?

E.: Ja.

Auf den ersten Blick scheint das eine belanglose Textstelle zu sein. Dr. Gärtner kann sich nicht mehr daran erinnern, auf welche Weise ihm mitgeteilt wurde, daß er Flakhelfer werden sollte. Das ist verständlich, denn schließlich liegt der Vorgang schon 36 Jahre zurück. Doch schauen wir uns die Stelle genauer an.[1] Um was geht es im einzelnen? Die erste Frage des Interviewers will die Situation der Einberufung als Flakhelfer in Erinnerung rufen. Diese Frage macht Sinn aufgrund der Unterstellung, daß das Ereignis der Einberufung zur Flak einen Orientierungspunkt der subjektiven Erfahrung darstellt, mit dem sich ein Komplex weiterer Erfahrungen verbindet. Und tatsächlich hat sich diese Frage in anderen Gesprächen als geeigneter »Erzählimpuls« bewährt. In diesem Gespräch allerdings läuft die Frage ins Leere. Dr. Gärtner antwortet mit einem kommentarlosen »Nein«. Auch das nachfragende »Wissen Sie nicht mehr?« bewegt ihn nicht zu einem Kommentar seines Neins. Er wiederholt: »Nein.« Erst die aufkommende Irritation des Interviewers, »Sie, Sie«, veranlaßt ihn zu einer Erläuterung. Die Art der Erläuterung jedoch überrascht. Was er nicht mehr weiß, sind die äußeren Umstände der Mitteilung: »per Brief oder mündlich, ich weiß es nicht«. Das wollte der Interviewer aber gar nicht wissen. Die Eingangsfrage sollte den inneren Erfahrungskontext, in dem das Ereignis der Einberufung zur Flak steht, zur Sprache bringen und nicht die äußeren Umstände der Mitteilung. Der Interviewer schwenkt daraufhin – in der wortesuchenden Kompliziertheit der Formulierung wirkt noch eine Irritation nach – auf die Sprache der Feststellung äußerer Sachverhalte ein. Er fragt nach dem Typ der Schule und nach dem Wohnort. Beides sind im übrigen Informationen, die dem Interviewer schon bekannt sein sollten und tatsächlich auch bekannt waren. Dr. Gärtner antwortet klar und präzise. Was ist passiert? Die beiden Gesprächspartner reden zu Beginn des Gesprächs offenbar aneinander vorbei. Aus der Sicht des Interviewers blockt Dr. Gärtner ein Gespräch über seine Gefühle und Erlebnisse als Fünfzehnjähriger, der zur Flak eingezogen wird, ab. Er läßt den Interviewer regelrecht auflaufen. Was aber ist die Sicht von Dr. Gärtner?

Man könnte meinen, daß es sich bei dieser Sequenz um ein simples Mißverständnis handelt, wie es im Alltag häufig vorkommt. Der Interviewer will seinen Gesprächspartner zu einer Erzählung darüber ermuntern, wie er als Jugendlicher seine Einberufung zur Flak erlebt hat, wohingegen der Interviewte glaubt, der Interviewer wolle erfahren, wie die Mitteilung der Einberufung technisch geregelt war. Diese Deutung ist allerdings ziemlich unwahrscheinlich. Dagegen spricht das gesamte Arrangement des Gesprächs. In dem Anschreiben, aufgrund dessen sich Dr. Gärtner für das Interview bereit erklärt hat, war die Absicht klar benannt, ein »offenes Interview« über den subjektiven Erfahrungszusammenhang des eigenen Lebens zu führen.

Plausibler schon ist die Deutung, daß Dr. Gärtner es für unangemessen hält, in einem Interview über den persönlichen Bereich subjektiver Gefühle und Erlebnisse Auskunft zu geben. Er will gleich zu Beginn des Gesprächs klarstellen, über welche Themen geredet werden kann und über welche nicht. Sollte das seine Absicht sein, agiert er freilich äußerst ungeschickt. Er muß wissen, daß der Interviewer weitere Fragen stellen wird, die auf seine persönliche Sicht der Dinge zielen, und er kann sich nicht jedesmal auf die Beschreibung der äußeren Umstände und technischen Einzelheiten zurückziehen. Seine Selbstdarstellung würde zur Selbstkarikatur entarten. Rhetorisch weitaus geschickter wäre es gewesen, gleich zu Beginn des Gesprächs nach dem Modell der aus dem Fernsehen bekannten Talkshows eine Form der Darstellung subjektiver Erfahrungen vorzugeben, die für die persönliche Integrität ungefährliche und allseits zitierbare Äußerungen erlaubt.

Nein, Dr. Gärtner beherrscht die Regeln und Raffinessen des »impression management« (Erving Goffman) nicht, wie man es von einem erfahrenen Journalisten, der mittlerweile ein Verwaltungs- und Repräsentationsamt innehat, erwarten könnte. Die sich sperrende Art, die in den ersten Äußerungen des Gesprächs zutage tritt, scheint einer besonderen Struktur seiner Individualität zu entspringen. Sollte sich schon in den ersten Bemerkungen von Dr. Gärtner, in dem ersten »Nein«, dessen verborgene Lebenskonstruktion offenbaren?

Seien wir nicht zu voreilig. Finden sich nicht noch andere Hinweise im Text dieser ersten Sequenz, die die Rede von Dr. Gärtner verständlich machen? Bevor der Interviewer seine Eröffnungsfrage stellt, macht er eine Äußerung, die den Eindruck einer gewissen Diffusität nahelegt. Sie ist offensichtlich ein Teil eines Satzes, dessen Anfang nicht auf Band aufgezeichnet ist. Der Interviewer macht Anstalten, die Gesprächssituation als offenes Gespräch ohne feste Vorgaben zu definieren. Das mag für jemanden, der sich auf ein Interview im Rahmen eines Forschungsprojekts, wie es in dem Anschreiben heißt, eingestellt hat, alles zu unbestimmt klingen: »... keinen strikten Fragekatalog oder irgendwie, daß wir ins Gespräch kommen können.« Der so Angesprochene fragt sich, was sein Gegenüber eigentlich von ihm will. Es ist vorstellbar, daß eine diffuse Erwartungsvorgabe seitens des Interviewers eine abwehrende Haltung beim Interviewten hervorruft. Die »Neins« von Dr. Gärtner könnten auf eine solche abwartende Reserve zurückzuführen sein. Er will sein Gegenüber veranlassen, seine Fragestellung zu präzisieren. Die abblockenden Antworten von Dr. Gärtner zu Beginn des Gesprächs wären unter diesem Aspekt nicht als Ausdruck einer besonderen Lebenskonstruktion zu verstehen, sondern als durchaus verständliche Antwort auf eine diffuse Situationsdefinition.

Wir haben somit zwei Lesarten dieser Textstelle. Die entscheidende Frage ist, ob die Äußerungen von Dr. Gärtner zu Beginn des Interviews im Rahmen normalerweise erwartbaren Verhaltens liegen oder ob an dieser Stelle bereits eine besondere persönliche Struktur zum Vorschein kommt. Diese Frage läßt sich anhand dieser Textpassage offenbar nicht entscheiden, so daß weitere Ausschnitte zum Vergleich herangezogen werden müssen. Zeigen sich zwischen dieser Stelle und anderen Stellen keine Analogien, dann müssen wir annehmen, Dr. Gärtner habe in verständlicher Weise auf die unklare Gesprächsvorgabe des Interviewers reagiert. Finden sich hingegen ähnlich gelagerte Stellen und läßt sich eine gemeinsame Deutungsregel für diese und die anderen Stellen formulieren, ist davon auszugehen, daß in dem Sichsperren gegen die Äußerung subjektiver Erfahrungen die Struktur der Individualität von Dr. Gärtner aufscheint.

Gleichaltrige haben ihre Generation eine »verratene Generation« genannt, manche sprechen schlicht von einer »beschissenen Generation«. Es stellt sich die Frage, ob Dr. Gärtner mit solchen Bezeichnungen etwas anfangen kann:

> »Na ja, das war, na ja, das ist eigentlich nicht meine Generation. Ich hab' ja gar nichts, ich hab' ja nichts zu leiden gehabt. Sehen Sie mal, Helmut Schmidt ist zehn Jahre älter als ich, der hat zehn Jahre seines Lebens verloren, der ist 38 eingezogen worden und dann kam der Krieg und dann blieb er bis Ende dabei, in Gefangenschaft, und als er wieder rauskam, na ja, er hat ja wohl nicht zehn Jahre, sondern acht Jahre verloren, dieses würde ich für eine verlorene oder eine betrogene Generation halten. Ich bin ja doch nach Rückkehr aus der Gefangenschaft dann wieder auf die Schule gegangen und hab's Abitur gemacht. Aber Leute, die also wirklich den Krieg von 39 bis 45 und vielleicht noch länger haben durchmachen müssen, die in der Zeit unter absoluter Fremdbestimmung standen, das sind eigentlich diejenigen, die gelitten haben und die Teile ihres Lebens, wertvolle Teile ihres Lebens von zwanzig bis dreißig zum Teil, verloren haben, die sind für mich eine verlorene Generation. Meine Generation nicht in dem Maße.«

Dr. Gärtner findet die Bezeichnungen »verratene« oder »beschissene Generation« zu großartig. Die Klage über das Leiden seiner Generation, die in diesen Charakterisierungen durchklingt, schwächt er ab und führt dagegen die Kriegsgeneration mit Helmut Schmidt an der Spitze an. Doch achten wir darauf, wie er das tut. Das »Na ja« am Anfang dieser Textstelle bekundet, daß er die genannten Bezeichnungen nicht so ernst nehmen kann. Mit dem »das war« nimmt er sogar einen Anlauf, den historischen Kontext der Entstehungen dieser Etiketten zu erläutern, läßt es aber dann. Er stellt fest: »Das ist eigentlich nicht meine Generation.« Im folgenden vollzieht Dr. Gärtner eine bemerkenswerte Wendung. Er verläßt die Wir-Perspektive der Generation und nimmt die Perspektive des erlebenden Ichs an: »Ich hab' ja gar nichts, ich hab' ja nichts zu leiden gehabt.« Der Leser hält inne. Hat er nichts zu leiden gehabt? Dazu muß man wissen: Als Heranwachsender erlebte er die schon im Mai 1942 einsetzenden Tausend-Bomber-Angriffe auf Köln; als Fünfzehnjähriger wurde er zur Flak eingezogen; Anfang 1945 wurde seine Flakbatterie an die Ostfront verlegt, und dort geriet er, noch nicht siebzehn Jahre alt, in russische Kriegsgefangenschaft. Trotzdem stellt Dr. Gärtner fest, er habe nichts zu leiden gehabt. Warum? Dem Fortgang des Textes ist zu entnehmen, daß der Maßstab für diese Feststellung das Schicksal der Kriegsgeneration ist, genauer das Schicksal von Helmut Schmidt. Gemessen an dem, was Helmut Schmidt durchgemacht hat, hat Manfred Gärtner nichts zu leiden gehabt. Warum dieser erdrückende Vergleich? Lesen wir noch mal – diesmal mit einer kleinen Verzögerung zwischen den beiden Sätzen. »Ich habe ja gar nichts« – »Ich habe ja nichts zu leiden gehabt.« Dürfen wir den Text so wortwörtlich nehmen? Man wird einwenden, das seien nicht zwei Sätze, sondern der Sprecher habe nur noch mal angesetzt, um seinen Satz über die Lippen zu bringen. Aber warum? Freud hat gelehrt, daß auch das kleinste und unscheinbarste Phänomen – beispielsweise das Vergessen eines Namens, das Verlegen eines Schlüssels oder das Versprechen eines Wortes – einen Sinn macht, und zwar einen Sinn, der die subjektiven Intentionen des Akteurs übersteigt. Zwischen beiden Sätzen könnte eine Verbindung bestehen: »Ich hab' ja gar nichts«, deshalb »... hab' (ich) ja nichts zu leiden gehabt.« Helmut Schmidt dagegen, so ist weiter zu lesen, »Helmut Schmidt ist zehn Jahre älter als ich, der hat zehn Jahre seines Lebens verloren«, der, könnte man ergänzen, hat was zu leiden gehabt. Mit anderen Worten: Helmut Schmidt ist Bundeskanzler, ein großer Mann, der hat was zu leiden gehabt; ich hingegen habe und bin ja nichts, deshalb habe ich nichts zu leiden gehabt.

Die Aufschlüsselung des Verweisungszusammenhangs zwischen den einzelnen Äußerungen führt uns zum Kern der Lebenskonstruktion von Dr. Manfred Gärtner. Er ist beherrscht von der Lebenstechnik der Annullierung und Verdurchschnittlichung der Besonderheiten seines Lebens: seiner einzigartigen Erfahrungen, seiner auffälligen Leistungen, seiner Erfolge und seiner Niederlagen, seiner Hochgefühle und seiner Schmerzen. Er sperrt sich gegen eine narzißtische Besetzung seines Lebens. Es scheint eine beängstigende Gefahr darin zu liegen. Er behauptet geradezu unerbittlich gegen sich selbst, daß er ein ganz normaler Mensch sei, von dem es nichts zu berichten gäbe, was ihn gegenüber anderen heraushöbe. Dr. Gärtner präsentiert sich als Mann ohne Eigenschaften. Sicher, er hat als Jugendlicher in der Endphase des Krieges und in der ersten Nachkriegszeit so manches miterleben müssen, und er ist aufgestiegen. Aber was ist Besonderes daran? Das gilt für viele. Zu Beginn des Gesprächs blockt er deshalb auch nicht ab, um etwas zu verbergen oder um den Interviewer herauszufordern. Er weiß wirklich nicht mehr, wie er sich fühlte, als man ihm in der Schule sagte, er werde jetzt Flakhelfer und auf seinen Schultern ruhe die Verteidigung des Vaterlandes. Es käme ihm viel zu »aufgeblasen« vor, daraus eine lebensgeschichtliche Erzählung zu machen. Die Aufforderung des Interviewers, sich zu erinnern und das eigene Leben zu betrachten, stößt ins Leere, weil Dr. Gärtner sich und sein Leben als nicht der Rede wert erachtet.

Dr. Gärtner ist ein Einzelkind. Der Vater war kleiner Verwaltungsangestellter bei den Kölner Stadtwerken. Er starb früh. Seit seinem achten Lebensjahr lebte der Sohn allein mit der Mutter. Nach dem Tod des Vaters mußte die Mutter, die bis dahin Hausfrau gewesen war, sich und ihren Sohn ernähren. Durch Vermittlung ehemaliger Kollegen des Mannes erhielt sie eine Stelle als Sekretärin bei den Kölner Stadtwerken. Sie wünschte sich, daß auch ihr Sohn eines Tages in der Verwaltung der Kölner Stadtwerke beschäftigt sein würde – und zwar nicht als kleiner, sondern als leitender Angestellter. Der Sohn erläutert:

»... natürlich allein deswegen, weil das ein Berufszweig war, den sie kannte. Sie konnte die Leute beobachten, sie wußte, was sie tun müssen, denn mit denen hatte sie ja ständig zu tun, das waren ja ihre Kollegen. Und da hatte sie die Vorstellung, die waren ja dann auch ein bißchen mehr als sie, also gegenüber einer Sekretärin so ein Abteilungs- oder Dienststellenleiter, und das war eigentlich, was sie sich vorstellte, das riet sie mir, das zu tun. Ich hielt das nie für erstrebenswert.«

Der Sohn widersetzte sich dem Wunsch der Mutter, dem Vater – wenn auch in einer höheren Position – nachzufolgen. Er wurde Journalist. Für die Mutter war das ein unsolider und unseriöser Beruf. »Sie sagte, diese leichtsinnige Sache, da laß die Finger von.« Aber der Sohn behauptete sich. Er wagte einen Sprung und gewann. Er machte Karriere. Das will er aber nicht wahrhaben. Er ist davon beherrscht, das Besondere seines Lebens zu dementieren. Man fragt sich, welchen Grund das hat. Will der Sohn nicht sehen, daß er seinen Vater weit überflügelt hat, daß er letztlich doch den Auftrag der Mutter erfüllt hat, den Vater in bedeutender Position zu ersetzen? Jedenfalls scheint diese Mutter für den Sohn eine starke Persönlichkeit gewesen zu sein. Er erzählt, daß sie den Nationalsozialismus abgelehnt und daraus keinen Hehl gemacht habe. Sie führte leichtsinnige Reden, so daß der Sohn sich im nachhinein gewundert hat, daß sie ungeschoren blieb. Dieses Verhalten hätte Stoff für einen Mutter-Sohn-Konflikt bieten können. Der Sohn hätte sich durch die Übernahme nationalsozialistischer Weltanschauungen gegen die Mutter stellen können. Das ist aber nicht passiert. Er stellt fest: »Nein, das hätte sich meine Mutter auch gar nicht gefallen lassen.«

Die Frage drängt sich auf, wie auf den jugendlichen Manfred Gärtner die Potenzierung durch die nationalsozialistische Ideologie gewirkt hat. Ist er mit glühenden Augen zur HJ gegangen?

E.: Ich bin da sowenig mit glühenden Augen gewesen, wie man in die Schule mit glühenden Augen geht. Da mußte man hin, ... ich glaube auch von der Schule wurden die Unterlagen denen gegeben, also das war ein Stück Normalität, so wie es Normalität war, daß man mit sechs in die Schule kommt, und deswegen muß man nicht begeistert in die Schule gehen. Da geht man sicher manchmal nicht mit Begeisterung in die Schule.

I.: Und die Uniform mit Koppel, Schulterriemen und Fahrtenmesser?

E.: Na ja, das mußte man dazu anziehen, na ja, das zog man an. Sehen Sie mal, das war schon die Zeit des Krieges, da gab es schon Bezugsscheine für Kleider, also man war schon froh, wenn man überhaupt was anzuziehen hatte. Das war einem egal, ob man eine Uniform anzog.

Er war weder mit glühenden Augen bei der Sache, noch hatte er bloß Spaß am Spiel. Für Dr. Gärtner war die HJ eine aufgezwungene Normalität, der man sich zu fügen hatte. Möglicherweise ist das Bild, das sich viele Nachgeborenen von einer begeisterten Hitlerjugend machen, falsch. In den Schilderungen von Dr. Gärtner zumindest ist davon nichts zu spüren. Er betont vielmehr, daß das die Zeit des Krieges war, die unter dem Zeichen von Reglementierungen und Entbehrungen stand. Man kam zur HJ, so wie man in die Schule kam. Die HJ-Uniform zog man an, weil man froh war, überhaupt etwas anzuziehen zu haben. Die Erinnerung von Dr. Gärtner ist ohne Zorn und ohne Klage. Kein Wort der heimlichen Identifikation oder des nachträglichen Protestes. Die Zeit scheint wirkungslos an ihm vorübergegangen zu sein. Fühlt er sich im nachhinein nicht vereinnahmt oder verführt? Nein, zur Lebenskonstruktion des Dr. Manfred Gärtner passen solche Gefühle nicht. Er relativiert und normalisiert. Unter dem inneren Diktat, sich unkenntlich zu machen, geht alles seinen spurlosen Gang.

Daß der Krieg für Deutschland verloren war, hatte seine Mutter schon mehrere Jahre vor Kriegsende behauptet. Ihm selbst war – »soweit ich als Sechzehnjähriger darüber mir große Gedanken machte«, beeilt er sich einschränkend hinzuzufügen – zumindest seit Ende 1944 klar, daß die Niederlage bevorstand. Insofern brach für den Sechzehnjährigen 1945 keine Welt zusammen. Er kam aus russischer Kriegsgefangenschaft bald wieder nach Hause, ging wieder zur Schule und machte, wie bereits erwähnt, 1948 Abitur.

1949 trat Dr. Gärtner in die SPD ein:

I.: War das schon vorher klar, daß Sie in die SPD eintreten würden?

E.: Nein, nein, sicher nicht. Aber 1949, das war politisch eine ziemlich bewegte Zeit, 1949 wurde das Grundgesetz geschaffen, die Ost-West-Konfrontation schwoll an, also es gab allerlei Anlaß, sich politisch zu interessieren. Na, da entschied ich mich für diese Partei.

I.: Ah, ja. Haben Sie damit solche Vorstellungen verbunden wie, man muß jetzt aus der Bundesrepublik eine sozialdemokratische Gesellschaft machen?

E.: Durchaus, na ja, sehen Sie mal, ich hab' natürlich auch das Programm oder die Aktionsprogramme der Partei gelesen, der SPD, die es da schon gab, aber es sind doch vielleicht eigentlich eher Personen gewesen, die einen angezogen haben. Das waren also zum Beispiel, wenn Sie an Schumacher denken,

I.: ... ja,

E.: ... der doch damals also eine ganz prägende Persönlichkeit gewesen ist. Der, wenn man's genau nimmt, ja früher als Adenauer eine Rolle in der Politik gespielt hatte, denn 1946, 1947 war Schuhmacher bereits ein Begriff, und Adenauer war also noch weit davon entfernt, irgendwie eine führende Rolle zu spielen.

I.: Hat der Ihnen irgendwie imponiert, daß Sie sagten, das ist ein

Lebensentwurf, dem Sie ...
E.: Ich habe nie einen Lebensentwurf vor mir gesehen.
I.: Ah, ja.
E.: Nein, ...
I.: ... ja,
E.: ... dazu war die Zeit viel zu bewegt, also daß man, man konnte doch nicht wissen, was im nächsten Jahr ist.

Es waren eher Personen als Programme, die den Einundzwanzigjährigen anzogen. Kurt Schumacher zum Beispiel. Was suchte er bei dieser »prägenden Persönlichkeit«? Einen Lebensentwurf, der ihm eine Orientierung geben konnte in dieser richtungslosen Zeit? Dr. Gärtner erwidert, dem Interviewer ins Wort fallend: »Ich habe nie einen Lebensentwurf vor mir gesehen.« Er bemerkt das Erstaunen seines Gegenübers über diesen Satz und fügt erklärend hinzu: »Dazu war die Zeit viel zu bewegt, also daß man, man konnte doch nicht wissen, was im nächsten Jahr ist.« Diese Stelle enthält eine eigentümliche Zwiespältigkeit. Einerseits begründet Dr. Gärtner seine Entscheidung für die SPD mit dem Hinweis auf die identifikationsstarke Ausstrahlung »prägender Persönlichkeiten«; andererseits wehrt er sich gegen die Vermutung einer identifikatorischen Besetzung einer solchen »prägenden Persönlichkeit«. Das erinnert an die Zwiespältigkeit von »Identifikationsnot« und »Identifikationsscheu«, von der wir bei der Entwicklung der Formel über die Vaterlosigkeit der Flakhelfer-Generation gesprochen haben. Der ins Erwachsenendasein tretende Manfred Gärtner suchte nach den Erfahrungen von Faschismus, Krieg und Kriegsgefangenschaft väterliche Identifikationsobjekte, die ein nicht kompromittiertes Lebensprogramm verkörperten. Er fand zum Beispiel Kurt Schumacher. Aber er scheut vor einer Identifikation mit dieser Vaterfigur zurück. Die Zeit wäre dazu viel zu bewegt gewesen, lautet seine Erklärung. Das heißt, man wußte nicht, wieweit diese Identifikation tragen würde. Man schützte sich vor neuerlichen Enttäuschungen durch die Enthaltung von jeder Identifikation. Die Scheu vor der Identifikation mit anderen führt zur Scheu vor der Selbstidentifikation: »Ich habe nie einen Lebensentwurf vor mir gesehen.« Diesen Satz könnte man als Leitspruch über das Leben von Dr. Gärtner schreiben.

Mit der Gründung der Bundesrepublik begann Dr. Gärtner seine Karriere:

I.: Nach dem Abitur haben Sie gleich als Volontär bei einer Zeitung angefangen.

E.: Ja.

I.: Wollten Sie das auch ursprünglich?

E.: Ja.

I.: Darf ich fragen, warum eigentlich wollten Sie Journalist werden?

E.: Keine Ahnung, weiß ich nicht. Es erschien mir interessant.

I.: Ah, ja. Also, es war Ihnen nicht irgendwie eine Aufgabe, Verantwortung für die Entwicklung der Bundesrepublik oder irgend so was?

E.: Nein, na ja sicher, wird dabei, aber das, der eine wird eben Arzt, weil er das für eine interessante Tätigkeit hält, der andere Maurer, der andere wird Journalist. Ich also, ich vermag das nicht zu deuten.

Am Anfang stand ein Wille ohne Grund. Dr. Gärtner wollte Journalist werden, aber er weiß nicht zu sagen, warum er das wollte. Sicher, es spielte ein Bewußtsein gesellschaftlicher Verantwortung mit, räumt er dem Interviewer ein, aber das war nicht der eigentliche Grund. Es gab keinen Grund. Grundlos, nur mit dem Willen, etwas zu wollen, begann sein Weg nach oben. Hätte er vielleicht auch Arzt, vielleicht sogar Maurer werden können? Man weiß es nicht. Er sperrt sich dagegen, eine Deutung seiner Berufswahl zu geben. Aus Dr. Gärtner spricht nicht die zwanglose Gelassenheit dessen, der um die Zufälle des Lebens weiß, sondern die standlose Angestrengtheit dessen, der ständig darum bemüht ist, die Auffälligkeiten seines Lebens zu verwischen.

Seine Berufslaufbahn liest sich wie ein stetiger Gang nach oben. Dr. Gärtner wollte zweifellos vorankommen. Hätte man ihn vor dreißig Jahren gefragt, was er werden wolle, hätte er geantwortet, er wolle Chefredakteur werden – das sagt er zumindest heute. Doch nicht der Wunsch, groß zu werden, trieb diesen Aufstieg voran, eher ein Bedürfnis nach Lebenssicherheit und das Bestreben, den gestellten Aufgaben gerecht zu werden. Der Ehrgeiz des Dr. Gärtner ist aufgabenorientiert und hält sich im Rahmen des Möglichen. Ehrgeiz bedeutet für ihn, daß man seine Arbeit ordentlich verrichtet und daß man ans Ende einer Laufbahn geraten will. Für die Haltung vieler junger Leute, die die Notwendigkeit von Ehrgeiz und beruflichem Fortkommen in Frage stellen, hat er kein Verständnis. Das sei »modisches Gequatsche«. Dr. Gärtner glaubt nicht daran, daß der einzelne sich für oder gegen ein Leben entscheiden kann, das aus Arbeit, Leistung und Aufstieg besteht. Es seien die materiellen Bedürfnisse, die die Menschen antreiben. Das scheint auch für ihn zu gelten. Er war nicht beseelt von dem Wunsch, eine Karriere zu machen. Nach dem Kriege stand anderes im Vordergrund. Man mußte zuerst für den eigenen Lebensunterhalt und für den der Familie sorgen. Dazu brauchte man eine berufliche Existenz. Er erfüllte seine Berufsaufgaben und war erfolgreich. Ob er das wollte oder nicht, spielte seiner Meinung nach dabei keine Rolle. Die Umstände haben den Weg diktiert. Das Leben läßt einem nicht die Wahl.

Ende der sechziger Jahre sah sich Dr. Gärtner mit der Studentenbewegung konfrontiert:

E.: Die jungen Marxisten, die aus dem Universitätsseminar kamen, von der Frankfurter Schule, von Habermas und anderen, das habe ich auch gespürt, die seh' ich vor mir und kenn' sie beim Namen, die sind Ende der sechziger Jahre mit einem Anspruch in die SPD, in andere Parteien nicht so sehr, gegangen, ...

I.: ... ja,

E.: ... mit dem Anspruch, sie hätten das ja nun studiert und jetzt müßten sie den anderen zeigen, wie man's macht. Denn sie sind mit dem etwas naiven, aber verständlichen Ansinnen gekommen, wir haben es ja nun wissenschaftlich gelernt, wie man Politik gestalten muß, und deshalb sind wir eigentlich die kommende Führungsgarde.

I.: Da waren Sie skeptisch?

E.: Da war ich weiß Gott skeptisch. Das habe ich nicht geglaubt. Zu der Zeit, als ich politisch aktiv wurde, Mitglied einer Partei wurde, 1949, also wenn man dieses gesagt hätte, hätte man sich sehr schnell in die Ecke manövriert und völlig isoliert. Denn die Leute, die die Partei prägten, als ich eintrat, waren im wesentlichen ja Leute, die schon vor 33 dabei waren. Ich meine, ich habe zu Schumacher keinen Zugang gehabt, aber das ist doch ein Beispiel für heute, ...

I.: ... ja,

E.: ... und Ollenhauer, den habe ich dann später kennengelernt, oder Willy Brandt. Das waren doch Leute, und das ging ja auch runter bis auf Abteilungs- und Ortsvorstände, waren alles Leute, die meistens, wenn sie nicht gerade im Gefängnis gesessen hatten, zumindest arge berufliche Nachteile erlitten hatten. Und da wäre es als eine Hochnäsigkeit äußersten Ranges erschienen, wenn man gesagt hätte, ich weiß das beser als sie.

In dem Auftreten dieser »jungen Marxisten« lag für Dr. Gärtner eine Herausforderung: »Das habe ich auch gespürt, die seh' ich vor mir und kenn' sie beim Namen.« Man fragt sich, was ihn herausgefordert hat. War es allein der Anspruch, aufgrund theoretischer Analyse alles besser zu wissen, die Anmaßung, die kommende Führungsgarde darzustellen? Dahinter stand noch etwas anderes. Die Revolte der Studentenbewegung galt dem Staat der Väter. Das war, wie wir schon angedeutet haben, wesentlich eine nachträgliche Auseinandersetzung mit dem Verschulden der Väter. Die Atmosphäre der Verleugnung, die sich mit dem atemlosen Wiederaufbau nach Krieg und Faschismus ausgebreitet hatte, wurde gebrochen. Dr. Gärtner verhält sich in diesem Konflikt wie der älteste Sohn, der den Vater gegen die Angriffe seiner jüngeren Brüder verteidigt. Er weiß, was seine Väter, die in der SPD waren, durchgemacht haben. Er hat die Mühen des Neubeginns nach 1945 miterlebt. Er, der älteste Sohn, hätte sich damals nicht erlauben können, wozu seine jüngeren Brüder sich jetzt erdreisten. Er empfindet es als »Hochnäsigkeit äußersten Ranges«, das Werk der Väter zu entwerten. Dr. Gärtner erfüllt die Bestimmung der älteren Geschwister, die die Eltern gegen die Anwürfe der jüngeren Geschwister in Schutz nehmen müssen. Aber neidet der älteste Sohn seinen jüngeren Brüdern nicht die Unbekümmertheit der Revolte? Spürt er in sich nicht auch den Impuls, die Loyalität mit dem Vater zu brechen, »auf den Tisch zu hauen« und auszusprechen, was ihm angetan worden ist?

Die »deutsche Karriere« des Dr. Manfred Gärtner vermittelt eine Antwort auf die Frage nach den Lebensformen des westdeutschen Wiederaufstiegs. Der Kern seiner Lebenskonstruktion besteht in der Entsubjektierung des eigenen Lebens. Dr. Gärtner macht sich unkenntlich. Alles Hervorstechende und Auffällige wird normalisiert und annulliert. Er sperrt sich dagegen, sich sein Leben als ein besonderes zuzurechnen. Was bringt es, sich in Erinnerungen zu ergehen, über Lebensprojekte nachzusinnen, Anklagen gegen vermeintliche Schuldige zu erheben, sich das Hochgefühl zu leisten, auf sich stolz zu sein, und über Wunden, die einem zugefügt worden sind, zu trauern? Das Leben spricht eine andere Sprache. Man muß seine Familie versorgen, den Ehrgeiz haben, seine Berufsaufgaben zu erfüllen, Geld verdienen. Man muß tun, was es zu tun gibt.

Die Frage erhebt sich, wie Dr. Gärtner nun, da der Wiederaufstieg Westdeutschlands vollbracht und er selber in die Führungsetage dieser Gesellschaft aufgerückt ist, den Stand der Dinge sieht. Eine Reihe von Anzeichen sprechen dafür, daß die Lebensvorstellungen, aufgrund derer sich das »Modell Deutschland« nach 1945 erfolgreich verwirklichte, vielen Jungen heute nicht mehr lebenswert erscheinen. Wie erklärt er sich das?

E.: Na ja, das ist natürlich bei einer Generation, die in einer Gesellschaft im Überfluß aufwächst, eine ganz andere Situation. Wenn sie nicht im Wald das Holz zusammensuchen müssen, das nasse Holz, damit sie überhaupt sich eine warme Stube machen können, sondern wenn sie davon ausgehen, daß immer die Ölheizung vorhanden ist, nicht, daß sie auch so eine Existenz am Rande der Gesellschaft führen können, weil ja vieles umsonst zu haben ist oder doch für niedrige Preise, dann tritt das Materielle nicht so sehr in den Vordergrund. Aber es ist eine Frage, ob das nicht mal wieder anders wird. Ich glaube schon, daß es mal wieder anders wird, daß diese Gesellschaft im Überfluß uns nicht ewig erhalten bleibt.

I.: Ja.

E.: Da werden die Leute schon wieder, wird das ganz natürliche Interesse da sein. Um das noch mal zu sagen, viele, die den Überfluß ablehnen, stammen ja gerade aus Familien, in denen der Überfluß vorhanden ist.

Dr. Gärtner argumentiert aus dem Erfahrungskontext der Nachkriegszeit. Deshalb kann er die viel beredete Legitimationskrise des »Modells Deutschland« nicht begreifen. Das ist für ihn einfach eine Folge einer »Gesellschaft im Überfluß«. Die Jungen wissen nicht mehr, was es bedeutet, sich das nasse Holz im Wald zusammensuchen zu müssen, um überhaupt eine warme Stube zu haben. Aus dieser Erfahrung der Not ist seine Überzeugung geboren, daß das zentrale Motiv subjektiven Handelns das Interesse an Selbsterhaltung und Selbstbehauptung angesichts von Entbehrungen und Gefährdungen ist. Das ist der Hintergrund seines Therapievorschlages. Dr. Gärtner scheint darauf zu hoffen, daß der Überfluß schwindet, denn dann werden die Menschen sich wieder auf ihre natürlichen Interessen besinnen, und die materiellen Bedürfnisse werden wieder im Vordergrund stehen. Dann, muß man schlußfolgern, wird das »Modell Deutschland« wieder zum Tragen kommen.

Dr. Gärtner ist zum Zeitpunkt des Interviews Mitte fünfzig und gehört zur Generation der Väter. Was hätte er der Generation seiner Kinder zu sagen?

E.: Na ja, das würde ich schon sagen, sie sollen gegenüber großen Worten immer sehr mißtrauisch sein.

I.: Sehen Sie eine Gefahr, daß diese großen Worte wieder aufkommen?

E.: Na, ... ich sehe eine Gefahr vielleicht in dem Bereich, daß wir vielleicht, wir, da muß ich jetzt sagen, die, die in diesem Staate was zu sagen haben, also im Bereich der Politik, der Wirtschaft, auch der Presse, daß wir alle vielleicht für manche jüngeren Leute nicht genügend emotionale Zutaten liefern, sondern daß wir, daß die sozusagen die Sehnsucht nach einer Fahne haben, hinter der sie herlaufen wollen, was jugendlich verständlich ist. Aufmärsche, Gepränge, Lieder, was sonst hier in unserem säkularen Bereich eigentlich nur die Kirchen liefern, nicht, Katholikentag, Papstbesuch.

I.: Ja.

E.: Und derjenige, der sich nicht hingezogen fühlt zum Religiösen, wo das große Wirgefühl vermittelt wird, dem wird eben kein Wirgefühl vermittelt oder der findet sein Wirgefühl erst dann, wenn er in einer großen Demonstration mitmarschiert, und der eine oder andere wirft mit Steinen, aber es stellt sich das große Gefühl ein, einer Gemeinschaft zuzugehören.

I.: Mhm.

E.: Dieses wird sicher in einer Gesellschaft wie der unseren unzulänglich vermittelt. Aber ich wüßte keine Antwort. Ich kann mir nicht vorstellen, und ich wäre jedenfalls dagegen, ein Ministerium für emotionale Zutaten zu liefern, das, was die Nazis mit einer Staatsjugend wie der Hitlerjugend und für die Erwachsenen dann mit den vielfältigen Gliederungen der NSDAP und was die DDR mit den Jungen Pionieren für die Kleinen, für die Größeren Gesellschaft für Sport und Technik, Aufmarsch des FDGB am 1. Mai, die Partei selber auch mit ihren Gliederungen, dieses, meine ich, kann eine demokratische Gesellschaft nicht tun, soll sie auch nicht tun. Da bleibt dann wahrscheinlich etwas übrig, und damit muß man fertig werden. Ich kenne zwar andere Länder, aber kenne sie wiederum doch nicht gut genug, um zu wissen, wie andere Länder, Amerika, England, Frankreich, diese Felder besetzen. Ich glaube, die besetzen es auch nicht. Da muß sich jeder zurechtfinden, alleine.

Dr. Gärtner erkennt, daß die Jungen von den Alten etwas verlangen, was diese ihnen nicht zu geben vermögen. Er nennt das »emotionale Zutaten«, »das große Wirgefühl«, »das Gefühl, einer Gemeinschaft zuzugehören«. Dadurch entstehe in der Gesellschaft ein Feld, das nicht besetzt sei. Darin liege eine Gefahr. Aber was tun? Die Väter können nur Skepsis anbieten. Sie raten ihren Kindern, »sie sollen gegenüber großen Worten immer sehr mißtrauisch sein«. Die Jungen suchen jedoch nicht Skepsis, sondern »eine Fahne, hinter der sie herlaufen wollen«, was – womit die spitze Formulierung sogleich zurückgenommen wird – »jugendlich verständlich ist«. In den Jungen schwelt ein Identifikationshunger, die Alten verweigern sich aber als Identifikationsobjekte. »Da bleibt wahrscheinlich etwas übrig und damit muß man fertig werden. ... Da muß sich jeder zurechtfinden, allein.« Aber wie? Wie können sich die Jungen individualisieren ohne Modelle der Individualisierung, die ihnen die Alten vorleben. Die Lebenskonstruktion der Entsubjektivierung, die Dr. Gärtner verkörpert, stellt kein Modell der Individualisierung dar. Im Gegenteil: die Lebenstechnik der Selbstverleugnung scheint einen Sog zur Selbstpreisgabe zu bannen. Das Selbst, das sich annulliert, begehrt die Auflösung seiner selbst. Dieser Gedanke eröffnet eine erstaunliche Einsicht. So gesehen wäre nämlich die »Sehnsucht nach einer Fahne«, unter der alle Individualisierungen getilgt sind, eine untergründige Gemeinsamkeit zwischen Alten und Jungen, zwischen den »letzten Helden des Führers« und ihren Kindern. Sollte dieser Verweisungszusammenhang diese kleine Unebenheit im Text erzeugt haben: »... sondern daß wir, daß sie sozusagen die Sehnsucht nach einer Fahne haben, hinter der sie herlaufen wollen ...«?

Zum Schluß bietet sich die Frage an, ob Dr. Gärtner in seinem Leben etwas anders machen würde, könnte er nochmal von vorne anfangen:

E.: Darüber habe ich nie nachgedacht, darüber kann ich auch nicht nachdenken. Ich habe vielleicht manchmal, ja wüßte nicht, welche, was ich mir wünschen sollte, ich könnte mir höchstens wünschen, ich hätte von meinem Vater eine Fabrik geerbt oder so was, daß ich ein sehr unabhängiger Mann wäre oder meinetwegen als Landwirt ein Gut, dieses wäre vielleicht das einzige. Aber das kann man nicht entscheiden, mit achtzehn einen Gutsbesitzer zum Vater zu haben, den hat man oder man hat ihn nicht. Das wäre vielleicht das einzige, was ich mir, was man sich manchmal wünscht, wenn man an, was doch immer mal im Laufe eines beruflichen Lebens vorkommt, hauptsächlich im beruflichen Leben, daß man unzufrieden ist, mit Vorgesetzten, mit Kollegen, mit Untergebenen, daß man sagt, also diesen Job würdest du lieber heute als morgen verlassen. Aber wo würdest du hingehen? Und man bleibt bei seinem Job, oder man bleibt in einer speziellen Position, weil man keine andere sieht, man bleibt darin und würde sie gerne verlassen, aber man kann sie nicht verlassen, weil man ja seinen Lebensunterhalt verdienen muß und den seiner Familie. Und da denkt man manchmal schon, das denke nicht nur ich alleine, man spricht ja auch mit anderen darüber, ...

I.:... ja,

E.: ... denk mal, wenn du jetzt materiell unabhängig wärst, Vermögen auf der Bank hättest und von Zinsen leben könntest, dann wäre das also eine sehr schöne Sache, um das mal ein Jahr sein zu lassen und dann hast du's dir vielleicht mal wieder anders überlegt, dann tust du wieder das, was du bisher tust. Aber bewußt ist mir eigentlich kein Beruf untergekommen, daß ich gesagt hätte, du wärst gerne Ingenieur geworden oder Arzt, eigentlich nicht, nein.

Zuerst will er sich auf dieses Gedankenexperiment nicht einlassen, doch dann sprudelt es aus ihm heraus. Dieser Blick auf das Ganze des Lebens handelt von einer Situation der Ausweglosigkeit. Dr. Gärtner sinniert über einen Weg »raus«. Woraus? Aus den immerwährenden Anforderungen, den Lebensunterhalt verdienen zu müssen, für die Familie sorgen zu müssen, das Leben, in das »man« eingespannt ist, leben zu müssen. Der Verweis auf den Vater in diesem Zusammenhang ist deutungsbedürftig. Der in seiner Lebensmitte stehende Sohn wünscht sich von seinem Vater ein Erbe, auf dem er sich ausruhen könnte: eine Fabrik oder ein Gut. Bei einem Gut denkt man an weites Land, in das hinein man wandern, schreiten oder reiten kann. Diese Bewegungsrichtung einer tiefen Weite steht im Kontrast zur engen Höhe, die seinen Aufstieg charakterisiert. Dann wäre er »ein sehr unabhängiger Mann«. »Aber man kann sich nicht entscheiden, mit achtzehn einen Gutsbesitzer zum Vater zu haben, den hat man oder man hat ihn nicht.« Sein Vater hat ihm kein Erbe hinterlassen, das ihn zu einem »sehr unabhängigen Mann« machen würde. Wir wissen: der Vater starb früh, und die

Mutter wollte, daß ihr einziger Sohn die Berufslaufbahn ihres Mannes auf höherer Ebene fortsetzen sollte. Das Gefühl der Ausweglosigkeit scheint in einer genetischen Linie zu stehen. Der Heranwachsende war den Zumutungen und Ansprüchen der Mutter ausgeliefert, ohne vom Vater einen Grund geerbt zu haben, auf dem er hätte stehen können. Er wurde in ein mühevolles Aufstiegsleben gezwungen, eingekeilt zwischen Vorgesetzten, Kollegen und Untergebenen, das er »lieber heute als morgen« verlassen würde. Aber wo würde er hingehen? Dr. Gärtner sieht keine Alternativen. Dann tut man wieder das, was man bisher getan hat. Es gibt keinen Ausweg.

Exkurs: Zur Arbeitsweise von Sinnrekonstruktionen

Die Kunst der Interpretation besteht darin, unvermutete Beziehungen zwischen den Phänomenen zu entdecken, unabhängig, ob es sich um Naturereignisse, um Bewegungen eines Organismus, um soziale Handlungen oder um Texte handelt. Die Korrespondenzen zwischen seinen Äußerungen offenbaren die Gesetzlichkeit eines Gegenstandes. Der Gegenstand unserer Interpretation ist der Alltagstext einer Person, die sich über ihr Leben äußert. Es gilt, die verborgene Partitur dieses Sprachwerks zu entschlüsseln: welche Grundmelodie zu vernehmen ist, wie sie im Laufe des Gesprächs variiert wird, welche Tonarten angeschlagen werden. Dabei ist auf die Beziehungen zwischen den einzelnen Äußerungen zu achten: welche Echos, Widersprüche und Überblendungen zwischen ihnen bestehen. Die Interpretation zielt auf eine Hypothese über die Struktur, die aus der Reihung und Verzahnung der Äußerungen im Text hervorgeht. Die Arbeit der Sinnrekonstruktion besteht in der Freilegung dieser verborgenen Struktur.[2]

Wie geht man dabei vor? Sinnrekonstruktionen greifen an irgendeiner Stelle ins Ganze. Anhand eines Ausschnitts wird entschlüsselt, wie der Zusammenhang sich erhält. Zu begründen ist dieses Vorgehen mit der schon einmal bemühten strukturtheoretischen Überlegung, daß die Regeln einer Struktur jede Sequenz ihrer Reproduktion bestimmen. Für die Interpretation eines Textes folgt daraus: Es wird an einer Textstelle untersucht, wie sich hier die Stimmigkeit und Konsequenz des Textes herstellt. Die an einem Ausschnitt gewonnene Verstehenshypothese muß die Gesamtheit des Textes in sich begreifen können. Dabei kann jede sinnwidrige

Kleinigkeit die gesamte Interpretation zu Fall bringen. Die Sinnrekonstruktion kommt zu einem vorläufigen Abschluß, wenn eine Verstehenshypothese gefunden ist, die prinzipiell alle Stellen des Textes sinnfällig machen kann. Vorläufig deshalb, weil der Interpret nie weiß, ob er alle möglichen Verbindungen in einem Text bedacht hat. Möglicherweise entdeckt später ein anderer eine Relation, die zu einer neuen Lesart des Ganzen führt. Ein letztes Ende einer Interpretation kann es nicht geben. Denn, wie man aus der Rezeptionsgeschichte klassischer Texte weiß, die Geschichte ist auch eine Geschichte von Interpretationen, deren Zukunft offen ist.

An dieser Stelle ist eine Abgrenzung gegenüber den erzählanalytischen Verfahren der Erhebung und Auswertung biographischer Interviews notwendig.[3] Erzählanalytische Verfahren legen schon bei der Datenerhebung sehr viel mehr Wert auf die detaillierte Rekapitulation der lebensgeschichtlichen Ereignisse durch den »Biographieträger« als dies in unseren Interviews geschehen ist. Dazu ist ein raffiniertes Instrumentarium für die Führung solcher »narrativen Interviews« ausgearbeitet worden. Die Auswertung konzentriert sich weniger auf die Rekonstruktion einzelner Stellen, in denen eine Struktur zum Vorschein kommt; vielmehr bemüht man sich darum, entlang der ausgesprochenen Erzählsequenzen in dem Interviewtext den lebensgeschichtlichen Ablauf und die darin enthaltene »biographische Gesamtformung« nachzuzeichnen. Im Vergleich der beiden Ansätze kann man feststellen, daß das narrativistische Verfahren mehr auf die Verfolgung der Genese biographischer Erfahrungsaufschichtungen zielt, wohingegen die für unsere Analysen leitende strukturalistische Hermeneutik mehr die Rekonstruktion einer ausgebildeten Struktur eines individuellen Lebens im Blick hat. Das eine wäre ein genetischer, das andere ein rekonstruktiver Ansatz. Daraus ergeben sich unterschiedliche Arten von Lektüren, deren Differenz man im Rückgriff auf Überlegungen von Roland Barthes folgendermaßen bestimmen kann.[4] Die narrativistische Lektüre hält sich an die Wendungen der erzählten Anekdoten, wobei die nicht erzählenden Passagen zunächst ausgesondert werden und später als Kommentare zu den Erzählungen herangezogen werden. Sie betrachtet gewissermaßen die lineare Ausdehnung des Textes und ignoriert die punktuellen Sprachspiele. Die strukturalistische Lektüre hingegen haftet am Text. An jeder Stelle sucht sie die verborgene Logik des Textes zu entziffern. Bezogen auf biographische Texte bedeutet das, nicht die Entblätterung der Lebensgeschichte interessiert, sondern die Entschlüsselung des Blattwerks der Lebenskonstruktion. Diese akribische Lektüre, die, wie Barthes meint, dem modernen literarischen Text gebührt, achtet mehr auf die Art des Aussagens, weniger auf die Folge des Ausgesagten. Und da bei den vorliegenden Untersuchungen das Ziel nicht darin besteht, herauszufinden, was damals wirklich gewesen ist – die Illusion, das zu können, erzeugt meiner Ansicht nach das narrativistische Verfahren[5] –, sondern welche Arten individueller Strukturen aus der kollektiven Geschichte hervorgegangen sind, scheint diesem Gegenstand die strukturalistische Lektüre angemessen zu sein.

Im folgenden sollen die einzelnen Schritte der Ausdeutung des Interviewtextes von Dr. Gärtner nachvollzogen werden.[6] Wir haben im *ersten Schritt* die Anfangssequenz des Interviews herausgegriffen und erkundet, wie an dieser Stelle der Verweisungszusammenhang zwischen den einzelnen Äußerungen geknüpft ist. Der Beginn eines Gesprächs stellt in der Regel eine besonders dichte Stelle dar, an der schon alle Fäden zusammengezogen sind, die im Laufe des Gesprächs ausgerollt werden. Unsere Rekonstruktion der Stelle ist von der Frage geleitet, nach welcher inneren Notwendigkeit hier ein Wort das andere gibt. Zunächst haben wir uns detailliert vor Augen geführt, um was es geht. Dabei schon stellte sich heraus, daß der auf den ersten Blick belanglose Text bei genauerer Betrachtung einige Deutungsprobleme aufwirft. Sodann haben wir verschiedene Lesarten dieser Stelle getestet. Wir haben mögliche Kontexte konstruiert, die nach dem normalen Alltagsverstand zu dem Gesagten passen könnten. Der Interpret greift dabei auf sein kulturelles Wissen über sinnerfüllende Kontexte umgangssprachlicher Äußerungen zurück. Der Sinn dieser Deutungsoperation ist die Unterscheidung von Allgemeinheit und Besonderheit. Die Frage lautete, was an den Äußerungen allgemein verständlich und was nur aus der besonderen Individualität der Person zu verstehen ist. Das soll den Interpreten vor vorschnellen Psychologisierungen bewahren. Zu häufig werden Vermutungen über die abweichende Psychologie einer Person angestellt, ohne daß wirklich geprüft worden wäre, ob ihr Verhalten nicht völlig situationsangemessen ist. Durch das probeweise Anlegen möglicher Kontexte tritt nach und nach die individuelle Asymmetrie in den Äußerungen hervor. Das bereitet den entscheidenden Interpretationssprung vor, der den verborgenen Sinn der Stelle erst enthüllt, nämlich die Entschlüsselung der Logik des hier sich offenbarenden Individuellen. Eine Hypothese über die innere Notwendigkeit der Verweisungskette zwischen den einzelnen Äußerungen dieser Sequenz ist gefordert. Anhand der Eröffnungspassage des Interviews mit Dr. Gärtner ist deutlich geworden, daß es bisweilen gar nicht möglich ist, an einer Stelle zu entscheiden, was an Äußerungen mit der allgemeinen kulturellen Norm übereinstimmt und was aus der Besonderheit der Person folgt. Dies zeigt erst ein Vergleich mit weiteren Stellen.

Über einen Punkt indessen sollte sich der Interpret nicht täuschen: Auch die Befolgung aller möglichen interpretationstechnischen Anweisungen garantiert nicht, daß der Schluß auf eine Regelhypothese gelingt, der die verborgenen Beziehungen einer Stelle enthüllt. Jede Interpretation enthält einen Sprung, weil es um Wahrheit und nicht um Methode geht. Und springen kann nur ein Subjekt. Das interpretierende Subjekt verhält sich in einem eigentümlichen Wechselspiel zur Welt. Einerseits ist der Interpret abstinent. Er enthält sich jeglicher Stellungnahme zur Welt und läßt die Verweisungen vor sich rotieren. Mit Heidegger könnte man von der »Gelassenheit« des Interpreten reden. Andererseits aber greift er zu. Er zieht die Verweisungen in der Nußschale einer Deutung zusammen. Wiederum mit Heidegger könnte man von der »Entschlossenheit« des Interpreten reden. Aus dem Wechselspiel von »Gelassenheit« und »Entschlossenheit« blitzt plötzlich der, wie Charles Sanders Peirce dieses Ereignis nennt, »abduktive Schluß« der Deutung auf.

> »Die abduktive Vermutung (suggestion) kommt uns wie ein Blitz. Sie ist ein Akt der *Einsicht*, obwohl extrem fehlbarer Einsicht. Zwar waren die verschiedenen Elemente der Hypothese schon vorher in unserem Verstande; aber erst die Idee, das zusammenzubringen, welches zusammenzubringen wir uns vorher nicht hätten träumen lassen, läßt die neu eingegebene Vermutung vor unserer Betrachtung aufblitzen.«[7]

Im *zweiten Schritt* haben wir uns mit der aus der Rekonstruktion eines Textausschnitts erschlossenen Regelhypothese dem gesamten Interviewtext genähert. Dabei wurde die Formulierung der Regel bereichert und geschärft. Tritt allerdings der Fall ein, daß eine Stelle aufgrund der Verstehenshypothese nicht schlüssig gedeutet werden kann, dann ist diese falsifiziert. Der Verweisungszusammenhang des Textes ist verfehlt. Wird im Durchgang des Textes nur eine Unebenheit gefunden, die die Regelhypothese nicht sinnfällig machen kann, muß der ganze Ausdeutungsprozeß von vorne beginnen. Diese methodisierte Darstellung des Forschungsprozesses mag übertrieben erscheinen, aber tatsächlich gehen wir doch bei jeder Deutung intuitiv in gleicher Weise vor: Vorgreifend bilden wir in Ansehung eines Ausschnitts eine Verstehenshypothese für das Ganze. Stoßen wir auf einen Tatbestand, der unserem Vorverständnis der Sache widersteht, müssen wir unsere Verstehenshypothese umwerfen und in Anbetracht des widerständigen Befundes reorganisieren. Die Arbeitsweise von Sinnrekonstruktionen ist die Arbeitsweise unseres natürlichen Verstehens.

Die Rekonstruktion der Lebenskonstruktion aus dem Text eines biographischen Interviews beruht also auf zwei methodischen Prinzipien. Das eine ist das strukturalistische Prinzip, welches beinhaltet, daß nicht die einzelnen Äußerungen an sich, sondern die Relationen, die zwischen ihnen sich entwickeln, die Lebenskonstruktion der Person zum Ausdruck bringen. Daraus folgt das andere Prinzip des strukturalistischen Falsifikationismus, welches besagt, daß die an einer Stelle erschlossene Deutungsregel die Totalität des Textes erfassen muß. Das heißt, jede sinnwidrige Stelle falsifiziert die aufgestellte Strukturhypothese über die Lebenskonstruktion der Person, die sich in diesem Text artikuliert.

Es stellt sich die Frage nach dem Erkenntnisgewinn einer auf diese Weise rekonstruierten Lebenskonstruktion einer bestimmten Person. Man weiß zwar einiges über die Persönlichkeit des Dr. Gärtner. Was aber sagt dieser Fall generell über die Gruppe der sozialen Aufsteiger aus der Flakhelfer-Generation? Damit ist die grundsätzliche Frage nach dem Verhältnis von individuellem Fall und sozialer Struktur aufgeworfen. Die gängige Auffassung in der Praxis der empirischen Sozialforschung ist folgende: Der individuelle Fall ist in seinem Auftreten und seinem inneren Zusammenhang zufällig. Warum sich eine bestimmte Person auf eine bestimme Weise verhält, hängt von mannigfachen biographischen und situativen Zufällen ab. Erst wenn man möglichst viele gleichartige Fälle vergleicht, erkennt man die einem Verhalten zugrundeliegende soziale Gesetzmäßigkeit. Man isoliert eine oder mehrere Dimensionen des Verhaltens und überprüft deren duchschnittliche Häufigkeit bei der ins Auge gefaßten Population. Bei der Feststellung des Durchschnitts bestätigen Ausnahmen die Regel, solange sie nicht eine bestimmte Häufigkeit überschreiten. Die gemessene durchschnittliche Häufigkeit eines bestimmten Verhaltens in einer ausgewählten Anzahl von Fällen läßt das Typische einer Population erkennen. Das Typische ist mithin das Häufige im Verhalten einer Vielzahl von Fällen. Diese Auffassung leuchtet jedoch bei eingehenderer Betrachtung nicht ein. Unbedacht wird nämlich angenommen, daß die durchschnittliche Häufigkeit eines Verhaltens die Gesetzmäßigkeit eines sozialen Sachverhaltes darstellt. Dagegen spricht die Einsicht, daß vieles, was ähnlich oder gleich aussieht, nicht gleicher Natur zu sein braucht; und auch nicht das, was sich unterschiedlich darbietet, muß deshalb unterschiedlichen Gesetzen gehorchen. So können zum Beispiel gleichlautende Urteile über einen Tatbestand unterschiedlichen Überzeugungen entsprungen sein, und Argumenten differierenden Inhalts kann die gleiche Argumentationsweise zugrunde liegen. Soziale Gesetze erkennt man nicht, indem man Häufigkeiten registriert, sondern indem man nach dem inneren Zusammenhang der Phänomene forscht.

Wie aber entdeckt man die verborgenen Beziehungen, welche die soziale Realität regieren? Ich behaupte, der individuelle Fall führt uns zur sozialen Struktur. Durch das Nachbuchstabieren der Erzeugungsweise individueller Fälle fördert der Sozialforscher die Gesetze der sozialen Wirklichkeit zutage. Dazu ist es freilich notwendig, die volle Konkretheit des Falls zu erfassen. Denn in der Vielgestaltigkeit seiner Äußerungen zeigt sich, wie der Fall sich reproduziert. Diese Vorstellung über die Arbeitsweise sozialwissenschaftlicher Forschung beruht auf der Annahme der Gesetzlichkeit des individuellen Falls. Das individuelle Verhalten ist gerade nicht zufällig, sondern entfaltet sich aufgrund innerer Notwendigkeit. Diese innere Logik stellt das Typische im Individuellen dar.

In bezug auf den Fall von Dr. Gärtner heißt dies folgendes: Das Individuelle im Leben von Dr. Gärtner sind die einzigartigen Geschehnisse, die sich im Laufe dieses Lebens ereignet haben, und zwar sowohl die Handlungen als auch die Erfahrungen. Das Typische ist die Art der Zusammenfügung dieser Mannigfaltigkeit zu der Ordnung eines möglichen Lebens. Der einzelne führt sein Leben in Form eines in den Augen der anderen anerkennungsfähigen Lebens. Auf diese innere soziale Struktur der Individualität zielt die Rekonstruktion der Lebenskonstruktion. Sie dient als Schlüssel für das Typische im Individuellen. So gesehen haben wir am Fall des Dr. Gärtner eine typische Lebensform eines sozialen Aufsteigers aus der Flakhelfer-Generation freigelegt. Über die Häufigkeit dieses Musters lassen sich zwar keine Aussagen treffen, aber es ist wahrscheinlich, daß weitere Fälle existieren, in denen sich diese Lebensform aktualisiert. Prinzipiell jedoch muß keine andere Person ihr Leben in dieser Weise konstruieren. Typik und Repräsentativität sind zwei verschiedene Dinge, die zumeist verwechselt werden. Das Typische muß nicht das Häufige sein; und unter dem Häufigen können sich vielfältige Typen verbergen. Kurt Lewin formuliert scharf: »Historische Seltenheit ist kein Gegenargument, historische Regelmäßigkeit kein Beweis für Gesetzlichkeit, weil der Begriff der Gesetzlichkeit streng von dem der Regelmäßigkeit, der Begriff der Ausnahmslosigkeit des Gesetzes streng von dem Begriff der historischen Konstanz (des ›Immer‹) getrennt wird.«[8] Somit stellt die Lebenskonstruktion des Dr. Gärtner einen Fall eines typischen Musters dar, für das es wahrscheinlich, aber nicht notwendig noch weitere Fälle gibt.

Die Sozialforschung scheint sich nach diesem Verständnis der Literatur anzunähern. Der Soziologe, der einen individuellen Fall als Ausdruck seiner Epoche rekonstruiert, macht im Grunde nichts anderes als der Schriftsteller, der eine Figur konstruiert, in der sich der Zustand der Zeit verdichtet. Gemeinsam ist beiden, daß sie das Allgemeine im Individuellen zum Vorschein bringen. Nur, muß man zum Nachteil der Soziologie feststellen, ist ein Roman in der Regel lesbarer als eine soziologische Studie. Wozu also noch Soziologie betreiben? Es gibt einen entscheidenden Unterschied zwischen Literatur und Soziologie, der mit der Differenz von Kunst und Wissenschaft zusammenhängt. Der Künstler ist auf der Spur der Wahrheit des Individuellen. Er ist von diesem »individiuum ineffabile« (Adorno) ergriffen. Ihn interessiert nur diese Figur, diese Konstellation oder dieser Text – nichts sonst. Das Allgemeine macht sich in der Kunst geltend, ohne daß der Künstler es im Blick hat. Der Künstler schielt nicht auf das Allgemeine, dem zur Sprache verholfen werden soll – jedenfalls entstehen so keine Kunstwerke –, sondern er vertieft sich ins Individuelle, das seine eigene Sprache fordert. Anders der Wissenschaftler. Für ihn stellt der individuelle Fall stets eine Konkretion einer allgemeinen Struktur dar. Er forscht nach der Wahrheit des Allgemeinen in diesem Individuellen. Der Soziologe sucht auf dem Wege der Rekonstruktion eines individuellen Falls eine soziale Struktur aufzudecken. Dabei ist ihm der Fall letztlich ein akzidentiell Einzelnes, welches Träger eines strukturell Allgemeinen ist. Aber das Individuelle ist nicht bloß die Manifestation eines Allgemeinen. Dem wissenschaftlichen Blick entgeht das Individuelle des Individuellen. Dieses, wenn man so will, Geheimnis des Individuellen zur Sprache zu bringen, ist die Sache der Kunst.

7.2 Der innere Soldat
Der Weg des Peter Neumann vom freiwilligen Offiziersanwärter zum Spitzenmanager

Peter Neumann ist Vorstandsvorsitzender einer gemeinnützigen Wohnungsbaugesellschaft mit hunderttausend Wohnungen. Daneben sitzt er in verschiedenen Aufsichtsräten und hat verschiedene politische Ämter übernommen. Seit rund dreißig Jahren ist er in Leitungspositionen im gemeinnützigen Wohnungsbau tätig. Er ist einer der Macher des sozialen Wohnungsbaus in der Bundesrepublik. Im *Wer ist Wer?* läßt er notieren, seine Liebhabereien seien Segeln, moderne Belletristik und Musik. Peter Neumann ist ein stattlicher Mann. Ein Mittfünfziger, von dem man sagen würde, daß er sich gut gehalten hat: sportliche Figur, Messerhaarschnitt, tadelloses Äußeres. Bestimmt wirft er ab und an einen Blick in den Spiegel, um sich zu vergewissern, daß er noch in »Fasson« ist. Er wirkt innerlich gestrafft und weiß sich in Szene zu setzen.

Das Büro von Peter Neumann befindet sich im elften Stock eines aluminiumverkleideten Hochhauses in Hamburg. Dieses Gespräch, im Mai 1981 geführt, dauerte fünf Stunden. Ich mußte, wie üblich, wenn ich meine Gesprächspartner in ihrem Arbeitsbereich aufsuchte, etwas warten. Später wurde mir erklärt, daß er noch ein Telefongespräch mit einem Zeitungsredakteur habe führen müssen.

Peter Neumann nimmt das Gespräch sogleich in die Hand. Es beginnt mit einer Selbstpräsentation, die den Aufriß seiner Lebenskonstruktion enthält:

Erzähler: ... und formuliere aus dem Stegreif, weil es mir einfach Spaß macht, an der Reaktion der Zuhörer zu formulieren. Und da habe ich sehr oft festgestellt, daß das wichtig ist, daß man viel zu viel aufzeichnet.

Interviewer: Ja.

E.: Nun gut, wenn man zitieren will, dann muß man es wieder haben, weil man sonst der Gefahr erliegt, falsch zu zitieren. Aber für die Sache selbst ist eigentlich wirklich wichtig, was ist hängengeblieben, ...

I.: ... ja,

E.: ... und was ist nicht hängengeblieben. Und deshalb, wenn ich mir ein Manuskript mache, das sieht dann bei mir so aus, daß ich mir da eine Portion Zettel mache, und da eine Disposition darauf habe und ein paar Schwerpunkte setze und ein paar Gedankenstützen gebe, daß das Ding aufgebaut ist. Und da gucke ich dann beim Reden nicht mehr drauf, könnte ich genauso gut in der Tasche behalten.

I.: Macht Ihnen das eigentlich Spaß zu reden, vor Leuten zu reden?

E.: Das hängt vom Thema ab.

I.: Das hängt vom Thema ab?

E.: Ja. Ich tu' mich furchtbar schwer mit Tischreden, Laudatien und was weiß ich alles. Es sei denn, es ist ein Mensch, den ich sehr gut kenne, der mir also ein bißchen was bringen kann, also den Menschen ein bißchen mehr sehe als nur, was nun für'n EK oder für'n Bundesverdienstkreuz sozusagen. Aber wenn ich ein Fachthema habe, rede ich gerne, auch kontrovers.

I.: Meinen Sie das hat ...

E.: Ich hasse zum Beispiel, zum Ärger meiner Frau, Rumgesitze bei irgendwelchen Geschichten, ich will jetzt nicht Cocktailparty sagen, das wäre zu häßlich,

I.: ... ja,

E.: ... aber wenn man irgendwo zusammenkommt, ja, da sind ein paar nette Leute, da gehen wir hin. Dieses duselige Gequatsche über Gott und die Welt, 50% Politik, aber da quatscht auch bloß jeder so ein paar *Bild*-Zeitungsüberschriften nach. Dies macht mir keinen Spaß. Und da erliege ich dann sehr oft der Gefahr, wenn ich dann plötzlich zwei, drei in der Ecke habe, und wir machen dann furchtbar ein Fach bis in die Tiefe. Das muß nicht Bauwirtschaft oder Wohnungswirtschaft sein, das kann Sozialpolitik sein oder kann ganz normale Tagespolitik sein, aber dann ein Thema und dann drei, vier Stunden an dem Thema rum, bis hinein. Und dann bin ich natürlich, nun sage ich es doch, ein Partyschreck. Denn das ist für jede Party tödlich, wenn drei in der Ecke sitzen und von keinem mehr gestört werden wollen.

...
Mir wird nachgeredet, daß ich schnell und gut reden kann. Daß ich auch mal in der Lage bin, wenn einer mal ausfällt, komm mach mal schnell. Ist eine Begabung, kann man nichts dafür. Mein Nachteil ist, daß ich für den Beruf zu wenig kontaktfreudig bin.

I.: Mhm.

E.: Das liegt an verschiedenen Dingen. Einmal esse ich ungerne. Meine Frau sagt immer, wenn ich dir ein Thema gebe, dann kann ich dir sonstwas zu essen geben, dann merkst du gar nicht, was du ißt. Während andere das Thema vergessen, wenn sie was auf den Tisch kriegen.

I.: Sie sind also kein Feinschmecker, wie man so schön ...

E.: Ich esse sehr gerne Gutes.

I.: Denn Sie sehen nicht so aus, als ob Sie nicht gerne essen würden. Also man kann sagen ...

E.: Aber ich kann ohne Essen, wenn ich ein Thema habe, kann ich, wenn ich einen harten Tag habe, dann frühstücke ich und esse abends wieder. Da fällt mir zwischendurch gar nicht auf, daß ich Hunger habe. Das fällt mir erst auf, wenn ich nach Hause fahre. Das ist so eine innere Motorik, die das tot drückt, das ist medizinisch meines Erachtens. Ich kriege hinterher plötzlich Kopfschmerzen, weil ich völlig überhungert bin. Während der Sache merke ich es nicht.

I.: Ja.

E.: Das zweite ist, daß ich vielleicht für den Job ein bißchen zu salopp bin.

I.: Ja?

E.: Ich habe kein allzu entwickeltes Gefühl für, ja, gesellschaftliche Umgangsformen.

I.: Ja?

E.: Daß ich heute einen Schlips umhabe, ist die große Ausnahme, weil ich einem zum Geburtstag gratulieren muß. Normalerweise habe ich ein kariertes Hemd an und Kordhosen. Was nicht allen in meinem Kreise paßt. Die so einen Boß eines Wirtschaftszweiges ein bißchen mehr im Dunkelblauen sehen wollen.

I.: Wie sieht das eigentlich aus ...

E.: Läßt sich hier vertragen, weil ich ja in einem Kreise bin, der von der generellen Linie her, durch die Sozialeinbindung, ein bißchen salopper sein kann, als das meinetwegen in der Bankwirtschaft der Fall ist. Obwohl ich, wie gesagt, ich bin ja in einer Bank Aufsichtsratsvorsitzender und in zwei anderen im Aufsichtsrat, und wenn wir da was haben, natürlich, da muß ich meinen Anzug anziehen. Aber das ist mir im Prinzip völlig egal, weil ich dieses (er deutet auf seinen Schlips) das Albernste finde, was Menschen sich umbinden können. Das hat weder einen Sinn, noch hat es einen praktischen Zweck. Meine Frau hat immer Kummer, wenn ich mir einen falschen umbinde. Dieses stört eben auf diesem Posten etwas. Aber, wie gesagt, nur etwas. Ich könnte also mit Sicherheit beim Bankwesen oder, ich weiß zum Beispiel in der Kaufhausbranche, da habe ich einen Freund, der ist da Leiter der Marketing-Abteilung, ja, der hat drei Anzüge im Büro. Und je nachdem, zu welchem Chef er muß und zu welcher Tageszeit, zieht der sich um. Wenn der zu seinem Boß gerufen wird, nachmittags, dann zieht er sich einen dunklen Anzug an. Das wäre für mich der Grund, auch bei ausgezeichneten finanziellen Gründen da nicht einsteigen zu können. Weil ich ständig innerlich grienen würde, und mir dann immer wieder meinen Spieß in Badehosen und Knobelbecher vorstelle, das wäre keine Basis.

I.: Mhm.

E.: Wo also solche Geschichten, nun gut, mag schön sein, und das hängt natürlich auch damit zusammen, daß ich es furchtbar empfinde, bloß um zusammen zu sein, irgendwelchen Blödsinn zu quatschen. Dann gucke ich lieber in die Röhre, irgendeine Diskussion, oder in ein Buch, man kommt ja sowieso gar nicht zum Lesen. Dadurch sind wir relativ viel zu Hause, haben wenig gesellschaftliche Kontakte.

Peter Neumann präsentiert sich als sachorientierter Arbeitsmensch.[9] Er haßt das »Rumgesitze« bei informellen Zusammenkünften, dieses »duselige Gequatsche über Gott und die Welt«. Wenn es aber um ein Fachthema oder überhaupt um ein ernstzunehmendes Thema geht, dann ist er zu haben. Es wird ihm nachgesagt, gut und schnell reden zu können. Fällt einer aus, ist Peter Neumann stets einsatzbereit. Aber das Reden bloß um des sozialen Kontaktes willen ist seine Sache nicht. Da sitzt er lieber zu Haus und sieht fern. Auch ißt er ungerne. Das Essen als lustvoller Anlaß für ungezwungenes Zusammensein reizt ihn nicht. Im Gegenteil: wenn ihn eine Sache intensiv beschäftigt, vergißt er das Essen. Dazu kommt schließlich noch, daß er kein allzu entwickeltes

Gefühl für gesellschaftliche Umgangsformen besitzt. Ihm fehlt der Sinn für die Regeln des Sichzurechtmachens. Er geht nach dem praktischen Zweck und nicht nach dem, was sich schickt. Wer wollte das nicht verstehen? Partygeschwätz, Feinschmeckertum und wechselnde Anzüge sind wahrhaftig keine Formen der Selbstverwirklichung. Dem sachorientierten Arbeitsmenschen sind substanzloses Gerede und Getue zuwider. Er setzt seinen Stil durch, auch auf die Gefahr hin, von den anderen gemieden zu werden.

Das ist gewiß der Eindruck, den Peter Neumann erwecken will, und so versteht er sich vermutlich auch. Seine Rede indessen dreht sich um einen anderen, verborgenen Punkt: nämlich um die Schwierigkeit mit den Objektbeziehungen, und zwar sowohl in der Beziehung zu sich selbst als auch in der Beziehung zu den anderen. Seine Aussagen über sein Verhältnis zum Essen etwa geben darüber Auskunft. Peter Neumann will damit begründen, wieso er für seinen Beruf zu wenig kontaktfreudig ist. Der Kontext für diese Aussage ist offenkundig. Man weiß, daß die Einladung zum Essen eine beliebte Form der Pflege informeller sozialer Kontakte darstellt. Das könnte wichtig sein in seinem Beruf, denn bekanntlich sind Beziehungen alles. Peter Neumann jedoch verweigert sich diesem Spiel um Beziehungen mit dem Hinweis darauf, daß er nicht gerne esse. Das ist erstaunlich. Denn selbst wenn ihm das Essen keinen Spaß macht, wäre es in seiner Position doch ratsam, sich um die Erhaltung und den Ausbau von Kontakten zu kümmern. Nicht so für Peter Neumann. Er gibt damit zu verstehen, daß in seinen Augen nicht Beziehungen, sondern Leistung zählen. Das paßt zu einem, der von unten kommt. Er kann nicht auf gute Beziehungen bauen, sondern muß Leistung bringen. Er sagt aber noch mehr. Unversehens ist Peter Neumann dabei, sein Verhältnis zum Essen zu beschreiben. Auch hierbei geht es um die Frage des Kontakts, aber nicht um sozialen, sondern um psychischen Kontakt. Die Pole, zwischen denen der Kontakt gestört ist, sind der Körper und die Rede. »Meine Frau sagt immer, wenn ich dir ein Thema gebe, dann kann ich dir sonstwas zu essen geben, dann merkst du gar nicht, was du ißt.« Peter Neumann funktioniert wie ein Sprechautomat. Gibt man ihm ein Thema, fängt er an zu reden. Es scheint auch ziemlich gleichgültig zu sein, um welches Thema es sich handelt. In dieser Situation ist die Beziehung zu seiner sinnlichen Erfahrung abgerissen. Er merkt gar nicht mehr, was er ißt. Die orale Lust, die das Essen zu einem Vergnügen macht, wird entdifferenziert. Das lustvolle Schmecken, welches unterscheidet zwischen dieser und jener Kost, entfällt. Peter Neumann hat kein Verständnis dafür, daß andere sich auf das Essen konzentrieren, während er von seinem Thema nicht loskommt, was auch immer ihm aufgetischt wird. Die Automatisierung seines Selbst beim Reden vollzieht sich in zwei Stufen: der Entdifferenzierung der körperlichen Erfahrung folgt ihre Abtötung. »Aber ich kann ohne Essen, wenn ich ein Thema habe, kann ich, wenn ich einen harten Tag habe, dann frühstücke ich und esse abends wieder. Da fällt mir zwischendurch gar nicht auf, daß ich Hunger habe. Das fällt mir erst auf, wenn ich nach Hause fahre.« Während der Automat arbeitet, werden die Regungen des Körpers nicht wahrgenommen. Die Erklärung dafür folgt sogleich. »Das ist so eine innere Motorik, die das tot drückt, das ist medizinisch meines Erachtens.« Nicht verleugnet werden die Impulse, die aus dem Innern des Körpers aufsteigen, sie werden abgetötet. Abgetötet durch eine innere Motorik, die das Selbst übermächtigt. Das sei medizinisch, also ein Mechanismus, der von selbst abläuft. Aber die Regungen des Körpers lassen sich nicht tot drücken, sie kehren wieder, plötzlich, auf unvermutetem Wege: »Ich kriege hinterher plötzlich Kopfschmerzen, weil ich völlig überhungert bin. Während der Sache merke ich es nicht.« Während der Sache, und seine Sache ist das Reden, die Arbeit an einem Thema, ist der Kontakt zu seinem Körper, dem Substrat des Selbstseins, unterbrochen. Er kann gut und schnell reden. Er kann aus dem Stegreif formulieren und ist stets einsatzbereit. Es läßt sich nun besser nachvollziehen, was das heißt. Peter Neumann redet maschinell. Alles, was von innen hervordrängt, wird unterdrückt, z.B. der Hunger. Die Frage drängt sich auf, was mit diesem eingeschlossenen Trieb passiert. Er dient vielleicht als Treibstoff für die innere Motorik, die seine Einschließung bewirkt. Damit wäre der Regelkreis der Automatisierung des Selbst geschlossen: Eine innere Motorik drängt die aus dem Körper aufsteigenden Regungen zurück, und diese eingeschlossene psychische Energie treibt das ganze System an. Wie dem auch sei, diese Stelle zeigt eine Störung der Beziehung zu sich selbst an. Peter Neumann hat offenbar Schwierigkeiten, seine inneren Antriebsimpulse mit seinem äußeren Verhalten in einen lebendigen Zusammenhang zu bringen. Eine innere Motorik drückt das tot, was von innen kommt. Von außen angestoßen, agiert er wie ein selbstloser Automat.

Betrachten wir noch die Stelle, an der Peter Neumann darlegt, warum er in dem Ruf steht, ein Partyschreck zu sein. Er haßt, zum Ärger seiner Frau, informelle Zusammenkünfte, auch wenn »ein paar nette Leute« da sind. Es sind also nicht die einzelnen Leute, sondern es ist die Situation als solche, die ihm widerstrebt: »dieses duselige Gequatsche über Gott und die Welt«. Die Leichtigkeit und Wechselhaftigkeit der Unterhaltung bei solchen Treffen ist ihm offenbar unbehaglich. »Und da erliege ich dann sehr oft der Gefahr, wenn ich dann plötzlich zwei, drei in der Ecke habe, und wir machen dann furchtbar ein Fach bis in die Tiefe.« Er flieht diese unklaren Beziehungen, die nicht durch bestimmte Rollendefinitionen und Aufgabenverteilungen festgelegt sind, und sucht sich zwei oder drei andere, mit denen er sich an einem Thema festbeißt. Er hat sie »in der Ecke«, das heißt, Peter Neumann holt sich seine Gesprächspartner, drängt sie in eine ausweglose Situation und treibt mit ihnen einen Stoff »bis in die Tiefe«. »Das muß nicht Bauwirtschaft oder Wohnungswirtschaft sein, das kann Sozialpolitik sein oder kann ganz normale Tagespolitik sein, aber dann ein Thema und dann drei, vier Stunden an dem Thema rum, bis hinein.« »Bis in die Tiefe«, »bis hinein«, diese Worte umschreiben ein invasives Beziehungsverhältnis. Peter Neumann dringt in seine Gesprächspartner ein, läßt nicht locker und redet drei, vier Stunden mit ihnen »an etwas rum«. Das ist kein Gespräch, in dem sich eine schwebende Gemeinsamkeit zwischen den Gesprächspartnern entfaltet, sondern ein einseitig dominierter Belagerungszustand in Gesprächsform. Er kann nicht zuhören, kann die anderen nicht lassen, kann sich nicht ins Spiel bringen; er muß reden, muß die anderen an sich ziehen, muß das Gespräch in der Hand haben. Peter Neumann »haßt« die Flüchtigkeit der Beziehungsangebote bei einer Party, »erliegt dann der Gefahr«, sich welche zu suchen, in die er dringen kann. Das schreckt die anderen, ja, das ist »tödlich«. »Und dann bin ich natürlich, nun sage ich es doch, ein Partyschreck. Denn das ist ja für jede Party tödlich, wenn drei in der Ecke sitzen und von keinem mehr gestört werden wollen.« Wieder taucht das Wort töten auf. Diesmal nicht in bezug auf sich selbst, sondern in bezug auf die anderen. Peter Neumann hat offenbar Schwierigkeiten in der Beziehung zu den anderen. Mit sozialen Beziehungen, die nicht fest definiert sind, kann er nicht umgehen. Dann saugt er sich an zwei oder drei anderen fest und bohrt mit ihnen »furchtbar ein Fach bis in die Tiefe«. Das ist

»tödlich«, denn er nimmt die anderen in einen kommunikativen Haltegriff, so daß sie ihm nicht entschlüpfen können. Alles Wechselnde, Flüchtige, Vibrierende in der Beziehung zu den anderen wird festgezurrt und abgetötet.

Aus dieser Lektüre des Textes ergibt sich folgendes Bild: Peter Neumann befindet sich im Kampf mit sich selbst und mit den anderen. Das Selbst erhält sich, indem es abtötet, was innen und außen sich regt. Mit seinen eigenen Worten: Es ist »eine innere Motorik, die das tot drückt«. Zu erkennen ist der Mechanismus der Automatisierung des Selbst, dessen Existenzform die rastlose Aktivität ist. Was ist das für eine Lebenskonstruktion, die dieses Leben durchherrscht? Es gibt zwei Hinweise im Text dieser ersten Selbstpräsentation, die darauf eine Antwort geben. Peter Neumann erzählt, daß er sich schwer tut mit Tischreden, Laudatien und ähnlichem, wo es nur darum geht, was für ein EK oder Bundesverdienstkreuz einer hat. EK – das heißt Eisernes Kreuz. Das Eiserne Kreuz mit seinen drei Klassen war der bekannteste deutsche Kriegsorden. Schon 1813 in Preußen gestiftet, war das Eiserne Kreuz während des Faschismus eines der zentralen Insignien des deutschen Soldatentums. Hitler belohnte, wie schon erwähnt, bei seinem letzten öffentlichen Auftreten im Garten der Reichskanzlei einige zwölfjährige Hitlerjungen mit dem Eisernen Kreuz zweiter Klasse für ihren Einsatz bei der Verteidigung der Reichshauptstadt. Hier bricht in den Diskurs der Selbstdarstellung von Peter Neumann ein anderer, untergründiger Diskurs ein: der des Soldaten. In dieser kleinen Abgleitung scheint die Individualitätsform Peter Neumanns auf. Er fühlt sich als Soldat. Für den Soldaten rangiert das EK vor dem Bundesverdienstkreuz. Dies würde das engagierte SPD-Mitglied Peter Neumann zwar ablehnen, aber gesagt hat er es dennoch. In diesem Moment redet er wie ein Soldat. In die gleiche Richtung weist eine andere Stelle. Peter Neumann berichtet über einen Freund, der sich je nach Anlaß und Tageszeit in seinem Beruf einen anderen Anzug anziehen muß. »Das wäre für mich der Grund, auch bei ausgezeichneten finanziellen Gründen da nicht einsteigen zu können. Weil ich ständig innerlich grienen würde, und mir dann immer wieder meinen Spieß in Badehosen und Knobelbecher vorstelle, das wäre keine Basis.« Seine Basis ist das Leben eines Soldaten. Und dazu paßt es nicht, dauernd den Anzug wechseln zu müssen. Das erscheint ihm geckenhaft. Da zieht ihn die derbe Erotik seines Spießes in Badehose und Lederstiefeln schon mehr an. Unter der Uniform lauert der Exzeß. Einen kleinen Spalt weit öffnet sich an dieser Stelle der Vorhang, hinter dem die erotischen Bilder des »soldatischen Mannes« zum Vorschein kommen. Diese beiden beiläufigen Abgleitungen im Text decken den Kern der Lebenskonstruktion unseres Gesprächspartners auf: In Peter Neumann lebt der Soldat. Der soldatische Mann erhält sich durch eine nicht abzustellende »innere Motorik«, welche die Regungen des eigenen Körpers und die Äußerungen der anderen »tot drückt«. Der Automatismus des Redens hält Peter Neumann am Leben: »schnell und gut«. Das Lebenskorsett des inneren Soldaten bildet die Struktur seiner Lebenskonstruktion.

Der Vater von Peter Neumann war kleiner Beamter bei der Reichsbahn, Schaffner im Vorortverkehr von Hamburg. Er war Sohn eines Tagelöhners und hatte zehn Geschwister. Der Vater pflegte zu sagen, wir waren elf, das zwölfte hat die Ente totgetreten. Also Verhältnisse, die ganz unten lagen, kommentiert der Sohn. Der Vater hatte bis zu seinem Lebensende Schwierigkeiten, fehlerfrei deutsch zu schreiben. Das habe ihn behindert und unsicher gemacht. Der Sohn hat sich einmal bei seinem Vater beschwert, daß er von ihm, wenn er mit der Kinderlandverschickung von zu Hause weg war, nie einen Brief erhielt. Und da hat ihn die Mutter beiseite genommen und ihm den Grund erklärt. Das hat den Sohn nachhaltig beeindruckt. Was so ein Mensch für eine Chance hatte, fragt sich der Sohn. 1898 geboren, kam der Vater 1916 als kaum Achtzehnjähriger, der seine Lehre als Schlosser noch nicht beendet hatte, an die Front. Ähnliches wird dem Sohn widerfahren. Beim Militär nahm sich der Regimentskommandeur seines Vaters an, aus Gründen, die dem Sohn unbekannt sind. Das wurde dann entscheidend nach Ende des Krieges. Von den zwei Jahren an der Front sei nichts Auffälliges zu berichten. Dem Vater wurde das EK 2 verliehen, was üblich war, sonst nichts Herausragendes. Dieser Regimentskommandeur überredete den Vater, der bei Kriegsende arbeitslos war, sich den Freikorps anzuschließen. Die Freikorps schlugen auf Geheiß der sozialdemokratischen Regierung unter Ebert und Noske die sich über das gesamte Reich verteilenden Streiks in der ersten Hälfte des Jahres 1919 nieder. Die Freikorpsbewegung, rund vierhunderttausend Mann, lebte aus dem »Fronterlebnis«, dieser phantastischen Klassengemeinschaft im Schützengraben. Der daraus erwachsene »Frontkämpfersozialismus« hatte vor allem eine antirepublikanische Stoßrichtung. 1918/19 trat die widersinnige Situation ein, daß die von den Freikorpsmitgliedern verachteten »Novemberverbrecher« sie zur Hilfe riefen, um Jagd auf die ihnen verhaßten »Spartakisten« zu machen. Unter der Losung »Kampf dem Bolschewismus« wütete in Deutschland der »weiße Terror«, der den historischen Auftakt bildete für den »braunen Terror«. Die Nationalsozialisten nannten deshalb nicht ohne Grund die Freikorpssöldner die »ersten Soldaten des Dritten Reichs«. Der Sohn begründet den Schritt des Vaters: Er ging zu den Freikorps, nicht weil er ihre politischen Ziele vertrat, sondern einfach weil er die Heimat der Gemeinschaft nicht verlieren wollte. Beim Militär hatte er eine Gemeinschaft gefunden, innerhalb derer es ihm zum ersten Mal gut ging. Es wurde für ihn gesorgt, es wurde ihm die eigene Verantwortung abgenommen, es gab eine Ordnung, an der er sich aufrichten konnte. Vom Freikorps wurde er in die Reichswehr, in das Hunderttausend-Mann-Heer, übernommen. Er verpflichtete sich für zwölf Jahre, besuchte die Heeresfachschule und war plötzlich Unteroffizier, Spieß einer Mannschaft, zuständig für Mensch und Gerät. Das war für jemanden seiner Herkunft eine Karriere. Er hat es von seinen Geschwistern am weitesten gebracht, betont der Sohn. Durch die Heirat mit seiner Mutter festigte sein Vater die erworbene soziale Position. Die Eltern lernten sich beim Manöverball kennen. Die Mutter war einziges Kind eines Zimmermannmeisters, der im Umkreis seines Dorfes mit eigenem Grund und Boden eine wohlhabende Existenz darstellte. Die Tochter wurde jeden Tag zur Schule gefahren und erwarb, was für ein Mädchen auf dem Lande seiner Zeit unüblich war, die mittlere Reife. Der Vater hing an seinem Schwiegervater, was zur Folge hatte, daß die Familie sich viel bei den Eltern der Mutter aufhielt. An die Eltern des Vaters hat der Sohn nur ganz blasse Erinnerungen. Als »Zwölfender« hatte der Vater das Anrecht, Beamter zu werden, und er wechselte 1928 von der Reichswehr zur Reichsbahn. Er wurde Eisenbahnschaffner und blieb dies Zeit seines Lebens. Obwohl er einen beruflichen Aufstieg anstrebte, ist ihm dieser nicht gelungen. Das hatte nach Darstellung des Sohnes zwei Gründe. Zum einen war die Führungsschicht der Eisenbahndirektion Hamburg sozialdemokratisch. Da hatte natürlich ein »Zwölfender«, der dazu noch Freikorpsangehöriger gewesen war, keine Chance, obwohl, wie der Sohn unterstreicht, der Vater ein absolut apolitischer

Mensch war. Zum anderen hat seine mangelhafte Rechtschreibung einen weiteren Aufstieg verhindert. Eines Tages hat der Sohn zufällig ein Gespräch zwischen Vater und Mutter mitangehört, in dem seine Mutter seinen Vater drängte, die Inspektorenprüfung zu machen. Aber der Vater hatte Angst, wegen seiner Schreibschwäche durchzufallen. In dieser Szene ist die Mutter die Fordernde und der Vater der Überforderte. Dieses Problem sei schließlich bei ihm zu einer Art Trauma ausgewachsen. Es war also offensichtlich nicht so sehr seine bei den Vorgesetzten politisch mißliebige Vergangenheit, sondern seine Schwierigkeit mit der Rechtschreibung, also eine Leistungsschwäche, die dem Vater das Vorankommen unmöglich machte. In der Erzählung des Sohnes hört sich das etwas anders an. Indem er für den Stillstand der Berufskarriere des Vaters auch politische Gründe geltend macht, bewahrt der Sohn, auch wenn der Vater auf der Seite derer stand, die den Faschismus getragen haben, das Bild eines leistungsstarken Vaters, der vorankommen wollte, aber zu Unrecht benachteiligt wurde. 1934 trat der Vater in die NSDAP ein. Der Sohn erklärt diesen Schritt wie folgt: Sie wohnten in Hamburg in einer traditionellen Kommunistengegend. Der Vater habe dort, weil er die Uniform der Eisenbahner trug und damit für die Kommunisten wie ein Kapo aussah, ein paar Mal Prügel bezogen. Diese Beschreibung klingt unwahrscheinlich, denn auch aufgeladene Kommunisten konnten die Uniform eines Eisenbahners von der eines Polizisten unterscheiden. Die Prügel müssen noch andere Gründe haben. Wie auch immer: der Sohn erzählt, für den Vater sei die Tatsache, daß er für das Tragen einer Uniform Prügel bezogen habe, unerträglich gewesen. Denn die Uniform war für ihn Ausdruck der Geborgenheit in der Truppe. Darauf konnte er »nichts kommen lassen«. Man muß daraus schließen, daß für den Vater die Uniform die Bedeutung eines Lebenskorsetts hatte. Die Uniform hielt ihn zusammen. Der Anschlag auf die Uniform war deshalb in seinen Augen ein Anschlag auf sein Leben. Das hatte in der Tat nichts mit Politik zu tun, wie der Sohn erneut betont. Das rührte vielmehr an die eigene Existenz. Dazu kam noch, daß der Vater sich in seinem Bewußtsein dem alten Mittelstand zurechnete, also den Handwerkern und kleinen Selbständigen. Beim Skatspiel mit einem Metzgermeister und seinem Sohn aus der Nachbarschaft übte er sich in rechter Gesinnung. Diese beiden Tatsachen, die Erfahrung des Anschlags auf die Uniform und die angenommene Mittelstandmentalität, veranlaßten den Vater schon 1934, in die NSDAP einzutreten. Aber auch dieser Schritt habe ihm in seinem Beruf mehr geschadet als genützt. Denn die sozialdemokratische Führungsschicht bei der Hamburger Reichsbahndirektion blieb auch während der Zeit des Faschismus erhalten. Der Vater war, wie sich im Laufe des Gesprächs herausstellt, durchaus ein aktiver Nazi. Er betätigte sich nämlich als Blockwart. Aber er war wohl einer, der die Moral der Lebenswelt von der Moral der Ideologie zu unterscheiden wußte. Also keiner, der die Leute terrorisierte und verriet, eher einer, der seinen Dienst als militärische Aufgabe begriff. Er hatte den *Schulungsbrief* abonniert, nicht aber den *Stürmer*. Peter Neumann erzählt das alles, um verständlich zu machen, warum er sich freiwillig als Offiziersanwärter meldete:

> »Das heißt, ich hatte einen Vater, der sein ganzes Leben lang von der Uniform begleitet war. Und nun wird es Sie nicht mehr wundern, daß ich ein Berufsziel hatte, ob ich es hatte, oder ob es mir eingeredet wurde, weiß ich nicht, jedenfalls stand für mich bis 45 fest, ich werde Offizier.«

Der Sohn, Peter Neumann hat noch eine jüngere Schwester, sollte offenbar die militärische Karriere des Vaters fortführen. Für den Vater hatte es nur bis zum Unteroffizier gereicht, der Sohn sollte Offizier werden.

Der Vater veranlaßte den Sohn, sich freiwillig zu melden. Dahinter verbarg sich, wie Peter Neumann im nachhinein glaubt, eine taktische Überlegung. Zwischen der SS und der Wehrmacht bestand damals die Vereinbarung, daß die freiwilligen aktiven Offiziersanwärter, die angehenden Berufsoffiziere, für die Wehrmacht und nicht die für SS rekrutiert wurden. Das heißt, die freiwillige Meldung zum Offiziersanwärter war die einzige sichere Möglichkeit, der SS zu entgehen. Für den Vater war die SS etwas Unordentliches. Das waren die Kommunisten im rechten Gewande. Die machten Dinge, die der Ordnung der Wehrmacht zuwiderliefen. Er sah darin einen Stilbruch, daß in der Uniform etwas getan wurde, was der Ordnung der Uniform nicht entsprach. Die Uniform, der Garant des Selbst, durfte nicht beschmutzt werden. Und tatsächlich wurde Peter Neumann in der Schule von den Rekrutierungstrupps der SS in Ruhe gelassen. Er erzählt, daß alle, die sich aus seiner Klasse zur SS gemeldet hätten, nicht aus dem Krieg nach Hause zurückgekehrt wären. Mit dieser Geschichte hält Peter Neumann eine positive Identifikationslinie zu seinem Vater aufrecht. Der Vater hatte den Sohn zwar in den Krieg und damit, zumindest bestand diese Möglichkeit, auch in den Tod geschickt, er hatte ihn aber auch vor dem Tod bewahrt:

»Also gut, das ist eine rein statistische Feststellung. Ich weiß nicht, warum die nicht wieder gekommen sind. Als Heeresmitglied konnte man genauso sein Leben verlieren. In der Gefangenschaft war es schon gut, nicht bei der SS gewesen zu sein, jedenfalls wenn man bei den Russen war.«

Im Grunde verließ Peter Neumann im Alter von zehn Jahren sein Elternhaus. Seine späte Kindheit und frühe Jugend verbrachte er in truppenmäßig organisierten Gemeinschaften. Das begann mit der Kinderlandverschickung, daran schloß sich die Flak an, von da aus kam er an die Front und zuletzt in Gefangenschaft – der Weg einer Sozialisation in die Gruppe als Truppe. Peter Neumann war ein sportlicher Junge, der sich durchzusetzen verstand. Beim Jungvolk stieg er »ruckzuck« zum Zugführer auf. Er trat in die Marine-HJ ein, eine Spezialeinheit der HJ, bei der man segeln konnte und die deshalb ziemlich überlaufen war. Aber der junge Peter Neumann tat sich hervor, und damit verdiente er sich seinen Eintritt. Mit knapp fünfzehn Jahren, im Februar 1943, wurde er zur Flak einberufen. Dabei erlebte er die Ende Juli 1943 einsetzenden schweren Bombenangriffe auf Hamburg. In die Geschichte ging die »Feuersturmnacht«, die Nacht vom 27. auf den 28. Juli 1943, ein. 1944 trat er als freiwilliger Offiziersbewerber in die Panzerdivision »Feldherrnhalle« ein. Er wurde im Nahkampf ausgebildet. Man brachte ihm bei, wie man von hinten lautlos an einen Feind heranschleicht, ihn blitzschnell mit einem Draht würgt und durch einen Stich in den Rücken tötet. Als Richtkanonier in einem Panzer nahm er an den Abwehrkämpfen gegen die vorrükkende Rote Armee in Ostpreußen teil. Auf dem Rückzug wurde er am 2. Mai 1945 kurz vor Berlin von den Russen gefangengenommen:

E.: Ja, und so bin ich gefangengenommen worden, und dann kam dieser 8. Mai. Wir lagen draußen, in den Sand eingebuddelt, um uns gegen den kalten Maiwind zu schützen, in den Mantel eingewickelt, schliefen oder schliefen nicht, hatten Hunger, und da ging ein furchtbares Knallen über Berlin los. Berlin wurde ein Flammenmeer, Leuchtraketen gingen hoch, Leuchtmunition. Wir dachten, das ist ja gut, die Armee Wenk ist da, die holen uns hier wieder raus. Damals spukte ja immer noch die

Armee Wenk durch die Gegend, diese berühmte Armee Wenk, die nur auf dem Papier existierte. Überall, wo mal geschossen wurde, hieß es, die Armee Wenk ist da. Tatsächlich war das die Siegesfeier der Russen, daß der Krieg zu Ende war. Das haben wir aber erst am nächsten Tag erfahren. In der Nacht, als wir erfuhren, daß das die Siegesfeier war, da war für mich das erst zu Ende.

I.: Ist da für Sie ein Weltbild zusammengebrochen?

E.: Ja, natürlich.

I.: Mhm.

E.: Da gibt es zwei Erinnerungen. Das eine ist eine trostlose Leere, als wir im Zug saßen und Richtung Osten fuhren, als Gefangene. Übrigens ein Erster-Klasse-Wagen der Reichsbahn. Wir erwischten einen Zug, der aus dem Osten gekommen war und ›displaced persons‹ nach dem Westen brachte, und den benutzten sie umgekehrt als Gefangenentransport. Während die anderen mit Güterwagen transportiert wurden, fuhren wir Erster Klasse. Und da saßen denn also wild zusammengewürfelte Leute. Ich war gefangengenommen worden mit etwa tausend oder tausendfünfhundert SS-Leuten, die, wie ich erfuhr, alle aus der Reichskanzlei in den S-Bahnschacht runtergekommen waren. Ich war der einzige Nicht-SS-Mann. Das hat mir ein bißchen Schwierigkeiten gemacht, das lassen wir jetzt, aber es ging gut. Na ja, wir lösten uns nachher denn so ein bißchen auf, ich versuchte bei jedem Gefangenentransport, der da zusammengeschmissen wurde, mich immer abzusetzen von den SS-Leuten, wobei ich sagen muß, am Anfang war das sogar ganz gut mit den SS-Leuten, weil die die feste Gemeinschaft behielten, während die anderen Verbände sich auflösten. Wir saßen denn in dem Abteil, waren nur ältere zusammen, und jeder spann so sein Zukunftsbild. Und ich entdeckte plötzlich, daß ich der einzige war, der nichts gelernt hatte. Die anderen sagten, Tischler werden immer gebraucht. Irgendwo fummelten sie gedanklich alle an der Zukunft rum, die vielleicht in Sibirien lag, aber irgendwo auf einer gewissen Basis. Bei mir war nichts. Das war diese trostlose Leere, die ich hatte. Wenn mir da einer gesagt hätte, hier hast du eine Pistole, da war ich in der Stimmung zu sagen, Schluß, vorbei.

I.: Mhm.

E.: Das zweite, was dazu gehört, ist, daß in dieser Zeit sich eine gewisse Überlegung einschlich, was wäre das eigentlich geworden. Ich hatte noch einen Einsatz an der Oder, der nicht mehr zustande gekommen ist, wo sie üblicherweise Freiwillige gesucht haben, und da mußte man sich als angehender Berufsoffizier natürlich immer melden. Da sollten wir hinter der Linie abgesetzt werden, sollten wir Sabotage machen und sollten am nächsten Tag wieder abgeholt werden. Das ging von der Theorie aus, daß die Russen so ausgeblutet sind, daß sie nur noch eine ganz dünne, aber kräftige Frontlinie haben, und dahinter ist leer. Sollten wir also die Nachschubwege zerstören, dann ist da noch was zu machen. Aber zu dem Einsatz ist es nicht mehr gekommen, weil der Oderdurchbruch kam, und wir marschierten. Und jetzt fuhr ich also mit dem Zug da durch und sah, was die Russen wirklich hatten. Daß das also wieder alles Lug und Trug war.

I.: Mhm.

E.: Und da stellte ich mir so vor, was wäre eigentlich mit deinem Leben geworden, als Offizier. Du säßest wahrscheinlich irgendwo in Rußland, in diesem Scheißland, und würdest irgendwelche Russen zu Soldaten ausbilden. Das war das erste Zweifeln, was wäre das eigentlich für ein Weg geworden. Das war nicht politisch, das war rein so von dem Inhalt dessen, was hast du dir eigentlich als Offizier mal vorgestellt, preußischer Offizier in irgendeiner Garnison, so wie man sich so ein Offiziersleben vorstellt. Und plötzlich, das wäre ja gar nicht, die ganzen Gebiete hätten wir ja beherrschen müssen. Du säßest irgendwo in Weißrußland, günstigen Falls, vielleicht in Sibirien.

Für Peter Neumann brach am 8. Mai 1945 in der Tat eine Welt zusammen. Bis zuletzt noch hatte er an eine Wende im »Endkampf« geglaubt. Er meldete sich freiwillig für Sabotageaktionen hinter der Frontlinie, wie es sich für einen angehenden Berufsoffizier gehört. Das Flammenmeer, das am 8. Mai am Himmel über Berlin erschien, hielt er für das Zeichen einer Wende, es war aber in Wahrheit das Zeichen der Niederlage. Wie hat der Siebzehnjährige diese jähe Depotenzierung erlebt? In der ersten Erinnerung schildert Peter Neumann, wie ihn eine »trostlose Leere« überkam. Er saß mit SS-Leuten in einem Erster-Klasse-Abteil auf dem Weg nach Osten in die Kriegsgefangenschaft. Diese SS-Leute, alles ältere, kamen aus der Nähe des »Führers«, aus der Reichskanzlei. Sie trauerten nicht um ihren Führer, mit dem sie einst verbunden waren, nein, sie »fummelten« an ihrer Zukunft herum. Von Deutschland, seiner Größe und seinem Ruin, war nicht mehr die Rede, nur noch davon, wie der einzelne durchkommen könnte. Dem »letzten Helden des Führers«, der bis zur buchstäblich letzten Minute an eine wundergleiche Fügung geglaubt hatte, muß das wie Verrat geklungen haben. Das Ganze war verloren, und diese Erwachsenen sorgten sich allein um ihre armselige Existenz. Er hörte: »Tischler werden immer gebraucht.« Und was hatte er gelernt? Nichts. Er hatte auf die Zukunft des Reichs gebaut. Er wollte preußischer Offizier werden, in einer Garnison in diesem weiten Reich, so wie man sich das Leben eines Offiziers vorstellt. Doch jetzt erwies sich das alles als Hirngespinst. Er fuhr an den Nachschubreserven der Russen vorbei, und er sah, »was die Russen wirklich hatten«. Er war belogen und betrogen worden. Peter Neumann verlor den Boden unter den Füßen. »Das war diese trostlose Leere, die ich hatte. Wenn mir da einer gesagt hätte, hier hast du eine Pistole, da war ich in der Stimmung zu sagen, Schluß, vorbei.«

Der Lebenswille meldete sich in Gestalt des Zweifels, davon zeugt die zweite Erinnerung. Peter Neumann fragte sich, was das für ein Leben geworden wäre. Nicht preußischer Offizier wäre er geworden, sondern ein Offizier des Dritten Reichs, der irgendwo in Rußland stationiert gewesen wäre und irgendwelche Russen zu Soldaten hätte ausbilden müssen. Das hatte er sich nicht vorgestellt. Er wollte das Leben eines Offiziers führen, der Herrschaft repräsentiert, nicht exekutiert. Dahinter verbirgt sich die Vorstellung eines Ständestaats preußischer Prägung, in dem der Offizier die ihm gebührende Anerkennung genießt. »In diesem Scheißland« war das nicht zu erwarten, in Weißrußland oder gar in Sibirien. Lassen wir offen, ob diese zweite Erinnerung eine nachträgliche Hinzufügung darstellt, um den späteren Lebensgang verständlich zu machen; stellen wir nur fest, daß neben der Erinnerung »trostloser Leere« gleichsam als Gegengewicht die Erinnerung kritischen Lebenswillens steht.

Im Gefangenenlager brach für den siebzehnjährigen Peter Neumann das System der Väter endgültig zusammen:

E.: In der Gefangenschaft zeigte sich, daß die für uns Erwachsenen die am stärksten gefährdetsten waren, daß da Charaktere umgekippt sind, denen man das nie zugetraut hätte, sei es um eine Zigarette, oder sei es um ein Stück Brot. So daß wir damals, also die Jüngsten im Gefangenenlager, immer gesagt haben, wenn das mal unsere Lehrer gewesen wären, oder wenn das unsere Väter, pfui Deibel.

I.: Hat Sie das geschmerzt, das zu sehen, oder haben Sie mehr Verachtung ...

E.: Nein wir waren eigentlich ...

I.: ... empfunden?

E.: Nein, beides nicht. Es war mehr Mitleid, es war Enttäuschung, es war Enttäuschung. Ich meine, das ist schwierig, heute noch die Wahrheit getreu zu rekonstruieren. Erstens war die Autoritätsgeneration damals älter als heute. Zweitens gehöre ich heute zur Autoritätsgeneration.

I.: Mhm.

E.: Aber irgendwo gab es eine Zielvorstellung. Da ist ein Lehrer, den hast du geschätzt, da ist ein Vater, den schätzt du. Und jetzt siehst du Männer in vergleichbaren Positionen, die also völlig untergehen.

I.: Mhm.

E.: Während wir, und das ist jetzt ganz schwierig, um der Sache gerecht zu werden, vielleicht auch durch die Erziehung bei den Nazis, viel disziplinierter waren, uns immer irgendwo noch hielten. Wir haben uns zum Beispiel länger gewaschen und die erste Gelegenheit genutzt, uns wieder zu waschen, als die Alten. Also normale zivilisatorische Voraussetzungen gingen bei den Älteren früher zu Bruch als bei den Jüngeren. Heute würde ich allerdings hinzufügen, was ich damals so nicht empfunden habe, daß ein Älterer natürlich leichter dabei ist, sich aufzugeben und sagt, was lohnt das eigentlich noch alles. Eben, weil er kein Leben mehr vor sich hat. Während wir ja noch Leben vor uns hatten, egal, wie es aussehen sollte, aber irgendwie noch ein Zeitraum war, wo man mehr Hoffnung haben konnte als einer, der fünfzig, sechzig war und sagte, was soll das alles noch, zu Ende, und sich daher viel leichter aufgab.

I.: Mir scheint, das kreist um so einen Begriff wie Ehre, daß man sich seine eigene Ehre ...

E.: Ja, das meinte ich vorhin mit Disziplin, die wir als Jüngere vielleicht mitbekommen haben. Daß wir deshalb disziplinierter waren, einfach aus dem Zwang heraus. Wir waren es gewohnt, in Lagern zu leben, wir waren es gewohnt, in Gemeinschaften zu leben. Ich bin ja im Prinzip als Zehnjähriger von zu Hause

weggegangen, mit der Kinderlandverschickung.
Die Söhne erlebten, wie die Väter untergingen. Sie wuschen sich nicht mehr, bettelten um eine Zigarette oder um ein Stück Brot. Die Repräsentanten der »deutschen Herrenrasse« lieferten sich den »russischen Untermenschen« aus, würdelos und ehrlos. Die »soldatischen Männer« zerfielen. Charaktere »kippten um«, »denen man das nie zugetraut hätte«. Diese Formulierung zeigt an, daß für den jugendlichen Peter Neumann eine Idealisierung zusammenstürzte. Die erste Reaktion – zumindest ist es die erste, die Peter Neumann einfällt – war Verachtung. »So daß wir damals, als die Jüngsten im Gefangenenlager, immer gesagt haben, wenn das mal unsere Lehrer gewesen wären, oder wenn das unsere Väter, pfui Deibel.« Die Verachtung ist ein Vernichtungsaffekt. Der Verachtete soll einem aus den Augen gehen, er ist keines Blickes mehr wert, er hat alle Achtung verloren. Woher rührt dieser Impuls? Aus einer tiefen Enttäuschung. »Es war Enttäuschung, es war Enttäuschung«, sagt Peter Neumann. Der Sohn hatte an die Väter geglaubt, und in diesem Glauben hatte er seine ganze Hingabe und Opferbereitschaft in das von ihnen beglaubigte System hineingelegt. Der jämmerliche Ruin der Väter bewies, daß er getäuscht worden war. Er hatte seine Existenz einer Sache geweiht, die nicht standhielt. Aber die Verachtung für die Väter ist nicht zu ertragen. Nein, es war nicht Verachtung, »es war mehr Mitleid«, stellt Peter Neumann richtig. Mitleid mit den gefährdeten Vätern. Wie kann man einen verachten, der nicht mehr weiter weiß? Die Gefühle sind offenbar widersprüchlich. Die Wahrheit ist schwierig zu rekonstruieren. Heute fügt Peter Neumann hinzu, daß ein Älterer, der fünfzig oder sechzig Jahre alt ist, viel schneller den Mut verliert als ein Jüngerer, der gerade siebzehn oder achtzehn Jahre alt ist. Der Alte sieht kein Leben mehr vor sich, der Junge dagegen blickt in eine offene Zukunft. Außerdem weiß Peter Neumann, daß sich seine Kritik an den Vätern gegen ihn wenden kann. Er gehört heute selbst zur »Autoritätsgeneration«. Wie werden seine Kinder das Werk der Eltern beurteilen? Und doch, es gab ein identifikatorisch besetztes Bild der Väter, das zerbrach: »Und jetzt siehst du Männer in vergleichbaren Positionen, die also völlig untergehen.«

Woran sollten sich die Söhne angesichts des Zusammenbruchs der Väter halten? Die »Disziplin« gab ihnen Halt und Haltung. Die Söhne waren »viel disziplinierter« als die Väter. Das war vielleicht die Wirkung der Erziehung bei den Nazis, erklärt Peter

Neumann. Sie waren seit früher Jugend dem Zwang unterworfen und in Lagern groß geworden. Die »Disziplin« war ihnen sozusagen in Fleisch und Blut übergegangen.

Die Äußerung, daß die Söhne »viel disziplinierter« waren als die Väter, muß freilich noch weiter ausgelegt werden. Gestorben war für den jungen Peter Neumann das äußere Modell des »soldatischen Mannes«, das die Väter verkörpert hatten. Mit ihrem Untergang ging auch dieses Lebensmodell unter. Dem Zerfall der Väter ausgesetzt, klammerte sich der Sohn an die Disziplin, die er bei den Nazis »mitbekommen« hatte. »Disziplin« steht im Text in Verbindung mit Zwang, Lagerleben und Gemeinschaftsleben, Haltung und Ehre. Der Bedeutungszusammenhang ist unschwer zu erkennen. Das ist die »Disziplin« des »soldatischen Mannes«, die er sich aufgrund der nationalsozialistischen Erziehung zu eigen gemacht hat. Mit anderen Worten: Der »soldatische Mann« war zwar als äußeres Modell für ihn gestorben, aber als inneres Modell lebte es in ihm weiter. Durch den Halt dieser »Disziplin« bewahrte sich der jugendliche Peter Neumann seine Selbstachtung angesichts des Zusammenbruchs der Väter, an die er geglaubt hatte und denen er nachgefolgt war.

Im September 1945 wurde Peter Neumann aus der russischen Kriegsgefangenschaft entlassen und kehrte nach Hause zurück. Der Siebzehnjährige, der Flak, Front und Gefangenschaft hinter sich hatte, ging wieder zur Schule. Doch er hatte Schwierigkeiten, sich den neuen Verhältnissen zu fügen. In der Schule störten ihn drei Dinge:

E.: Das eine war, daß ich feststellte, daß der Direx auf dem Schulgarten Tomaten züchtete und die vertauschte gegen anderes, was ich nicht allzu vorbildlich fand. Das zweite war, daß wir völlig sinnlos im damaligen, damals hieß das Gegenwartskunde, die Nürnberger Prozeßschrift auswendig lernen und jeden Morgen runterbeten mußten. Hab' ich mich geweigert. Ich hab' gesagt, ich hab' so viel nachzuholen, ich hab' zwei Jahre Schule nachzuholen, mach' ich nicht, hab' dem Widerstand entgegengesetzt. Und das dritte war, damals gab es die Erfindung der Neulehrer. Die Lehrer waren zum Teil noch nicht zurück, zum Teil waren sie tot, zum Teil waren sie Nazis, 131er, also es herrschte ein erheblicher Lehrermangel, und da kamen sie auf die Idee mit Neulehrern. Das waren Lehrlinge, Handwerker, die da eine Aufstiegschance hatten, und die wurden ausgebildet zu Lehrern, in Schnellkursen. Und wir waren also nun Primaner, und da kamen plötzlich Leute, die bei der Volksschule aufgehört hatten, hört sich ein bißchen elitär an, aber ich kann's ja nur so erzählen, wie sich das damals darstellte, wir unheimlich lernbedürftig, und da kamen also nun Knaben, die das nur benutzten, um Lehrer zu sein, obwohl wir der Meinung waren, die können uns nie was beibringen. Und warum sind die eigentlich nicht in derselben Situation wir wir, warum waren die nicht in der Gefangenschaft, was sind das eigentlich für Knaben, die sich plötzlich anschicken, unsere Lehrer zu werden? War eine schiefe Ausgangsposition schon mal. Und wir hatten als Primaner das Recht, nicht auf dem Hof die Pause zu begehen, sondern auf dem Dachgarten.

I.: Mhm.

E.: War das Recht der Primaner. Und dieses Recht wurde uns plötzlich genommen, weil die Neulehrer da ihre Pause machten. Und da hab' ich dann aktiven Widerstand organisiert, bis hin zu kriminellen Taten, wir haben die Türen aufgebrochen und haben »sit in« gemacht, würde man heute sagen. Wir sind denn also hoch, haben die Tür aufgebrochen und haben uns auf den Dachgarten gesetzt und haben gesagt, so nun macht was. Und das führte denn dazu, daß mir der Direx sagte, ich sollte mal abgehen, eine Versetzung wäre nicht möglich, und Abitur erst recht nicht. Und das hab' ich dann als sehr vernünftig angesehen und bin gegangen.

Von Widerstand ist die Rede, sogar von aktivem Widerstand, bis an den Rand der Kriminalität. Widerstand ist ein gewichtiges Wort. Man denkt unweigerlich an den Widerstand gegen den Faschismus. Fragen wir, wogegen sich der Widerstand des Peter Neumann richtete, und wofür er stand. Er opponierte gegen einen Vertreter der Vätergeneration, den Direktor, der Eigennutz vor Gemeinnutz stellte. Er setzte der Aufforderung Widerstand entgegen, jeden Morgen die Niederlage und die Verbrechen der Deutschen, wie sie in der Nürnberger Prozeßschrift dokumentiert waren, zu bekennen. Er organisierte aktiven Widerstand gegen die Neulehrer, die sich als Lehrer ausspielten, ohne dafür in seinen Augen eine Berechtigung zu haben, weder fachlich, da sie über keine ausreichende Ausbildung verfügten, noch persönlich, da ihnen der Erfahrungshintergrund der Gefangenschaft fehlte; im Gegenteil, die Frage, »warum waren die nicht in der Gefangenschaft«, läßt den Verdacht anklingen, daß sie sich womöglich gedrückt hatten. Diese »schiefe Ausgangsposition« kam auf den Punkt, als diese Neulehrer den ehemaligen Schüler-Soldaten das Recht streitig machten, die Pause auf dem Dachgarten zu verbringen. Die symbolische Bedeutung des Widerstandsverhaltens ist offensichtlich. Der Widerstand richtete sich gegen die alten Autoritäten, die sich charakterlos zeigten, gegen das Eingeständnis deutscher Schande und Schuld und gegen die neuen Autoritäten, die die Gunst der Stunde nutzten. Es ist ein Widerstand gegen die Einsicht, daß alles verloren war. Peter Neumanns Selbstwürde stand auf dem Spiel. Denn wenn das alles nichts war, woran er geglaubt hatte, schlimmer noch, wenn das alles böse war, wie war dann noch zu leben? Wir erinnern uns an die Schilderung der Gefahr des Kollapses seines Selbst auf dem Transport ins Gefangenenlager. Das bedeutungsschwere Wort Widerstand ist aus dieser existentiellen Gefährdung zu verstehen. Peter Neumanns Probleme, mit den neuen Verhältnissen nach 1945 zurechtzukommen, rühren von den Schwierigkeiten, angesichts des Zusammenbruchs der gründenden Vorstellungen und aufrichtenden Ideale den Zusammenhalt seines Selbst zu wahren. Diese Stelle zeugt von seinem Bemühen, das gefährdete Selbst im Akt des Widerstandes gegen die Entwertung aller seiner Werte zu erhalten.

Die Nachkriegszeit sei eine »phantastische Zeit« gewesen. Peter Neumann schildert farbenreich eine Periode des Neubeginns. Die durch Krieg und Kriegsgefangenschaft gehärteten Jugendlichen begeisterten sich für Jazzmusik – zwölf Trompeten, zwölf Saxophone, diese Bigbands, Kurt Edelhagen zum Beispiel. Sie liefen ins Kino oder ins Theater. Sie saugten alles auf. Der Nachgeborene fragt, ob sie eine jugendliche Lebensphilosophie hatten. Die Antwort ist nein: »Wir schwammen alle. Wir schoben, fluchten auf die Alten, die an allem schuld waren, und gingen dahin, wo was los war.«

Nach dem Abitur habe er vor dem Nichts gestanden. Peter Neumann hatte die Schule gewechselt und 1947 das Abitur gemacht:

> »Was sollten wir eigentlich anfangen mit dem Ding? Wir wußten gar nicht, warum wir den Quatsch eigentlich machten. Das war vielleicht der Wunsch, überhaupt noch wieder ein Ziel zu haben. Und da fehlte Abitur, also gut, machen wir Abitur. Mehr war da nicht. Keiner wußte, was er mit dem Ding anfangen sollte. Ein Freund von mir kriegte eine Lehrstelle als Zahntechniker

> und erzählte das, und ich sagte, ist da noch was frei, ja, geh mal hin. Bin ich da zu dem Zahnklempner hingegangen. War nichts mehr frei. Mir war also völlig egal, was, es kam nur darauf an, etwas. Rauskommen aus dem Schlamassel mit Schiebern und all dem. Ordnung ins Leben zu bringen, war eigentlich das ganze Bedürfnis. Kein wirtschaftlicher Aufstieg oder irgendwas, sondern Ordnung zu kriegen.«

Die Schilderung enthält eine Doppeldeutigkeit. Die Nachkriegszeit war eine »phantastische Zeit« und zugleich eine Zeit, in der man im »Schlamassel« zu versinken drohte. Auf der einen Seite blühte Freiheit, Buntheit und Vorläufigkeit, auf der anderen Seite herrschte Unordnung, Undurchsichtigkeit und Ungewißheit. Peter Neumann konnte sich dem Phantastischen nicht überlassen, er suchte dringend einen Ausweg aus dem »Schlamassel«: »Ordnung ins Leben zu bringen, war eigentlich das ganze Bedürfnis.«

Peter Neumanns Weg nach oben begann im Kohlenhandel. Die Mutter hatte einen ihr bekannten Kohlenhändler gefragt, ob er nicht eine Hilfe im Laden benötigen würde. Er bejahte, und so wurde Peter Neumann kaufmännischer Volontär im Kohlenhandel. Kohlen waren damals Gold wert, und er saß an der Quelle. Nach einiger Zeit hatte er sich so viel Geld »zusammengeschoben«, daß es für ein paar Semester Studium reichen sollte. Peter Neumann schrieb sich ein für das Studium der Betriebswirtschaftslehre. Da die Rücklagen aber schon bald zusammengeschmolzen waren, suchte er sich wieder eine Stelle, um Geld zu verdienen. Diesmal wurde er Angestellter auf Zeit beim Bausenat. Man übertrug ihm die Aufgabe der Kostenabrechnung für die senatseigenen Splittwerke, wo der Trümmerschutt zu Bauschutt vermahlen wurde. Das war Peter Neumanns Eintritt in die Bau- und Wohnungswirtschaft. Er avancierte zum Programmgestalter beim Bausenat und, »munter und ehrgeizig«, war er plötzlich ein unentbehrlicher junger Mann. 1953 heiratete er und machte sich Sorgen um das Fortkommen. Im Studium hatte er den Anschluß verpaßt, und Angestellter auf Zeit konnte er nicht auf Dauer bleiben. Da kam der Zufall zur Hilfe. Eine Hamburger Wohnungsbaugenossenschaft suchte einen Sachbearbeiter, der sich eines liegengebliebenen Wohnungsbauprojekts annehmen sollte. Peter Neumann schien mit seinen Kenntnissen und Verbindungen beim Bausenat der richtige Mann zu sein. Er trat seine erste leitende Position im gemeinnützigen Wohnungsbau an und gab infolgedessen den Plan, sein Studium abzuschließen, auf. Zwei Jahre später wechselte er zu einer anderen Baugenossenschaft als Geschäftsführer, die, wie er sich ausdrückt, »nur noch einen Jungen verbrauchen konnten, weil der noch nichts zu verlieren hatte«. Er bewältigte die schwierige Situation. Nach weiteren drei Jahren meldete sich eine Genossenschaft, die doppelt so groß war. Erneut wurde jemand gesucht, der einen verfahrenen Betrieb sanieren sollte. Er wurde Vorstandsvorsitzender dieser Genossenschaft und meisterte auch diese Aufgabe. Er wechselte noch ein weiteres Mal, bevor er 1972, 44jährig, zum Vorstandsvorsitzenden einer gemeinnützigen Wohnungsbaugesellschaft mit hunderttausend Wohnungen aufstieg. Peter Neumann resümiert:

> »Ich habe also immer Glück gehabt. Ich bin eigentlich immer in die Situation gekommen, etwas zu machen, was an mich herangetragen wurde. Nur, was ich daraus gemacht habe, das war die Arbeit. Ich habe eine Aufgabe gekriegt, und die habe ich so gut wie möglich gemacht. Ja, und dann auch schwer gearbeitet.«

Es war in der Tat Glück im Spiel. Denn vor dem Hintergrund seiner Lebensgeschichte wären viele andere Entwicklungen wahrscheinlicher gewesen als eine Karriere im genossenschaftlichen Wohnungsbau. Als sein Aufstieg 1949 begann, hatte er weder Bindungen zu den Gewerkschaften noch zur Sozialdemokratie. Im Gegenteil: er stammte aus einem rechtslastigen Elternhaus und wollte ursprünglich Berufsoffizier werden. 1945 lehnte er parteipolitisches Engagement strikt ab. Er begründet das damit, daß er erlebt habe, wie seinem Vater der Einsatz für die Partei nur geschadet habe. Bei den ersten Bundestagswahlen wählte er CDU, bei der zweiten wohl FDP, jedenfalls nicht SPD. Auch war ihm eine diffuse Protesthaltung gegenüber Gewerkschaften zu eigen. Während seiner befristeten Anstellung beim Bausenat sprach ihn eines Tages ein Vertreter des Personalrates an, daß sein Verlängerungsantrag vorläge, er aber nicht in der Gewerkschaft wäre, da wurde ihm, wie er noch heute bemerkt, »wieder beigebracht, wie beschissen Partei- und Gewerkschaftspolitik ist«. Er trat in die Gewerkschaft ein, weil er auf die Zustimmung des Personalrats zu seinem Antrag angewiesen war, und er trat wieder aus, als er sie nicht mehr brauchte. Er gehört bis heute keiner Gewerkschaft an. Man fragt sich, wie er vorangekommen ist in einem Bereich, der doch stark angebunden ist an die Gewerkschaften und an die Sozialdemokratie. Seine berufliche Laufbahn zeigt, daß er sich zu Beginn seiner Karriere in betrieblichen Krisensituationen bewährte. Peter Neumann war »ein unternehmungslustiger junger Mann«, der Dinge anpackte, die andere liegengelassen hatten. Und er hatte Erfolg. Das brachte ihn voran. Fragen der politischen Überzeugung spielten offenbar keine Rolle. Der mit dem Wiederaufstieg der Bundesrepublik enorm expandierende gemeinnützige Wohnungsbau brauchte funktionstüchtige Pragmatiker, junge Männer, die eine Aufgabe, die man ihnen gab, zielsicher und geschickt bewältigten.

Peter Neumann sieht diesen Weg als »das reine Glück, etwas zu finden, was mir Inhalt werden konnte«. Das heißt, nach 1945 boten sich ihm objektive Chancen, die zu seinen subjektiven Fähigkeiten paßten. Diese rückblickende Selbstdeutung wirft Fragen auf. Wie hat er die Repotenzierungserfahrung des Aufstiegs nach der Depotenzierungserfahrung des Zusammenbruchs verarbeitet? Was ist aus seinem ursprünglichen Wunschbild geworden, das Leben eines preußischen Offiziers in irgendeiner Garnisonsstadt zu führen? Wie begreift er sich heute?

E.: Meine Hauptfunktion ist, wenn ich es so von mir aus sehe, etwas, was ich mir nie zugetraut hätte, und das ist durch das Genossenschaftswesen gekommen, eine absolute Bindung an soziale Aufgaben.

I.: Mhm.

E.: Wenn ich hier unsere Lehrlinge in der Mache habe, dann sage ich denen auch immer, wer zur gemeinnützigen Wohnungswirtschaft kommt und das ernst nimmt, der muß wissen, daß er einen Beruf hat, der ihn vom Staubsaugervertreter unterscheidet, obwohl er weniger einbringt.

Peter Neumann hat eine »absolute Bindung« gefunden, etwas, was er sich nie zugetraut hätte: nämlich eine »absolute Bindung an soziale Aufgaben«. Diese Bindung habe sich aus seiner Arbeit im Genossenschaftswesen ergeben. Die Gemeinschaftsidee, die dem Genossenschaftsmodell zugrunde liegt, verpflichtet den einzelnen auf soziale Aufgaben. Das bringt er den Lehrlingen seines Betriebs bei: Wer im gemeinnützigen Wohnungsbau arbeitet, muß wissen, daß hier ein anderes Gesetz gilt als in anderen Berufen. Der Staubsaugervertreter denkt nur an den eigenen Nutzen, der Angestellte im gemeinnützigen Wohnungsbau dagegen hat den sozialen Nutzen im Blick. Mit anderen Worten: Im gemeinnützigen Wohnungsbau geht Gemeinnutz vor Eigennutz. Diese Umschreibung des Gesagten stößt den verborgenen Verweisungszusammenhang dieser Stelle auf: In den Augen von Peter Neumann ist die Genossenschaft organisiert wie eine Truppe. Die kollektivistische Struktur der Genossenschaft paßt zur anti-individualistischen Struktur der Truppe. Das Engagement im gemeinnützigen Wohnungsbau konnte für Peter Neumann deshalb Inhalt seines Lebens werden, weil er den Genossenschaftsverband wie einen Truppenverband auffassen konnte. Er nimmt die Lehrlinge in die »Mache«, so wie ein Truppenausbilder die Rekruten in die »Mache« nimmt. Im Grunde stellt seine jetzige Position eine Realisierung seines ursprünglichen Wunschbildes nur in einer anderen Umgebung dar: Als Vorstandsvorsitzender dieser Wohnungsbaugesellschaft führt Peter Neumann das Leben eines preußischen Offiziers, der seine Truppe befehligt. Dabei ist der Offizier natürlich absolut gebunden an die soldatische Moral, welche sein Selbst zusammenhält: eben die »absolute Bindung an soziale Aufgaben«. Dieses »reine Glück, etwas zu finden, was mir Inhalt werden konnte«, hatte er sich nach 1945 nicht zugetraut.

Welche Charaktereigenschaften braucht man in seiner Position?

E.: Als erstes würde ich sagen, man muß eine Grundüberzeugung haben.

I.: Mhm.

E.: Ja, ohne die geht es nicht. Weil man immer in Konflikte kommt, in Entscheidungskonflikte, wo man sich dann auf eine Grundüberzeugung zurückziehen kann, um überhaupt entscheiden zu können, wenn man nicht nur taktische, pragmatische Entscheidungen treffen will. Für mich sind die Schlimmsten zur Zeit in der Bundesrepublik all diejenigen, die vierzigjährigen Pragmatiker.

I.: Mhm.

E.: Kühn, der ehemalige Ministerpräsident Kühn, hat das neulich im Fernsehen ähnlich gesagt. Also unsere Tragik ist die Generation der Vierzigjährigen, die sind innerhalb der Parteien austauschbar. Die Jungs sind unwahrscheinlich intelligent, fleißig, außerordentlich effektiv, aber austauschbar. Das sind die echten Aufsteigertypen. Das ist ja die Zwischengeneration zu der, die jetzt da ist, die den Aufstieg nicht mehr will, weil sie ihn fürchtet, nicht mehr schaffen zu können. Während die Vierzigjährigen ja die sind, die noch die Chance hatten, die Sache noch mal nach oben zu ziehen.

I.: Ja.

E.: Die Frage ist nur, wie diese Typen, diese Pragmatiker, in der Krise reagieren, weil ihnen dann eben diese Grundüberzeugung fehlt, auf die sie sich zurückziehen könnten. Also das halte ich für das, für die Grundvoraussetzung, daß man eine Grundüberzeugung hat.

Peter Neumann verlangt nach Grund. Die »Grundvoraussetzung« in seiner Position besteht darin, »daß man eine Grundüberzeugung hat«. Ohne »feste Grundsätze«, wie er in anderem Zusammenhang sagt, ist man in Situationen der Krise verloren. Da braucht man eine »Grundüberzeugung«, auf die man sich »zurückziehen« kann, Die »Schlimmsten« sind für ihn die, die von Fall zu Fall entscheiden. Peter Neumann klagt über die Vierzigjährigen, »diese Typen, diese Pragmatiker«, denen eine »Grundüberzeugung« fehlt. »Die sind innerhalb der Parteien austauschbar«. »Das sind die echten Aufsteigertypen« – intelligent, aber gewissenlos, soll man wohl assoziieren. Die Vierzigjährigen: das ist die Generation der Studentenbewegung. Rudi Dutschke zum Beispiel war Jahrgang 1940. Diese Generation macht nach Peter Neumanns Auffassung »unsere Tragik« aus. Es stellt sich die Frage, woraus diese Aufwallung des Gefühls resultiert und von welcher Generation eigentlich die Rede ist. Denn alles, was Peter Neumann über die Generation der Vierzigjährigen sagt, trifft auch seine eigene Generation. Aus der Flakhelfer-Generation stammen doch die »Pragmatiker«, die »unwahrscheinlich intelligent, fleißig« am Wiederaufstieg der Bundesrepublik mitgewirkt haben. Ihnen wird doch vorgeworfen, daß sie »außerordentlich effektiv, aber austauschbar« sind. Und angesichts ihres Generationsschicksals erhebt sich doch die Frage, »wie diese Pragmatiker in der Krise reagieren«. Man könnte meinen, die Vorwürfe an die nachfolgende Generation seien eigentlich an die eigene Generation gerichtet. In der Sprache der Psychoanalyse würde man von einer Projektion sprechen: man bekämpft im anderen das eigene Dilemma. Das könnte in diesem Fall zutreffen. Nach der tiefen Irritation von 1945 hat sich Peter Neumann in die Arbeit gestürzt. Die Aufgaben, die man ihm gegeben hat, hat er »munter und ehrgeizig« bewältigt. Nicht politische Gesinnung, sondern Funktionstüchtigkeit war verlangt. Er selbst ist also einer »dieser Typen, dieser Pragmatiker«, die »fleißig«, »intelligent« und »effektiv« die Bundesrepublik nach dem Zusammenbruch »nach oben gezogen« haben. Und ist er nicht auch »austauschbar«? Peter Neumann verlangt nach Grund, weil es ihm an Grund mangelt. Er rettet sich vor dem Gefühl der eigenen Grundlosigkeit in eine »Grundüberzeugung«, die für ihn absolut bindend ist. Darauf kann er sich »zurückziehen«. Daran hält er sich fest. Es könnte sein, daß Peter Neumanns Lebensphilosophie von der unbedingten Notwendigkeit einer »Grundüberzeugung« eine Antwort auf die Gefahr des Abgleitens in die Grundlosigkeit darstellt.

Wenn man seinen Worten Glauben schenkt, hat sich Peter Neumann im Laufe seiner Karriere vom Pragmatiker zum Ideologen entwickelt. Aus dem Krisenmanager, der darniederliegende Unternehmen wieder in Schwung brachte, ist ein Gesellschaftspolitiker geworden, der die Welt verbessern will:

E.: Mein Schwergewicht, und das hört sich jetzt ganz komisch an, für mich ist Wohnungsbau eine soziale Frage, eine gesellschaftspolitische Frage. Hänge also tief drin in der Frage Bodenreform und Wohnungsreform. Eines der ungelösten Probleme unserer Gesellschaft ist die Bodenfrage, Eigentum an Boden. Ich bin ein absoluter Verfechter des Gemeinschaftseigentums. Für mich kann überhaupt eine vernünftige Welt nur so aussehen, daß es kein Eigentum an Boden gibt. Ist natürlich völlig illusorisch. Absolute Priorität Artikel 14, Absatz 2, nicht Absatz 1, Eigentum ist sozialpflichtig. Gehe da so weit, daß ich als Nichtchrist aus der Bibel argumentiere. Gibt es gute Sachen, sehr gute Sachen.

I.: Mhm.

E.: Eigentlich bin ich Gesellschaftspolitiker. Für mich ist der Wohnungsbau ein Mittel, Gesellschaftspolitik zu betreiben. Lassen Sie mich ruhig sagen, der Versuch, die Welt besser zu machen. Da Erfolge zu haben, ist schwer. Und dann noch Erfolge zu haben, die andere nachher anerkennen, ist noch schwerer.

Ein Mann hat offenbar sein Ziel erreicht. Peter Neumann bekennt: »Eigentlich bin ich Gesellschaftspolitiker.« Er sitzt im Chefsessel einer mächtigen Wohnungsbaugenossenschaft und führt Reden über die Verbesserung der Welt. Das hört sich schon »ganz komisch« an. Ein bekehrter Pragmatiker? Nein, Peter Neumann war nie ein illusionsloser Pragmatiker. Nach dem Enttäuschungsschock von 1945 war sein größtes Bedürfnis, Ordnung ins Leben zu bringen. Der »innere Soldat« suchte eine Aufgabe, gleichgültig welche, der er sich verschreiben konnte. Ihm fiel die Chance zu, im gemeinnützigen Wohnungsbau ewas zu finden, was ihm Inhalt seines Lebens werden konnte. Er setzte sich voll ein und stieg auf. Dadurch gewann er wieder Halt. Das untergegangene Phantasma, einen preußischen Offizier darzustellen, drängte wieder hervor. Das Genossenschaftswesen bot durchaus einen Bedingungsrahmen für die Realisierung dieses verborgenen Wunschbildes. Die Idee der Gemeinschaft verbindet Genossenschaft und Truppe. Heute ist Peter Neumann »ein absoluter Verfechter des Gemeinschaftseigentums«. Und in diesem Sinne versteht er seine Gesellschaftspolitik. Gewiß: »Da Erfolge zu haben, ist schwer. Und dann noch Erfolge zu haben, die andere nachher anerkennen, ist noch schwerer.« Aber das stört das Bild nicht wirklich. Denn das Wunschbild ist in Erfüllung gegangen. Der »innere Soldat« hat eine ihm gemäße Verkörperung gefunden.

Peter Neumann ist, wie schon erwähnt, seit 1953 verheiratet. Seine Frau, ein Jahr jünger als er, stammt aus Mittelstandsverhältnissen. Ihr Vater war von Beruf Kapitän, ihre Mutter kam aus einer preußischen Beamtenfamilie. Peter Neumann wiederholt die Ehekonstellation seiner Eltern. Wie sein Vater hat er sich eine Frau genommen, deren soziale Herkunft höher einzuschätzen ist als die eigene. Vor der Heirat war Frau Neumann in einem Modegeschäft, im heutigen Sprachgebrauch würde man Boutique sagen, beschäftigt. Mit der Heirat gab sie ihre Arbeit auf. Bei seiner Frau stehe der Mann an erster Stelle und nicht die Kinder, was, wenn er sich in seinem sozialen Kreis umschaue, nicht selbstverständlich sei. Ihre Interessen gelten vornehmlich dem Theater und dem Garten. Seine Frau habe einen wichtigen Anteil an seiner Karriere. Von ihr habe er nämlich gesellschaftliche Umgangsformen gelernt, und zwar ohne ein Unterlegenheitsgefühl verspürt zu haben. Die Ehe sei glücklich – auch sexuell, scheint ihm wichtig, hinzuzufügen.

Die Neumanns haben zwei Kinder, einen Sohn und eine Tochter, die zum Zeitpunkt des Interviews 23 und 20 Jahre alt sind. Die Kinder seien völlig unterschiedlich. Die Tochter sei Beschäftigungstherapeutin für Behinderte aus Überzeugung, der Sohn habe das Studium abgebrochen und flippe herum. Der Generationskonflikt wird denn auch in erster Linie zwischen Vater und Sohn ausgetragen:

E.: Der Spruch, den er da mal auf den Lippen hatte, du weißt gar nicht, mit wie wenig man leben kann, ist natürlich eine dieser unheimlichen Ungerechtigkeiten dieser Jugend. Denn wenn Sie sich jetzt die Flakhelfer vornehmen, dann ist das genau die Generation, die auf dem Fuß der Kindheit schon erfahren hat, mit wie wenig man leben muß.

I.: Mhm.

E.: Und das ist ja eigentlich der Beginn der ganzen Problematik der beiden Generationen. Daß die eine Generation aus dem Überfluß gesättigt kommt und Angst hat, die Aufgaben nicht bewältigen zu können, diesen Überfluß noch mehr zu vermehren, und deshalb gerne nach unten sieht, weil sie meint, sie kann nicht mehr. Sie hat ja recht, sie kann ja nicht mehr nach oben entwickeln. Sie ist hilflos und hat Angst. Während wir für Hilflosigkeit und Angst keine Zeit hatten, weil wir überhaupt keine Perspektive hatten.

I.: Mhm.

E.: Denn wer hätte denn 1945, 1946 geglaubt, daß Deutschland innerhalb von dreißig Jahren in der Welt wirtschaftlich die dritte oder zweite Stelle einnimmt. Ist doch, ist doch phantastisch, ist doch phantastisch.

Peter Neumann erklärt die Spannung zwischen den beiden Generationen aus ihrer unterschiedlichen geschichtlichen Lagerung. Die Kinder der Angehörigen aus der Flakhelfer-Generation sind in einem Zustand des Überflusses und der Sättigung aufgewachsen und blicken in eine bedrohliche Zukunft, wo alles nur noch schlechter werden kann. Die Flakhelfer-Generation kam aus einer Situation der Not und des Hungers und blickte in eine ungewisse Zukunft, wo alles nur besser werden konnte. Für die Eltern lag das Schlimmste in der Vergangenheit, die Kinder dagegen sehen Schlimmes in der Zukunft auf sich zukommen. Die Kinder fühlen sich hilflos und haben Angst, weil der Wiederaufstieg Westdeutschlands zu Ende geht, die Eltern hatten für Hilflosigkeit und Angst keine Zeit, weil der Wiederaufstieg Westdeutschlands begann. Das alles leuchtet ein. Bei genauerer Betrachtung des Bildes, das der Vater von den beiden Generationen zeichnet, fällt eine strikte Verteilung von Stärke und Schwäche auf. In den Augen von Peter Neumann fühlen sich die Kinder hilflos und ängstlich, weil sie vor Aufgaben stehen, die sie nicht bewältigen können, während die Eltern sich als mächtig und mutig erwiesen haben, indem sie das Unglaubliche geschafft haben, Deutschland innerhalb von dreißig Jahren vom Nullpunkt wieder an die Spitze der Welt zu bringen. Die Kinder sind schwach, und die Eltern sind stark. Dieses Bild leuchtet nicht ganz ein. Denn die Probleme der Kinder weisen doch auch auf die Probleme der Eltern. Die Eltern sind zu Beginn der achtziger Jahre mit der Erfahrung konfrontiert, daß sich der Wohlstand nicht mehr beliebig vermehren läßt. Die phantastische Periode des Wiederaufstiegs, in der für Gefühle wie Hilflosigkeit und Angst kein Platz war, ist vorbei. Die Eltern stehen als Mittfünfziger vor der Frage, was nun werden soll. So aufgespalten wie in Peter Neumanns Bild liegen die Dinge also nicht. Man könnte sogar annehmen, daß die Probleme der Kinder in gewisser Hinsicht mit den Problemen der Eltern zusammenhängen. Die Erfahrung lehrt doch, daß die Jungen, ohne es zu wissen, aufgreifen, was die Alten versäumt, verloren oder verdrängt haben. Im Fluß der Geschichte antworten die Generationen aufeinander. Könnte die von Peter Neumann erkannte offensichtliche Hilflosigkeit und Angst der Kinder nicht ein Ausdruck der untergründigen Hilflosigkeit und Angst der Eltern sein? Das ist zumindest eine Spekulation, zu der diese Stelle Anlaß gibt.

Zum Schluß des Gesprächs bilanziert Peter Neumann sein Leben:

E.: Wir können in zunehmendem Maße feststellen, daß gewisse Möglichkeiten, die vorhanden gewesen sind, weiter voranzukommen, verlorengegangen sind, versäumt worden sind. Daß wir wohnungspolitisch, wohnungswirtschaftlich in einer Sackgasse sind, wo eigentlich keiner mehr rausfindet, weil wir zu lange gezögert haben, den politischen Mut nicht hatten. Für mich ist das immer ein Ergebnis zu geringer Mehrheiten. Heute ist der politische Mut, notwendige, aber vielleicht unpopuläre Entscheidungen zu treffen, nicht mehr möglich, weil es sich keine der führenden Parteien leisten kann, ein paar Prozente zu verlieren. Heute sind Grundsatzentscheidungen immer eine Frage des Machtverlustes. Problematik Schmidt.

I.: Mhm.

E.: Und das macht das alles so schwierig und hoffnungslos, meine ich. Was hilft es denn, wenn sich jeder einzelne entscheidet, ob er für Kernkraft ist oder nicht, die Informationen, die dafür notwendig sind, hat die Mehrheit nicht. Wenn alles verdeckt wird durch die Angst der Parteien, damit die Mehrheitsverhältnisse entscheidend zu verändern, geht es nicht mehr. Nichts geht mehr. Und das ist ja im Prinzip, meine ich, auch ein wesentlicher Grund, warum die Jugend nicht mehr mitspielt. Weil sie die festgefahrene Situation sieht, aus der sie auch mit unseren Instrumenten nicht mehr rauskommt. Also sucht sie neu, oder sie versucht auszusteigen. Und deshalb, meine ich, nehmen die Momente zu, wo man sagt, Mensch, die einsame Insel.

I.: Würden Sie im Leben nochmal was anders machen, wenn Sie könnten?

E.: Nein, nein.

I.: Würden sie dasselbe nochmal machen?

E.: Ich würde nicht alles genauso machen.

I.: Klar, aber ...

E.: ... ja,

I.: O.k.

E.: Für mich ist das ein runder Beruf, der mich voll ausfüllt, und der mir voll Spaß macht, und ich sage das auch ganz ehrlich, daß ich für mich sagen kann, ich habe meine Aufgabe erfüllt.

I.: Mhm.

E.: Was wollen Sie eigentlich mehr im Leben?

Diese Bilanz ist von einer merkwürdigen Zwiespältigkeit durchdrungen. Auf der einen Seite diagnostiziert Peter Neumann, daß die gesellschaftliche Entwicklung in eine Sackgasse geraten ist, aus der niemand herausfindet, und auf der anderen Seite stellt er fest, daß er einen »runden Beruf« ausübt, der ihn »ausfüllt« und ihm »voll Spaß macht«. »Nichts geht mehr«, aber »ich habe meine Aufgabe erfüllt«. Seine Selbstzufriedenheit widerspricht seiner Diagnose der gegenwärtigen Situation. Denn man würde doch erwarten, daß einer, der die Dinge, mit denen er beruflich zu tun hat, als festgefahren und aussichtslos ansieht, zumindest verständlich macht, warum er trotzdem mit seinem Beruf voll und ganz zufrieden ist. Auch könnte der Gesellschaftspolitiker angesichts der gesellschaftlichen Krisensituation ins Zweifeln geraten. Peter Neumann geht nicht mit einem Wort auf diese offenbare Diskrepanz ein. Selbstwahrnehmung und Realitätswahrnehmung scheinen gespalten. Nach unserer Deutung hält sich Peter Neumann fest am Lebenskorsett des »inneren Soldaten«. Das System seines Selbst funktioniert maschinell. Eine »innere Motorik« drückt »tot«, was innen und außen sich regt. Das Selbst erhält sich im Kampf gegen sich selbst und gegen die anderen. Sich aufrichtend am »inneren Soldaten«, hat Peter Neumann sich angesichts der Depotenzierung von 1945 gerettet, und, angetrieben durch den

»inneren Soldaten«, hat er die Repotenzierung des Aufstiegs geschafft. Zu Beginn der achtziger Jahre stellt sich heraus, »daß gewisse Möglichkeiten, die vorhanden gewesen sind, weiter voranzukommen, verlorengegangen sind, versäumt worden sind«. Der Aufstieg ist an eine Grenze gestoßen. Die Gefahr entsteht, daß das Ganze zusammenbricht. Der Soldat kennt nur einen Ausweg: mutig und furchtlos vorangehen. Peter Neumann beklagt sich darüber, daß der politische Mut fehlt und daß durch die Angst der politischen Parteien, die Mehrheit zu verlieren, die gesellschaftliche Entwicklung gelähmt wird. Nach seiner Auffassung muß anscheinend auch die Gesellschaft wie eine Truppe geführt werden. »Was hilft es denn, wenn sich jeder einzelne entscheidet, ob er für Kernkraft ist oder nicht, die Informationen, die dafür notwendig sind, hat die Mehrheit nicht.« Für Peter Neumann bedeutet die gegenwärtige Krisensituation im Grunde keine Infragestellung seiner Lebenskonstruktion, im Gegenteil, er fühlt sich nur bestärkt. Einer wirklichen Infragestellung würde dieses Selbstsystem wohl auch nicht standhalten. Das Soldatische bildet ein Phantasma, welches, wie es in der Bilanz heißt, das Selbst abrundet und voll ausfüllt. Erfahrungen der Relativierung und Begrenzung würden die ganze Konstruktion bedrohen. Die soldatische »Disziplin« hat dieses Leben nach dem Zusammenbruch von 1945 gerettet und vorangetrieben. Und es wird vermutlich auch in »Disziplin«, getragen durch die »Grundüberzeugung«, die ungeachtet aller Krisenerscheinungen eine »absolute Bindung« darstellt, zu Ende gehen.

7.3 Eine Karriere zwischen Entwertung und Anpassung
Der »amerikanische Traum« des Professors Christoph Westmeyer

»Ja, ich gehöre zu dem Personenkreis, den Sie im Auge haben«, hatte er auf mein Anschreiben geantwortet. Vor mir steht ein kleiner Mann. Seine Schultern sind leicht angezogen, was den Kopf etwas nach vorn herunterdrückt. Freundlich bittet er mich, noch ein paar Minuten in seinem Büro zu warten. Es ist ein Morgen im Mai 1982. Im Nebenzimmer wird getippt, auf dem Flur gehen Leute hin und her, es wird gelacht. Hier herrscht die Atmosphäre lockerer Geschäftigkeit. Das Interview wird eineinhalb Stunden dauern. Christoph Westmeyer ist Ordinarius für

Politische Wissenschaften an der Rheinisch-Westfälischen Universität in Aachen. Er ist ein bekannter Mann. Man kann ihn zur intellektuellen Elite der Bundesrepublik zählen. Er gehört zum Stammpersonal fernsehöffentlicher Diskussionsrunden, er verfaßt kommentierende Artikel zum Zeitgeschehen, er hat Bücher veröffentlicht, die sich mit Vorgängen in der Geschichte der Bundesrepublik beschäftigen. Im politischen Spektrum steht er eher auf der rechten Seite. Im *Wer ist Wer?* ist zu lesen, seine Liebhabereien seien Jazz, Tennis und Autofahren.

Professor Westmeyer entschuldigt sich für die Unordnung in seinem Büro. Er sei gerade dabei umzuräumen. Die ganze Marxologie komme weg. Ein kleiner provokatorischer Hinweis für den Interviewer aus Berlin? Es gehe also um die Flakhelfer-Generation, nicht um die Flakhelfer-Leutnant-Generation, zu der ja Helmut Schmidt gehöre, wie er spöttelnd anmerkt. Christoph Westmeyer startet mit der Erzählung seines Lebens. »Erzählstimuli« braucht er nicht. Überhaupt präsentiert er sich als einer, der weiß, worauf es ankommt. Er macht wenig Aufsehen um seine eigene Person. Er versucht den anderen vielmehr durch sein zupackendes Situationsmanagement zu beeindrucken. Nur an jenen Stellen des Gesprächs, wo der Aberwitz der Ereignisse zur Sprache kommt, fällt er in ein eigentümlich kurzatmiges Lachen. Ein Anflug von Unsicherheit und Verlorenheit liegt in diesem körperlichen Ausdruck.

Erzähler: Und ich bin in dem Sinne eine Art von sozialem Aufsteiger. Mein Vater wurde im Jahre 1933 arbeitslos und war nicht bereit, in die Partei einzutreten, und wir haben denn also vom Arbeitslosengeld gelebt seit 1933. Das war allerdings begleitet vom Wunsch der Eltern, daß auf dem Umweg, man würde heute sagen, über das Schulsystem, dann ein Wiederaufstieg der Familie stattfinden würde. Ich lebte in einem großbürgerlichen Haus, in einem besseren Viertel hier in Aachen, oben unter der Mansarde, als das arme Schwein des Hauses, aber doch in fortwährender Kenntnis des andersartigen Lebensstils der Bourgeoisie, muß man schon bei diesem Hause sagen, mit Acht-Zimmer-Wohnungen und ähnlichem.

Interviewer: Wie sind Sie da hin gekommen? Das ist doch ungewöhnlich, ...

E.: ... ja, die Eltern suchten eine billige Wohnung,

I.: ... ach so, ach ja

E.: ... die Mansarde war eben eine, die billigste Wohnung, die man damals bekommen konnte.

Professor Westmeyer bezeichnet sich selbst als sozialen Aufsteiger. Es ist schon bemerkenswert, daß dies das erste ist, was er von sich sagt. Der offiziellen Ideologie unserer Gesellschaft zufolge soll zwar jeder seine Aufstiegschance haben, aber im gesellschaftlichen Ansehen ist der Aufsteiger doch eine zwiespältige Figur. Von »unten« wird er bewundert und verdammt, von »oben« wird er herausgestellt und vereinnahmt. Der Aufgestiegene versucht, diesen ambivalenten Reaktionen der anderen in der Regel dadurch zu entgehen, daß er seine soziale Herkunft vertuscht. Ein Aufsteiger wird nicht gerne ein Aufsteiger genannt. Unser Gesprächspartner macht jedoch kein Hehl daraus, ein Aufsteiger zu sein, im Gegenteil, er kehrt dies geradezu heraus. Es hat den Anschein, als wolle er sein soziales Stigma in eine individuelle Stärke ummünzen. Es fällt gleichwohl eine Abschwächung auf, die auf die Macht des Stigmas hindeutet. Er ist nämlich nur »in dem Sinne eine Art von sozialem Aufsteiger«.

Den sozialen Aufstieg mißt man an der Berufsposition des Vaters. Wir erfahren, daß Professor Westmeyers Vater 1933 arbeitslos wurde. Es war nicht bereit, in die Partei einzutreten. Die Familie mußte deshalb vom Arbeitslosengeld leben. Dies legt folgende Interpretation nahe: Der Vater wurde 1933 arbeitslos, weil er nicht in die Partei eintreten wollte. Die Familie war aufgrund der politischen Einstellung des Vaters, der sich den Nazis verweigerte, dazu verurteilt, von der geringen Arbeitslosenunterstützung zu leben. Es wird der Eindruck vermittelt, daß der Vater ein stiller Subversiver war, der für seine Anti-Nazi-Haltung mit Arbeitslosigkeit zahlen mußte. Gegen diese Interpretation sprechen jedoch die vorhandenen Kontextinformationen: Die Familie lebte in Aachen, in einem »atypischen Milieu«, wie unser Gesprächspartner später feststellt, wo die Nazis einen schweren Stand hatten. Als Hintergrundinformation sei erwähnt, daß die Nationalsozialisten in Aachen, der westlichsten deutschen Großstadt, katholisch und europäisch, bei den Reichstagswahlen vom November 1932, bei der sie fast überall im Reich zur stärksten Partei aufstiegen, nur etwa 20% der Stimmen erhielten. Der Vater war von Beruf Buchhalter, ein Bürokrat, wie der Sohn sagt. Man kann davon ausgehen, daß die Nazis in diesem »atypischen Milieu« nicht schon 1933 so viel Macht besaßen, um die Entlassung eines Nicht-Sympathisanten zu bewirken. Es ist sogar fraglich, ob ihre Macht später so weit reichte, um die Einstellung eines Nicht-Sympathisanten zu verhindern. Es erscheint daher wahrscheinlicher, daß der Vater 1933 nicht aus politischen, sondern aus ökonomischen Gründen seinen Arbeitsplatz verlor. Die katastrophale Arbeitsmarktlage gerade für Bürokraten Anfang der dreißiger Jahre ist bekannt. Dafür waren einerseits konjunkturelle Gründe verantwortlich, nämlich die Auswirkungen der Weltwirtschaftskrise, andererseits aber auch strukturelle Gründe, denn die Mitte der zwanziger Jahre einsetzende Rationalisierungswelle in Betrieb und Kontor machte vor allem technische und kaufmännische Angestellte überflüssig, was insgesamt zu einer massenhaften Proletarisierung der Angestellten führte. Diese Lesart wirft allerdings die Frage auf, warum der Sohn die Dinge so darstellt, als hätten politische Gründe für die Arbeitslosigkeit des Vaters die entscheidende Rolle gespielt. Will der Sohn verbergen, daß sein Vater mit einem normalen Arbeitslosenschicksal geschlagen war? Oder hat der Vater dem Sohn gegenüber den Eindruck erweckt, daß er wegen seiner die Nationalsozialisten ablehnenden Haltung arbeitslos geworden ist? Hier scheint ein Punkt der Familiengeschichte zu liegen, der verdeckt werden muß. Das Problematische daran enthüllt eine Analyse der weiteren Ausführungen von Christoph Westmeyer.

Die soziale Deklassierung der Familie wegen der Arbeitslosigkeit des Vaters war »allerdings begleitet vom Wunsch der Eltern, daß auf dem Umweg, man würde heue sagen, über das Schulsystem, dann ein Wiederaufstieg der Familie stattfinden würde«. Der kleine Christoph Westmeyer soll das Schicksal der Familie wiedergutmachen. Denn der Umweg über das Schulsystem ist sein Weg. Über den Aufstieg des Sohnes will die Familie wieder aufsteigen. Worin bestand ihr Abstieg? Der Darstellung unseres Gesprächspartners zufolge war der Abstieg der Familie durch die Arbeitslosigkeit des Vaters bedingt. Im weiteren Verlauf des Gesprächs erzählt Christoph Westmeyer, daß der Vater aus Ahrweiler stammte, aus einer Familie von Winzern und Gastwirten, die in ihrem sozialen Umfeld als durchaus wohlhabend galten. Vergleicht man den Beruf des Vaters mit dem des Großvaters, so stellt man eine Abstiegsbewegung fest. Vom selbständigen Winzer und Gastwirt in einem kleinen Ort an der Ahr zu einem abhängigen Angestellten in der Stadt Aachen – das ist offenkundig ein sozialer Abstieg. Der Vater war also schon ein Absteiger, bevor er seine Arbeit verlor. Wir erfahren weiter, daß die Mutter vom Lande kam, aus einer angesehenen Bauernfamilie. Auch sie befand sich mithin auf einem absteigenden Ast. Die Geschichte könnte sich folgendermaßen anhören: Der Vater verließ den kleinen Ort an der Ahr, um in der Stadt sein Glück zu machen. Dort traf er die Mutter, die den Verhältnissen auf dem Lande entkommen wollte. Der Beruf des Buchhalters versprach Aufstiegsmöglichkeiten. Man konnte sich zur rechten Hand des Chefs emporarbeiten. Es nahm aber alles einen anderen Lauf. Der Vater kam über die Position eines kleinen Bürokraten unter vielen anderen nicht hinaus und wurde außerdem noch arbeitslos. Das alles soll das einzige Kind, der Sohn, wiedergutmachen. An seinen Aufstieg klammert sich die Familie. Der Name könnte Zeichen sein. Auf den Schultern des kleinen Christoph lastet die Zukunft der Familie.

Daraus folgt eine Erklärung, warum der Sohn den Eindruck erweckt, der Vater sei 1933 aufgrund seiner Ablehnung des Nationalsozialismus arbeitslos geworden. Es handelt sich um die Ideologie der Familie, die der Verdeckung des Scheiterns der Aufstiegsbemühungen des Vaters dient. So merkwürdig dies auch klingen mag, für den Vater ergab sich aus der Machtübernahme der Nationalsozialisten eine doppelte biographische Chance: Einerseits hatte er eine Legitimation für sein Scheitern gefunden, nicht anonyme ökonomische Kräfte, sondern die Nationalsozialisten waren Schuld daran, daß der erhoffte berufliche Aufstieg gescheitert war; andererseits konnte er jetzt seine Stärke beweisen, indem er eine oppositionelle Haltung den Nazis gegenüber einnahm. Damit war auch eine Identifikationsgrundlage für den Sohn gelegt. Der Vater war zwar sozial deklassiert, aber nur, weil er sich den Nazis verweigerte. Der Eindruck entsteht, daß seine individuelle Widerstandshaltung der eigentliche Grund seiner sozialen Herabsetzung war. Untergründig aber muß der Sohn das Scheitern des Vaters gespürt haben. Denn daran knüpft sich sein Auftrag, die Familie aus ihrer Lage zu erlösen. Der Abstieg des Vaters fordert den Aufstieg des Sohnes. Das ist der verborgene Familienroman, der hinter der Karriere des Professors Christoph Westmeyer steht.

Die Westmeyers wohnten in der Mansardenwohnung eines großbürgerlichen Hauses. Die Schilderung unseres Gesprächspartners führt uns die Vorkehrungen vor Augen, die die Eltern trafen, damit der Sohn seinen Lebensauftrag erfüllte. Er wuchs auf »oben unter der Mansarde, als das arme Schwein des Hauses, aber doch in fortwährender Kenntnis des andersartigen Lebensstils der Bourgeoisie«. Man kann sich vorstellen, daß dieser lebensweltliche

Kontrast dem Heranwachsenden einen Stachel ins Fleisch setzte, der ihn antrieb. Der aggressive Impuls zum sozialen Aufstieg könnte in dieser Konstellation seinen Ursprung haben. Es wird deutlich, wie geschickt die Eltern den Lebensweg des Sohnes eingefädelt haben. Natürlich haben sie das nicht beabsichtigt, doch im nachhinein zeigt sich die verborgene List dieses sozialisatorischen Arrangements. Professor Westmeyer will das übrigens nicht zur Kenntnis nehmen, denn der Frage des Interviewers, der auf das Ungewöhnliche des sozialen Orts der Wohnung anspielt, weicht er aus. Andere als materielle Gründe will er nicht gelten lassen. Die Eltern suchten eine billige Wohnung, und die Mansarde sei eben die billigste Wohnung gewesen, die man damals bekommen konnte. Damit ist freilich nicht beantwortet, warum sie gerade in ein großbürgerliches Haus zogen.

Aufschlußreich ist auch die Symbolik der Darstellung. Unter dem Gesichtspunkt des Einkommens rangiert Christoph Westmeyer ganz unten, »das arme Schwein des Hauses«, und sieht zu den anderen hinauf; von der Lage der Wohnung her gesehen befindet er sich ganz oben, »oben unter der Mansarde«, und sieht auf die anderen herab. Diese Symbolik deutet eine Zwiespältigkeit der existentiellen Position an. In einer Hinsicht schwebt Christoph Westmeyer über den Klassen, betrachtend, was im Hause der Bourgeoisie vor sich geht; in einer anderen Hinsicht steht er unterhalb der Klassenschwelle, nur gelitten, aber nicht wirklich dazugehörend. Überlegen und unterlegen zugleich. Sollte schon in den ersten Äußerungen dieses Interviews die Ambivalenz zum Ausdruck kommen, die dieses Leben bestimmt? Auf jeden Fall taucht diese Symbolik von »unten« und »oben« nicht rein zufällig auf. Sie könnte die prekäre existentielle Lage unseres Gesprächspartners zum Ausdruck bringen, der zwischen Überlegenheit und Unterlegenheit hin und her schwankt.

Im folgenden sei der weitere Verlauf des Interviews wiedergegeben:

I.: Das heißt also, der Klassenkonflikt war schon in den Wohnumständen präsent.

E.: Ja, richtig. Und zwar seit meinem sechsten Lebensjahr war das so. Einkünfte hatten wir eigentlich nur in Form der damals ja nun sehr kargen Arbeitslosenunterstützung, daneben verkauften wir von Tür zu Tür irgendwelche Sachen, wie Schuhriemen und so. Das war also alles sehr beengt. Allerdings war auch ein prägender Einfluß damals, wir sind jetzt also noch vor dem Krieg, ...

I.: ... ja,

E.: ... zwei, drei Aspekte dieser Lebenswelt. Einmal, ich habe sowieso Interesse am Sport gehabt und fand, daß, wenn ich gut im Fußball war, die Kinder dieser sozial sehr viel besser ausgepolsterten Familien dann Respekt hatten, also, wenn Sie so wollen, die Klassenordnung der Kinder wurde wesentlich auch durch den Sport bestimmt und nicht so sehr durch das Geld. Dann fand ich zweitens, die Klassenwelt der Kinder wird bestimmt durch den Erfolg in der Schule mit.

I.: Ja.

E.: Ich mußte immer ein Stipendium haben, also wenn ich nicht unter den ersten dreien der Klasse war, dann gab es keine Möglichkeit, die höhere Schule zu besuchen, und das war natürlich ein sehr existentieller Antrieb, in der Schule gut zu sein. Und ich war also eben besser als die nicht so existentiell angetriebenen anderen. Die wußten ja, das reichte, wenn sie in der Mitte waren. Dies war auch dann für die, war für mich ein Element, wodurch ich eigentlich keine Diskriminierung im Kreise der Kinder hatte. Das dritte war, ich konnte da in die Wohnungen kommen zu spielen, die hatten also gewaltiges Spielzeug, Arsenale muß man sagen, aber vielleicht waren sie auch ein wenig abgestumpft, und mir fiel dann ziemlich viel ein, was man mit dem Spielzeug alles machen konnte. Von daher hatte ich zwar, keine Frage, eine offensichtliche Klassenunterschiedlichkeit dauernd vor Augen, die sehr hoch, sehr groß war. Also bitte, auf der Beletage lebte eine Familie, der Mann war Schuhgroßhändler, die Frau spielte acht Stunden am Tag Tennis, es gab zwei Dienstmädchen und so weiter, man war kinderlos und hatte acht Zimmer. Dies war also schon nach den Umständen der damaligen Zeit gute Bourgeoisie.

I.: Ja.

E.: Und doch schlug das auf die Kinderwelt nur begrenzt durch. Ich hatte zwar nicht viel zu essen, manchmal also wirklich sehr viel Hunger, aber unter den Kindern herrschte eben eine andere Ordnung. Von daher bin ich in Kenntnis der Klassenunterschiede aufgewachsen, ohne eigentlich sehr viel Zorn. Was wahrscheinlich anders gewesen wäre, hätte ich mich in einem Slum befunden und hätte dann alles nur von außen gesehen.

I.: Aber Sie haben das durchaus wahrgenommen?

E.: Ja, sicher. Das ist eine Elementarerfahrung gewesen. Dann noch eine zweite Elementarerfahrung, die vielleicht damit auch zusammenhängt. Wir, meine Mutter und mein Vater, waren aus verschiedenen Gründen sehr gegen die Nazis.

I.: Womit hing das zusammen?

E.: Das hing bei meiner Mutter, nein, das hing bei beiden zusammen mit dem sozialen Milieu. Meine Mutter kam vom Lande, aus einer gutbäuerlichen Familie, und die Nazis sah man dort an als, na so, sozial entwurzelte Typen. Man hatte einen Nazi in der Familie, von den Schwestern hatte eine einen Nazi geheiratet, mit dem hatte man den Konflikt in der eigenen Familie. Dieser Bursche ist auch bis zum Schluß eine arge Belastung gewesen. Und auf der väterlichen Seite komme ich aus einer Familie, die kommen aus Ahrweiler, Gastwirte und Winzer, durchaus wohlhabend in ihrem sozialen Kontext, auch dort war das soziale Fremdheit. Außerdem, sowohl auf der väterlichen als auch auf der mütterlichen Seite gibt es in der Großvätergeneration, waren die Großväter sozialdemokratische Funktionäre, was zum Zeitpunkt des Kaiserreiches ein bißchen mehr bedeutete als heute.

I.: Ja.

E.: Das kam also zusammen, eine leichte Linksneigung und soziale Fremdheit, dies beides. Von daher bin ich mit äußerster Distanz zu den Nazis aufgewachsen und habe den Konflikt empfunden im Hause. Ich bin also nie zur Hitlerjugend hingegangen bis zum Jahre 38, wo sie mich dann geholt haben. Ich wußte haargenau im ganzen Haus, schon als Junge im Alter von acht Jahren, wer wie zu den Nazis stand.

I.: Ah, ja.

E.: Das war Teil des Alltags, weil es ja die Gespräche färbte. Wir hatten zwei Nazifamilien in dem großbürgerlichen Haus, den Hausmeister und, eine Etage unter uns, also auch Bourgeoisie, einen Berufsoffizier, der nie da war, aber der glücklich war mit den Nazis, weil die aufrüsteten. Der war aber nicht gefährlich, erstmal war der nicht da, und zweitens war der quasi aus beruflichen Erwägungen Nationalsozialist, aber er wollte keinen bekehren. Während der Hausmeister aus dieser Zeit, der kam schon zu den Nazis, als das noch eine nationalistische Linksbewegung war.

I.: Diese SA-Orientierung.

E.: Ja, diese SA-Orientierung. Und der haßte das Haus, für das er arbeitete, und er schwärzte jeden an, wo er nur konnte, uns übrigens auch.

I.: Ah, ja.

E.: Ab 38 hatten wir Gestapo-Besuch zu Hause. Dies war uns also bekannt, daß der Nationalsozialismus nicht etwas Abstraktes war, sondern da sitzt jemand, der sorgt dafür, daß man irgendwo eine Karteikarte kriegt. Der Rest des Hauses war ohne wesentliche Meinung. Man hatte sich mit dem Nationalsozialismus arrangiert, ohne ihn zu lieben. Der Schuhgroßhändler, über den ich eben berichtete, war glücklich, daß die Geschäfte besser gingen, hielt die aber nicht für besonders erfreulich. Der Malermeister, dessen Sohn ich beschützte auf dem Schulweg, der konnte schrecklich viel malen, weil es aufwärts ging mit Arbeitsbeschaffungsprogrammen, aber der fand die doch nicht gut.

I.: Wovor haben Sie den Jungen beschützt? Waren Sie ein besonders kräftiger Junge?

E.: Ja, ich war kräftig und außerdem, wahrscheinlich durch meine Lebensumstände, etwas wild.

I.: Ah, ja.

E.: Ich kam dann dauernd in Schlägereien rein.

I.: War das eine Freundschaft mit dem Jungen?

E.: Ja, das war Freundschaft, und bei denen spielte ich öfters. Ich hatte eigentlich mit allen drei Jungen meines Alters, so ungefähr meines Alters, im Hause freundschaftliche Beziehungen.

I.: Aber mit dem besonders?

E.: Mit dem besonders, weil wir zur gleichen Schule gingen.

I.: Das hatte keine Gründe, daß der etwas schwächer war oder so was?

E.: Ach nein, der war eigentlich körperlich nicht schwächer, der war nur lahm und nicht sehr mutig. Der war an sich vielleicht ein paar Pfund schwerer. Aber der war nicht so angetrieben. Auf dem Weg zur Volksschule mußten wir immer durch ein Gebiet, einen Slum, und da mußte man sich öfter verteidigen. Und zwar haben die auf mich eingeschlagen, obwohl ich doch nun gar nichts gegen die Unterschicht hatte, aber ich ging da einfach so mit sauber gewaschenen Kleidern durch. Das war also schon ein Ärgernis. Infolgedessen, also, stand ich da zwischen den Klassen, muß man sagen. Das ist eigentlich der Punkt, den ich machen wollte.

I.: Ja.

E.: Und bei der Naziperiode ist mir eigentlich am klarsten im Gedächtnis, wie man, wie die Leute versuchten, sich mit dem Quatsch zu arrangieren.

Der Fortgang des Gesprächs zeigt, daß wir auf der richtigen Spur sind. Die in den ersten Äußerungen aufscheinende Struktur wird nach und nach entblättert. Professor Westmeyer berichtet von zwei »Elementarerfahrungen« seiner Kindheit, die, wie er meint, vielleicht zusammenhängen. Die eine ist eine Klassenerfahrung, die andere, wenn man so will, eine nationale Erfahrung. Er hält fest, daß er zwischen den Klassen aufgewachsen ist und daß sich ihm eingeprägt hat, wie man in der Nazizeit versuchte, sich mit dem »Quatsch« zu arrangieren. Seine Stellung zwischen den Klassen belegt die Schilderung über den alltäglichen Weg zur Schule. Den Sohn des Malermeisters aus dem großbürgerlichen Haus beschützte er gegen die Angriffe der Unterschichtkinder, denen sie ausgesetzt waren. Dieser Junge war nicht schwächer als er, vielleicht sogar etwas stärker, sondern nur lahm und nicht sonderlich mutig, um nicht zu sagen, feige, kann man ergänzen. Während er, existentiell angetrieben zum Aufstieg, flink und mutig sein mußte. Aber warum beschützte er diesen lahmen und feigen Jungen? Das war keine Hilfeleistung für einen Schwächeren – eine Interpretation, die der Interviewer nahelegte –, sondern eine Art Gegenleistung. Bei dieser Familie spielte er nämlich öfters, das heißt, er zahlte mit dem Begleitschutz dafür, daß ihm Einlaß in die Wohnungen der Bourgeoisie gewährt wurde. Der Preis für den Eintritt in diese Klasse war hoch. Die Kinder aus dem proletarischen Gebiet, das sie passieren mußten – die von Christoph Westmeyer benutzte Bezeichnung »Slum« schafft eine eigentümliche ethnographische Distanz –, schlugen auf ihn, der doch auch »unten« stand, ein, weil er sauber gewaschene Kleider trug, was ihn als Kind der bourgeoisen Klasse auswies. Diese Schilderung beleuchtet die haltlose Lage des kleinen Christoph Westmeyer zwischen den Klassen: von »oben« ausgenutzt und von »unten« angefeindet. Es ist dieser Zustand sozialer Ortlosigkeit, der eine »Elementarerfahrung« für Professor Westmeyer darstellt.

Die andere »Elementarerfahrung« betrifft die Reaktion der Deutschen auf den Nationalsozialismus. Heute ist Professor Westmeyer aus jener Zeit »am klarsten im Gedächtnis, wie man, wie die Leute versuchten, sich mit dem Quatsch zu arrangieren«. Diese Formulierung enthält eine doppelte Distanzierung: von der Ideologie des Nationalsozialismus, diesem »Quatsch«, vor allem aber eine Distanzierung von den Leuten, die versuchten, mit diesem »Quatsch« übereinzukommen. Wir erfahren, daß Christoph Westmeyer »mit äußerster Distanz« zum NS-Regime aufwuchs. Schon als achtjähriger Junge kannte er exakt die diesbezüglichen Einstellungen der einzelnen Familien des Hauses. Seine Eltern waren freilich keine Anhänger einer oppositionellen Ideologie, sie waren keine überzeugten Sozialdemokraten, Kommunisten oder Christen, sondern sie lehnten die Nationalsozialisten ab, weil ihnen das Ganze fremd war und weil sie außerdem von Hause aus eine leichte »Linksneigung« mitbekommen hatten. Später erzählt Christoph Westmeyer, daß er bei einem Besuch bei Verwandten des Vaters »echte« Nazis kennenlernte, die an den Nationalsozialismus glaubten und die »Der Führer« sagten, während Adolf Hitler bei ihnen zu Hause nur »Schickelhuber« hieß. Daraus wird ersichtlich, daß auch die Eltern den Nationalsozialismus für »Quatsch« hielten. Die »Elementarerfahrung« bestand aber nicht darin, Leute zu treffen, die von diesem »Quatsch« überzeugt waren, vielmehr mitzuerleben, wie Leute, die die Nazis nicht liebten, sich mit diesem »Quatsch« arrangierten. Und das war die Mehrheit der Leute im Hause – und wohl auch die Mehrheit der Deutschen. Die Westmeyers widerstanden dieser Versuchung. Daß das seine Gründe hatte, darüber haben wir schon spekuliert. Sie saßen oben unter der Mansarde des Hauses, und beobachteten, wie jeder Gründe fand, mit dem Nationalsozialismus einverstanden oder doch zumindest nicht dagegen zu sein. Zu der sozialen Ortlosigkeit, zwischen den Klassen zu stehen, kam eine nationale Ortlosigkeit, nicht zu der Mehrheit zu gehören, die sich mit dem Nationalsozialismus arrangierte oder gar daran glaubte. Man sieht, in welcher Hinsicht diese beiden »Elementarerfahrungen« zusammenhängen. Christoph Westmeyer wuchs zwischen den Klassen und in Resistenz gegen den Nationalsozialismus auf. Er gehörte weder zu einer Klasse noch zu dieser Nation. Die Ortlosigkeit ist die Erfahrungsstruktur, die beide »Elementarerfahrungen« verbindet.

Die Ortlosigkeit ist aber nur die eine Seite seiner Existenz, die andere ist seine Überlegenheit. Christoph Westmeyer bewies, daß er besser war als die anderen. Er war gut im Fußball, er war gut in der Schule, und er war gut im Spielen. Er gewann Respekt durch Leistung. Dabei zeigte sich, daß er den Kindern der Bourgeoisie überlegen war. Die besaßen zwar gewaltige Spielzeugarsenale, aber sie wußten nicht recht, was sie damit anfangen sollten, weil sie, erklärt unser Gesprächspartner, vielleicht »ein wenig abgestumpft« waren. Er hingegen entwickelte viel Phantasie im Umgang mit dem Spielzeug. Der Unterprivilegierte führte den Privilegierten vor, was man mit ihren Besitztümern alles »anstellen« konnte. Mit diesem Bewußtsein individueller Überlegenheit kam Christoph Westmeyer voran.

Es sieht so aus, als sei Christoph Westmeyer mit dem Gefühl herangewachsen, nirgendwo hinzugehören und allen überlegen zu sein. Welche Lebenskonstruktion ist aus dieser lebensgeschichtlichen Ursprungskonstellation erwachsen? Die Erzählungen unseres Gesprächspartners deuten darauf hin, daß er früh lernte, den Schein der Gesellschaft zu durchschauen. Von »oben unter der Mansarde« nahm er die Abgestumpftheit, Trägheit und Mutlosigkeit der Bourgeoisie wahr. Er erkannte aber auch die Gefährlichkeit des gedemütigten Proletariats. Der Hausmeister, der das großbürgerliche Haus haßte, für das er arbeitete, entwickelte sich zum Denunzianten, der alle anschwärzte, wo er nur konnte, und dabei auch vor seinen Klassengenossen nicht halt machte. Schließlich erlebte er, wie die Leute auf einen »Quatsch« hereinfielen oder sich mit diesem »Quatsch« arrangierten, wenn es ihren Interessen entsprach. Mit einem Wort: er erkannte die Nichtigkeit der gesellschaftlichen Klassenordnung und der gesellschaftlichen Überzeugungen. Er konnte sich aber nicht damit begnügen, wie ein Zuschauer auf der Galerie das Welttheater zu betrachten. Denn sein Lebensauftrag lautete, mit seinem Aufstieg den Wiederaufstieg der Familie zu vollbringen. Dadurch war er »existentiell angetrieben«. Er konnte sich deshalb nicht zurücklehnen, sondern mußte sich durchbeißen. Seine Kindheitserinnerungen zeigen, daß er dabei überaus geschickt agierte. Er fand heraus, daß die Klassenwelt der Kinder wesentlich bestimmt wurde durch die Leistungen im Sport, in der Schule und beim Spielen. Darin lag seine Chance. Und er »war also eben besser als die nicht so existentiell angetriebenen anderen«. Diese Anpassung sicherte seinen Aufstieg. Die hier durchscheinende Ambivalenz weist auf den Kern der Lebenskonstruktion Christoph Westmeyers. Er schwankt zwischen Entwertung und Anpassung. Alles und jedes relativierend und sich an dieses und jenes anpassend, erfüllte er seinen Lebensauftrag. Wenn alles nichtig ist, kommt alles auf den Willen und das Geschick des einzelnen an. Man kann auch sagen, Professor Westmeyer ist zwischen Nihilismus und Positivismus hin und her geworfen.

Die einzelnen Schritte unserer Interpretation der ersten Passage dieses Gesprächs haben eine Reihe von Ambivalenzen zutage gefördert. Unter einem bestimmten Gesichtspunkt steht Christoph Westmeyer »oben«, unter einem anderen »unten«. Auf der einen Seite schildert er seine soziale Ortlosigkeit, auf der anderen Seite seine individuelle Überlegenheit. Einerseits kommt zum Ausdruck, wie er alle Geltungen entwertet, andererseits, wie er sich geschickt anpaßt. Er ist Nihilist und Positivist.

Am 1. September 1939, Christoph Westmeyer ist elf Jahre alt, brach der Krieg aus:

E.: Mein Vater wurde am nächsten Tag eingezogen, zur Schreibstube einer motorisierten Kompanie. Wir besuchten ihn dann, und ich sah zum erstenmal Leute, meinen eigenen Vater in Uniform und Stahlhelm. Er entließ sich dann aber während der ersten Wochen, als Bürokrat, ehemaliger, hatte er herausgefunden, daß man zwei Gründe damals geltend machen konnte für Wehruntauglichkeit. Grund Nummer eins waren Plattfüße. Das ist, glaube ich, noch ein Relikt des Ersten Weltkriegs, als die Truppen viel marschieren mußten, und dann konnte man mit Plattfüßen nicht laufen. Also auch im Zweiten Weltkrieg, wo das nicht so drauf ankam, konnte man mit Plattfüßen. Die hatte er aber nicht, aber Parodontose, eine sehr unbestimmte Krankheit, die merkwürdigerweise auch ein Entlassungsgrund war. Dann hat er sich zunächst einmal als überzählig entlassen, weil die zuviel eingezogen hatten, ist zum Zahnarzt hingegangen, der mit uns befreundet war, der bescheinigte ihm Parodontose, und dann bestanden die nächsten Jahre darin, vor der Wehrmacht wegzulaufen.

I.: Mhm.

E.: Er hatte auch tatsächlich eine Herzkrankheit und aus dem Ersten Weltkrieg einen Steckschuß im Kopf und einen Steckschuß im Arm. Also in einer normal zivilisierten Gesellschaft wie der englischen hätte man ihn auch nicht zum Militär einberufen.

I.: Ja.

E.: Aber er ist tatsächlich nie wieder zum Militär gekommen. Und im Jahre 39 marschierten auf einmal bei uns in der Schule irgendwelche Männer in schwarzen Uniformen an und luden uns ein, zu einer Vorstellung zu kommen, und wir marschierten dann mit der Schule irgendwo hin, auf einen Sportplatz, und dann wurden wir allen möglichen Tests unterzogen, und einige von uns herausgeholt, dann sagten die, ihr werdet unser Nachwuchs. Und dann kam ich nach Hause und sagte, Mami, denk dir mal, ich bin Waffen-SS-Nachwuchs. Worauf die also sich dreimal im Kreise drehte und sagte, bist du des Teufels, und das kommt überhaupt nicht mehr vor, daß du jetzt nochmal da also, wenn solche Leute kommen, und so weiter, überhaupt zur Partei, zur Hitlerjugend gehst. Dann gab es also eine Periode, wo wir ein paarmal Besuch erhielten, weil ich nicht mehr erschien, aber, Gott sei Dank, mit Ausnahme des Hausmeisters gab es eigentlich in dem ganzen Milieu, in dem wir aufwuchsen hier in Aachen, Tendenzen, abzumildern, was als Anordnung von oben kam.

I.: Mhm.

E.: Also wenn man nicht gerade einen besonders bösen Feind hatte, wurde doch im Sinne des Hinhaltens manches konterkariert, und so auch dieses.

Diese Stelle wirft Licht auf die inneren Bilder, die Professor Westmeyer mit seinem Vater verbindet. Als Elfjähriger sah er seinen Vater zum erstenmal in soldatischer Montur. Dazu muß erklärt werden, daß er gerade zum Jungvolk gekommen war, wo er gewiß von der strahlenden Größe des »soldatischen Mannes« gehört hatte. Das symbolische System des deutschen Faschismus bezog sich auf die Figur des »soldatischen Mannes«, der gestählt und gepanzert auszog, die ganze Welt zu beherrschen. Eine solche Grandiositätsvorstellung trifft sich mit dem Selbstauffüllungsverlangen eines Pubertierenden. Wir wissen nicht, wie auf den elfjährigen Christoph Westmeyer sein eigener Vater in Uniform und Stahlhelm gewirkt hat; jedoch muß sich dem Heranwachsenden dieses Bild eingeprägt haben, sonst hätte er es in dem Gespräch nicht erwähnt.

Christoph Westmeyer erzählt, wie sich sein Vater dem militärischen Regime entzog. Der Bürokrat entdeckte die Schlupflöcher des Systems, in dem angeblich alles »wie am Schnürchen klappte«. Er hatte herausgefunden, daß man zwei Gründe für Wehruntauglichkeit geltend machen konnte: Plattfüße und Parodontose. Dabei war der erste Untauglichkeitsgrund ein sinnloses Überbleibsel aus dem Ersten Weltkrieg, und der zweite eine unerklärliche Merkwürdigkeit. Der deutsche Soldat durfte keine Plattfüße haben, und er durfte nicht an unmerklichem Zahnbettschwund leiden. Man kann sich vorstellen, daß diese Entdeckungen in der Familie Westmeyer Anlaß für allerlei Spott waren. Der Vater entließ sich, wohlgemerkt, selbst zunächst als überzählig und besorgte sich sodann ein Attest, das ihm Parodontose bescheinigte, worauf er offenbar vorläufig für untauglich erklärt wurde. Er hatte das totalitäre System mit seinen eigenen Mitteln geschlagen. Er hatte bewiesen, wie man diesem grandiosen »Quatsch« entwischen konnte. Dieses Modell listiger Geschicklichkeit scheint der Vater für den Sohn verkörpert zu haben.

Der Sohn schließt diesen Erzählungsabschnitt mit der Bemerkung, daß für den Vater die nächsten Jahre darin bestanden, »vor der Wehrmacht wegzulaufen«. Damit entsteht der Eindruck, der Vater hätte sich vor der Wehrmacht gedrückt. Als Kehrseite seiner Geschicklichkeit offenbart sich seine Unmännlichkeit. Der Sohn scheint diesen Unterton seiner spontanen Formulierung zu spüren, denn er beeilt sich hinzuzufügen, daß sein Vater in der Tat an einer Herzkrankheit litt und aus dem Ersten Weltkrieg einen Steckschuß im Kopf und einen im Arm mitgebracht hatte, und er folgert, daß in einer »normal zivilisierten Gesellschaft wie der englischen« man ihn auch nicht zum Militär eingezogen hätte. Aber, kann man fortführen, in einer barbarischen Gesellschaft wie der deutschen zur Zeit des Nationalsozialismus galt das alles nicht. Nein, sein Vater war nicht feige, er schützte sich vielmehr mit großem Geschick vor den Übergriffen eines unmenschlichen Systems. Er ist auch »tatsächlich nie wieder zum Militär gekommen«, stellt der Sohn abschließend den Erfolg des Vaters fest.

Trotz dieser Erklärung scheint in dem jungen Christoph Westmeyer ein Identifikationskonflikt geschwelt zu haben. Davon zeugt die unmittelbar folgende Erzählung von der Versuchung durch »die Männer in schwarzen Uniformen«. Die Männer von der Waffen-SS, die in der Schule Nachwuchs rekrutieren wollten, tauchten, wie es im Text heißt, unerwartet und plötzlich auf. Christoph Westmeyer, der »in äußerster Distanz zu den Nazis« aufwuchs, gehörte unversehens zum Nachwuchs der Waffen-SS. Es ist gewiß nicht zufällig, daß er die Geschichte, wie er von »irgendwelchen Männern in schwarzen Uniformen« ergriffen wurde, im Zusammenhang mit der Geschichte erzählt, wie sein Vater sich dem Zugriff der Wehrmacht entzog. Sollte der Sohn heimlich versucht gewesen sein, dem Männlichkeitsmodell dieser »schwarzen Männer« zu folgen und sich dem Unmännlichkeitsmodell des Vates zu verweigern? Die Mutter hat die Auswahl für den Nachwuchs der Waffen-SS nach seinen Worten als eine Versuchung durch den Teufel verstanden. Sofort wurden alle Abwehrmaßnahmen gegen diese Versuchung in Gang gesetzt. Sie verbot ihrem Sohn den Kontakt mit solchen Leuten und überhaupt zur Partei und zur Hitlerjugend. Die Versuchung durch ein anderes Identifikationsmodell für den Sohn wurde auf diese Weise erfolgreich abgewehrt, und, »Gott sei Dank«, der Teufel verzog sich.

Im Winter 1943 wurde Christoph Westmeyer zur Flak eingezogen. Er war zwar durch eine schwere Bronchitis geschwächt, aber die Atteste wurden nicht anerkannt. Dazu hatte er noch das Pech, nahe dem Stichtag geboren zu sein. Er war deshalb der Jüngste in der Batterie:

E.: Ich war also zu der Flakbatterie eingezogen, draußen in Hemmerich, und die Bedingungen waren ganz mies. Wir waren damals schon in der Batterie ein Drittel junge Menschen, ein drittel Ukrainer oder was immer und ein Drittel Veteranen von der Ostfront.

I.: Ja.

E.: Wir hatten, was mich damals die ganze Lächerlichkeit der Situation auch klar finden ließ, fünf tschechische Beutegewehre, an denen wir übten gegen einen Luftangriff, keine Maschinengewehre. Es war uns völlig klar, daß das absoluter Quatsch ist. Die Mehrzahl der Klasse, die da in Hemmerich war, war auch dieser Meinung, daß es alles Blödsinn ist, was wir hier machen.

I.: Ach, die Mehrzahl auch?

E.: Die Mehrzahl der Schulklasse, aber ganz eindeutig. Wir hatten ein paar Nazis darunter, natürlich, aber die haben keinen verraten.

I.: Ja.

E.: Der Drill war schwer erträglich, und das Leben in der Kaserne fand ich auch nicht gut. Ich war Einzelkind und fand das doch sehr beschwersam. Und wiederum, weil ich Fußball spielen konnte, durfte ich Bücher lesen, brauchte also nicht abends Karten zu spielen, sonst hätte man das als böse Intellektualität verfemt.

I.: Ja.

E.: Aber wer den Ball gut tritt, der kann doch nicht ganz schlecht sein, nicht, selbst wenn er Bücher liest. So etwa. Es war ein entbehrungsreicher Winter, wir kriegten mal wochenlang nur Sauerkrautsuppe, morgens, abends, mittags, was zu meiner bleibenden Aversion gegen Sauerkraut beitrug. Drei Wochen nachher habe ich das dann verschenkt, bin lieber absolut hungrig geblieben, anstatt nochmal Sauerkraut zu essen. Es war eine wichtige Erfahrung, diese Zeit in Hemmerich, und zwar aus folgendem Grund. Der erste hatte zu tun mit meiner Wahl der Spezialisierung bei der Flak. Ich meldete mich für den Computer. Damals wurden die großen Kanonen ja schon mit einem Rechengerät gesteuert, das war nach heutiger Sprache ein Analogcomputer.

I.: Mhm.

E.: Dieser Analogcomputer war mit empirischen Werten bestückt, die man durch endlose Schießserien in den Jahren 1939 und folgende ermittelt hatte, die aber auf die heutigen Flugzeuge nicht mehr zutrafen, die flogen nämlich schneller und kurvten anders. Womit klar war, daß die Werte, die der Computer hergab, nur Annäherungswerte waren, die durfte man nicht so weitergeben. So war ich einerseits von dieser Maschine fasziniert und andererseits nicht unmäßig beeindruckt, denn sie war ja fehlerhaft.

I.: An welchem Gerät waren Sie? War das das Malsei-Gerät?

E.: Nein, das war's nicht. Ich kannte natürlich Malsei-Geräte, konnte auch damit umgehen. Ich konnte auch mit dem Funkmeßgerät umgehen. Aber ich war hauptsächlich B4, B3 an dem Kommandogerät, weil mich das mehr interessierte.

I.: Mhm.

E.: Das Malsei-Gerät ist eine einfache lineare Transformation von geometrischen Zahlen. Man benutzt also die Werte der Nachbarbatterie und transformiert sie auf den eigenen Stand. Das war eigentlich gedacht als Ersatz für den Ausfall des einen Kommandogeräts. Und das Funkmeßgerät war ähnlich eindrucksvoll wie das Kommandogerät. Weil aber mit den Stanniolpapieren ja die einfache, ursprünglich gemeinte Form des Einsatzes nicht mehr funktionierte, mußte man jetzt auch anfangen, zu interpolieren und so weiter. Da gab es ganz wenige Leute, die vermochten, aus der Fülle der reflektierenden Punkte den Punkt herauszuvermuten, der kein Stanniolpapier, sondern ein Flugzeug war. Also auch da ging es nicht ohne Maschine-Mensch-Interaktion. Und das galt auch so für das Kommandogerät. Wenn die einfach ablasen, wie gesagt, war das Quatsch, sie mußten da also auch ein bißchen Urteil gelten lassen. Und ich bin eigentlich von der Faszination mit solchen Comuptern nicht mehr losgekommen. Selbst für damalige Zeiten war das ja doch eine gewaltige Geschichte. Sie mußten einen schnell sich bewegenden Punkt in sechs Kilometer Höhe treffen, der sowohl seine Höhe als auch seine Seite veränderte, also der auf einer Fläche fuhr. Die Granate mußte in ziemlicher Nähe explodieren, wenn sie was bewirken sollte. Es war also technisch schon eindrucksvoll, denn ohne solche Rechengeräte konnten sie das Schießen vergessen.

I.: Mhm.

E.: Ich bin auch beeindruckt gewesen, so daß ich durch diese Aktivität nicht dazu kam, so besondere Angst zu empfinden. Ich fand die Nächte im Keller viel einschüchternder, wenn man dort saß, und die Bomben kamen näher, das Haus begann zu zittern, und dann der nächste war's oder war's nicht, und dann gut, ging der Teppich weiter. Diese Momente, die sich ja im Laufe einer Nacht zu wiederholen pflegten, wo man die Teppiche rankommen sah und sich fragte, ob der nächste es sein würde, die fand ich doch sehr beängstigend, während man bei der Luftbatterie, fand ich doch, damit beschäftigt war, was zu tun.

I.: Mhm.

E.: Wir hatten verschiedentlich Tieffliegerangriffe, gegen die uns keine Hilfsmittel zur Verfügung standen in Form leichter Flak, die war anderweitig beschäftigt, in der Sowjetunion. Wo wir dann auch wieder so lächerliche Improvisationen verwenden sollten, wie die folgende. Die Geschützrohre wurden mit einer Holzlatte benagelt, die sollte Kimme und Korn darstellen, dann wurden viele Menschen vorne an die sogenannten Federausgleiche gestellt, das sind die Dinger, die ein Geschütz rauf- und runterdrücken, und dann sollten die bewirken, daß das Geschütz sich ausreichend dreht. Damit sollte man im Direktbeschuß Tiefflieger abschießen.

I.: Ach, du je.

E.: Ja, ja, das war der Befehl. Das war natürlich absoluter Quatsch. Und da war der Flugzeugerkennungsdienst, wir haben verschiedene solcher Tieffliegerangriffe mitgemacht. Das einzige Mal, wo wir eine Flugzeugstaffel in Bedrängnis brachten, das war, als wir so einen Thunderball-Angriff auf uns hatten, und dann anschließend kam etwas, was wie so ein Thunderball aussah, und wir haben auch geknallt, und die Granaten mußten da ziemlich nahe gewesen sein, das waren aber leider Focke-Wulf, die sehen sehr ähnlich aus, aber man hatte da keine Zeit, kurz zu gucken. Die Baracken waren zerschossen, schon nach wenigen Wochen durch die Tieflieger, die machten ja, was sie wollten, war ja keine leichte Flak da, und wenn die über die Hausdächer gefegt kamen, da konnte man nur den Kopf einziehen und warten bis es vorüber war. Die Baracken waren zerschossen, es war ein kalter Winter, und ich kriegte TBC.

I.: Mhm.

E.: Was ein Glück war, das wußte ich damals noch nicht. Ich kam dann mit der Batterie noch woanders hin, und dann wurde die Batterie geteilt. Ein Teil kriegte 8,8 überlang, das war eine Superwaffe, und die marschierten ab nach Osten, und ich marschierte ab ins Lazarett.

Die Schilderung seiner Erlebnisse als Flakhelfer gibt wieder die Ambivalenz von Entwertung und Anpassung zu erkennen, und zwar sowohl in der Gesamtformung der Darstellung als auch in einzelnen Nebendarstellungen. Zwei Erfahrungen treten hervor: Einerseits durchschaute er die »ganze Lächerlichkeit der Situation«, und andererseits war er fasziniert von dem Computer, mit dem die großen Kanonen gesteuert wurden.

Gleich zu Beginn der Erzählung wird uns die militärische Absurdität dieses Flugabwehrunternehmens vor Augen geführt. Das Personal bestand aus Schülern, »Fremdarbeitern«, wie das damals hieß, und Veteranen. Mit fünf tschechischen Beutegewehren übte die Klasse, die Batterie gegen einen Luftangriff zu verteidigen. Der fünfzehnjährige Christoph Westmeyer hielt die ganze Aktion für lächerlich. Nicht allein ihm, der Mehrheit der eingezogenen Schulklasse war klar, daß ihr Einsatz »absoluter Quatsch« und »alles Blödsinn« war. Diese Gemeinsamkeit mit seinen Klassenkameraden hinsichtlich der Beurteilung der Lage wird übrigens sogleich wieder aufgekündigt. Drei Sätze später erscheinen sie als eine anti-intellektuelle Meute, die abends nichts als Kartenspielen im Kopf hatte. Ihm wurde nur deshalb zugebilligt, Bücher zu lesen, weil er gut Fußball spielen konnte. Lassen wir dahingestellt, ob diese Darstellung wirklich den Tatsachen entspricht, denn schließlich handelte es sich um die Klasse eines Gymnasiums; bezeichnend ist, daß auch in dieser erzählerischen Schleife die Zwiespältigkeit von Entwertung und Anpassung manifest wird. Man mußte sich diesen Dummköpfen eben auf einem Gebiet anpassen, wollte man auf einem anderen seine Ruhe haben. Außerdem waren die Bedingungen »ganz mies«. Drill und Kasernierung waren für das Einzelkind »schwer erträglich« und »beschwersam«. Hier deutet sich an, daß der junge Christoph Westmeyer nicht nur wild und furchtlos war, wie uns zu Beginn des Gesprächs berichtet wurde, sondern auch empfindlich und feinfühlig. Dazu passen auch die Auskünfte über seine Krankheiten. Er hatte eine schwere Bronchitis, als er zur Flak eingezogen wurde, und er wurde entlassen, weil er an TBC erkrankte. Die Darstellung der Umstände des Flakhelfereinsatzes dokumentiert »die ganze Lächerlichkeit der Situation«. Das ist die Seite der Entwertung.

Aber Christoph Westmeyer zog sich nicht von dieser »lächerlichen« Wirklichkeit zurück, indem er etwa seinen Dienst nach Vorschrift absolvierte, im Gegenteil, er wählte die ihm gemäße Spezialisierung, wobei er sich offenbar voll einsetzte. Der Entwertung folgt die Anpassung. Er meldete sich für den Computer. Damals schon wurden die Kanonen der Flugabwehrgeschütze, erklärt unser Gesprächspartner, von einem Computer gesteuert. Nicht dem Malsei-Gerät, nicht dem Funkmeßgerät, vielmehr dem Kommandogerät galt sein Interesse. Aus seinen Erläuterungen geht hervor, daß er nicht umrechnen oder messen, sondern kommandieren wollte. Dieser Computer faszinierte ihn, und, stellt er heute fest, von dieser Faszination ist er sein ganzes Leben nicht mehr losgekommen. Was faszinierte ihn daran? War es die Allmachtphantasie, mit Hilfe einer solchen Maschine einen schnell auf einer Fläche sich bewegenden Punkt, von dem man wußte, daß es ein Flugzeug war, abschießen zu können? Dazu paßt, daß dieser Computer als eine »gewaltige Geschichte« beschrieben wird. Aber die Relativierung folgt sogleich: Der Computer war zwar »technisch schon eindrucksvoll«, aber nicht vollkommen. Die Daten, mit denen er gefüttert war, trafen auf die aktuellen Gegebenheiten nicht mehr zu. Damit die Sache überhaupt funktionierte, war menschliches Urteilsvermögen gefordert. Und es gab nur »ganz wenige Leute«, die zu dieser »Maschine-Mensch-Interaktion« in der Lage waren. Zu denen gehörte Christoph Westmeyer.

In seiner Schlußfolgerung steckt wiederum die Ambivalenz von Anpassung und Entwertung, diesmal bezogen auf die Erfahrung mit dem Computer: »So war ich einerseits von dieser Maschine fasziniert und andererseits nicht unmäßig beeindruckt, denn sie war ja fehlerhaft.« Es wird deutlich, wie Christoph Westmeyer die Situation bei der Flak für sich nutzte. Durch die Wahl seiner Spezialisierung als B3 oder B4 am Kommandogerät verschaffte er sich die »wichtige Erfahrung« des praktischen Umgangs mit einer Rechenmaschine, die, wie er andeutet, den Grundstein für sein späteres Interesse für Computer legte. Das ist die Seite der Anpassung.

Man erkennt, wie die Lebenskonstruktion des Christoph Westmeyer an dieser Stelle arbeitet. Die radikale Nihilierung der Wirklichkeit, in die er geworfen wurde, bereitet seine zupackende Affirmation an eben diese Wirklichkeit vor. Die Geltungen des Gegebenen relativierend, stellt er sich über die Dinge, um dann, den Gegebenheiten sich anpassend, innerhalb der Geltungen des Gegebenen voranzukommen. Protest und Pragmatismus scheinen gewissermaßen zwei Seiten einer Medaille zu bilden.

Abschließend betont Professor Westmeyer nochmal den Irrsinn des Flakhelfereinsatzes. Mit »lächerlichen Improvisationen« sollten sie sich gegen feindliche Tieffliegerangriffe schützen. Nur einmal brachten sie eine angreifende Tieffliegerstaffel in Bedrängnis, doch stellte sich später heraus, daß es sich dabei um deutsche Jäger gehandelt hatte. Schließlich hatte Christoph Westmeyer Glück, seine Erkrankung schützte ihn davor, an die Ostfront abkommandiert zu werden.

Im Frühjahr 1944 kam Christoph Westmeyer in eine Lungenheilstätte bei Aachen:

E.: Ein weiteres Schlüsselerlebnis in diesem Zusammenhang. Ich hatte da ein Bratkartoffelverhältnis mit einem Mädchen aus der Umgebung, ich konnte sogar noch Gefühle dafür entwickeln. In ein paar freien Stunden wanderten wir da irgendwo durch den Wald und sehen da ein Lager von Fremdarbeitern. Und ich sagte, diese armen Menschen leben aber doch mies. Worauf das Mädchen sagte, das sind keine Menschen, das sind Russen. Das hat mich dann tief getroffen, abgesehen davon, daß die Freundschaft damit zu Ende war.

I.: Was haben Sie da gesagt?

E.: Bist du wahnsinnig geworden, ja, ich habe ihr einen Vortrag gehalten, was natürlich nichts bewirkt hat.

I.: Welches innere Gefühl hatten Sie dabei? Das sind alles Idioten oder wie?

E.: Die sind vernagelt. Ich glaube, ich denke, also so wie ich empfinden würde gegen Anhänger der Mun-Sekte oder so.

I.: Ja.

E.: Für mich waren die Nazis, wenn sie Erz-Nazis waren, vernagelte Sektierer. Das eine ist, also, was weiß ich, an den Endsieg glauben oder so ein Quatsch. Das andere ist, im eigenen Alltag diese Ideen auf konkrete Menschen, nicht nur abstrakt dafür zu sein, sondern zu sagen, diese Menschen, die da unten, was weiß ich, in wahnsinnig engen Baracken auf einem Schlammfeld leben, zu sagen, das sind doch keine Menschen, das sind Russen. Das ist doch also, noch eine andere Form.

I.: Darf ich noch einmal nachfragen?

E.: Ja, ja.

I.: Hielten Sie die für dumm oder für irgendwie ...

E.: ... nein, vernagelt, ja.

I.: Also vernagelt heißt, die können nichts dafür.

E.: In gewisser Weise nicht. Und von daher ist auch bleibend für mich ein außerordentliches Erschrecken, das in dem Moment einsetzt, wenn jemand mit missionarischem Eifer eine Idee verkündet, dann werde ich, dann meine ich nicht, der ist dumm, und dann meine ich auch nicht, der hat Unrecht, sondern dann kriege ich eine existentielle Angst.

I.: Ja.

E.: Das war auch meine Reaktion auf die Neue Linke. Um Gottes Willen, da kommt wieder einer mit glänzenden Augen und verkündet den neuen Menschen.

I.: Ja.

E.: Das war ein bleibendes Erlebnis, und von daher gehöre ich in dem Sinne zur »skeptischen Generation«, daß, wenn einer ohne Wenn und Aber an eine Sache glaubt, dann habe ich Grund, also sehr vorsichtig zu werden.

Professor Westmeyer spricht von einem »Schlüsselerlebnis«. Es handelt von der psychischen Macht des Faschismus. Er hatte während seines Aufenthalts in dem Lungensanatorium ein Mädchen aus der Umgebung kennengelernt, ein »Bratkartoffelverhältnis«, wie er im ersten Moment abschätzig urteilt, sogleich aber seine gefühlsmäßige Beteiligung einräumt. Wir können schließen, daß eine Art Liebesverhältnis zwischen den beiden bestand. Sie stießen bei einem Spaziergang durch den Wald, der erotisch-sexuelle Kontext ist offensichtlich, auf ein Lager von »Fremdarbeitern«. Christoph Westmeyer bekundete seine Anteilnahme mit diesen Menschen, die unter menschenverachtenden Bedingungen dahinvegetierten: »Diese armen Menschen leben aber doch mies.« Das Mädchen erwiderte darauf mit der Verkündung der faschistischen Rassenideologie: »Das sind keine Menschen, das sind Russen«. Was war geschehen? Plötzlich brach die ideologische Realität des Faschismus in die konkrete Realität dieses Waldspaziergangs ein. Er redete von diesen Menschen, die vor ihren Augen litten, und sie redete von den russischen Untermenschen, die dem deutschen Herrenmenschen zu Diensten zu sein hatten. Die kommunikative Selbstverständlichkeit zwischen den beiden war mit einem Schlag zerbrochen. Sie hatten keine gemeinsame Sprache mehr. Christoph Westmeyer war »tief getroffen«. Normalerweise müßte man annehmen, das Mädchen sei »wahnsinnig geworden«. Denn nach der Logik der Klassenbildung ist Mensch der Oberbegriff zu Russe. Der Satz, »das sind keine Menschen, das sind Russen«, ist folglich logisch falsch. Wie kann man das trotzdem behaupten? »Die sind vernagelt«, lautet Christoph Westmeyers Antwort. Er kann aber im Grunde nicht erklären, was das heißt. Nur soviel wird klar: »vernagelt« ist einer, der mit missionarischem Eifer eine Idee verkündet und dabei zwischen der Idee und dem konkreten Leben nicht trennen kann. Der »Vernagelte« unterwirft das Leben der Ideologie und verliert dabei den Blick für das Menschliche. Konkrete Menschen werden so zu »Untermenschen«. Erklären kann sich Professor Westmeyer eine solche Verirrung bis heute nicht, und er kann deshalb auch nicht rational darauf reagieren. Ihn befällt ein »außerordentliches Erschrecken«, mehr noch: eine »existentielle Angst«, wenn er »vernagelte« Menschen trifft. Diese Reaktionsform trat auch wieder angesichts der »Neuen Linken« auf: »Um Gottes willen, da kommt wieder einer mit glänzenden Augen und verkündet den neuen Menschen.« Das Missionarische hatte die »Neue Linke« mit dem Faschismus gemein. Die »existentielle Angst« nahm ihm offenbar die Möglichkeit zu unterscheiden. Professor Westmeyer resümiert, er gehöre in dem Sinne zur »skeptischen Generation«, als er mit äußerster Vorsicht reagiere, wenn jemand ohne Wenn und Aber an eine Sache glaubt.

Am 6. Juni 1944 landeten die Alliierten in der Normandie. Am

31. Juli durchbrachen sie die deutschen Linien. Unaufhaltsam rollten die amerikanischen Panzer durch Frankreich. Anfang September 1944 standen sie vor Aachen. Aachen wurde als erste deutsche Großstadt geräumt und die Bevölkerung evakuiert. In wochenlangen Kämpfen wurde sie, so wird berichtet, von amerikanischen Truppen nach schwerem Häuserkampf erobert. Christoph Westmeyer war zu seinen Eltern zurückgekehrt, und die Familie suchte Zuflucht bei Verwandten der Mutter auf dem Lande. Es handelte sich um wohletablierte Bauern, die ihnen Bleibe boten, allerdings gegen Ausraubung des wenigen, das die Familie besaß. Insofern habe er ein distanziertes Verhältnis zur Großfamilie, hält Professor Westmeyer in Anspielung auf Vorstellungen, die in der Studentenbewegung diskutiert wurden, fest. Aber auch auf dem Lande hielt der Krieg bald Einzug. Amerikanische Tiefflieger machten mangels anderer Ziele freie Jagd auf Leute, die auf dem Feld arbeiteten, und deutsche Durchhaltebataillone versuchten durch blanken Terror, die Frontlinie gegen die vorrückenden Alliierten aufrechtzuerhalten. Männer in wehrfähigem Alter, die ohne eine entsprechende Bescheinigung aufgegriffen wurden, wurden von der Militärpolizei auf der Stelle exekutiert. Und die SS beschoß Häuser, wo eine weiße Fahne gehißt wurde. Es herrschte eine Atmosphäre, die, so meint Christoph Westmeyer, dem Ende des Dreißigjährigen Krieges entsprochen haben könnte. König war, wer eine Maschinenpistole besaß und noch eine Kette um den Hals trug. Aufgrund dieser Erfahrung halte er auch von Vorstellungen einer Privatisierung der Gewalt nicht viel, bemerkt Professor Westmeyer wieder mit einem Seitenhieb auf die Studentenbewegung. Da sei ihm schon lieber, wenn die Gewalt im Staat monopolisiert ist.

Nach Ende des Krieges ging die Familie nach Aachen zurück. Die Stadt war zu 60% zerstört. Der noch nicht siebzehnjährige Christoph Westmeyer war, wie er sich ausdrückt, seiner Familie nützlich. Er deckte das Dach des Hauses, wo die Westmeyers Unterkunft fanden, er besorgte Zucker und organisierte Briketts. Sein Vater war etwas hilflos, erklärt der Sohn, denn er hatte ja nur Büroarbeit gelernt, und die gab es erst wieder ab 1949. Seine Mutter dagegen nahm die gewaltige Strapaze einer Reise nach Süddeutschland auf sich, weil es dort Quark ohne Marken gab. Man sieht, daß Mutter und Sohn die Familie unter diesen schwierigen Bedingungen über Wasser hielten, während der Vater hilflos beiseite stand. Insgesamt freilich war für Christoph Westmeyer die Zeit von 1945 bis 1948 »sehr irritierend«. Der Schwarzmarkt, dieses Leben am Rande der Kriminalität, war seine Sache nicht. Zwar hat auch ihn das Glamouröse der Zeit berührt, der Swing faszinierte ihn, aber er war nicht mitten drin. Seine Zeit begann, als er 1948 mit einem Jahrgang von Kriegsteilnehmern Abitur machte:

E.: Dann kam das Jahr 48, was für mich mitbestimmend wurde auch für meinen späteren beruflichen Weg zur Sozialwissenschaft, und ich kann das in dem Satz zusammenfassen, ich sah, wie Menschen von heute auf morgen mit voller Ernsthaftigkeit ihre Verhaltensweise auswechselten. Wer heute noch dies tat, war morgen anders, aber es waren die gleichen Menschen. Und da habe ich die tiefe Gewißheit gehabt, daß je nach sozialem System, in dem sie operieren, die gleichen Menschen auch anders können, ohne daß ihnen im moralisierenden Sinne der Vorwurf zu machen ist der Unernsthaftigkeit. Die sind nicht unernsthaft, sondern die sind situationsspezifisch.

I.: Mhm.

E.: Ich habe auch den Nationalsozialismus so verstanden, als eine Herrschaft, die erlaubt, mit einer Minderheit von überzeugten Leuten dann zu Rande zu kommen, wenn die Mehrheit Möglichkeiten sieht, sich zu arrangieren.

I.: Ja.

E.: Ich habe also den Nationalsozialismus nicht verstanden, wie vielleicht manche meiner Zeitgenossen, als eine gewissermaßen epidemische Verirrung der Menschen.

I.: Mhm.

E.: Ich erinnere mich, ich habe verschiedentlich mit Leuten aus dem Establishment geredet, wo es ganz viele Nazis gegeben haben muß, in Berlin und Ostdeutschland, und die waren fasziniert von der Möglichkeit, daß der Bazillus des Nazismus wieder aufbricht. Ich habe das bis heute nicht nachempfinden können, weil ich dachte, die Besiegung des Nazismus ist ein Problem der Macht und der Herrschaft. Die meisten Menschen sind, wenn sie in einem anderen System leben, durchaus nicht in Versuchung, so einen Stuß zu machen. Es muß schon exzeptionelle Umstände geben, wie, in Rückschau, diesen langen Siechtumsprozeß von Weimar und dann die Umstände, wo der Hitler als Friedenskandidat auftritt, denn ich bin Frontsoldat, ich weiß wie der Krieg ist und so, und dann hineingleitet in die Macht.

Das war ja auch nicht so einfach, er hat das ja von Jahr zu Jahr fester in die Hand gekriegt. Daß man sagen mußte, wenn die Demokratie durch die Besiegung, durch die Siegermächte mit stabilisiert wird, wenn wir also Teil eines demokratischen Systems sind, habe ich überhaupt keine Bedenken, daß die Deutschen da mitmachen.

I.: Mhm.

E.: Für mich war das kein Wunder, daß die Bundesrepublik eine erfolgreiche parlamentarische Demokratie ist. Vorausgesetzt, sie war eingebunden in ein Staatensystem, wo die Nachbarn schon drauf achteten, daß das eine parlamentarische Demokratie auch blieb. Von daher habe ich das Bündnis als eine Stabilisierung der demokratischen Ordnung im Innern verstanden.

Die Lehre von der Situationsspezifität des Verhaltens antwortet auf die Erfahrung des Risses von 1945. Professor Westmeyer markiert genauer das Jahr 1948, als die erste Periode der Ungewißheit und Vorläufigkeit mit der Einführung einer neuen Währung in den Westzonen zu Ende ging und als er die Schule verließ. Die Deutschen wechselten von heute auf morgen ihre Verhaltensweisen aus. Aber es waren die gleichen Menschen, die eben noch als Nazis und jetzt als Demokraten auftraten. Wie war das möglich? Professor Westmeyer wendet sich gegen die Vorstellung, daß die Deutschen sich nur äußerlich an die Demokratie anpaßten, weil es das Regime der Sieger war, innerlich jedoch noch an das Phantasma des Faschismus gebunden waren. Auf den ersten Blick sieht es so aus, als verteidige er die Deutschen gegen den moralisierenden Vorwurf »unernsthaft« zu sein. Seine Verteidigung allerdings zielt nicht auf Bestätigung, sondern sie sucht einen Standpunkt jenseits von Bestätigung und Verwerfung. Er erlangte nämlich die »tiefe Gewißheit«, »daß je nach sozialem System, in dem sie operieren, die gleichen Menschen auch anders können, ohne daß ihnen im moralisierenden Sinne der Vorwurf zu machen ist der Unernsthaftigkeit. Die sind nicht unernsthaft, die sind situationsspezifisch.« Mit anderen Worten: Den Akteuren ist kein inneres Wesen zu eigen, dem gemäß ihr Verhalten als »ernsthaft« oder »unernsthaft« zu beurteilen wäre, ihr Verhalten ist vielmehr durch die äußeren Umstände bedingt. Wenn die gesellschaftlichen Bedingungen sich wandeln, ändert sich auch das Verhalten, und es sind die gleichen Menschen, die heute so und morgen so sind. Nach diesem Muster erklärt Professor Westmeyer auch den deutschen Faschismus: »Ich habe auch den Nationalsozialismus so verstanden, als eine Herrschaft, die erlaubt, mit einer Minderheit von überzeugten Leuten dann zu Rande zu kommen, wenn die Mehrheit Möglichkeiten sieht, sich zu arrangieren.« Als entscheidend erweisen sich die gesellschaftlichen Verhältnisse der Macht und der Herrschaft. Wenn einer überzeugten Minderheit die Machtapparate in die Hände fallen und die Mehrheit glaubt zurechtzukommen, dann kann ein System wie der Nationalsozialismus entstehen. Die Besiegung des Faschismus ist, so gesehen, in erster Linie »ein Problem der Macht und der Herrschaft« und nicht ein Problem innerer Dispositionen, die man den Deutschen andichtet. Professor Westmeyer stellt klar: »Die meisten Menschen sind, wenn sie in einem anderen System leben, durchaus nicht in Versuchung, so einen Stuß zu machen.« Man muß eben, ist zu folgern, die gesellschaftlichen Verhältnisse so einrichten, daß Macht und Herrschaft kontrolliert werden, dann ist es überhaupt kein Wunder, daß die Bundesrepublik eine »erfolgreiche parlamentarische Demokratie« darstellt.

In der Art der Verarbeitung des Risses von 1945 schlägt wieder die Ambivalenz von Entwertung und Anpassung, oder hier besser: von Nihilismus und Positivismus, durch. Die Seite des Nihilismus äußert sich in dem »Satz«, der die radikale Dezentrierung des Menschen ausspricht. Die Frage von »Ernsthaftigkeit« oder »Unernsthaftigkeit« stellt sich nur für denjenigen, der die Illusion hegt, die Subjekte hätten einen inneren Kern, dem sie eigentlich folgen. In Wahrheit aber sind die Subjekte hohl. Sie werden nicht von innen, sondern von außen gesteuert. Nach seinen Erzählungen hatte Christoph Westmeyer schon in der Kindheit erfahren, daß die Auffassungen und Überzeugungen der Menschen bloßer Schein sind. Es war eine »Elementarerfahrung« für ihn, zu sehen, wie die Leute mit dem »Quatsch« übereinkamen, wenn es ihren Interessen nutzte. Sie arrangierten sich einfach mit der herrschenden Macht. Hinter dieser Auffassung verbirgt sich die Erkenntnis, daß es letztlich die gesellschaftlichen Verhältnisse der Macht und der Herrschaft sind, die das Verhalten der Subjekte determinieren. Dieser Schluß leitet über zur Seite des Positivismus. Professor Westmeyer vertritt einen Positivismus der Macht. Er erklärt, daß die Siegermächte den Faschismus durch die Einfügung der Bundesrepublik in das westliche Bündnis beseitigt haben. Es ist deshalb überhaupt nicht verwunderlich, daß die Bundesrepublik sich zu einer »erfolgreichen parlamentarischen Demokratie« entwickelte. Sie war eingebunden in ein Staatensystem, in dem die Nachbarstaaten schon darauf achteten, daß das System der parlamentarischen Demokratie, in dem Macht durch Verfahren kontrolliert wird, erhalten blieb. Diese doppelte Sicherung, Kontrolle von außen durch die westlichen Nachbarn und Kontrolle von innen durch das System der parlamentarischen Demokratie, schützt die Deutschen vor einer erneuten »Versuchung« durch den Faschismus.

Warum aber müssen die europäischen Nachbarn aufpassen, daß die Bundesrepublik eine parlamentarische Demokratie bleibt? Warum ist das äußere Bündnis zur Stabilisierung der demokratischen Ordnung im Innern notwendig? Da scheint eine Gefahr zu lauern. Die Gefahr vielleicht, daß die Deutschen wieder »vernagelt« werden? Die Lehre von der Situationsspezifität des Verhaltens klärt den Riß von 1945 nicht ganz. Man kann nicht geschichtslos von neuem beginnen. Die Vergangenheit kann nicht restlos annulliert werden. Auch für Christoph Westmeyer scheint es unbewältigte Reste der Vergangenheit zu geben, denen gegenüber seine Deutung versagt. Das wird deutlich, wenn man die unmittelbar folgende Stelle heranzieht:

I.: In dem Zusammenhang noch eine Frage, wie standen Sie zu den Lehrern, die jetzt wieder Lehrer waren? Konnten Sie sich von denen was sagen lassen?

E.: Ja, ich habe ja so 'ne und so 'ne gehabt. Ich hatte ja echte Antinazi-Lehrer. Das hat mich als Kind in der Volksschule tief beeindruckt, mein Klassenlehrer war jemand, der vor den Augen der Kinder den Rohrstock zerbrach und sagte, wir kommen ohne aus. Also, das war nicht so, muß man auch wieder sagen. Von einem Nazi, Schmidtke, den haben wir nie wieder gesehen. Der ist allerdings in einer anderen Ecke von Aachen dann wieder Lehrer geworden.

I.: Mhm.

E.: Auf den hat man natürlich, habe ich natürlich einen tiefbleibenden Haß gehabt, weil der uns damals verpfiffen hat. Nazi sein ist eine Sache, und Leute verpfeifen eine andere. Das ist, wenn Sie so wollen, die doppelte Moral, die Moral für die Öffentlichkeit und die für das konkrete Leben.

I.: Ja, das gibt es ja schon, die Sache mit dem berühmten Edelnazi, das war ja wohl eine Lebensrealität.

E.: Ja, ja, der tut aber keinem was, nicht, während der andere den

Leuten zum Anfassen was tut und nicht nur irgendwas Abstraktes, nicht. Juden hatten wir übrigens ab und zu mal zu Hause, solange es sowas noch gab, also bis 39, das war kein Problem bei uns. Ich muß übrigens noch eines hinzufügen. Konzentrationslager habe ich, der ich nun, weiß Gott, aus einer Familie komme, die den Nazis alles Böse zutraute, immer als brutale Arbeitslager verstanden. Daß es Vernichtungslager gab, hab' ich mich echt, ich hab' gedacht, die arbeiten die Leute zu Tode, nichts zu essen, Schläge und so, und was natürlich ganz schlimm ist alles. Aber die Idee der Vernichtungslager im industriellen Stil, das war eine echte Überraschung, und das hat mich tief getroffen. Und als ich das dann glauben mußte, daß es so etwas gab wie Vernichtungslager, so ungefähr 46 hab' ich das dann akzeptiert, daß das die Wahrheit ist, hatte ich gedacht, Mensch, als Deutscher wirst du nie wieder ein anständiges Leben führen dürfen.

I.: Mhm.

E.: Das wird der Rest der Menschheit dir nie verzeihen. Insofern hatte ich eigentlich mich damit abgefunden, soweit man das als junger Mensch tun kann, daß ich den Rest des Lebens als Mensch zweiter Klasse die Schulden meiner Väter abarbeiten muß.

Zwei Deutungsprobleme bleiben, die sich dem Deutungsmuster von der Situationsspezifität des Verhaltens nicht fügen. Das eine ist der »tiefbleibende Haß« auf die Sorte von Nationalsozialisten, die nicht nur die entsprechende Ideologie vertreten, sondern sich auch im konkreten Leben danach verhalten haben; und das andere ist die empfundene Schuld angesichts der Tatsache der industriell betriebenen Vernichtung von Menschen in deutschem Namen. Die situationistische Doktrin sollte den Riß von 1945 normalisieren. Wenn die Situationsbedingungen sich ändern, dann ändern sich auch die Menschen. Nicht die Erfahrungen der Vergangenheit bestimmen das Verhalten, sondern die Bedingungen der Gegenwart. Die deutsche Vergangenheit läßt sich aber nicht vom Tisch wischen. Nicht vergessen kann Christoph Westmeyer solche Nationalsozialisten, wie den Lehrer Schmidtke, die andere »verpfiffen« haben, die den Leuten »zum Anfassen« was getan haben. Auf diese Typen behielt er »natürlich einen tiefbleibenden Haß«. Und er kann nicht vergessen, daß in Deutschland Vernichtungslager für Menschen existierten. Der jugendliche Christoph Westmeyer nahm die »Schulden« seiner Väter auf sich. Er hatte sich damit »abgefunden«, »den Rest des Lebens als Mensch zweiter Klasse« leben zu müssen. Der Haß und die Schuld zeigen, daß das Vergangene nachwirkt. Die Haltung der Geschichtslosigkeit rettet Christoph Westmeyer nicht vor der Geschichte.

1949 nahm Christoph Westmeyer im Rahmen einer Art Studium generale das Studium der Volkswirtschaftslehre in Bonn auf. 1950 wurde er, zweiundzwanzigjährig, ausgewählt, nach Amerika zu gehen. In Amerika lernte er überhaupt erst das Fach »political science« kennen. Nach zwei Jahren Studium erwarb er den »Master of Arts«. Er kehrte nach Deutschland zurück und wollte seine Doktorarbeit schreiben. Nach langwierigem Suchen fand er in Berlin/West einen Doktorvater. 1955 promovierte und heiratete er. Die Jahre 1956 bis 1959 verbrachte er als Assistent an der Freien Universität Berlin. Er hatte immer gute Verbindungen nach Amerika unterhalten und ging 1959 im Rahmen eines Habilitationsstipendiums wieder für ein Jahr dorthin. Er kehrte zurück und habilitierte sich 1960. Daraufhin erhielt er, zweiunddreißigjährig, einen Ruf an die Columbia Universität in New York. Er zog nach New York und war entschlossen, vorläufig in Amerika zu bleiben. Doch schon 1962 folgte er einem Ruf an die Freie Universität Berlin, wo er vier Jahre blieb. Im Jahre 1966 übernahm er den seinerzeit geschaffenen Lehrstuhl für Politische Wissenschaft in seiner Heimatstadt Aachen, den er bis heute innehat. Professor Westmeyer gilt als einer der Importeure des angelsächsischen Verständnisses dieser Wissenschaft. Wenn man so will, hat er die Modernisierung des Fachs in Westdeutschland betrieben. Die Durchsetzung der Auffassung der Wissenschaft von der Politik nicht als eine normativ-räsonierende, sondern eine empirisch-forschende Wissenschaft wird ihm als Verdienst angerechnet.

Für Christoph Westmeyer war Amerika das ganz andere Land. Er wollte offenbar weg, weit weg von Deutschland. Verbarg sich dahinter eine Flucht vor den Deutschen und ihrer Geschichte? Oder war dieser Impuls Ausdruck seiner sozialen und nationalen Ortlosigkeit? Das Gespräch gibt auf diese Fragen keine Antwort. Faktum ist, daß er nach Deutschland zurückkam. Da haben persönliche Anhänglichkeiten an den akademischen Mentor in Berlin eine Rolle gespielt, aber auch eine gewisse Enttäuschung über Amerika. Das weite Land stellte sich aus der Sicht des erwachsenen Mannes mit den Verpflichtungen eines Professors als durchaus begrenzte Welt heraus. Nach seiner Ansicht kann man kosmopolitischer in Europa leben. Was daran nachträgliche Legitimation, was ursprüngliche Einsicht ist, wissen wir nicht. Vielleicht war ja auch sein Blick gar nicht so sehr auf Berlin, wohin er zuerst ging, gerichtet, sondern auf Aachen, seine Heimatstadt, wohin er vier Jahre später zurückkehrte. Nach seinen vielfältigen Wechseln hat er den Aachener Lehrstuhl seit mehr als zwanzig Jahren inne. Er fühle sich mehr als Aachener denn als Deutscher, und zugleich verstehe er sich intensiv als Westeuropäer, beschreibt Professor Westmeyer seinen Standort.

Professor Westmeyer berichtet, wie er die Repotenzierung Westdeutschlands in den fünfziger Jahren erlebte:

E.: Und in all dieser Zeit war mein Verhältnis in den fünfziger Jahren zu Deutschland ein gespaltenes. Ich hatte einen akademischen Lehrer, der war ein arger Deutschen-Hasser, und das hat mich sicherlich bewegt, oft das Land zu verteidigen. Andererseits hatte ich ein ambivalentes Verhältnis zu Deutschland. Ich fand, das Beste, was Deutschland widerfahren war, war die Teilung. Dadurch war es ein westliches Land geworden und kein Land der Mitte mehr, das seine Identität im Abstand zu Frankreich und zu England suchte, sondern jetzt eben sich als Teil des Westens empfand. Wir waren eine Menge Probleme los, die sich aus dem Osten ergaben, die ganzen Krautjunker, die ja in der DDR beseitigt waren, das ganze Verständnis des Germanentums, alle Alternativen zum Westen, all dies war doch kein Thema mehr.

I.: Mhm.

E.: Die Grenzen waren geöffnet, und ich fand die Verwestlichung Deutschlands als etwas, wo das Land seine eigenen Talente erst konstruktiv entfalten würde. Und dann fand ich die Zeit faszinierend als eine Zeit des Neubaus. Manche meiner weltanschaulich engagierteren Kollegen redeten von Restauration und meinten damit etwas anderes. Sie meinten damit eine Haltung, die man als Antifaschismus bezeichnen könnte. Das war nicht einfach nur Antinationalsozialismus, das wäre ja einfach eine Zurückweisung gewesen, sondern auch eine positive Haltung, die von einer bestimmten Theorie für die Entstehung des Nationalsozialismus ausging und die zu schaffende Gesellschaft dann als Alternative dazu verstand.

I.: Mhm.

E.: Diese Leute haben kritisiert, daß Deutschland nach der Niederlage die Ansätze sozialistischer Art, die es in allen Parteien gab, zurückwies, den Nationalsozialismus nur ausgeklammert und nicht beseitigt hat, in gewisser Weise ja einfach vergaß. Und die haben das kritisiert. Ich war da anderer Meinung. Ich fand, das Beste, was wir tun können, also wenn einer Nazi war, zu sagen, komm, alle Sündigen, die anders sein wollen, denen wird vergeben. Wenn das deutsche Volk nur aus Antinazis bestehen darf, dann reicht das auch nicht so ganz hin. Wir werden also wohl mit Menschen dieses Land bauen müssen, die weniger als unbedingt vorzeigbar sind, aber immerhin, die wirklich also, die Schnittgrenze, wo für mich die Gemeinsamkeit aufhört, lag wesentlich weiter.

I.: Mhm.

E.: Nämlich da eben, wo ich meine, das persönliche Engagement für das Regime bis hin zur Verfolgung anderer dazukam. Aber wenn einer einfach da mitgeschwommen ist, dachte ich, den muß man integrieren. Das war eine faszinierende Zeit des Neubaus, auch im wörtlichen Sinne. Ich sah diese Stadt entstehen.

I.: Ja.

E.: Vieles, was ich damals gut fand, finde ich heute schlecht. Wir haben damals die Stuckfassaden an den noch bestehenden Häusern kaputt geschlagen als Zeichen, als Geste, wie modern wir sind, und ich fand das großartig. Ich fand also, daß diese Bundesrepublik in vieler Hinsicht ein attraktives Land sei, mit Ausnahme dessen, was ich als Adenauer-Mief verstand, nämlich Tradierung einer kleinbürgerlichen Moral. Von daher war ich ein vehementer Kritiker der Adenauer-Regierungen, von denen ich meinte, die versuchen, Moralvorstellungen festzuschreiben, die die der zwanziger Jahre, ach, eigentlich beinah des Kaiserreichs sind. Und von daher war ich begeistert, als dann endlich die Regierung gezwungen war, zur Koalitionsregierung zu werden, als die Mehrheit verlorenging.

Auch in der Darstellung seines »ambivalenten Verhältnisses« zu Deutschland in den fünfziger Jahren offenbart sich aufs neue die verborgene Ambivalenz der Lebenssicht des Professors Christoph Westmeyer: Entwertung und Anpassung bedeuten bezogen auf das nachfaschistische Deutschland Teilung und Neubau. Christoph Westmeyer begrüßte die Teilung Deutschlands. Damit wurde die in seinen Augen gefährliche deutsche Mischung aus westlicher

Zivilisiertheit und östlicher Mystik entmischt. Nicht in der Besinnung auf die Musikalität der deutschen Seele, wie Thomas Mann meinte, lag für das Land die Chance, seine eigenen Talente zu entfalten, sondern in der unvoreingenommenen Öffnung nach Westen. Christoph Westmeyer war der Ansicht, daß mit der Teilung Deutschlands seine Verwestlichung vollbracht wurde. Es wurde ein endgültiger Schlußstrich gezogen unter die lange deutsche Geschichte des ewigen Zwiespalts zwischen Westen und Osten, und es begann die nachfaschistische und nachnationale Geschichte der Teilung von Westen und Osten. Am Beginn der neuen Zeit stand eine Geste der Destruktion, mit der man den eigenen unbedingten Willen zur Modernität beweisen wollte. Man zerschlug die Stuckfassaden an den Häusern, die als Ornamente des Vergangenen galten, und errichtete neue Häuser, deren Oberfläche blank und glatt war. Christoph Westmeyer fand das »großartig«. Der Nihilist macht reinen Tisch mit der Geschichte, und der Positivist krempelt die Ärmel hoch. Die radikale Entwertung der schrecklichen Vergangenheit und die vollkommene Anpassung an die rasante Gegenwart gehören offenbar zusammen.

Alle, die mit anpacken wollten, sollten dazu gehören. Die Sünden der Vergangenheit sollten ihnen vergeben werden, denn in der Gegenwart mußte dieses Land gebaut werden. Nur zu den wirklichen Verbrechern sollte eine Grenze bestehen. Da störte die Theorie der Restauration, die an die böse Vergangenheit mahnte und auf eine neue Zukunft hoffte. Die Lösung der konkreten Probleme des Tages aber, berichtet Professor Westmeyer über seine damalige Auffassung, machte eine andere Haltung notwendig. »Wenn das deutsche Volk nur aus Antinazis bestehen darf, dann reicht das auch nicht so ganz hin. Wir werden also wohl mit Menschen dieses Land bauen müssen, die weniger als unbedingt vorzeigbar sind.«

Die fünfziger Jahre waren für den aufstrebenden Christoph Westmeyer aber, so erfahren wir am Schluß dieses Rückblicks, nicht nur »faszinierend«, sondern auch bedrückend. Der Expansivität des nachmoralischen Lebenspositivismus widersprach die Enge der kleinbürgerlichen Moral in der Adenauer-Zeit. Man wollte schnell und modern sein und nicht im Mief einer vorvergangenen Zeit ersticken.

Die Studentenbewegung Ende der sechziger Jahre hat Professor Westmeyer als Angriff auf seine Person empfunden. Er war nahe daran, die Flucht zu ergreifen. Amerika hieß wieder die Rettung:

I.: Haben Sie schon mal die Idee gehabt, daß Sie die Brocken hinschmeißen möchten ...

E.: ... nein

I.: ... und irgendwas anderes machen?

E.: Nein, nein. Ja, Moment, das muß ich qualifizieren. Ich hatte schon mal bei Anfang der Studentenrevolte, sagen wir so etwa 70/71, die Idee, warum haust du nicht ab nach Amerika und machst da Journalismus, und zwar richtig. Übrigens darf ich noch eins erwähnen. Also bevor ich nach Deutschland zurückkam, 62, gab es einen Briefwechsel mit einem älteren Kollegen in Berlin, ich würde ganz gerne nach Berlin kommen, aber ich habe keine Lust, mich mit den Themen deutscher Wesentlichkeit zu befassen, also Stellung zu nehmen zu der Frage, was ist das Wesen des Staates, oder gibt es Vermassung. Diese Probleme interessieren mich nicht. Und dann schreibt mir der Kollege einen großen Brief und sagt, mein lieber Freund, das alles sei so tot wie nur was. Und dann komme ich zurück, und ein paar Jahre später geht das los. Und dann werden einem in der Tat von außen her die Probleme vorgeschrieben. Da muß ich auf einmal in der Vorlesung über ein Sachgebiet der Politischen Wissenschaft die halbe Zeit verbringen mit allgemeiner Wissenschaftslehre. Und da sage ich meinen Studenten, liebe Leute, die Wissenschaftslehre hat mit der Forschung folgendes zu tun, soviel wie die Theologie mit der praktizierten Religion. Das heißt, sie kümmern sich im Alltag in keiner Weise darum, aber wenn es sein muß, haben sie die theologische Begründung für das, was sie tun sollen. Und dann standen die auf, Herr Westmeyer, das ist ja ein unerträglicher Zynismus und so, nicht. Und ich kriegte dann nachher den Vorwurf des Zynikers gemacht, der ich nicht bin. Spöttisch, ja, im Sinne Heinrich Heines, versuche ich zu sein, das ist aber eine andere Sache.

I.: Mhm.

E.: Aber einem religiös oder weltanschaulich aufgeschlossenen Menschen muß das so erscheinen. Und da in diesem Klima sagte ich mir, was sollst du denn hier, die wollen von dir nichts, ich interessiere mich für deren Probleme nicht, die können mir gestohlen bleiben, ich will die gar nicht bekehren, das habe ich denen auch ein paar Mal gesagt, sie seien mir so gleichgültig wie nur etwas. Und da dachte ich also, ob man nicht seinen Beruf ändern sollte, aber so die Brocken hinschmeißen im Sinne eines ganz anderen Lebens, also jetzt verkaufst du, was weiß ich, Zobelfelle oder machst eine Edelfarm auf, das war nicht der Punkt. Ich hätte ja den Journalismus nicht völlig getrennt von meinen anderen Themen durchgeführt, nein.

Die Studentenbewegung kam für den rund vierzigjährigen Professor Westmeyer überraschend. Etwas tot Geglaubtes stand wieder auf. Er erkannte in der Studentenbewegung nicht eine späte Auseinandersetzung mit der deutschen Vergangenheit, sondern, im Gegenteil, eine blinde Wiederkehr der scheinbar überwundenen Vergangenheit. Die alten deutschen Themen wurden wieder aktuell: das Verlangen nach einer ganz anderen Gesellschaft, nach einem ganz anderen Menschen. Professor Westmeyer erlebte die Revolte als Eingriff in seine Autonomie. Es wurden ihm Themen, die ihn nicht interessierten, weil er sie für überlebt hielt, »von außen her« vorgeschrieben. In den Ausführungen von heute hallt noch die Auseinandersetzung von gestern wider: »Und dann standen die auf«, »die können mir gestohlen bleiben«, »sie seien mir so gleichgültig wie nur etwas«. Fast könnte man den Eindruck gewinnen, Professor Westmeyer kämpfte gegen »die« um sein Leben. »In diesem Klima« kam ihm die Idee, ob er nicht seinen Beruf ändern sollte. Er dachte daran, nach Amerika »abzuhauen« und dort Journalismus zu betreiben, »und zwar richtig«. Man fragt sich, welcher Gefahr er in der Studentenbewegung gewahr wurde. Professor Westmeyer sah in ihr offenbar eine Art religiöse oder weltanschauliche Erweckungsbewegung, die wieder den Unterschied von Ideologie und Leben einebnen wollte. Diese »religiös oder weltanschaulich aufgeschlossenen Menschen« konnten nicht begreifen, daß zwischen der Theologie und der praktizierten Religion eine grundsätzliche Differenz besteht. Sie konnten die Behauptung dieser Differenz nur als Zynismus verstehen. Sie wollten, wie einst die Nazis, das konkrete Leben der geglaubten Idee unterwerfen. Wie an einer früheren Stelle bereits ausgeführt, sah er erneut Leute, die »mit glänzenden Augen ... den neuen Menschen« verkündeten. Angesichts dieses »vernagelten« Anspruchs stieg in ihm wieder »eine existentielle Angst« auf. Der im System der Bundesrepublik scheinbar unter Kontrolle gehaltene Faschismus kehrte für ihn in Gestalt der Studentenbewegung wieder. Das tot geglaubte deutsche Phantasma stand ihm 25 Jahre später erneut vor Augen. Der normalisierte Riß von 1945 brach wieder auf. Amerika erschien wieder als Ausweg.

Die Studentenbewegung ist vorübergezogen, die Zeiten scheinen überhaupt bewegungsloser geworden zu sein, und Professor Westmeyer ist in Aachen geblieben. Der Aufsteiger hat seine Stellung in der westdeutschen Deutungselite behauptet. Er ist in der Öffentlichkeit ein gefragter Mann. Wie sieht er heute sein Leben im ganzen?

I.: Würden Sie Ihr Leben als erfolgreich ansehen?

E.: Also wenn ich das jetzt abschließen müßte, dann möchte ich sagen, bin ich ein »under-achiever«. Also das liegt wesentlich unter dem, was ich machen möchte. Andererseits, wenn ich das hier jetzt abschließen müßte, und ich habe vor zwei Jahren einen ziemlich schweren Autounfall gehabt und habe dann vorübergehend mal fragen müssen, hat sich's gelohnt?

I.: ... ach, ja,

E.: ... dann würde ich sagen, es hat sich gelohnt. Du hast was getan. So und so viele Leute sind Professor geworden, dies und jenes hast du wissenschaftsorganisatorisch bewirkt, dies und jenes hast du angeregt, das andere weiterführen. Die Idee der Politischen Wissenschaft als einer empirischen Wissenschaft, die sozialwissenschaftliche Orientierung, das ist Grundbestand des Fachs geworden. Aber als ich dann wieder auf den Beinen war, dachte ich, also lieber Junge, du hast ein halbes Dutzend, wenn nicht ein Dutzend Dinge angefangen, das war nicht ohne Sinn. Das machen andere weiter. Das läuft alles. Jetzt aber kommt das, was von mir bleiben soll, nicht die Anregung, sondern wo man mich zitiert. Und das bist du noch schuldig. Also insofern die gespaltene Antwort. Im Sinne dessen, daß man ein nützlicher Arbeiter im Weingarten des Herrn war, ja, im Sinne der eigenen Note, nein, das muß ich noch bringen.

Die erste Selbstbestimmung von Professor Westmeyer in diesem Interview lautet, er sei ein Aufsteiger, und die letzte, er sei ein »under-achiever«. Zwischen beiden liegt die Erzählung der Geschichte eines Aufstiegs vom Sohn eines arbeitslosen kleinen Büroangestellten zum Professor für Politische Wissenschaft. Erinnern wir uns: Der Auftrag, mit dem Christoph Westmeyer ins Leben geschickt wurde, hieß, er solle den Abstieg der Familie durch seinen Aufstieg wiedergutmachen. Auf den Schultern des kleinen Christoph lastete das Schicksal der Familie, genauer: das seines Vaters und seiner Mutter. Daraus erwächst der »existentielle Antrieb«, der hinter seinem Leben steht. Hat er, wenn er das Ganze seines Lebens betrachtet, seinen Auftrag erfüllt? Seine Antwort ist gespalten. Er ist zwar im Sinne der allgemeinen Erwartung erfolgreich gewesen, denn er war ein »nützlicher Arbeiter im Weingarten des Herrn«, aber »im Sinne der eigenen Note« hat er seinen Auftrag noch nicht erfüllt, denn gemessen an den eigenen Ansprüchen muß er noch was »bringen«. Der Mann von »unten« hat nach 1945 seine Chance ergriffen. Mit dem Aufbau des zertrümmerten Landes ist er nach »oben« gekommen. Amerika kam ihm dabei zu Hilfe. Professor Westmeyer gehört zu den Bundesrepublikanern, die die amerikanische Denkungsart nach Westdeutschland gebracht haben. Sein Aufstieg gleicht einem »amerikanischen Traum«. Und doch hat er seinen Lebensauftrag noch nicht erfüllt. Der Ausdruck »under-achiever« besagt, daß er, ohne auf ererbten Besitztümern aufbauen zu können, Geld, Macht und Ansehen erworben hat, aber eben nicht genug. Dem Aufsteiger fehlt der letzte Schritt: der Einzug ins Pantheon der Wissenschaft. Das zitierfähige Werk ist er noch schuldig. Wird Christoph Westmeyer, der »oben unter der Mansarde, als das arme Schwein des Hauses« aufwuchs, am Ende in die Wohnungen der wohletablierten Bourgeoisie einziehen? Das kann man nicht wissen. Der Mittfünfziger jedenfalls bilanziert, daß das, was er erreicht hat, wesentlich unter dem liegt, was er erreichen möchte. Alles entwertend und sich doch ans Gegebene anpassend, ist Christoph Westmeyer vorangekommen. Bis jetzt ist er jedoch noch nicht am Ziel angekommen. Diese Bilanz der Unerfülltheit steht am Ende der dritten »deutschen Karriere«.

8. Die Porträts im Generationszusammenhang

Abschließend müssen diese Porträts im Rahmen der Gesamtperspektive, in der sie stehen, betrachtet werden. Einleitend hatten wir den Generationshintergrund erhellt, aus dem die einzelnen Generationsangehörigen hervortreten. Dabei haben wir auf die wirkungsmächtigen Deutungen von Helmut Schelsky einerseits und Klaus Heinrich andererseits zurückgegriffen, die die beiden Seiten der Flakhelfer-Generation zeigen: ihre Funktionstüchtigkeit und ihre ontologische Unsicherheit. Nach den Gründen ihrer Ungegründetheit fragend, enthüllte sich uns das psychosoziale Schicksal einer Generation, die sich vaterlos, sprachlos und geschichtslos einen Weg suchen mußte. Aus dieser ontologischen Mangellage heraus stürzten sich die Flakhelfer nach 1945 in die Arbeit am Wiederaufstieg Westdeutschlands. Sie suchten Halt in der Effizienz. Sodann haben wir drei individuelle Schicksale aus dieser »Schicksalsgemeinschaft« (Karl Mannheim) eingehend betrachtet. Sie gehören gewissermaßen zur Avantgarde der Flakhelfer-Generation, denn in den Aufsteigern spitzt sich die Gestalt der »Generation der vorsichtigen, aber erfolgreichen jungen Männer« (Helmut Schelsky) zu. Zweifellos ist jeder dieser Lebenswege anders, in seiner Weise einzigartig, und doch konkretisiert sich im einzelnen Fall eine typische Struktur. Diese »individuelle Allgemeinheit« (Jean-Paul Sartre) zu entschlüsseln, war die Absicht unserer Rekonstruktionen. Mit dem Begriff der Lebenskonstruktion sollte das typische Muster bezeichnet werden, das sich in der Vielgestaltigkeit des individuellen Lebensgeschehens erhält.

Die Porträts stellen drei individuelle Bewältigungsformen des kollektiven Risses von 1945 dar. Dr. Manfred Gärtner, der Rundfunkintendant, entsubjektiviert sein Leben. Die Erfahrung des Faschismus, des Vakuums der Nachkriegszeit, des Wiederaufstiegs – alles verfällt seiner Lebenstechnik der Nivellierung. Unerklärlich bleibt, was er wollte, wie er vorangekommen ist, was ihn beglückte oder schmerzte. Der eine wird Arzt, der andere Maurer und der dritte eben Journalist. Dr. Gärtner ist ein »Mann ohne Eigenschaften« in der Führungsetage der Bundesrepublik. Er verkörpert eigentlich nichts.

In Peter Neumann, dem Spitzenmann des sozialen Wohnungsbaus, lebt der »soldatische Mann« weiter, der einst über die Welt herrschen sollte. An die Disziplin, die er durch die nationalsozialistische Erziehung verinnerlicht hatte, klammerte er sich angesichts des Zusammenbruchs der Welt, in der er groß geworden war. Das symbolische System, das sich um die Figur des »soldatischen Mannes« drehte, war zwar vor seinen Augen zerfallen, aber der Kern des Ganzen blieb in ihm erhalten. Die Disziplin war sein Rettungsanker nach 1945. Das Lebenskorsett des »inneren Soldaten« schnürt ihn zusammen. Das Phantasma, ein soldatisches Leben zu führen, rundet sein Selbst ab und füllt es aus. Die Lebensphilosophie der Grundsätzlichkeit bannt die Lebensgefahr der Grundlosigkeit.

Professor Christoph Westmeyer präsentiert sich als Ideologe der Bundesrepublik. Er begrüßte die Spaltung Deutschlands und feierte den Aufstieg Westdeutschlands. Er klagte die Deutschen an und verteidigte sie gegen die Ankläger. Er suchte einen Standpunkt jenseits von Verwerfung und Bestätigung. Amerika war für ihn das Land der Rettung. Alles Hergebrachte entwertend und sich an das Gegebene anpassend, stieg er auf. Professor Westmeyer schwankt zwischen Nihilismus und Positivismus. Er kritisiert die Gesellschaft und kritisiert die Kritiker der Gesellschaft. Diese existentielle Unfaßbarkeit sichert sein Überleben.

Gemeinsam ist diesen drei »deutschen Karrieren« das Strukturproblem, angesichts von Vaterlosigkeit, Sprachlosigkeit und Geschichtslosigkeit in der empfänglichen Phase ihrer Adoleszenz ein »Gefühl für das eigene Dasein« zu finden. Sie teilen eine tiefe Verunsicherung des Selbst. Sie unterscheiden sich jedoch durch die Art und Weise des Schutzes ihres verunsicherten Selbst. Daraus ergeben sich die individuellen Strukturartikulationen des überindividuellen Strukturproblems. Dr. Gärtner sucht Schutz in der Selbstdementierung, Peter Neumann in einer phantasmagorischen Selbstauffüllung und Professor Westmeyer in der Selbstverflüchtigung in der Bewegung zwischen Entwertung und Anpassung. Dabei zeigt sich, daß diese verschiedenen Formen des Selbstschutzes unterschiedliche Darstellungen der Schicksalsbetroffenheit der Flakhelfer-Generation zulassen. Dr. Gärtner leugnet eine besondere Belastung seiner Generation. Im Gegenteil, im Vergleich zur Kriegsgeneration des Zweiten Weltkriegs werden die Lebensumstände der Flakhelfer-Generation geradezu als günstig beurteilt. Seine Generation hatte in seinen Augen nichts zu leiden gehabt.

Peter Neumann hingegen spricht viel über die schwierige Lebenslage seiner Generation. Bei genauerem Hinsehen fällt indes seine eigentümliche Selbstzufriedenheit trotz der von ihm dargestellten Betroffenheit auf. Das findet eine Erklärung darin, daß sich in Peter Neumann das Wunschbild, das Leben eines Berufsoffiziers zu führen, im Grunde über den Zusammenbruch des faschistischen Systems hinweg erhalten hat. Die Wohnungsbaugenossenschaft ist für ihn eine Art von funktionalem Äquivalent für die militärische Truppe. Allein Professor Westmeyer scheint in der Lage, die Probleme seiner Generation unverstellter beschreiben zu können. Er kann Erfahrungen und Irritationen als solche benennen und ihre Bedeutung für sein Selbstverständnis bezeichnen. In der theoretischen Formel von der Situationsspezifität des Verhaltens, die ihm zur Erklärung des Risses von 1945 dient, bringt er das Lebensgefühl der Selbstlosigkeit auf den Begriff. Er spricht damit aus, daß sich die »letzten Helden des Führers« nach 1945 ohne innere Orientierung, aber in elastischer Anpassung an die neuen Verhältnisse dem Wiederaufbau und Wiederaufstieg dieses Landes hingegeben haben. Die Chance, sich nach dem Zusammenbruch selbst zu fühlen und zu identifizieren, war ihnen nicht gegeben.

Natürlich sind das nicht die einzig möglichen individuellen Antworten auf die kollektive Problemlage der Flakhelfer-Generation. Gewiß lassen sich unter den Jahrgängen 1926 bis 1930 noch andere Bewältigungsformen des Einschnitts von 1945 finden. Aber es ist auch nicht unwahrscheinlich, daß noch weitere Angehörige dieser Jahrgänge einer dieser drei Lebenskonstruktionen gefolgt sind. Und natürlich ist es nicht ausgeschlossen, daß diese Lebenskonstruktionen auch in anderen Generationen anzutreffen sind. Man kennt den Individualitätstyp, der sich selbst zum Niemand macht, auch jenen, der sich mit einem Phantasma auffüllt, oder jenen, der zwischen Nichtung und Mächtigung hin und her geworfen ist. Es scheint sich um generellere Lebensformen zu handeln, die mit diversen Erfahrungsinhalten gefüllt sein können. Das legt die Vermutung nahe, daß das Angebot an Lebenskonstruktionen in unserem Kulturkreis durchaus überschaubar ist. Möglicherweise kommen gar nicht so viele Formen anerkennungsfähigen Lebens vor. Lebenskonstruktionen existieren freilich nur in der Verkörperung durch konkrete Subjekte unter besonderen historischen Bedingungen. Die Idee reiner, das heißt körperloser und zeitloser Typen ist ein verstiegenes Konstrukt der Interpretation. Das Typische verbirgt sich immer im Individuellen.

Das Ziel dieser Studie war aber nicht, einen Beitrag zur allgemeinen Menschenkunde zu liefern, sondern typische Lebenskonstruktionen des westdeutschen Wiederaufstiegs freizulegen. Dieser Zusammenhang von individueller und kollektiver Geschichte machte unsere Fälle interessant. Die Interpretation hat die einzelnen Porträts vor dem Hintergrund des zugehörigen Generationskontextes herausgearbeitet. Das Gesamtbild der Deutung zeigt die individuellen Lebenskonstruktionen innerhalb der kollektiven Generationsgestalt. Dieser Zusammenhang von Lebenskonstruktion und Generationsgestalt läßt sich auch in der Sprache der Musik formulieren:[1] Die harmonische Struktur ist die Generation, und die kontrapunktische Struktur bilden die Lebenskonstruktionen. In dem Wechselspiel von kollektiver Harmonie und individueller Kontrapunktion gestaltet sich das mehrstimmige Musikstück eines Generationszusammenhangs. In diesem Sinne können wir sagen, daß die von uns nachgezeichneten Lebenskonstruktionen insofern typisch für die Flakhelfer-Generation sind, als sie für die Schicksalsbetroffenheit der Jahrgangsgemeinschaft 1926 bis 1930 mögliche subjektive Verarbeitungsformen darstellen. Ihre repräsentative Verteilung in der Population dieser Gleichaltrigen haben wir nicht untersucht.

Die Flakhelfer-Generation ist vielleicht die faktische, wenn auch nicht die normative Trägergeneration des westdeutschen Wiederaufstiegs. Die anpassungsgeschickten, aber mit verbissenem Willen ausgestatteten jungen Männer haben zwischen der Mitte der fünfziger und der Mitte der siebziger Jahre das »Modell Deutschland« mitaufgebaut. In dieser Zeit hat Dr. Gärtner seine Arbeit beim Rundfunk geleistet, Peter Neumann hat den sozialen Wohnungsbau vorangebracht, und Professor Westmeyer hat die Politische Wissenschaft in der Bundesrepublik nach amerikanischem Vorbild modernisiert. Noch ist die Flakhelfer-Generation an der Macht. Aber das »Modell Deutschland«, das sie repräsentiert, scheint seinem Ende entgegenzugehen. Bis Mitte der siebziger Jahre konnte die westdeutsche Bevölkerung glauben, in einer Gesellschaft zu leben, deren expandierende Ökonomie den allgemeinen Wohlstand steigert, deren System der sozialen Sicherung die Daseinsvorsorge für den einzelnen verbessert und dessen politisches Regime den sozialen Frieden aufrechterhält. Das ist heute anders.

Durch die mikroelektronische Technologie findet eine Umwälzung der überkommenen Produktionstechniken und Arbeitsorganisationsformen statt: Branchen wie Kohle, Stahl, Schiffbau, die in der Nachkriegszeit Konjunkturmotoren waren, verschwinden, und neue Branchen, etwa der elektronischen Informations-, Steuerungs- und Kommunikationstechnik, entstehen, wobei sich mehr und mehr Möglichkeiten abzeichnen, das Fließband durch den Heimcomputer zu ersetzen. In der Sozialpolitik ist das System der kollektiven Daseinsvorsorge in Finanzierungsschwierigkeiten geraten, und es setzen sich verstärkt Formen individueller Risikoabsicherung durch. Und bei alledem vertiefen sich die Spaltungen zwischen den neuen »Klassen« der Arbeitsplatzbesitzer in den Wachstumsbranchen, denen in den Krisenindustrien und dem zunehmenden »Sockel« der Arbeitslosen oder nur zeitweise Beschäftigten. Die hegemoniale Politik begegnet diesem »strukturellen Wandel« mit den in der Nachkriegszeit bewährten Mitteln der wachstumsorientierten Ausnutzung der natürlichen, sozialen und kulturellen Ressourcen. Untergründig regen sich jedoch Zweifel, ob das endlos so weitergehen kann. Sie äußern sich in unübersichtlichen Protestbewegungen und episodisch auftretenden populistischen Stimmungen. Eine »Wartezeit«[2] ist angebrochen: etwas Altes ist vorbei, etwas Neues noch nicht in Sicht. In der politischen Rhetorik ist zwar Raum für eine »Wende« geschaffen, aber noch ist unklar, wie diese vollzogen werden soll. Nach unserer Deutung ist von der Flakhelfer-Generation keine Initiative zu erwarten. Sie ist gebunden an die Modelle der Reproduktion des Status quo, Modelle der Transformation können sie nicht anbieten. Für die Zeit des »Aufstiegs« paßten die Lebenskonstruktionen der Selbstnihilierung, der Selbstaufblähung und der Selbstverdeckung, für die Zeit eines »Umstiegs« passen sie jedoch nicht mehr. Im Blick auf die Flakhelfer-Generation wird ein Mangel an Sinn spürbar.

Die Flakhelfer-Generation hat ihre Kinder entlassen. Die um 1960 Geborenen sind Kinder von vaterlosen Vätern. Angehörige der Studentenbewegungsgeneration haben in bezug auf die Jugend dieser Generation von einem »neuen Sozialisationstyp«[3] gesprochen, der sich schlaff und empfindlich dem Gang der Dinge überläßt. Er flüchtet sich in »ozeanische Gefühle«, weil er keine identifikationsstarken Objekte mit ausgeprägten Konturen ausmachen kann. Ein Leiden an Wirklichkeitsmangel soll für diese Generation charakteristisch sein. Das äußert sich in dem unbestimmten Verlangen nach Echtheit und Konkretheit, dessen Erfüllung jenseits von Konformität und Protest gesucht wird. Einer populären Deutung zufolge empfinden die Kinder der Flakhelfer-Generation die »Nutzlosigkeit erwachsen zu werden«.[4] Man könnte meinen, sie hätten es aufgegeben, selbst sein zu wollen. Sucht man nach einer Schicksalslinie, die Eltern und Kinder verbindet, dann scheint es, als brächten die Kinder die verdeckte Selbstlosigkeit der Eltern offen zum Ausdruck.

Alexander Kluge hat in einer *Rede über das eigene Land: Deutschland* vom Mangel an Souveränität gesprochen. Souveränität ist nicht Herrschaft. Herrschaft ist maßlos, ihr Tun besteht darin, sich alles unterschiedslos einzuverleiben und, nach Hegels Worten, an kein bestimmtes Dasein, an die allgemeine Einzelheit des Daseins überhaupt nicht, nicht an das Leben gebunden zu sein. Souveränität dagegen gründet sich auf Maß, ihr Tun schafft Sinn und Stil. Sie leitet sich, wie Kluge sagt, ab aus dem Satz: Wofür will ich mein Leben einsetzen? Oder: Was ist mir mein Leben wert? Die Souveränität bindet das Individuum an eine bestimmte Art zu leben, woraus es sich selbst versteht. Unter Anwendung dieser Begriffe könnte man sagen, daß sich die Flakhelfer-Generation dem Tun der Herrschaft überlassen und das Tun der Souveränität geflohen hat. Weil sie haltlos waren, haben sich die »letzten Helden des Führers« nach 1945 maßlos eingesetzt. Ihr Schicksal besteht darin, daß sie ohne Väter, ohne Sprache und ohne Geschichte erwachsen werden mußten. Ein souveränes Selbst konnte sich angesichts dieser ontologischen Mangelzustände kaum bilden. Sie können die Frage nicht beantworten, wofür sie ihr Leben einsetzen wollen oder was ihnen ihr Leben wert ist. Bei T. S. Eliot, einem von dieser bildungshungrigen Generation nach 1945 vielgelesenen Dichter, heißt es in der Übersetzung von Hans Magnus Enzensberger: »Wir sind die hohlen Männer/... Gestalt formlos, Schatten farblos,/gelähmte Kraft, reglose Geste;/die hinüber sind, sehenden Auges,/ins andere, in des Todes Reich,/wenn sie an uns denken, denken sie nicht/an wilde verlorene Seelen,/sondern an hohle Männer,/an Ausgestopfte.«[5] Hier endet die von uns freigelegte Spur des postfaschistischen »Modells Deutschland«. Das muß aber nicht das letzte Wort sein. Alexander Kluge, Jahrgang 1932, schließt seine Rede über das eigene Land mit den Worten: »Es müßte ein Gebilde, ein Gemeinwesen, ein Gefäß, ein Laboratorium, eine gesellschaftliche Fabrik, egal wie wir es nennen, geben, das genügend Intensitäten, Zeitmaße, Form des guten Willens und notfalls Anwendung von bösem Willen so vereinigt, daß es die Fähigkeit besitzt, im Ernstfall Frieden zu schließen, dasjenige zu verteidigen, was mir mein Leben wert ist. Und dafür das Denken, das Gefühl und die Arbeit einzusetzen, beleuchtet den Satz: ›Und setzet ihr nicht das Leben ein, nie wird euch das Leben gewonnen sein.‹ Dieser quasi negative Begriff, der Mangel an Deutschland, der Mangel eines solchen Gemeinwesens, ist dasjenige, wovon ich Ihnen heute hier berichten kann, was ich unter dem Begriff Deutschland verstehe, eine Herausforderung, etwas, das sich zu rekonstruieren oder aufzubauen lohnt.«[6]

Anmerkungen

1. Eine Spur des »Modells Deutschland«

1 So heißt es in dem vom Polizei-Präsidenten, Polizei-Direktor, Oberbürgermeister oder Landrat unterzeichneten Heranziehungsbescheid »Heranziehung von Schülern zum Kriegshilfeeinsatz der deutschen Jugend in der Luftwaffe« an die oder den Erziehungsberechtigten. Eine Abbildung des Formulars enthält Schätz (1974), S. 29.
2 Die Verpflichtungsformel wird zitiert: ebd., S. 30.
3 Mit diesem Slogan zog die SPD 1976 mit Helmut Schmidt an der Spitze in den Wahlkampf. Im nachhinein erscheint das als der letzte Höhepunkt und die Vollendung des westdeutschen Wiederaufstiegs. Der sozialdemokratisch modernisierte Kapitalismus westdeutscher Prägung wird der Welt als Modell vorgehalten.
4 Auf die Gründe für diese Eingrenzung der Flakhelfer-Generation werden wir noch zu sprechen kommen.

2. Der Aufstieg der »letzten Helden des Führers«

1 Zitiert nach: Hofer(1957), S. 88.
2 Zitiert nach: Koch (1979), S. 160 f.
3 Vgl. u. a. Schoenbaun (1980); Beck (1980); Peukert/Reulecke (1981).
4 Broszat (1985), S. 379 f.
5 Zitiert nach: Klönne (1955), S. 27.
6 Ebd., S. 28.
7 Ebd., S. 61.
8 Ich beziehe mich hier auf Gespräche, von denen ich noch im einzelnen berichten werde.
9 Maschmann (1981), S. 152.
10 Dazu Klönne (1959).
11 Vgl. zum folgenden Niekisch (1980), S. 60 ff.
12 Vgl. die Ausführungen Hitlers (1937), S. 434 f.
13 Niekisch (1980), S. 66.
14 Ebd., S. 68.
15 v. Schirach (1934), S. 77 f.
16 Koch (1979), S. 351.
17 Klönne (1955), S. 21.
18 Vgl. Koch (1979), S. 343.
19 Dieser Bericht wird zitiert bei Schätz (1974), S. 28.
20 Maaß (1980), S. 9 f.

21 Diese Zahl gibt Schätz (1974), S. 114, an.
22 Vgl. ebd., S. 51.
23 Davon berichtet Schätz (1974), S. 33.
24 Borkowski (1980), S. 130.
25 Der Wortlaut dieses Telegramms wird zitiert: ebd., S. 144 f.
26 Ebd., S. 150 f.
27 Haß (1950), S. 33.
28 Richard Kirn, in: *Frankfurter Rundschau* v. 19.10.1945, wiederabgedruckt in: Scherpe (1982), S. 45.
29 Die Ausschließung der DDR, dem anderen nach 1945 wiederaufgestiegenen Teil Deutschlands, geschieht nicht aus systematischen, sondern allein aus empirisch-praktischen Gründen. Es dürfte erhebliche Schwierigkeiten bereiten, geeignete Gesprächspartner in der DDR zu finden, die sich an einer solchen Untersuchung beteiligen würden. Aus systematischen Gründen wäre der Vergleich zwischen sozialen Aufsteigern aus der BRD und aus der DDR selbstverständlich spannend gewesen.
30 Abelshauser (1983), S. 20.
31 Pirker (1965), S. 80.
32 Fritz Walter, *3:2. Die Spiele zur Weltmeisterschaft 1954*, München 1954, zitiert nach Bikini (1981), S. 295.

3. Zwei Begriffsklärungen

1 Mannheim (1964).
2 Vgl. z. B. Easterlin (1980); Müller (1978); Elder (1974).
3 Vgl. Pinder (1926).
4 Weitere Dimensionen sozialer Ungleichheit, die bei einer ausschließlichen Betrachtung von Generationen aus dem Blick fallen, sind: geschlechtsspezifische Differenzen, regionale Unterschiede und solche, die sich aus der sozialen Organisation des Alterungsprozesses ergeben.
5 Diese Definition findet man bei Glenn (1977), S. 8.
6 Jaeger (1977), S. 444.
7 Für eine Studie über Frauen aus dieser Generation würden sicher andere Umstände und Bedingungen wichtig werden; vielleicht würde sogar eine andere, frauliche Relevanzen heraushebende Generationsgestalt zum Vorschein kommen.
8 Dazu bedürfte es einer eingehenden Auseinandersetzung mit den verschiedenen Konzepten zur Erfassung vertikaler sozialer Ungleichheit, die in der Soziologie angeboten werden. Das ist in der klassischen Kontroverse zum einen der Klassenbegriff im Sinne von Karl Marx und zum anderen der Begriff der sozialen Klasse im

Sinne von Max Weber und vor allem der für die empirische Erforschung vertikaler sozialer Ungleichheit maßgeblich gewordene Begriff der sozialen Schichtung mit den verschiedenen Formen seiner Operationalisierung. Nicht zu vergessen die neueren Ansätze unter der Überschrift der »horizontalen sozialen Ungleichheiten« (Reinhard Kreckel). Eine solche Erörterung würde den Rahmen unserer Überlegungen sprengen.

9 Ich stütze mich hier auf Formulierungen von einem Klassiker der soziologischen Schichtungstheorie, nämlich von Theodor Geiger (vgl. 1932, S. 80).

10 Pierre Bourdieu (1981) spricht von der klassenspezifischen Verteilung von ökonomischem, sozialem und kulturellem Kapital.

4. Der Zusammenhang der Flakhelfer-Generation

1 Joachim Fest, auch ein Angehöriger dieser Generation, erwähnt diese Wendung von Joachim Kaiser in einem Selbstporträt (1983).

2 Schelsky (1975). Die folgenden Zitate mit Seitenangabe sind dieser Ausgabe entnommen.

3 Theodor W. Adorno schrieb in einem Memorandum, das im Zusammenhang der Darmstädter Gemeindestudien zu Beginn der fünfziger Jahre angefertigt wurde: »Es handelt sich um die heute in den verschiedensten Untersuchungen, besonders aber in solchen über junge Menschen zutage tretende Unfähigkeit, sich über den unmittelbaren Erfahrungskreis, das ›Nächste‹ zu erheben, um ein Haften am ›Realen‹ im pathogenen Sinn. Das Pathogene besteht darin, daß die Einzelerfahrung in ihrer Unmittelbarkeit hingenommen und nicht echt in ihren über die Unmittelbarkeit hinausgehenden Zusammenhängen mehr erfahren wird; es ist also keine echte Konkretheit, sondern eine, die auf eine Verstümmelung des Weiterdenkens und Begreifens verweist ... Oft machen diese Menschen aus ihrer Beschädigung auch noch eine Art Ideologie und verschanzen sich hinter dem eigenen Defekt. Oft zeigt sich bei ihnen ein einseitiges Bedürfnis nach Sicherheit des Lebens wie der Erkenntnis auf Kosten des eigentlichen Erkennens; zuweilen aber tritt, wie bei triebhaften Charakteren, selbst der Gedanke an die Sicherheit des Lebens hinter dem Bedürfnis nach nächstliegender Befriedigung zurück. Schrumpfung der Phantasiekraft und der Erinnerung, des Vorblicks, wie des Rückblicks, ist bei diesen Menschen durchweg zu beobachten. Das je ›Eigene‹, nach dem Modell von besessenen Dingen gebildet, geht dem Interesse auf das ›Fremde‹ in einem weitesten Sinne voran. Die affektive Besetzung verschiebt sich von Zwecken auf Mittel, vor allem auf technische. Anstelle eines mit sich selbst

identischen und durchhaltenden Ichs tritt Anpassung an die Situation. Analoga hatten die Gehirnpathologie an gewissen Fällen von Aphasie beigebracht, wo die Patienten zwar unter Umständen im Bereich der Aktionsobjekte höchst komplizierter geistiger Leistungen fähig sind, zugleich aber völlig unfähig, von diesen Objekten abzusehen.

Schließlich ist als Komplement dieses ›Konkretismus‹ ein gewisser ›Abstraktismus‹ zu beobachten. Die Beschränkung auf das Aktionsobjekt läßt gerade die echte Konkretion und Erfahrung nicht aufkommen; diese Menschen erleben die Dinge nur als ›für sie‹ und niemals ›an sich‹. Daher entspricht dem Konkretismus eine merkwürdige Neigung zur Klischeebildung, Stereotypie, Starrheit und zugleich Verblasenheit in der Begriffsbildung.

Es wurde darauf hingewiesen, daß das heute so vielfältig beobachtete Phänomen der politischen Apathie mit der Sozialpsychologie des Konkretismus aufs engste zusammenhängt.«

Ein Ausschnitt des Memorandums wird zitiert bei: Kuhr (1952), S. 30f.

4 Seidelmann (1955), S. 17, zitiert nach Schelsky (1975), S. 77.

5 Dieses Wort Thomas Manns greift Fest (1983) auf, um die politische Einstellung seiner Generation in der Nachkriegszeit zu beschreiben.

6 Spranger (1953), S. 78.

7 *Suchende Jugend* (o.J.), S. 10.

8 Wilhelm Roessler, *Jugend im Erziehungsfeld. Haltung und Verhalten der deutschen Jugend in der ersten Hälfte des 20. Jahrhunderts unter besonderer Berücksichtigung der westdeutschen Jugend der Gegenwart*, Düsseldorf (1957), S. 441, zitiert nach Schelsky (1975), S. 236.

9 Heinrich (1982 a). Darin sind die folgenden Zitate mit Seitenangabe nachgewiesen. In diesen Zusammenhang gehört auch Heinrichs 1964 abgefaßte und 1966 erstmals erschienene Studie *Antike Kyniker und Zynismus in der Gegenwart* (1982 b), S. 129-156.

10 Sanden (1954), S.4

11 Enzensberger (1977), S. 35 f.

12 Zitiert nach Reinhold Grimm, *Option für einen Klassiker*, Nachwort zur Neuauflage von Enzensbergers erstem Gedichtband *Verteidigung der Wölfe* (1981), S. 99.

13 Thielicke (1955), S. 148.

14 Heinrich (1982 b), S. 154.

15 Mitscherlich/Mitscherlich (1967), S. 25.

16 Heinrich (1982 b), S. 150.

17 Winfried Maaß nennt seine 1980 erschienenen Gespräche mit Fünfzigjährigen ein »Porträt einer verratenen Generation«.

18 Schelsky (1975, S. 381) führt treffend dieses für die jugendlichen Romantiker gemünzte Wort des Literaturhistorikers Julian Schmidt an.
19 Vgl. Laing (1976).
20 Vgl. Riesman u. a. (1958). Schelsky selbst hat in seinem Vorwort zur deutschen Ausgabe auf die Parallelen zwischen seinen und Riesmans Analysen aufmerksam gemacht.
21 Vgl. Lukács (1971).
22 Daß der Faschismus als ein grandioses Aufbäumen des untergründigen Souveränitätsverlangens des Subjekts gegen die Mächte seiner Partialisierung und Homogenisierung verstanden werden kann, hat Georges Bataille (1978) dargelegt. So gesehen könnte man das Verhalten der Flakhelfer nach 1945 einesteils als depressive Reaktion auf die manische Souveränitätsstruktur des Faschismus und anderenteils als deren Weiteragierung in der Manie des mit dem Attribut eines Wunders versehenen Wiederaufbaus begreifen.
23 Diese Formel ist den Analysen von Alexander Mitscherlich entnommen. Vgl. insbesondere Mitscherlich/Mitscherlich (1967), S. 225-262.
24 Lattmann (1982), S. 53 f. Dieter Lattmann gehört dem Jahrgang 1926 an.
25 Hingewiesen sei auf Schelsky (1953); Baumert (1954).
26 Rudolph (1952), S. 55.
27 Ebd., S. 55 f.
28 Vgl. z. B. ebd., S. 46.
29 Michel (1966), S. 167.
30 Dazu bemerkt Schelsky (1975): »Eine parallele oder in Formen ähnliche Reaktion der gegenwärtigen Nachkriegsjugend wie die der Jugend nach dem ersten Weltkriege zu erwarten, heißt die zeitlose ›Natur‹ der Jugend auf Kosten der zeitgeschichtlich bedingten Antriebslagen, Bedürfnisse und Reaktionsformen überschätzen. Eine solche Erwartung heißt aber vor allem zu übersehen, daß der Jugend heute die Reaktionen und ›Antworten‹ der vorigen Jugendgeneration in den Älteren und ihren Lebenserträgen noch leibhaft gegenwärtig sind.« (S. 98).
31 Zu den Begriffen »Identifikationsnot« und »Identifikationsscheu« vgl. Mitscherlich/Mitscherlich (1967), S. 231 und 262.
32 Die Formel der »sprachlosen Generation« stammt von Klaus Heinrich. Heinrich führt den Begriff der »sprachlosen Generation« explizit als Gegenbegriff zu Schelskys Begriff der »skeptischen Generation« ein (vgl. 1982 a, S. 201 f.).
33 Enzensberger (1981), S. 66.
34 Diese Reklame verschaffte HB übrigens die Spitzenstellung auf dem westdeutschen Zigarettenmarkt, mit einem Höchstwert von 23,7%

Marktanteil im Jahre 1962, die sie bis heute, allerdings mit einer veränderten Reklametechnik, innehat.

35 Bauernfeind (1978), S. 36.

36 Gaus (1983), S. 173.

37 Lattmann (1982), S. 54.

38 Dazu Wellershoff (1958).

39 Richter (1976), S. 62 f.

40 Den Begriff der »geschichtslosen Generation« schlägt Charlotte Lütkens (1961) in einer Besprechung von Schelskys *Skeptischer Generation* vor.

41 Baring (1975), S. 458.

42 Gaus (1983), S. 275.

43 Grass (1968), S. 169.

44 Brinkmann (1979), S. 356.

45 Vgl. zum Beispiel Odo Marquard (1981), S. 9 ff., der von seinem Mitmachverhalten in den sechziger Jahren und seiner Umkehr in die Absage Rechenschaft abgibt.

46 Eine Reihe dieser offenen Sympathisanten des nachträglichen Protestes findet man in den von Jürgen Habermas herausgegebenen beiden Bänden *Stichworte zur ›Geistigen Situation der Zeit‹* (1979) versammelt.

5. Die Datensammlung

1 In Begriffen der gegenwärtig stattfindenden Diskussion um interpretative Verfahren der empirischen Sozialforschung würde man das ein »sozialwissenschaftlich aufgeklärtes Alltagsgespräch« nennen und nicht ein methodisch raffiniert geführtes »narratives Interview«.

6. Lebenskonstruktion – Ein Begriff zur Erforschung persönlichen Sinns

1 Das Folgende stellt eine erweiterte Wiederaufnahme schon an anderer Stelle geäußerter Überlegungen dar. Vgl. Bude (1984).

2 Auf dieser unbedachten Annahme beruhen alle teleologischen Handlungsbegriffe.

3 Die begriffliche Unterscheidung von Sinn und Intention ist für die hermeneutische Grundlegung der Sozialwissenschaften entscheidend. Sie schützt vor einem Abgleiten in Reduktionismen, sei es in Form von Subjektivismus, Phänomenologismus und Historismus, sei es in Form von Objektivismus, Funktionalismus und Evolutionismus.

4 Kleist (1960), S. 1032.
5 Das sagt Hubertus Tellenbachs Kranke M.B.K., zitiert nach: Binswanger (1960), S. 61.
6 Buytendijk (1967), S. 28.
7 Die leibliche Erscheinungsweise einer Person ist verkörperte Bedeutung. Die Furchen und Biegungen, die Haltungen und Bewegungen des Körpers lassen die »Seinsweise« der Person anklingen. Anklingen scheint das rechte Wort zu sein: der Leib ist ein Resonanzboden von Lebenssinn. Wie aber ist der im Leib anklingende Lebenssinn zu verstehen? Es gibt eine eigene Artikulationsweise des Körperlichen. Mit Julia Kristeva (1978) könnte man vielleicht sagen, der Körper artikuliert sich im Modus des Semiotischen, wohingegen die Textur der Rede und des Handelns im Modus des Symbolischen strukturiert ist. Die semiotische Artikulationsweise des Körpers erscheint in »Bahnungen, Energieschübe(n), Zergliederungen«, eine »rhythmisierte« Totalität »von Strömen und Markierungen« (S. 51 f.), die Textur der Rede und des Handelns dagegen ist von einer normativen Grammatik der Differenzen durchherrscht. Im Körper klingt der Sinn, er ist nicht durch Differenzen gesetzt wie in der Rede und im Handeln. Das Somatische ist zwar durchsetzt vom Sozialen, durchkreuzt das Soziale aber auch und macht darin seine Eigenrealität geltend.
8 Die grundlegende Erkenntnis, daß sich Strukturen durch Transformationen erhalten, ist von strukturalistischen Theoretikern und Forschern in das sozialwissenschaftliche Denken eingebracht worden. Jean Piaget definiert: »In erster Annäherung ist eine Struktur ein System von Transformationen, das als System (im Gegensatz zu den Eigenschaften der Elemente) eigene Gesetze hat und das eben durch seine Transformationen erhalten bleibt oder reicher wird, ohne daß diese über seine Grenzen hinaus wirksam werden oder äußere Elemente hinzuziehen. Mit einem Wort: eine Struktur umfaßt die drei Eigenschaften Ganzheit, Transformationen und Selbstregelung.« (1973, S. 8).
9 Cage (1966), S. 113.
10 Dazu auch Bude (1985 a).
11 Mahler u. a. (1978).
12 In der sogenannten »Entwicklungspsychologie der Lebensspanne«, die wohl den letzten Entwicklungsstand der akademischen Entwicklungspsychologie darstellt, spricht man von nach Alter gestuften Einflüssen, nach Geschichte gestuften Einflüssen und nicht-normativen Einflüssen. Vgl. Baltes (1979).

7. Drei Porträts

1 Ich nehme im folgenden die Haltung eines distanzierten Dritten ein, dem es um das Verständnis des ihm vorliegenden Textes zu tun ist, wohlwissend, daß ich in der Rolle des Interviewers diesen Text mitproduziert habe.

2 Rekonstruktion heißt dabei nicht »Reduktion von Komplexität«, sondern »Konzentration von Strukturalität«. Diesen Unterschied kann man mit Claude Lévi-Strauss folgendermaßen erläutern: »Der Wissenschaft stehen nur zwei Verfahrensweisen zur Verfügung: Sie arbeitet entweder reduktionistisch oder strukturalistisch. Reduktionistisch verfährt sie dann, wenn sich feststellen läßt, daß höchst komplexe Phänomene einer bestimmten Ebene auf einfachere Phänomene anderer Ebenen reduzierbar sind. So gibt es zum Beispiel im Leben vieles, was auf physikochemische Prozesse reduziert werden kann, wodurch es sich zum Teil, wenn auch nicht vollständig, erklären läßt. Wenn wir es aber mit Phänomenen zu tun haben, die sich aufgrund ihrer Komplexität nicht auf Phänomene einer niedrigeren Stufe reduzieren lassen, dann können wir uns ihnen nur dadurch nähern, daß wir die Beziehungen betrachten, in denen sie zueinander stehen, das heißt dadurch, daß wir zu verstehen suchen, wie ihr Ausgangssystem beschaffen ist.« (1980, S. 21 f.)

3 Eine detaillierte Auseinandersetzung mit dieser sehr differenzierten Verfahrensweise, wie sie vornehmlich von Fritz Schütze entwickelt wurde (vgl. zusammenfassend 1983), kann hier nicht geleistet werden.

4 Vgl. Barthes (1974), S. 17 ff.

5 Dazu Bude (1985 b).

6 Bei der Darstellung der methodischen Schritte einer Sinnrekonstruktion folge ich bis zu einem gewissen Grade Überlegungen, die Ulrich Oevermann mit seiner Forschergruppe unter dem Titel einer »objektiven Hermeneutik« entwickelt hat (vgl. 1979). Meine Einwände zu diesem Ansatz habe ich ausgeführt in: Bude (1982).

7 Peirce (1970), S. 366.

8 Lewin (1930/31), S. 450.

9 Anders als im Fall von Dr. Gärtner, anhand dessen auch die Arbeitsweise unserer Rekonstruktion vorgeführt werden sollte, versuche ich jetzt nicht mehr die einzelnen Schritte der Interpretation nachzuzeichnen. Die folgende Darstellung verzichtet darauf, alle möglichen Deutungsalternativen zu diskutieren. Aber wie wir nicht nur von Marx, aber von ihm besonders wissen, ist die Logik der Darstellung eine andere als die Logik der Forschung. Das ist übrigens ein Grundproblem interpretativer Sozialforschung. Viele interpretative Studien, die sich den Anspruch geben, den »wirklichen Lebensver-

hältnissen« näherzukommen als die standardisierten Methoden und numerischen Abstraktionen der geläufigen Sozialforschung, sind für den Laien noch weniger lesbar als Berichte über repräsentative Surveys. Das hängt, neben sprachlichen Schwierigkeiten, damit zusammen, daß man meint, den Gang der Forschung bis in alle Einzelheiten berichten zu müssen. Man hat noch nicht eingesehen, daß die Darstellung dessen, was man herausgefunden hat, anderen Zwängen gehorcht als die Forschung, d. h., wie man es herausgefunden hat. Die Sozialwissenschaften, die sich an die interessierte Öffentlichkeit wenden, sind prinzipiell darauf angewiesen, daß man sie versteht. Als institutionalisierte Selbstreflexion bieten sie der Gesellschaft Deutungsangebote für deren Selbstverständnis an. Wenn sie sich jedoch nicht ins Gespräch bringen können, weil sie sich um die Probleme der Darstellung keine Gedanken gemacht haben, haben sie, wenn man die Sache zu Ende denkt, ihre Berechtigung verloren. Das gilt um so mehr für eine Richtung der Sozialforschung, die den »wirklichen Lebensverhältnissen« auf die Spur kommen will.

8. Die Porträts im Generationszusammenhang

1 Dazu Riegel (1981), S. 85 ff.
2 Rutschky (1983)
3 Vgl. Ziehe (1975)
4 Heinzen/Koch (1985)
5 Zitiert nach dem *Museum der modernen Poesie* (1960), S. 315
6 Kluge (1983), S. 90 f.

Kommentierte Auswahlbibliographie

Die Literatur, die Auskunft gibt über Geschichte und Gestalt der Flakhelfer-Generation, gehört unterschiedlichen Genres an. In Frage kommen historische Untersuchungen, Erlebnisberichte sowie Lebenserinnerungen, des weiteren die eigenständige Literatur, die von Repräsentanten der Flakhelfer-Generation geschaffen worden ist, ferner Kommentare von publizistischen Begleitern und schließlich soziologische Untersuchungen, die im Laufe der Zeit über die Lebensumstände und Lebensformen der Flakhelfer-Generation entstanden sind. Im folgenden möchte ich einen Überblick über diese vielgestaltige Literatur geben.

Über die historische Ausgangslage der Flakhelfer-Generation informieren zunächst die verschiedenen historischen Untersuchungen zur Geschichte der Hitlerjugend. Zu nennen sind hier etwa Werner Klose, *Generation im Gleichschritt* (1964), Hans-Christian Brandenburg, *Die Geschichte der HJ* (1968), Hansjoachim W. Koch, *Geschichte der Hitlerjugend* ([2]1979). Allerdings bleibt in diesen Arbeiten die besondere geschichtliche Lage der Flakhelfer unterbelichtet. Überhaupt scheint die Tatsache, daß verschiedene Jahrgänge den Nationalsozialismus und die HJ unterschiedlich erfahren haben, in der Geschichtswissenschaft noch wenig Beachtung gefunden zu haben. Erst in der neueren alltagsorientierten Geschichtsforschung kündigt sich eine entsprechende Korrektur an. So sind denn auch die Arbeiten, die über die Lage der Flakhelfer-Generation im einzelnen unterrichten, am Rande der Geschichtswissenschaft entstanden. Es handelt sich um Ludwig Schätz, *Schüler-Soldaten* ([2]1974); Hans-Dietrich Nicolaisen, *Die Flakhelfer* (1981); ders., *Der Einsatz der Luftwaffen- und Marinehelfer im Zweiten Weltkrieg* (1981); auch Horst-Adalbert Koch, *Flak* ([2]1965). Diese Arbeiten klären vor allem die kriegshistorischen Einzelheiten und die rechtlichen Voraussetzungen des Luftwaffen- und Marinehelfereinsatzes. Es fehlt, obwohl Nicolaisen in dem im Selbstverlag erschienenen Buch eine Menge von Tagebuch- und Briefaufzeichnungen abdruckt, die Untersuchung des Erlebnisaspektes aus der Sicht der Flakhelfer.

Die Struktur der HJ und ihre Wirkung auf die Heranwachsenden hat wohl als erster Arno Klönne in verschiedenen Arbeiten untersucht: *Hitlerjugend* (1955); *Die Hitlerjugendgeneration* (1959). Zur Erkenntnis der Sozialisationsmechanismen der HJ sind daneben zwei Rückblicke aufschlußreich, die man parallel lesen kann: der eine stammt von der ehemaligen BDM- und Reichsarbeitsdienstführerin Melita Maschmann, 1963 unter dem Titel *Fazit. Kein Rechtfertigungsversuch* erschienen, und der andere von dem damaligen jugendlichen Dissidenten Peter Brückner, 1980 unter dem Titel *Das Abseits als sicherer Ort* publiziert. Klönne hat sich auch bemüht, die oft vergessene Jugendopposition im Faschismus ans Licht zu bringen. Vgl. Arno Klönne, *Gegen den Strom* (1958); auch Detlev Peukert, *Die Edelweißpiraten* (1980). Zusammenfassend: Arno Klönne, *Jugend im Dritten Reich* (1984). Klönnes Analysen führen zu dem Schluß, daß die Wirkung des vormilitärischen Dienstbetriebs der HJ weniger in der Herausbildung eines »positiven« Typs lag, vielmehr in der Schaffung »negativer« Reaktions- und Verhaltensweisen. Nicht ideologische Aufladung habe die auf Funktionieren und Gehorchen abgestellte HJ-Erziehung erreicht, sondern eine politische und ethische Neutralisierung der ihr Unterworfenen. Dem widerspricht Peter D. Stachura (*Das Dritte Reich und die Jugenderziehung*, 1983) mit seiner Auffassung, daß die HJ-Erziehung trotz ihrer Stupidität und Repression im ganzen ihr Ziel erreicht habe, den Nationalsozialismus unter der jüngeren Generation zu propagieren. Nur fragt man sich, wie diese »Propagierung des Nationalsozialismus« von den Jugendlichen aufgenommen wurde.

Die Erlebnisperspektive der Hitlerjungen und Flakhelfer kommt vor allem in der vielfältigen Erinnerungsliteratur zum Ausdruck. Dabei ist eine interessante Entwicklung zu erkennen: die Art der Erinnerung wandelt sich mit der Zeit. So erschienen Ende der fünfziger Jahre zwei Romane von ehemaligen Hitlerjungen, nämlich von Klaus Stephan *So wahr mir Gott helfe* (1958) und von Günter Wagner *Die Fahne ist mehr als der Tod* (1958), die das Bild einer vom Faschismus durchdrungenen Jugend zeichnen. Dieses Bild herrschte auch lange Zeit in der öffentlichen Meinung vor, die geprägt war etwa von dem Film *Die Brücke*, von Bernhard Wicki 1960 gedreht, oder auch von Dieter Nolls Roman *Die Abenteuer des Werner Holt* (1960). In der Erinnerungsliteratur, die zu Beginn der achtziger Jahre erschien, sieht das anders aus. Hingewiesen sei auf Dieter Borkowski, *Wer weiß, ob wir uns wiedersehen* (1980); Jochen Ziem, *Der Junge* (1980); Karl Hillenbrand, *Kotten-*

bacher Geschichten oder eigentlich fand der Krieg woanders statt (1980); Stephan Stolze, *Innenansicht* (1981). In diesen Lebenserinnerungen wird die Totalitätsvorstellung des Faschismus aufgelöst. Sie zeigen die Vielfältigkeit jugendlicher Lebensläufe auch im Faschismus. Darüber hinaus wird die alles durchdringende Bedeutung des Nationalsozialismus relativiert: Führerreden, Wochenschauberichte und HJ-Dienst bildeten eine Wirklichkeit neben anderen Wirklichkeiten in der jugendlichen Erfahrungswelt. Die Multiplität der Relevanzen im Weltbild des Jugendlichen spiegelt auch ein unter dem Titel *Luftwaffenhelfer. Die Schüler-Soldaten im Zweiten Weltkrieg* 1978 im Bayrischen Rundfunk zuerst gesendetes Hörbild von Wolfgang Bauernfeind wider, das in der Art einer Collage Originaltexte von ehemaligen Flakhelfern zusammensetzt.

Natürlich fangen auch Filme die Atmosphäre der Zeit ein. Hingewiesen sei nur auf den 1947 entstandenen Film von Roberto Rosselini *Deutschland im Jahre Null*, der die Geschichte eines dreizehnjährigen Jungen erzählt, welcher im Berlin des Jahres 1945 seinen bettlägerigen und hinfälligen Vater vergiftet und sich daraufhin selbst von der Ruine eines zerbombten Hauses in den Tod stürzt. Stimmungsbilder enthalten weiter die Reportagen, Skizzen und Berichte aus den Jahren 1945 bis 1948, die Klaus R. Scherpe unter der Überschrift *In Deutschland unterwegs* (1982) gesammelt hat.

Die ehemaligen Hitlerjungen und Flakhelfer waren nach 1945 bald Gegenstand soziologischer Untersuchungen. Der amerikanische Soziologe Howard Becker hatte in seiner wohl noch im Krieg verfaßten und 1946 erschienenen Studie *German Youth: Bond or Free* vorausgesagt, daß in der nachfaschistischen deutschen Jugend Unruhe und Verwahrlosung um sich greifen würden. Diese Voraussage mußte er 1948 auf dem Deutschen Soziologentag korrigieren (*Jugendpflege und Jugendbewegung einst und heute*). Man kann in der westdeutschen Nachkriegssoziologie zwei Zentren der Untersuchung der Lebensumstände und Lebensformen der Flakhelfer-Generation ausmachen. Das eine bilden die jugendsoziologischen Untersuchungen, die unter der Ägide von Helmut Schelsky durchgeführt wurden. Vgl. Helmut Schelsky (Hg.), *Arbeitslosigkeit und Berufsnot der Jugend*, mit Beiträgen von H. Schelsky, G. Wurzbacher, W. Meis, E. Päth-Beck, U. Lohmar, F. Rudolph, H. Kluth, F. Beermann, 2 Bde. (1952); ders., (Hg.), *Arbeiterjugend gestern und heute.* Sozialwissenschaftliche Untersuchungen von H. Kluth, U. Lohmar, R. Tartler, eingeführt von H. Schelsky (1955); Viggo Graf Blücher, *Freizeit in der industriellen Gesellschaft* (1956). In diesem Zusammenhang sind auch die familiensoziologischen Studien Schelskys zu nennen (vgl. ders., *Wandlungen der deutschen Familie in der Gegenwart*, [3]1955). Das andere Zentrum stellen die von Theodor W. Adorno inspirierten Darmstädter Gemeindestudien dar (vgl. Gerhard Baumert, *Jugend der Nachkriegszeit*, 1952; Irma Kuhr, *Schule und Jugend in einer ausgebombten Stadt*, 1952; Giselheid Koepnick, *Mädchen einer Oberprima*, 1952; Gerhard Baumert, *Deutsche Familien nach dem Kriege*, 1954). Dazu kommen eine Reihe von repräsentativen Umfragen, die in der westdeutschen Jugend zu Beginn der fünfziger Jahre durchgeführt wurden (zum Beispiel die Befragung der NWDR-Hörerforschung »Jugendliche heute« aus dem Jahre 1953, deren Daten übrigens auch der schon angeführten Studie von Blücher zugrunde liegen). Heranziehen lassen sich auch die Untersuchungen über die westdeutsche Landjugend durch Ulrich Planck und seine Mitarbeiter (vgl. H. Wollenweber, U. Planck (Hg.), *Die Lebenslage der westdeutschen Landjugend*, mit Beiträgen von H. Wollenweber, U. Planck, K. v. Kunowski, E. Wagner, H. Muth, W. Hanke, O. Planck, E. Pletl, W. Hawelka, 2 Bde. 1956), die von der UNESCO in Auftrag gegebenen *Gespräche mit der deutschen Jugend*, die von Knut Pipping und seinen Mitarbeitern durchgeführt und interpretiert wurden (1954), und die Arbeit über die Flüchtlingsjugend von K. Valentin Müller, *Heimatvertriebene Jugend* (1953). Schließlich sind zu Beginn der fünfziger Jahre einige Sammlungen von Stellungnahmen Jugendlicher zu ihrer Lebenssituation erschienen (vgl. *Suchende Jugend*, o. J.; *Jugend unterm Schicksal*, 1950). Schelsky hat diese empirischen Studien und Materialien in seiner *Skeptischen Generation* verarbeitet, wohingegen mir von Adorno außer dem bei Irma Kuhr (1952) zitierten, aber nie veröffentlichten Memorandum keine zusammenfassende Deutung dieser Jugendgeneration bekannt ist.

Aus der Sicht einer psychoanalytisch orientierten Sozialpsychologie hat sich Alexander Mitscherlich schon früh um eine Deutung des psychosozialen Schicksals der Flakhelfer-Generation bemüht. So in den frühen Aufsätzen *Niemandskinder* (1946), *Jugend ohne Bilder* (1947), *Aktuelles zum Problem der Verwahrlosung* (1947/48), *Nach leerem Wahn verdrängte Gefühle* (1956), jetzt alle in: A.

Mitscherlich, *Gesammelte Schriften, Bd. VI.* Politisch-publizistische Aufsätze I (1983). Eine Gesamtdeutung hat Mitscherlich in der zusammen mit Margarete Mitscherlich verfaßten Schrift *Die Unfähigkeit zu trauern*, besonders im 6. Kapitel »Identifikationsschicksale in der Pubertät«, gegeben, die 1967 zuerst publiziert wurde.

Eine weitere Quelle für die Aufdeckung des Lebensgefühls der Flakhelfer-Generation nach 1945 ist die Literatur, mit der Angehörige dieser Generation Ende der fünfziger Jahre hervortraten. Es sei nur erinnert an die »Danziger Trilogie« von Günter Grass, bestehend aus *Die Blechtrommel* (1959), *Katz und Maus* (1961) und *Hundejahre* (1963), an Martin Walsers Roman *Halbzeit* (1960), an die frühen Gedichtbände von Ingeborg Bachmann, *Die gestundete Zeit* (1953) und *Anrufung des Großen Bären* (1956), und von Hans Magnus Enzensberger, *Verteidigung der Wölfe* (1957) und *Landessprache* (1960). Auch mehr essayistisch-wissenschaftliche Arbeiten wie Dieter Wellershoffs 1958 erschienenes Buch über *Gottfried Benn – Phänotyp dieser Stunde*, das von der Erfahrung des »universellen Realitätsverfalls« handelt, und Ingeborg Bachmanns 1959 gehaltenen Frankfurter Vorlesungen zur Poetik, die um Sprachskepsis und Sprachutopie und das daraus folgende Existenzgefühl vom »Ich ohne Gewähr« kreisen, können als Ausdruck des Generationszusammenhangs gelesen werden. Weiter spätere Arbeiten wie Grass' Verteidigung reformerischer Skepsis angesichts der Studentenbewegung in seinem *Aus dem Tagebuch einer Schnecke* (1972) und einer der jüngeren Widerrufe Enzensbergers mit dem Titel *Zur Verteidigung der Normalität* im *Kursbuch* (1982), in dem er Schweigen, Regression und Beharrlichkeit als Strategien der Normalität verteidigt und die daraus erwachsene »Unfähigkeit zu resignieren« mit dem Wiederaufbau Westdeutschlands in Zusammenhang bringt. Ferner bringen Bücher wie Christa Wolfs Archäologie ihrer Kindheit und Jugend in *Kindheitsmuster* (1976) und Uwe Johnsons monströse Suche nach der verlorenen Zeit in *Jahrestage* (1970 ff.) den Erfahrungskontext dieser Generation zur Sprache. Nicht zu vergessen die populär gewordenen Romane von Walter Kempowski *Tadellöser und Wolff* (1971), *Uns geht's ja noch Gold* (1972), *Ein Kapitel für sich* (1975) und *Herzlich willkommen* (1984), die sozusagen nach und nach eine Biographie der Flakhelfer-Generation schreiben.

Interessant sind auch die Interpretationen und Kommentare, die

Ältere zum Verhalten der ehemaligen Flakhelfer nach 1945 abgegeben haben. Von der Warte eines jugendbewegten Großvaters hat sich zum Beispiel Eduard Spranger enttäuscht über die erste nachfaschistische Jugendgeneration geäußert. Er beklagte u. a. ihre Organisationsmüdigkeit, ihren Mangel an Idealismus und ihre soziale Lethargie (vgl. *Verstrickung und Ausweg*, 1947; *Gibt es heute in Westdeutschland eine Jugendideologie?*, 1953). Weniger urteilend als verstehend waren etwa die Kommentare von Helmut Thielicke, *Die geistige Situation unserer Studenten* (1955), und Gerhard Sanden *Die Zwanzig- bis Dreißigjährigen tarnen sich* (1954). Sie interpretieren die Verhaltensweisen des Totstellens und des Tarnens als Folgen des »Existenzschicksals« dieser Generation.

Die in der vorliegenden Arbeit versuchte Interpretation geht aus von den beiden konträren Deutungen der Flakhelfer-Generation, die Helmut Schelsky 1957 und Klaus Heinrich 1964 vorgelegt haben. Schelskys *Die skeptische Generation*, obwohl in der Fachdiskussion nicht unumstritten (vgl. u. a. Charlotte Lütkens, *Bemerkungen zu Helmut Schelsky: ›Die skeptische Generation‹*, 1961; Dietrich Goldschmidt, *Im Blickpunkt der Soziologie*, 1961; Andreas Flitner, *Soziologische Jugendforschung*, 1963) fand in der Öffentlichkeit starke Beachtung und wurde gewissermaßen in den Korpus der Ideologie der Bundesrepublik aufgenommen. Heinrichs *Versuch über die Schwierigkeit nein zu sagen* dagegen hatte lange nicht die gleiche Breitenwirkung. Das liegt wohl zum einen an der religionswissenschaftlichen Einkleidung seines Gegenstands und zum anderen an der Schwierigkeit der Lektüre für einen unvorbereiteten Leser. Einzig Jürgen Habermas hat in einer Rezension im *Merkur* (1964) auf den zeitdiagnostischen Gehalt dieser religionswissenschaftlichen Studie aufmerksam gemacht. Vergleicht man damit die Resonanz auf die Neuauflage von 1984, scheint Heinrichs Buch ein Buch mit Spätwirkung zu sein.

Es fällt auf, daß eine Reihe bedeutender westdeutscher Soziologen der Flakhelfer-Generation zugehören. Man könnte sich fragen, ob nicht nur in der Art der fiktiven, sondern auch in der Art der wissenschaftlichen – hier: der soziologischen – Literatur, die von Angehörigen der Flakhelfer-Generation produziert worden ist, der Generationszusammenhang aufscheint. So könnte man die Kontroverse, die zu Beginn der siebziger Jahre zwischen Jürgen Habermas und Niklas Luhmann, beide Angehörige der Flakhelfer-Generation, unter dem Titel *Theorie der Gesellschaft oder Sozial-*

technologie – Was leistet die Systemforschung? (1971) ausgetragen wurde, auch unter generationsspezifischen Gesichtspunkten lesen. Auf den ersten Blick wäre Luhmanns funktionalistische Systemtheorie im Sinne von Schelskys Deutungshypothese als Apologie der »Funktionstüchtigkeit« zu verstehen. Die Partialisierung des Individuums – oder wie Luhmann in der analytischen Sprache seiner Theorie formuliert: seine »Dekomponierung« – in diversen Funktionsrollen wird hingenommen und bejaht. Habermas' Kritische Theorie dagegen kann als Ausdruck des Protestes gegen die funktionsgerechte Einpassung des Individuums in das gesellschaftliche System gelesen werden. Vor dem Hintergrund des utopischen Entwurfs einer gelungenen Ich-Identität, die sich durch die Erfahrungen einer verständigungsorientierten Zwischenmenschlichkeit bilden kann, kritisiert Habermas im Sinne von Heinrichs Deutungshypothese die Systemtheorie Luhmanns als eine Form der Immunisierung gegenüber den Erfahrungen der Versöhnung in sprachlicher Verständigung. So gesehen würden die beiden in Widerstreit stehenden Theorien auch unterschiedliche Antworten auf die Enttäuschungserfahrung von 1945 darstellen.[1] Luhmanns Ant-

1 Dazu das folgende Zitat aus einem Gespräch mit Niklas Luhmann: »Denken Sie doch einmal an die Situation 1945, wie man sie als 17jähriger erlebt: Vorher schien alles in Ordnung zu sein und hinterher schien alles in Ordnung zu sein, alles war anders und alles war dasselbe. Man hatte vorher seine Probleme mit dem Regime und hinterher war es nicht so, wie man es sich erwartet hatte. Und deshalb war wahrscheinlich auch das juristische Studium für meine Art des Denkens wichtig geworden ... Vor 1945 hatte man doch gehofft, daß nach dem Wegfall des Zwangsapparates alles von selbst in Ordnung sein würde. Das erste jedoch, was ich in der amerikanischen Kriegsgefangenschaft erlebte, war, daß man mir meine Uhr vom Arm nahm und daß ich geprügelt wurde. Es war also überhaupt nicht so, wie ich vorher gedacht hatte. Und man sah dann bald auch, daß der Vergleich von politischen Regimen nicht auf der Achse ›gut – böse‹ verlaufen konnte, sondern daß man die Figuren in ihrer begrenzten Wirklichkeit beurteilen muß. Ich will damit natürlich nicht sagen, daß ich die Nazi-Epoche und die Zeit nach 1945 als gleichwertig betrachte. Aber ich war nach 1945 einfach enttäuscht.« (in: *Frankfurter Rundschau* 27. April 1985, Zeit und Bild, S. 3).
Das Zitat aus einem Gespräch mit Jürgen Habermas läßt den Zusammenhang nur ahnen: »Nun gut; ich habe nicht dieses Urvertrauen zu einer Umgebung, aber auch nicht die Einstellung dessen, der ins

wort bestand in der Konstruktion einer Theorie sozialer Systeme, die die Gesellschaft als selbstbewegliches System vorstellt, in das die Individuen eingebunden sind, während Habermas' Antwort den Entwurf einer Gesellschaftstheorie darstellt, die die kontrafaktische Möglichkeit einer verständigungsorientierten Moral der Gesellschaft retten will. Die eine Theorie stünde für den Impuls der Reduktion und die andere für den Impuls der Rekonstruktion nach der Erfahrung des Risses von 1945. Vielleicht hängt auch damit zusammen, daß der Zentralbegriff bei Luhmann »Differenz« und bei Habermas »Identität« heißt.

Auf den zweiten Blick allerdings verkehren sich die Dinge. Für Luhmann ist das alteuropäische Sein zur modernen Komplexität geworden. Alles, was ist, ist auch anders möglich. Diese »ontologische Unsicherheit«, würde Luhmann wohl sagen, ist vielleicht schwer ertragbar, aber sie ist der Grund für die Erzeugung immer neuer Elemente und Strukturen unserer Wirklichkeit. Das führt in der Theorie zu einer Form der Kritik, die Wirkliches im Hinblick auf Mögliches in Frage stellt. Anders bei Habermas. Seine Version der Kritischen Theorie ist in gewisser Weise als Abkehr von der Kritischen Theorie Adornos und Horkheimers zu verstehen. Der negativen Kritik der *Dialektik der Aufklärung* stellt er das Bemühen um die Festigung der normativen Grundlagen der Gesellschaftskritik gegenüber. Deren sozusagen ontologisch unsichere Kritik will er ontologisch sichern, ihre Negativität auf Positivität gründen. Diese findet er in einer Evolution der Moral in

Chaos eine befriedigende Ordnung bringen muß. Ich habe überhaupt zu nichts ein unambivalentes Verhältnis, jedenfalls nur in sehr seltenen Augenblicken. Deswegen ist auch meine naive Beziehung zu gesellschaftlichen Verhältnissen nicht eigentlich naiv, sondern zutiefst ambivalent. Das hat mit sehr persönlichen Erfahrungen zu tun, über die ich nicht sprechen will, aber auch mit kritischem – z. B. mit dem Zusammenfallen von Großereignissen und Pubertät 1945. Ambivalent bin ich auch, weil ich den Eindruck habe, daß etwas zutiefst schief ist in der rationalen Gesellschaft, in der ich aufgewachsen bin und nun lebe. Andererseits habe ich auch etwas anderes zurückbehalten von jener Erfahrung 1945 und danach, daß nämlich etwas besser geworden ist. Es ist wirklich etwas besser geworden. Auch darauf muß man sich stützen: und dazu suche ich dann eine Vorgeschichte, die mit dem Begriff ›Aufklärung‹ zu leicht abgetan wäre.« (In *Ästhetik und Kommunikation* 12, 1981, S. 152) der Menschheitsgeschichte, derzufolge die universalistische Moral der bürgerlichen Gesellschaft die höchste Stufe darstellt. Auf der Suche nach einem Fundament der Kritik landet Habermas letztlich bei der Affirmation an eine bestehende Struktur. Für Habermas ist die »ontologische Unsicherheit« ein Mangelzustand, dessen Aufhebung erstrebt wird, für Luhmann eine Kondition, die man ertragen muß. Es hat den Anschein, als stehe hinter der Apologie der »Funktionstüchtigkeit« die Akzeptanz der »ontologischen Unsicherheit« und hinter der Kritik der »Funktionstüchtigkeit« die Abwehr der »ontologischen Unsicherheit«. Das würde aber nur belegen, daß »Funktionstüchtigkeit« und »ontologische Unsicherheit« zwei Gesichter einer Gestalt darstellen.

Zu Beginn der achtziger Jahre erwachte ein neues Interesse an der Flakhelfer-Generation. Dies ist sicherlich darauf zurückzuführen, daß diese Generation in eine lebensgeschichtliche Phase eintrat, in der man Rückschau hält und Bilanzen zieht. Das zeigen, wie bereits erwähnt, die vielen Erinnerungsbücher, die zu Beginn der achtziger Jahre veröffentlicht wurden. Hier machte sich eine Tendenz zur Historisierung des Gründungskontextes der Flakhelfer-Generation geltend. Aber es erschienen auch Arbeiten, die die weitere Geschichte dieser Generation nach 1945 zum Thema hatten. Hierzu gehören etwa die Gespräche, die Winfried Maaß mit Fünfzigjährigen führte, ursprünglich eine Serie des *Stern*, die 1980 unter dem Titel *Die Fünfzigjährigen. Porträt einer verratenen Generation* in Buchform publiziert wurden. Anlaß für weitere Deutungen der Lebensgestalt dieser Generation, wie sie sich im Zusammenhang der Geschichte der Bundesrepublik ausbildete, war dann das Ende der sozialliberalen Koalition und die Rolle, die der ehemalige Flakhelfer Hans-Dietrich Genscher in diesem Vorgang spielte oder besser: die ihm zugeschrieben wurde. 1982 wurden einige publizistische Arbeiten veröffentlicht, die den Bundesaußenminister und damaligen FDP-Vorsitzenden als typischen Repräsentanten seiner Generation interpretierten (vgl. Jürgen Leinemann, *›Ich muß doch die Sozis bändigen‹*; Sibylle Krause-Burger, *Herr Jedermann in Bonn;* Thomas Schmid, *Das Nichts oder Beschreibung eines vielleicht auslaufenden Modells;* auch Karl Heinz Bohrer, *Die Unschuld an der Macht!*). Herausgestellt wird die »spürbare Abwesenheit« dieser Führungsfigur aus der Flakhelfer-Generation. In der zuspitzenden Typologie Bohrers erscheint diese Generation als eine von »Zombies«, das heißt von »lebenden Toten«.

1984 erschien die erste soziologisch-zeitgeschichtliche Studie, die sich ausschließlich mit dem für diese Generation prägenden Ereigniszusammenhang beschäftigt, nämlich mit den Umständen des Luftwaffen- oder Marinehelfereinsatzes: Rolf Schörken, *Luftwaffenhelfer und Drittes Reich*; Gegenstand dieser Untersuchung, auf die ich erst nach Abschluß der vorliegenden Studie stieß, sind die Wirkungen der Erfahrungen als »Schüler-Soldaten« für die Bildung des politischen Bewußtseins der Flakhelfer-Generation. Die Zeit des Luftwaffenhelfereinsatzes bildet den Untersuchungsrahmen, die Zeit vor der Einberufung und die Zeit nach 1945 bleiben weitgehend außerhalb der Betrachtung. Vor allem die Fallbeschreibung der Geschichte einer Luftwaffenhelfergruppe, zu der der Autor selbst gehörte, legt die Genese von Verhaltensweisen offen, die später das Bild dieser Generation bestimmten. Schörken kann das Absterben der NS-Ideologie und das Aufkeimen einer pragmatischen Lebenshaltung im Bewußtsein dieser Jugendlichen schon während des Flakhelfereinsatzes belegen. »Teilrückzüge, bloß äußerliches Mitmachen, Tarnung, Indifferenz« entstanden als Überlebensstrategien, so ein Ergebnis dieser Studie, bereits vor 1945. Anders ausgedrückt: Die Flakhelfer-Generation lernte im Kriegseinsatz, daß man sich klein machen muß, um überleben zu können. Die Bedeutung von Schörkens Studie liegt darin, daß sie das Bild einer fanatisierten Jugend, die bis zuletzt an den Endsieg glaubte, destruiert und das Entstehen des Pragmatismus dieser Generation in der Zeit als Flakhelfer rekonstruiert. Ihre Beschränktheit ergibt sich daraus, daß sie mit dem Ende des Krieges abbricht und somit eine Gesamtsicht der Flakhelfer-Generation unmöglich macht. Eine Deutungshypothese über die Gesamtgestalt dieser Generation fehlt denn auch. Das hängt freilich mit dem generellen Ansatz der Untersuchung zusammen. Es geht um die Ausgrabung der vergangenen Vergangenheit, also darum, herauszuarbeiten, wie es damals war, nicht um die Aufdeckung der gegenwärtigen Vergangenheit, also nicht darum, zu erhellen, wie heute gegenwärtig ist, was damals war. Das aber ist die Frage der vorliegenden Studie: sie fragt nach den Lebenskonstruktionen, die aus dieser Geschichte hervorgegangen sind.

Literatur

1. *Literatur zur Geschichte und Gestalt der Flakhelfer-Generation*

Abelshauser, Werner, *Wirtschaftsgeschichte der Bundesrepublik Deutschland 1945-1980*, Frankfurt/M. 1983

Bachmann, Ingeborg, *Die gestundete Zeit*, München 1953

Dies., *Anrufung des Großen Bären*, München 1956

Dies., *Frankfurter Vorlesungen zur Poetik* (1959), in: Dies., *Werke* Bd. IV, München 1977, S. 182-271

Baring, Arnulf, *8. Mai 1945*, in: *Merkur* 27, 1975, S. 449-459

Bataille, Georges, *Die psychologische Struktur des Faschismus*, München 1978 (zuerst 1933/34)

Bauernfeind, Wolfgang, *Luftwaffenhelfer. Die Schüler-Soldaten im Zweiten Weltkrieg*. Ein Hörbild, Erstsendung am 21. Oktober 1978, Bayern II, Manuskript

Baumert, Gerhard, *Jugend in der Nachkriegszeit. Lebensverhältnisse und Reaktionsweisen*, Darmstadt 1952

Ders., *Deutsche Familien nach dem Kriege*, Darmstadt 1954

Beck, Johannes u. a. (Hg.), *Terror und Hoffnung in Deutschland 1933-1945. Leben im Faschismus*, Reinbek 1980

Becker, Howard, *Vom Barette schwankt die Feder. Die Geschichte der deutschen Jugendbewegung*, Wiesbaden 1949 (engl. 1946)

Ders., *Jugendpflege und Jugendbewegung einst und heute*, in: *Verhandlungen des 9. Deutschen Soziologentags* (1948), Tübingen 1949, S. 47-64

Bikini. Die fünfziger Jahre. Kalter Krieg und Capri-Sonne, Berlin 1981

Blücher, Viggo Graf, *Freizeit in der industriellen Gesellschaft*, dargestellt an der jüngeren Generation, Stuttgart 1956

Bohrer, Karl Heinz, *Die Unschuld an der Macht! Eine politische Typologie*. 2. Folge: Die Zombies, in: *Merkur* 38, 1984, S. 587-591

Borkowski, Dieter, *Wer weiß, ob wir uns wiedersehen. Erinnerungen an eine Berliner Jugend*, Frankfurt 1980

Brandenburg, Hans-Christian, *Die Geschichte der HJ. Wege und Irrwege einer Generation*, Köln 1968

Brinkmann, Rolf Dieter, *Rom, Blicke*, Reinbek 1979

Broszat, Martin, *Plädoyer für eine Historisierung des Nationalsozialismus*, in: *Merkur* 39, 1985, S. 373-385

Brückner, Peter, *Das Abseits als sicherer Ort. Kindheit und Jugend zwischen 1933 und 1945*, Berlin 1980

Enzensberger, Hans Magnus, *Verteidigung der Wölfe*, Neuauflage Frankfurt/M. 1981 (zuerst 1957)

Ders., *Landessprache*, 3. Aufl. Frankfurt/M. 1977 (zuerst 1960)

Ders., *Zur Verteidigung der Normalität*, in: *Kursbuch* 68, 1982, S. 51-62

Fest, Joachim, *Erziehung zur Skepsis. Gedanken aus Anlaß einer Selbstvorstellung*, in: *Neue Sammlung* 23, 1983, S. 334-336
Flitner, Andreas, *Soziologische Jugendforschung. Darstellung und Kritik aus pädagogischer Sicht*, Heidelberg 1963
Gaus, Günter, *Wo Deutschland liegt. Eine Ortsbestimmung*, Hamburg 1983
Goldschmidt, Dietrich, *Im Blickpunkt der Soziologie*, in: *Jugend in unserer Zeit. Eine Vortragsfolge der Freien Universität Berlin*, München 1961, S. 75-99
Grass, Günter, *Die Blechtrommel*, Neuwied/Berlin 1960
Ders., *Katz und Maus*, Neuwied/Berlin 1961
Ders., *Hundejahre*, Neuwied/Berlin 1963
Ders., *Rede von der Gewöhnung*, in: ders., *Über das Selbstverständliche*, Neuwied/Berlin 1968, S. 162-179
Ders., *Aus dem Tagebuch einer Schnecke*, Neuwied/Darmstadt 1972
Habermas, Jürgen, *Von der Schwierigkeit Nein zu sagen*, in: *Merkur* 18, 1964, S. 1184-1188
Ders./Luhmann, Niklas, *Theorie der Gesellschaft oder Sozialtechnologie – Was leistet die Systemforschung?*, Frankfurt/M. 1971
Habermas, Jürgen (Hg.), *Stichworte zur ›Geistigen Situation der Zeit‹*, 2 Bde., Frankfurt/M. 1979
Ders. im Gespräch mit Axel Honneth, Eberhard Knödler-Bunte und Arno Widmann, in: *Ästhetik und Kommunikation* 12, 1981, Nr. 45/46, S. 126-155
Haß, Kurt (Hg.), *Jugend unterm Schicksal, Lebensberichte junger Deutscher 1946-1949*, Hamburg 1950
Heinrich, Klaus, *Versuch über die Schwierigkeit nein zu sagen*, Neuausgabe Basel/Frankfurt/M. 1982 (a) (zuerst 1964)
Ders., *Parmenides und Jona*, Neuausgabe Basel/Frankfurt/M. 1982 (b) (zuerst 1966)
Hillenbrand, Karl, *Kottenbacher Geschichten oder eigentlich fand der Krieg woanders statt*, Bern/München 1980
Hitler, Adolf, *Mein Kampf*, München 1937
Hofer, Walther (Hg.), *Der Nationalsozialismus. Dokumente 1933-1945*, Frankfurt/M. 1957
Johnson, Uwe, *Jahrestage*, Frankfurt/M. 1970 ff.
Kempowski, Walter, *Tadellöser und Wolff*, München 1971
Ders., *Uns geht's ja noch Gold*, München 1972
Ders., *Ein Kapitel für sich*, München/Wien 1975
Ders., *Herzlich willkommen*, Hamburg 1984
Klönne, Arno, *Hitlerjugend. Die Jugend und ihre Organisation im Dritten Reich*, Hannover/Frankfurt/M. 1955
Ders., *Gegen den Strom. Ein Bericht über die Jugendopposition im Dritten Reich*, Hannover 1958

Ders., *Die Hitlerjugendgeneration*, in: *Politische Studien* 10, 1959, S. 93-99
Ders., *Jugend im Dritten Reich. Die Hitler-Jugend und ihre Gegner*, Düsseldorf 1984
Klose, Werner, *Generation im Gleichschritt. Ein Dokumentarbericht*, Oldenburg/Hamburg 1964
Koch, Hannsjoachim W., *Geschichte der Hitlerjugend*, 2. Aufl. Percha 1979
Koch, Horst-Adalbert, *Flak. Die Geschichte der deutschen Flakartillerie und der Einsatz der Luftwaffenhelfer*, 2. Aufl. Bad Nauheim 1965
Koepnick, Giselheid, *Mädchen einer Oberprima*, Darmstadt 1952
Krause-Burger, Sibylle, *Herr Jedermann in Bonn. Hans-Dietrich Genscher – ein Deutscher wie viele seiner Generation*, in: *Stuttgarter Zeitung* vom 24. Juli 1982
Kuhr, Irma, *Schule und Jugend in einer ausgebombten Stadt*, Darmstadt 1952
Laing, D. Ronald, *Das geteilte Selbst*, Reinbek 1976
Lattmann, Dieter, *Die Stunde Null, die keine war*, in: *L 80*, 24, 1982, S. 53-57
Leinemann, Jürgen, *»Ich muß doch die Sozis bändigen.«* Spiegel-Reporter Jürgen Leinemann über den F.D.P.-Vorsitzenden Hans-Dietrich Genscher, in: *Der Spiegel* vom 31. Mai 1982
Lütkens, Charlotte, *Bemerkungen zu Helmut Schelsky: »Die skeptische Generation«*, in: *Kölner Zeitschrift für Soziologie und Sozialpsychologie* 13, 1961, S. 126-140
Niklas Luhmann im Gespräch mit Rainer Erd und Andrea Maihofer, in: *Frankfurter Rundschau* vom 27. April 1985, Zeit und Bild, S. 3
Maaß, Winfried, *Die Fünfzigjährigen. Porträt einer verratenen Generation*, Hamburg 1980
Marquard, Odo, *Abschied vom Prinzipiellen. Auch eine autobiographische Einleitung*, in: ders., *Abschied vom Prinzipiellen*, Stuttgart 1981, S. 4-22
Maschmann, Melita, *Fazit. Mein Weg in die Hitler-Jugend*, 4. Aufl. München 1981
Michel, Karl Markus, *Die sprachlose Intelligenz I und II*, in: *Kursbuch* 1/1965, 4/1966, S. 73-119 und S. 161-212
Mitscherlich, Alexander, *Niemandskinder*, in: *Die Neue Zeitung* (München) vom 3. Mai 1946, jetzt in: ders., *Gesammelte Schriften*, Bd. VI, Frankfurt/M., S. 601-606
Ders., *Jugend ohne Bilder*, in: *Du. Schweizer Monatsschrift*, 1947, Heft 4, jetzt in: ders., *Gesammelte Schriften*, Bd. VI, Frankfurt/M. 1983, S. 607-611
Ders., *Aktuelles zum Problem der Verwahrlosung*, in: *Psyche* 1, 1947/48, S. 103-118, jetzt in: ders., *Gesammelte Schriften*, Bd. VI, Frankfurt/M.

1983, S. 612-630
Mitscherlich, Alexander, *Nach leerem Wahn verdrängte Gefühle*, in: *Stuttgarter Zeitung* vom 21. April 1956, jetzt in: ders., *Gesammelte Schriften*, Bd. VI, Frankfurt/M. 1983, S. 639-645
Ders. und Margarete Mitscherlich, *Die Unfähigkeit zu trauern. Grundlagen kollektiven Verhaltens*, München 1967
Müller, K. Valentin, *Heimatvertriebene Jugend. Eine soziologische Studie zum Problem der Sozialtüchtigkeit des Nachwuchses der heimatvertriebenen Bevölkerung*, Beihefte zum Jahrbuch der Albertus Universität zu Königsberg, Nr. 2, Kitzingen 1953
Museum der modernen Poesie, eingerichtet von Hans Magnus Enzensberger, Frankfurt/M. 1960
Nicolaisen, Hans-Dietrich, *Die Flakhelfer. Luftwaffen- und Marinehelfer im Zweiten Weltkrieg*, Berlin/Frankfurt/M./Wien 1981
Ders., *Der Einsatz der Luftwaffen- und Marinehelfer im 2. Weltkrieg. Darstellung und Dokumentation*, Büsum 1981 (Selbstverlag)
Niekisch, Ernst, *Das Reich der niederen Dämonen. Eine Abrechnung mit dem Nationalsozialismus*, Neuausgabe Berlin 1980 (zuerst 1953)
Noll, Dieter, *Die Abenteuer des Werner Holt*, Berlin/Weimar 1960
NWDR-Hörerforschung (Hg.), *Jugendliche heute. Ergebnisse einer Repräsentativ-Befragung 1953*, 2. Aufl. München 1955
Peukert, Detlev, *Die Edelweißpiraten. Protestbewegungen jugendlicher Arbeiter im Dritten Reich*, Köln 1980
Peukert, Detlev/Reulecke, Jürgen (Hg.), *Die Reihen fast geschlossen. Beiträge zur Geschichte des Alltags unterm Nationalsozialismus*, Wuppertal 1981
Pipping, Knut/Abshagen, Rudolf/Brauneck, Anne-Eva, *Gespräche mit der deutschen Jugend. Ein Beitrag zum Autoritätsproblem*, Commentationes Humanarum Litterarum, Bd. 20, Helsinki 1954
Pirker, Theo, *Die SPD nach Hitler. Die Geschichte der Sozialdemokratischen Partei Deutschlands 1945-1964*, München 1965
Reden, über das eigene Land: Deutschland, München 1983
Richter, Hans Werner, *Warum schweigt die junge Generation?* in: *Der Ruf*, Nr. 2, 2. Sept. 1946, wiederabgedruckt in: Hans A. Neunzig (Hg.), *Der Ruf*, München 1976
Riesman, David/Denney, Reuel/Glazer, Nathan, *Die einsame Masse. Eine Untersuchung der Wandlungen des amerikanischen Charakters*, Reinbek 1958
Rudolph, Fritz, *Der jugendliche Arbeitslose und seine Familie*, in: Helmut Schelsky (Hg.), *Arbeitslosigkeit und Berufsnot der Jugend*, Bd. 2, Köln 1952, S. 7-59
Sanden, Gerhard, *Die Zwanzig- bis Dreißigjährigen tarnen sich*, in: *Handelsblatt* vom 12. März 1954
Schätz, Ludwig, *Schüler-Soldaten. Die Geschichte der Luftwaffenhelfer*

im Zweiten Weltkrieg, 2. Aufl. Darmstadt 1974
Schelsky, Helmut (Hg.), *Arbeitslosigkeit und Berufsnot der Jugend*, 2 Bde., Köln 1952
Ders., *Wandlungen der deutschen Familie in der Gegenwart*, Dortmund 1953
Ders. (Hg.), *Arbeiterjugend gestern und heute*, Heidelberg 1955
Ders., *Die skeptische Generation. Eine Soziologie der deutschen Jugend*, Frankfurt/M./Berlin/Wien 1975 (zuerst 1957)
Scherpe, Klaus R. (Hg.), *In Deutschland unterwegs. Reportagen, Skizzen, Berichte 1945-1948*, Stuttgart 1982
von Schirach, Baldur, *Die Hitlerjugend. Idee und Gestalt*, Berlin 1934
Schmid, Thomas, *Das Nichts oder Beschreibung eines vielleicht auslaufenden Modells*, in: *Freibeuter* 14, 1982, S. 99-106
Schoenbaum, Gerhard, *Die braune Revolution. Eine Sozialgeschichte des Dritten Reichs*, 2. Aufl. München 1980
Schörken, Rolf, *Luftwaffenhelfer und Drittes Reich. Die Entstehung eines politischen Bewußtseins*, Stuttgart 1984
Spranger, Eduard, *Verstrickung und Ausweg. Ein Wort über die Jugend*, o.O. 1947
Ders., *Gibt es heute in Westdeutschland eine Jugendideologie?*, in: ders., *Kulturfragen der Gegenwart*, Heidelberg 1953, S. 66-86
Stachura, Peter D., *Das Dritte Reich und die Jugenderziehung. Die Rolle der Hitlerjugend 1933-1939*, in: Karl Dietrich Bracher/Manfred Funk/Hans-Adolf Jacobsen (Hg.), *Nationalsozialistische Diktatur 1933-1945. Eine Bilanz*, Düsseldorf 1983, S. 224-244
Stephan, Klaus, *So wahr mir Gott helfe*, München/Wien/Basel 1958
Stolze, Stephan, *Innenansicht. Eine bürgerliche Kindheit 1938-1945*, Frankfurt/M. 1981
Suchende Jugend. Jugend schreibt – Ältere antworten. Wege in die neue Zeit, Nr. 7, Berlin o J.
Thielicke, Helmut, *Die geistige Situation unserer Studenten*, in: *Universitas* 10, 1955, S. 147-152
Wagner, Günter, *Die Fahne ist mehr als der Tod*, Hamburg 1958
Walser, Martin, *Halbzeit*, Frankfurt/M. 1960
Wellershoff, Dieter, *Gottfried Benn – Phänotyp dieser Stunde*, Köln/Berlin 1958
Wolf, Christa, *Kindheitsmuster*, Berlin/Weimar 1976
Wollenweber, Hellmut/Planck, Ulrich (Hg.), *Die Lebenslage der westdeutschen Landjugend*, 2. Bde., München 1956
Ziehe, Thomas, *Pubertät und Narzißmus. Sind Jugendliche entpolitisiert?*, Frankfurt/M./Köln 1975
Ziem, Jochen, *Der Junge. Eine Entwicklung in sieben Bildern*, München 1980

2. Literatur allgemein

Baltes, Paul B. (Hg.), *Entwicklungspsychologie der Lebensspanne*, Stuttgart 1979

Barthes, Roland, *Die Lust am Text*, Frankfurt/M. 1974

Binswanger, Ludwig, *Melancholie und Manie*, Pfullingen 1960

Bourdieu, Pierre/Boltanski, Luc/de Saint Martin, Monique/ Maldidier, Pascale, *Titel und Stelle. Über die Reproduktion sozialer Macht*, Frankfurt/M. 1981

Bude, Heinz, *Text und soziale Realität. Zu der von Oevermann formulierten Konzeption einer »objektiven Hermeneutik«*, in: *Zeitschrift für Sozialisationsforschung und Erziehungssoziologie* 2, 1982, S. 134-143

Ders., *Rekonstruktion von Lebenskonstruktionen – eine Antwort auf die Frage, was die Biographieforschung bringt*, in: Martin Kohli/Günther Robert (Hg.), *Biographie und soziale Wirklichkeit*, Stuttgart 1984, S. 7-28

Ders., *Lebenskonstruktionen haben ihre Zeit*, in: *Neue Sammlung* 25, 1985(a) S. 207-213

Ders., *Der Sozialforscher als Narrationsanimateur. Kritische Anmerkungen zu einer erzähltheoretischen Fundierung der interpretativen Sozialforschung*, in: *Kölner Zeitschrift für Soziologie und Sozialpsychologie* 37, 1985(b) S. 327-336

Buytendijk, F. J. J., *Prolegomena einer anthropologischen Physiologie*, Salzburg 1967

Cage, John, *Silence. Lectures and Writings*, Cambridge/London 1966

Easterlin, Richard A., *Birth and Fortune. The Impact of Numbers on Personal Welfare*, New York 1980

Elder, Glen G. jr., *Children of the Great Depression*, Chicago 1974

Geiger, Theodor, *Die soziale Schichtung des deutschen Volkes*, Stuttgart 1932

Glenn, Norval D., *Cohort Analysis*, Beverly Hills/London 1977

Heinzen, Georg/Koch, Uwe, *Von der Nutzlosigkeit erwachsen zu werden*, Reinbek bei Hamburg 1985

Jaeger, Hans, *Generationen in der Geschichte*, in: *Geschichte und Gesellschaft* 3, 1977, S. 429-452

von Kleist, Heinrich, *Über die allmähliche Verfertigung der Gedanken beim Reden* (1805, gedruckt 1878), in: ders., *Sämtliche Werke*, hg. von Paul Stapf, Berlin/Darmstadt 1960, S. 1032-1037

Kristeva, Julia, *Die Revolution der poetischen Sprache*, Frankfurt/M. 1978

Lévi-Strauss, Claude, *Mythos und Bedeutung*, Frankfurt/M. 1980

Lewin, Kurt, *Der Übergang von der aristotelischen zur galileischen Denkweise in Biologie und Psychologie*, in: *Erkenntnis* 1, 1930/31, S. 421-466

Lukács, Georg, *Die Theorie des Romans*, Neuwied/Berlin 1971 (zuerst 1916)

Mahler, Margaret S./Pine, Fred/Bergmann, Anni, *Die psychische Geburt des Menschen. Symbiose und Individuation*, Frankfurt/M. 1978
Mannheim, Karl, *Das Problem der Generationen* (1928), in: ders., *Wissenssoziologie*, Berlin/Neuwied 1964, S. 509-565
Müller, Walter, *Der Lebenslauf von Geburtskohorten*, in: Martin Kohli (Hg.), *Soziologie des Lebenslaufs*, Darmstadt/Neuwied 1978, S. 54-77
Oevermann, Ulrich/Allert, Tilmann/Konau, Elisabeth/Krambeck, Jürgen, *Die Methodologie einer »objektiven Hermeneutik« und ihre allgemeine forschungslogische Bedeutung in den Sozialwissenschaften*, in: Hans-Georg Soeffner (Hg.), *Interpretative Verfahren in den Sozial- und Textwissenschaften*, Stuttgart 1979, S. 352-434
Peirce, Charles S., *Schriften* Bd. II, Frankfurt/M. 1970
Piaget, Jean, *Der Strukturalismus*, Olten 1973
Pinder, Wilhelm, *Kunstgeschichte nach Generationen*, Sonderdruck aus der Sammelschrift *Zwischen Philosophie und Wissenschaft*, Leipzig 1926
Riegel, Klaus F., *Psychologie, mon amour. Ein Gegentext*, München/Wien/Baltimore 1981
Rutschky, Michael, *Wartezeit. Ein Sittenbild*, Köln 1983
Schütze, Fritz, *Biographieforschung und narratives Interview*, in: *Neue Praxis* 13, 1983, S. 283-293
Wolff, Kurt H., *Hingebung und Begriff*, Berlin/Neuwied 1968

Suhrkamp Verlag GmbH
Torstraße 44, 10119 Berlin
info@suhrkamp.de
www.suhrkamp.de

Dieses Buch ist eine Einladung, sich auf den Spuren von Elias Canetti mit Mensch und Tier zu beschäftigen. Es versammelt alle wichtigen Stellen aus Elias Canettis umfangreichen Aufzeichnungen, seinem autobiographischen und theoretischen Werk, die sich den Tieren widmen. Aus manchem Tier blicken uns darin menschliche Augen an, und mancher Mensch verwandelt sich unversehens in ein Tier.

Brigitte Kronauer geht in ihrem Nachwort Canettis Gedanken nach – über »tierloses« Aufwachsen in der Kindheit, physiognomische Ähnlichkeiten zwischen Hund und Herrchen und einen Umgang des Menschen mit dem Tier, der ebenso kaltblütig wie mitfühlend sein kann.

Elias Canetti, 1905 in Rousse (Rustschuk) / Bulgarien geboren, studierte nach Aufenthalten in England und Frankfurt Naturwissenschaften in Wien und schrieb seinen großen Roman ›Die Blendung‹. 1938 musste er Österreich verlassen und emigrierte mit seiner Frau Veza nach England, wo sein soziologisches Hauptwerk ›Masse und Macht‹ entstand. Seit den späten 60er Jahren lebte er in London und Zürich, wo er 1994 starb. Elias Canetti erhielt 1981 den Nobelpreis für Literatur.

Weitere Informationen finden Sie auf www.fischerverlage.de

Elias Canetti
Über Tiere

Mit einem Nachwort von
Brigitte Kronauer

FISCHER Taschenbuch

Redaktion dieses Bandes: Sven Hanuschek

2. Auflage

2025 S. Fischer Verlag GmbH,
Hedderichstr. 114, 60596 Frankfurt am Main

Lizenzausgabe mit freundlicher Genehmigung des
Carl Hanser Verlags, München

Printed in Germany
ISBN 978-3-596-29666-8

Kontaktadresse nach EU-Produktsicherheitsverordnung:
produktsicherheit@fischerverlage.de

Immer wenn man ein Tier genau betrachtet,
hat man das Gefühl, ein Mensch, der drin sitzt,
macht sich über einen lustig.

In China

Ein blutgieriger Tiger verkleidete sich auf der Jagd nach Menschen in Haut und Gewand eines jungen Mädchens. Weinend stellte es sich an eine Straße und war so schön, daß ein Gelehrter des Weges daherkam. Sie belog ihn schlau, und er nahm sie aus Mitleid zu sich ins Haus, als eine seiner vielen Frauen. Er war sehr mutig und schlief am liebsten bei ihr. Eines Nachts warf sie die Mädchenhaut ab und zerriß ihm die Brust. Sie fraß sein Herz und verschwand durchs Fenster. Die strahlende Haut ließ sie auf dem Boden zurück.

Objekte für das Erbarmen

Reiche Chinesen, die um ihr Heil auch im Jenseits besorgt seien, pflegten große Summen zu stiften, die zur Haltung von Krokodilen, Schweinen, Schildkröten oder anderen Tieren in einem buddhistischen Kloster dienten. Da würden besondere Teiche oder Pferche für die Tiere angelegt, die Mönche hätten nichts anderes zu tun, als sie zu hegen und zu pflegen, wehe ihnen, wenn einem der gestifteten Krokodile ein Leids geschehe. Ein sanfter, natürlicher Tod erwarte das fetteste Schwein und der Lohn für sein gutes Werk den edlen Stifter. Für die Mönche falle so viel ab, daß sie alle miteinander davon leben könnten. Wenn man in Japan ein Heiligtum aufsuche, finde man Kinder mit gefangenen Vögeln am Straßenrand hocken, ein kleiner Käfig dicht neben dem andern. Die Tiere, die dazu abgerichtet seien, schlügen mit den Flügeln und vollführten ein lautes Geschrei. Buddhistische Pilger zögen des Weges einher und um ihrer eigenen Seligkeit willen erbarmten sie sich der Tiere. Gegen ein kleines Lösegeld öffneten die Kinder die Käfigtür und ließen die Vögel frei. Der Loskauf von Tieren sei dort allgemeiner Brauch. Was kümmere es die weiterwandernden Pilger, daß die gezähmten Vögel von ihren Besitzern wieder in den Käfig zurückgelockt würden? Ein und derselbe Vogel diene zehn-, hundert-, tausendmal während seines ganzen gefangenen Daseins als Objekt für das Erbarmen der Pilger. Diese wüßten mit Ausnahme einiger bäurischer und besonders beschränkter Exemplare genau, was mit den Vögeln geschehe, kaum, daß sie ihnen den Rücken gedreht. Aber das wirkliche Schicksal der Tiere sei ihnen gleichgültig.

Das jüngste Tier

Den sogenannten Lebenskampf führen wir, nicht weniger als um Hunger und Liebe, um die Ertötung der Masse in uns. Unter Umständen wird sie so stark, daß sie den einzelnen zu selbstlosen oder gar gegen sein Interesse laufenden Handlungen zwingt. »Die Menschheit« bestand schon lange, bevor sie begrifflich erfunden und verwässert wurde, als Masse. Sie brodelt, ein ungeheures, wildes, saftstrotzendes und heißes Tier in uns allen, sehr tief, viel tiefer als die Mütter. Sie ist trotz ihrem Alter das jüngste Tier, das wesentliche Geschöpf der Erde, ihr Ziel und ihre Zukunft. Wir wissen von ihr nichts; noch leben wir als vermeintliche Individuen. Manchmal kommt die Masse über uns, ein brüllendes Gewitter, ein einziger tosender Ozean, in dem jeder Tropfen lebt und dasselbe will. Noch pflegt sie bald zu zerfallen, und wir sind dann wieder wir, arme, einsame Teufel. In der Erinnerung fassen wir es nicht, daß wir je so viel und so groß und so eins waren. »Krankheit«, erklärt ein mit Verstand Geschlagener hier, »die Bestie im Menschen«, beschwichtigt das Lamm der Demut dort und ahnt nicht, wie nah der Wahrheit es danebenrät. Indessen rüstet sich die Masse in uns zu einem neuen Angriff. Einmal wird sie nicht zerfallen, vielleicht in einem Land erst, und von diesem aus um sich fressen, bis niemand an ihr zweifeln kann, weil es kein Ich, Du, Er mehr gibt, sondern nur noch sie, die Masse.

Aufzeichnungen 1942–1946

Mein größter Wunsch ist es zu sehen, wie eine Maus eine Katze bei lebendem Leibe frißt. Sie soll aber auch lange genug mit ihr spielen. *1942*

Gott selbst hat Adam und Eva die Schlange auf den Leib gehetzt, und alles hing davon ab, daß sie ihn nicht verriet. Dieses giftige Tier hat Gott bis heute die Treue gehalten. *1942*

Immer wenn man ein Tier genau betrachtet, hat man das Gefühl, ein Mensch, der drin sitzt, macht sich über einen lustig. *1942*

Über das Drama. – Es wird mir langsam klar, daß ich im Drama etwas verwirklichen wollte, was aus der Musik stammt. Ich habe Konstellationen von Figuren wie Themen behandelt. Der Hauptwiderstand, den ich gegen die »Entwicklung« von Charakteren empfand (so als wären sie wirkliche, lebende Menschen), erinnert daran, daß auch in der Musik die Instrumente gegeben sind. Sobald man sich einmal für dieses oder jenes Instrument entschieden hat, hält man daran fest, man kann es nicht, während ein Werk abläuft, in ein anderes Instrument umbauen. Etwas von der schönen Strenge der Musik beruht auf dieser Klarheit der Instrumente.

Die Zurückführung der dramatischen Figur auf ein Tier läßt sich mit dieser Auffassung sehr wohl vereinen. Jedes Instrument ist ein ganz bestimmtes Tier oder zumindest ein eigenes und wohlabgegrenztes Geschöpf, das mit sich nur auf seine Weise spielen läßt. Im Drama hat man die göttliche und über alle anderen Künste erhabene Möglichkeit, neue Tiere, also neue Instrumente, neue Geschöpfe zu erfinden, und je nach ihrer thematischen Fügung eine immer wieder andersgeartete Form. Es gibt also unerschöpflich viele Arten von Dramen, solange es neue »Tiere« gibt. Die Schöpfung, sei es, daß sie erschöpft, sei es, daß der geschwinde Mensch sie überholt hat, wird so ganz buchstäblich ins Drama verlegt.

Man hätte nachzuweisen, wie sehr die Oper das Drama verwirrt hat. Das Musikdrama ist der unsauberste und widersinnigste Kitsch, der je ersonnen wurde. Das Drama ist eine ganz eigene Art von Musik und verträgt sie als Zusatz nur selten und spärlich. Auf keinen Fall sind Instrumente mit handelnden Figuren in Einklang zu bringen, oder die Figuren werden allegorisch, und dramatisch ganz bedeutungslos; es sind nur noch Fabeltiere, die da agieren; indem die Musik alles wird, kommt es auf das Drama gar nicht mehr an. *1942*

Es ist heute schon unwahr, daß die Affen dem Menschen näher stehen als andere Tiere. Lange Zeit mögen wir uns nicht viel von ihnen unterschieden haben; damals waren sie uns nahe verwandt; heute haben wir uns durch unzählige Verwandlungen so weit von ihnen entfernt, daß wir nicht weniger von Vögeln an uns haben als von Affen.

Um zu verstehen, wie wir zu Menschen geworden sind, wäre es gewiß am wichtigsten, die imitativen Anlagen der Affen zu untersuchen. Hier hätten Experimente einen ganz eigenen Sinn. Wir müßten sie mit Tieren lange zusammen halten, die ihnen früher nicht bekannt gewesen sein können, und sorgfältig registrieren, wie sich ihr Verhalten von dem dieser Tiere beeinflussen läßt. Wir müßten die Tiere ihrer Umgebung wechseln, in wechselnder Reihenfolge. Wir müßten sie manchmal, nach solchen starken Eindrücken, ganz sich selbst überlassen. Mit vielen Versuchen dieser Art würde sich der leere Begriff der Imitation etwas füllen lassen und man käme vielleicht darauf, daß es dabei immer schon um eine Verwandlung ging, nicht bloß um »Anpassung«, und daß die »Anpassung« bloß das Resultat halb geglückter ungeschickter Verwandlungen war.

Bei Menschen selbst lassen sich diese Vorgänge am besten im Mythus und im Drama studieren. Der Traum, in dem sie immer schon da waren, bietet viel weniger Präzision und erlaubt zu willkürliche Deutungen. Der Mythus ist nicht nur schöner, er ist für die Zwecke einer solchen Untersuchung auch nützlicher, denn er bleibt konstant. Seine Fluidität ist eine interne, er zerrinnt einem nicht unter den Händen. Wo er gespielt wird, kehrt er immer auf dieselbe Weise wieder. Er ist das Beständigste, das Menschen überhaupt hervorzubringen vermögen; kein Gerät ist sich im Laufe der Jahrtausende so sehr gleichgeblieben wie manche Mythen. Ihre Heiligkeit schützt, ihre Darstellung verewigt sie, und wer die Menschen mit einem Mythus zu erfüllen vermag, hat mehr ausgerichtet als der kühnste Erfinder. *1942*

Die Tiere ahnen es nicht, daß wir sie benennen. Oder sie ahnen es doch, und dann ist es darum, daß sie uns fürchten. *1942*

Das monströse Leben der Hunde untereinander: der Kleinste kann an den Größten heran, und unter Umständen kommt es zu Jungen. Viel eher als wir leben die Hunde unter Ungeheuern und Zwergen, die aber noch ihresgleichen sind und dieselbe Sprache haben. Was kann ihnen alles begegnen! Welche grotesken Gegensätze suchen sich nicht zu paaren! Wie fürchten sie sich, wie fühlen sie sich vom Bösesten angezogen! Und immer ihre Götter in der

Nähe, immer ein Pfiff und der Rückzug in die strengere Welt der symbolischen Lasten. Es sieht oft so aus, als sei das ganze religiöse Wesen, das wir uns ausgemalt haben, mit Teufeln, Zwergen, Geistern, Engeln und Göttern dem realen Dasein der Hunde entnommen. Sei es, daß wir unsere mannigfaltigen Gläubigkeiten an ihnen dargestellt haben, sei es, daß wir erst Menschen sind, seit wir Hunde halten, – auf jeden Fall können wir an ihnen ablesen, was wir selber eigentlich treiben, und es ist anzunehmen, daß die meisten Herren für dieses dumpfe Wissen mehr Dankbarkeit haben als für die Götter, die sie im Munde führen.

1942

Was ein Tiger ist, weiß ich wirklich erst seit dem Gedicht von Blake. *1942*

In der Geschichte ist viel zu wenig von Tieren die Rede.

1943

Es ist nicht auszudenken, wie gefährlich die Welt ohne Tiere sein wird. *1943*

Man möchte jeden Menschen in seine Tiere auseinandernehmen und sich mit diesen dann gründlich und begütigend ins Einvernehmen setzen. *1943*

Und welches ist die Erbsünde der Tiere? Warum erleiden die Tiere den Tod? *1943*

Es ist nicht gut, daß die Tiere so billig sind. *1943*

Mit zunehmender Erkenntnis werden die Tiere den Menschen immer näher sein. Wenn sie dann wieder so nahe sind wie in den ältesten Mythen, wird es kaum mehr Tiere geben. *1943*

O Tiere, geliebte, grausame, sterbende Tiere; zappelnd, geschluckt, verdaut und angeeignet; raubend und blutig verfault; geflohen, vereinigt, einsam, gesehen, gehetzt, zerbrochen; unerschaffen, von Gott geraubt, in ein täuschendes Leben ausgesetzt wie Findelkinder! *1943*

Die *fehlenden* Tiere: die Arten, die der Aufstieg des Menschen an der Entstehung verhindert hat. *1943*

Das Vielsinnige des Lesens: die Buchstaben sind wie Ameisen und haben ihren eigenen geheimen Staat. *1944*

Die Seidenraupe ist ein tieferer Ausdruck des Chinesischen als selbst die Schrift. *1945*

Die letzten Tiere bitten bei den Menschen um Gnade. Im selben Augenblicke gehen die Menschen in die Luft. Die Tiere bleiben am Leben. – Schadenfreude bei der Vorstellung, daß die Tiere uns überleben könnten. *1945*

Das Nützliche wäre nicht so gefährlich, wenn es nicht so verläßlich nützlich wäre. Es müßte sehr oft aussetzen. Es müßte unberechenbar bleiben, wie etwas Lebendes. Es müßte sich öfter und heftiger gegen einen wenden. Am Nützlichen haben sich die Menschen zu Göttern ernannt, obwohl sie noch sterben müssen. Über diese ihre lächerliche Schwäche täuscht sie die Macht über das Nützliche hinweg. So werden sie in ihrer Einbildung immer schwächer. Das Nützliche vermehrt sich, aber die Menschen sterben wie die Fliegen. Wäre das Nützliche seltener nützlich; gäbe es keine Möglichkeit, genau zu berechnen, wann es bestimmt nützlich sein werde und wann bestimmt nicht; hätte es Sprünge, Willkür und Laune, so wäre niemand sein Sklave geworden. Man hätte mehr gedacht, man hätte sich auf mehr vorbereitet, man wäre auf mehr gefaßt. Die Linien vom Tod her zum Tod wären nicht verwischt, wir wären ihm nicht *blind* verfallen. Er könnte uns nicht mitten in unserer Sicherheit verhöhnen, wie Tiere. So hat uns das Nützliche und der Glaube daran als Tiere belassen; es werden mehr und mehr, und wir sind nur um vieles hilfloser.

1946

Welche erstaunliche Hierarchie unter den Tieren! Der Mensch sieht sie so, wie er sich ihre Eigenschaften gestohlen hat.

1946

Sich ausdenken, was Tiere an einem zu loben fänden.

1946

Rhythmus

Immer hat der Mensch auf die Schritte anderer Menschen gehört, er war sicher mehr auf sie bedacht als auf die eigenen. Auch die Tiere hatten ihren wohlvertrauten Gang. Von ihren Rhythmen waren viele reicher und vernehmlicher als die der Menschen. Huftiere flohen in Herden davon wie Regimenter aus lauter Trommlern. Die Kenntnis der Tiere, von denen er umgeben war, die ihn bedrohten und auf die er Jagd machte, war das älteste Wissen des Menschen. Im Rhythmus ihrer Bewegung lernte er sie kennen. Die früheste Schrift, die er lesen lernte, war die der *Spuren*: Es war eine Art von rhythmischer Notenschrift, die es immer gab; sie prägte sich von selber dem weichen Boden ein, und der Mensch, der sie las, verband mit ihr das Geräusch ihrer Entstehung.

Viele dieser Fußspuren traten in großen Mengen dicht beisammen auf. Die Menschen, die ursprünglich in kleinen Horden lebten, konnten selbst in der ruhigen Betrachtung solcher Spuren des Gegensatzes zwischen ihrer geringen Zahl und der ungeheuren mancher Herden innewerden. Sie waren hungrig und immer auf Beute aus; je mehr Beute, desto besser für sie. Aber sie wollten auch selber *mehr* sein. Das Gefühl des Menschen für seine eigene Vermehrung war immer stark. Es ist darunter keineswegs nur zu verstehen, was man mit einem unzulänglichen Ausdruck als Drang zur Fortpflanzung bezeichnet. Die Menschen wollten jetzt, an dieser ganz bestimmten Stelle, in diesem Augenblick, mehr sein. Die große Zahl einer Herde, auf die sie Jagd machten, und ihre eigene Zahl, die sie sich groß wünschten, waren in ihrem Gefühl auf eine besondere Weise verquickt. Sie gaben dem Ausdruck in einem bestimmten Zustand gemeinsamer Erregung, den ich als *rhythmische* oder zuckende *Masse* bezeichne.

In endloser Linie

Stämme und ganze Völker führen sich auf einen Stammvater zurück, und aus den Verheißungen, die diesem gegeben werden, ist ersichtlich, wie herrliche, doch vor allem *wie viele* Nachkommen er sich wünscht: zahlreich wie die Sterne des Himmels und wie der Sand am Meer. Im *Schi-King*, dem klassischen Liederbuch der *Chinesen*, findet sich ein Gedicht, in dem die Nachkommenschaft einem Heuschreckenschwarm verglichen wird:

Die Schwingen der Heuschrecken sagen: Dränge, dränge!
O mögen deine Söhne und Enkel
Ein unzählbares Heer sein!

Die Schwingen der Heuschrecken sagen: Binde, binde!
O mögen deine Söhne und Enkel
Sich in endloser Linie folgen!

Die Schwingen der Heuschrecken sagen: Vereine, vereine!
O mögen deine Söhne und Enkel
Für immer eins sein!

Große Zahl, Nichtabreißen in der Nachfolge – also eine Art von Dichte über die Zeit hin – und Einheit sind die drei Wünsche für die Nachkommenschaft, die hier ausgesprochen werden. Der Heuschreckenschwarm als Symbol für die Masse der Nachkommenschaft ist darum besonders eindrucksvoll, weil die Tiere hier nicht als schädliches Ungeziefer, sondern eben um der Kraft ihrer Vermehrung willen als etwas Vorbildliches angesehen werden.

Blutbad unter Hasen

Als der Beginn der französischen Revolution wird der Sturm auf die Bastille betrachtet. Sie begann schon früher mit einem Blutbad unter Hasen. Im Mai 1789 waren die Generalstaaten in Versailles zusammengetreten. Sie berieten über die Aufhebung der feudalen Rechte, zu denen auch das Jagdrecht des Adels gehörte. Am 10. Juni, einen Monat *vor* dem Sturm auf die Bastille, berichtete Camille Desmoulins, der als Abgeordneter an den Beratungen teilnahm, in einem Brief an seinen Vater: »Die Bretonen führen provisorisch einige der Artikel ihrer Beschwerdehefte aus. Sie töten die Tauben und das Wildpret, 50 junge Leute richten ebenso hier in der Gegend eine Verheerung ohnegleichen unter Hasen und Kaninchen an. Es heißt, sie hätten vor den Augen der Wärter 4–5000 Stück Wild in der Ebene von St. Germain umgebracht.« Die Schafe, bevor sie sich an die Wölfe wagen, wenden sich gegen die Hasen. Vor der Umkehrung, die sich gegen die Oberen selber richtet, hält man sich an den Untersten schadlos, den jagdbaren Tieren.

Aufzeichnungen 1949

Jonas zeigt zwei wichtige Züge des Propheten: die Angst vor diesem Amt, die ihn bis in den Magen eines Walfisches treibt; und den Zorn darauf, daß seine Prophezeiung nicht eintrifft. Dieser letztere Zug ist das Abstoßendste und Gefährlichste an den Propheten. Sie müssen das Schlimmste wollen, sobald sie es einmal vorausgesagt haben. Ihre Rechthaberei macht sie erbarmungslos. Die Drohungen Gottes nehmen sie ernster als dieser selbst. Ein Prophet hat es schwer: er wird nur in dem Augenblick für voll genommen, in dem seine Voraussage eintrifft; so kann er auf diesen Augenblick nicht verzichten. Gott, der ihm seinen Triumph entreißt, hat ihn getäuscht; und der Prophet, der von den furchtbarsten Dingen spricht, mag alles, nur nicht lächerlich sein. Das Gefühl der Menschen um ihn, daß er das Böse, mit dem er droht, auf seine Weise verkörpert und mit herbeiführen hilft, ist also nicht ganz unberechtigt; wenn sie ihn zu einer anderen Voraussage *zwingen* könnten, möchte manches anders kommen; immer wieder versuchen sie ihn unter diesen Zwang zu setzen.

Ein anderer auffälliger, aber ungewöhnlicher Zug am Buche Jona ist die Einbeziehung der Tiere: sie sollen mit den Menschen Buße tun, indem sie fasten wie diese und wie diese Säcke um sich hüllen. Gott aber erbarmt sich nicht nur der Menschen in Ninive, deren es mehr als 120 000 gibt, sondern auch der vielen Tiere.

1949

Haben die Tiere weniger Angst, weil sie ohne Worte leben?

1949

Es schmerzt mich, daß es nie zu einer Erhebung der Tiere gegen uns kommen wird, der geduldigen Tiere, der Kühe, der Schafe, allen Viehs, das in unsre Hand gegeben ist und ihr nicht entgehen kann.

Ich stelle mir vor, wie die Rebellion in einem Schlachthaus ausbricht und von da sich über eine ganze Stadt ergießt; wie Männer, Frauen, Kinder, Greise erbarmungslos zu Tode getrampelt werden; wie die Tiere Straßen und Fahrzeuge überrennen, Tore und Türen einbrechen, in ihrer Wut sich bis in die höchsten Stockwerke der Häuser hinauf ergießen, wie die Waggons in der Untergrund von Tausenden von wildgewordenen Ochsen zerquetscht werden und Schafe mit plötzlich scharfen Zähnen uns zerreißen. –

Ich wäre schon erleichtert über einen einzigen Stier, der diese Helden, die Stierkämpfer, jämmerlich in die Flucht schlägt und eine ganze blutgierige Arena dazu. Aber ein Ausbruch der minderen, sanften Opfer, der Schafe, der Kühe wäre mir lieber. Ich mag es nicht wahrhaben, daß das nie geschehen kann; daß wir vor ihnen, gerade ihnen allen nie zittern werden. *1949*

Känguruh-Ahnen

Die *Ahnen*, von denen die Ursprungslegenden der Australier handeln, sind kostbare Wesen, es sind Doppelgeschöpfe, teils Tier, teils Mensch, genauer gesagt sind sie beides. Sie haben die Zeremonien eingeführt, und man hält diese ab, weil sie es befohlen haben. Es ist auffallend, daß jeder von ihnen den Menschen mit einer ganz bestimmten Tier- oder Pflanzenart verbindet. So ist der Känguruh-Ahne zugleich Känguruh und Mensch, der Emu-Ahne Mensch und Emu. Es sind nie zwei verschiedene Tiere, die in *einem* Ahnen vorgestellt werden. Immer ist der Mensch dabei, die eine Hälfte sozusagen, die andere Hälfte aber ist ein bestimmtes Tier. Doch kann man gar nicht genug darauf bestehen, daß beides zugleich da ist, in *einer* Gestalt, die Eigenschaften von beiden sind für unser Gefühl auf die naivste und frappierendste Weise gemischt.

Es ist klar, daß diese Ahnen nichts anderes darstellen als die Ergebnisse von Verwandlungen. Der Mensch, dem es immer wieder gelang, sich wie ein Känguruh zu fühlen und so auszusehen, wurde zum Känguruh-Totem. Diese bestimmte Verwandlung, die oft geübt und gebraucht worden war, bekam den Charakter einer Errungenschaft und wurde in Mythen, die man dramatisch darstellen konnte, von Geschlecht zu Geschlecht weitergegeben.

Der Büffeltanz

Der Bericht über den berühmten Büffeltanz der *Mandan*, eines Indianerstammes in Nordamerika, stammt aus der ersten Hälfte des vorigen Jahrhunderts.

»Die Büffel finden sich gelegentlich zu ungeheuren Massen zusammen und streichen in allen Richtungen durch das Land, von Ost nach West oder von Nord nach Süd, weit fort, wohin ihre Laune sie treibt. Die Mandan haben dann plötzlich gar nichts zu essen. Sie sind ein kleiner Stamm und angesichts stärkerer Feinde, die ihnen nach dem Leben trachten, wagen sie es nicht, sich zu weit von zu Hause zu entfernen. So können sie nah an eine Hungersnot geraten. In einer Krise dieser Art holt jedermann seine Maske aus dem Zelt hervor, die er für eine solche Gelegenheit in Bereitschaft zu halten hat: es ist das Fell eines Büffelkopfs mit den Hörnern darauf. Der Büffeltanz beginnt, damit ›Büffel kommen‹. Er soll die Herde verlocken, ihre Richtung zu ändern und sich dem Dorfe der Mandan zuzuwenden.

Der Tanz findet auf dem öffentlichen Platz in der Mitte des Dorfes statt. Etwa 10 bis 15 Mandan nehmen daran teil, jeder von ihnen hat einen Büffelschädel mit Hörnern über den Kopf gestülpt und hält in seiner Hand den Bogen oder den Speer, mit dem er am liebsten Büffel tötet.

Der Tanz hat immer die gewünschte Wirkung, er hört nie auf, sondern geht Tag und Nacht weiter, bis ›Büffel kommen‹. Trommeln werden geschlagen, Rasseln geschüttelt, Lieder gesungen, Rufe unaufhörlich ausgestoßen. Die Zuschauer stehen mit Masken auf dem Kopf und Waffen in der Hand daneben, bereit, für jeden einzuspringen, der müde wird und den Kreis verläßt.

Während dieser Zeit allgemeiner Aufregung stehen Späher auf den Hügeln in der Umgegend des Dorfes, und wenn sie die Annäherung von Büffeln bemerken, geben sie das verabredete Signal, das sofort im Dorfe gesehen und vom ganzen Stamm verstanden wird. Solche Tänze haben ununterbrochen zwei oder drei Wochen angedauert, bis zum frohen Augenblick, da die Büffel erscheinen. Sie mißlingen nie und ihnen wird zugeschrieben, daß die Büffel kommen.

An der Maske hängt gewöhnlich noch ein Streifen Fell, die ganze Länge des Tieres, mit dem Schwanz daran; er liegt über dem Rücken des Tänzers und schleift am Boden. Wer müde wird, zeigt es an, indem er sich ganz vornüber beugt und seinen Körper dem Boden nähert: dann richtet ein anderer den Bogen auf ihn, trifft ihn mit einem stumpfen Pfeil, und er fällt wie ein Büffel nieder. Die Umstehenden packen ihn, zerren ihn an den Fersen aus dem Kreis und zücken ihre Messer über ihn. Nachdem sie die Bewegungen des Häutens und Aufschneidens gemacht haben, lassen sie ihn gehen und seine Stelle wird sofort von einem anderen eingenommen, der mit der Maske auf dem Kopf in den Ring tanzt. So kann der Tanz leicht Tag und Nacht in Gang gehalten werden, bis die gewünschte Wirkung erzielt ist und ›Büffel kommen‹.«

Die Tänzer stellen Büffel und Jäger zugleich vor. In ihrer Verkleidung sind sie Büffel, aber Bogen, Pfeile und Speer kennzeichnen sie als Jäger. Solange einer tanzt, ist er als Büffel anzusehen und gibt sich als solcher. Wenn er ermüdet, ist er ein müder Büffel. Er darf die Herde nicht verlassen, ohne erlegt zu werden. Von einem Pfeil getroffen, und nicht aus Müdigkeit, sinkt er um. Bis in den Todeskampf bleibt er Büffel. Er wird von den Jägern weggetragen und zerlegt. Erst war er ›Herde‹, nun endet er als Beute.

Aufzeichnungen
1950–1955

Ich gäbe viel darum, wenn ich mir die historische Betrachtung der Welt wieder abgewöhnen könnte. Erbärmlich ist diese Abteilung nach Jahren und ihre Rückerstreckung ins Leben der Tiere und Pflanzen, als es von uns noch nicht belastet war. Die Krone der menschlichen Zwingherrschaft ist die Zählung der Jahre; die niederdrückendste aller Sagen die von einer Erschaffung der Welt für uns.

1950

Ein Traum ist wie ein Tier, aber ein unbekanntes, und man übersieht nicht seine Glieder. Die Deutung ist ein Käfig, doch der Traum ist nie darin. *1951*

Alle Sprache ist durchsetzt und belebt von Geschöpfen, denen die größte Verachtung gilt. Man spricht von Kröten und Ungeziefer, von Schlangen, Würmern und Schweinen. Was wäre, wenn alle Worte und Gegenstände der Verachtung uns plötzlich abhanden kämen? *1954*

In England wird man nicht ins Gesicht gelobt, dafür hält man sich Hunde. Für alles, was man mit diesen unternimmt, ist Lob erlaubt. *1954*

»Wenn Kamele an einen Fremden verkauft werden, werden sie krank, aus Ekel über den Preis.« *1955*

Hunde haben eine Art von aufdringlicher Seelenbereitschaft, die verdorrende Menschen erleichtert. *1955*

Das schönste Standbild des Menschen wäre ein Pferd, wenn es ihn abgeworfen hätte. *1955*

Das Lachen der Hyäne

Das *Lachen* ist als vulgär beanstandet worden, weil man dabei den Mund weit öffnet und die Zähne entblößt. Gewiß enthält das Lachen in seinem Ursprung die Freude an einer Beute oder Speise, die einem als sicher erscheint. Ein Mensch, der fällt, erinnert an ein Tier, auf das man aus war und das man selber zu Fall gebracht hat. Jeder Sturz, der Lachen erregt, erinnert an die Hilflosigkeit des Gestürzten; man könnte es, wenn man wollte, als Beute behandeln. Man würde *nicht* lachen, wenn man in der Reihe der geschilderten Vorgänge weitergehen und sich's wirklich einverleiben würde. Man lacht, *anstatt* es zu essen. Die entgangene Speise ist es, die zum Lachen reizt; das plötzliche Gefühl der Überlegenheit, wie schon Hobbes gesagt hat. Doch hat er nicht hinzugefügt, daß sich dieses Gefühl nur dann zum Lachen steigert, wenn die Folge dieser Überlegenheit ausbleibt. Hobbes' Auffassung des Lachens kommt der Wahrheit auf halbem Wege entgegen; zu ihrem eigentlich ›animalischen‹ Ursprung ist er aber nicht vorgedrungen, vielleicht weil Tiere nicht lachen. Aber Tiere versagen sich auch keine Speise, die ihnen erreichbar ist, wenn sie wirklich Lust auf sie haben. Der Mensch allein hat es gelernt, den vollkommenen Prozeß der Einverleibung durch einen symbolischen Akt zu ersetzen. Es scheint, daß die Bewegungen, die vom Zwerchfell ausgehen und fürs Lachen charakteristisch sind, eine Reihe von inneren Schlingbewegungen des Leibes zusammenfassend ersetzen.

Unter Tieren gibt allein die Hyäne einen Laut von sich, der unserem Lachen wirklich nahekommt. Man kann ihn künstlich erzeugen, indem man einer gefangenen Hyäne etwas zum Fressen vorsetzt und dann rasch entzieht, bevor sie Zeit zum Zupacken hatte. Es ist nicht müßig, daran zu erinnern, daß ihre Nahrung in der Freiheit aus Aas besteht; man kann sich vorstellen, wie oft vieles, worauf sie Lust hatte, ihr von anderen unter den Augen weggeschnappt wird.

Befehl · Pferd · Pfeil

An der Geschichte der Mongolen ist auffallend der strenge und ursprüngliche Zusammenhang zwischen Befehl, Pferd und Pfeil. In dieser Verbindung ist ein Hauptgrund für den plötzlichen, rapiden Aufschwung ihrer Macht zu sehen. Eine Betrachtung dieses Zusammenhangs ist unerläßlich und soll hier in wenigen Worten versucht werden.

Der Befehl leitet sich, wie man weiß, biologisch vom Fluchtbefehl her. Das Pferd wie alle ihm ähnlichen Huftiere war in seiner ganzen Geschichte auf diese Flucht eingestellt, man möchte sagen, sein eigentlicher Gegenstand. Es hat immer in Herden gelebt, und diese Herden waren es gewohnt, *zusammen zu fliehen.* Der Befehl dazu wurde ihnen von gefährlichen Raubtieren gegeben, die es auf ihr Leben abgesehen hatten. Massenflucht ist eines der häufigsten Erlebnisse und etwas wie eine natürliche Eigenschaft von Pferden geworden. Sobald die Gefahr vorüber ist oder sie sie vorüber glauben, fallen sie in den sorglosen Zustand des Herdenlebens zurück, da jedes Tier für sich unternimmt, was ihm behagt.

Der Mensch, der sich des Pferdes bemächtigt, der es gezähmt hat, bildet eine neue *Einheit* mit ihm. Er hat eine Reihe von Verrichtungen eingelernt, die man sehr wohl als Befehle auffassen kann. Sie bestehen zum geringsten Teil aus Lauten, zum größeren aus ganz bestimmten Druck- oder Zugbewegungen, die dem Pferd den Willen des Reiters übermitteln. Es versteht die Willensimpulse des Reiters und gehorcht ihnen. Das Pferd ist bei diesen

Reitervölkern seinem Herrn so notwendig und vertraut, daß sich eine ganz persönliche Beziehung zwischen ihnen ausgebildet hat, eine Untertanenschaft von einer Intimität, wie sie sonst nicht möglich ist.

Die physische Distanz, die gewöhnlich zwischen Befehlshaber und Empfänger besteht, auch zwischen Herr und Hund zum Beispiel, ist hier aufgehoben. Es ist der Körper des Reiters, der dem Körper des Pferdes seine Anweisungen erteilt. Der Befehlsraum ist so auf ein Minimum reduziert. Das Ferne, Fremde, Streifende, das zum ursprünglichen Charakter des Befehls gehört, verschwindet. Der Befehl ist hier auf eine ganz besondere Weise domestiziert, ein neues Agens ist in die Beziehungsgeschichte von Geschöpfen eingeführt worden: das Reittier; der Diener, auf dem man sitzt, der Diener, der der physischen Schwere des Herrn ausgesetzt ist und jedem Drucke seines Körpers nachgibt.

Wie wirkt sich diese Beziehung zum Pferd auf den Befehlshaushalt des Reiters aus? Da ist erst festzustellen, daß der Reiter die Möglichkeit hat, Befehle, die er von einem Vorgesetzten bekommt, an sein Pferd weiterzuleiten. Ein Ziel, das ihm gesetzt wird, erreicht er nicht, indem er selbst hinrennt: Er gibt seinem Pferd die Anweisung, es zu erreichen. Da das sofort geschieht, behält er von diesem Befehl keinen Stachel zurück. Er hat ihn durch die Weiterleitung ans Pferd umgangen. Das besondere Stück Unfreiheit, das ihm dieser Befehl verursacht hätte, ist er losgeworden, bevor er sie recht fühlen konnte. Je rascher er seinen Auftrag ausführt, je rascher er aufsitzt, je rascher er reitet, um so weniger Stachel bleibt in ihm zurück. Die eigentliche Kunst dieser Reiter, sobald sie militärischen Charakter annehmen, besteht darin, daß sie eine viel größere Masse von Befehlsempfängern abzurichten vermögen, an die sie alles, was sie selber von oben empfangen, unverzüglich weiterleiten.

Zur Heeresorganisation der Mongolen gehörte eine besonders strikte Disziplin. Den Völkern, über die sie herfielen und die sich ihnen unterwerfen mußten, die Gelegenheit hatten, sie aus der Nähe zu beobachten, erschien diese Disziplin als das Erstaunlichste und Strengste, das ihnen je begegnet war. Ob es Perser, Araber oder Chinesen, Russen, Ungarn oder jene Franziskanermönche waren, die zu ihnen als Gesandte des Papstes kamen – allen war es gleich unbegreiflich, daß Menschen so unbedingt gehorchen könnten. Diese Disziplin wurde von den Mongolen oder Tataren, wie man sie meist nannte, *leicht* getragen, denn der Teil ihres Volkes, der die Hauptlast davon trug, waren *Pferde*.

Schon zwei- oder dreijährige Kinder wurden von den Mongolen auf Pferde gesetzt und im Reiten abgerichtet. Es ist davon gesprochen worden, wie früh das Kind im Laufe seiner Erziehung von Befehls-Stacheln vollgepfropft wird. Ganz besonders früh und in seiner nächsten Nähe die Mutter, aber aus etwas größerer Entfernung später auch der Vater, ja, jeder, dem seine Erziehung anvertraut wird, eigentlich jeder Erwachsene oder Ältere in seiner Umgebung, kann sich in Anweisungen, Befehlen, Verboten ans Kind kaum Genüge tun. Von früh auf sammeln sich Stacheln jeder Art im Kinde an; sie sind es, die zu den Engen und Zwängen seines späteren Lebens werden. Er muß nach anderen Geschöpfen suchen, an die er seine Stacheln loswerden kann. Sein Leben wird ein einziges Abenteuer des Sie-Loswerden-, des Sie-Verlierenmüssens. Er weiß nicht, warum er diese oder jene unerklärliche Tat begeht, warum er diese oder jene scheinbar sinnlose Beziehung eingeht.

Das mongolische oder kirgisische Kind, das so früh zu reiten lernt, hat nun, gemessen am Kinde seßhafter und höherer Kulturen, eine Freiheit ganz eigener Art. Sobald es sich auf Pferde versteht, kann es an diese all das weiterleiten, was ihm befohlen wird. Sehr früh entlädt es sich der Stacheln, die – in viel geringerem Maße – auch zu seiner Erziehung gehören. Das Pferd tut, was das Kind will, bevor irgendein Mensch tut, was es will. Es gewöhnt sich an diesen Gehorsam, und es lebt so leichter, aber es erwartet später von unterjochten Menschen dasselbe, eine physische Unterwerfung absoluter Natur.

Zu dieser für den Befehlshaushalt des Menschen entscheidenden Beziehung zum Pferd kommt nun als zweites bei den Mongolen die Bedeutung des *Pfeils*. Er ist das genaue Abbild des ursprünglichen, nicht domestizierten Befehls.

Der Pfeil ist *feindlich*, er soll töten. Er durchmißt geradlinig eine große Entfernung. Man soll ihm ausweichen. Wem das nicht gelingt, in dem bleibt er *stecken*. Er kann herausgezogen werden, aber selbst wenn er nicht abbricht, eine Wunde bleibt zurück. (Es gibt manche Erzählungen über Pfeilwunden in der ›Geheimen Geschichte der Mongolen‹.) Die Zahl der Pfeile, die sich abschießen läßt, ist unbegrenzt; der Pfeil ist die Hauptwaffe der Mongolen. Sie töten auf Entfernung; aber sie töten auch in Bewegung, von den Rücken ihrer Pferde her.

Es ist bemerkt worden, daß jedem Befehl von seinem biologischen Ursprung her der Charakter eines Todesurteils anhaftet. Was nicht flieht, wird ereilt. Was ereilt wird, wird zerrissen.

Bei den Mongolen hat der Befehl den Charakter des Todesurteils noch in höchstem Maße behalten. Sie schlachten Menschen wie Tiere. Töten ist ihre dritte Natur, so wie Reiten die zweite.

Ihre Schlächtereien von Menschen gleichen aufs Haar ihren Treibjagden, den Schlächtereien von Tieren. Wenn sie nicht Krieg führen, jagen sie, ihre *Manöver* sind Jagden. Es muß höchst erstaunlich für sie gewesen sein, bei ihren weitläufigen Eroberungszügen auf Buddhisten und auf Christen zu stoßen, deren Priester vom besonderen Wert jeglichen Lebens zu ihnen sprachen. Einen größeren Kontrast hat es wohl nie gegeben: Die Meister des nackten Befehls, die diesen instinktiv verkörpern, geraten an jene, die ihn durch ihren Glauben so abschwächen oder abwandeln wollen, daß er seine Tödlichkeit verliert und *human* wird.

Aufzeichnungen 1954–1956

Ein Hund wird dazu erzogen, jedem Menschen mißbilligende Gegenstände zuzutragen. *1955*

Die Füße allein wären genug, für ein ganzes Leben, die Füße der Unbekannten.

Seit ich den Gang eines Gepards sah, ist dieser Rausch des Gehens über mich gekommen. Alles leiblich Schöne erlebt man erst an Tieren. Wenn es keine Tiere gäbe, wäre niemand mehr schön. *1956*

Dort lieben sich die Hunde anders, im Laufen.

1956

Ich kannte ihn noch, wie er aus lauter schönen Tieren bestand. Jetzt ist er zum Schachtelhalm herangewachsen.

1954/56

Das Springbock-Gefühl

Es sind die Tiere, die für den Buschmann so wichtig sind wie seine nächsten Angehörigen, seine nächsten Tiere sozusagen, die er jagt und von denen er sich nährt.

Ein Strauß geht in der warmen Sonne spazieren. Ein schwarzes Insekt beißt ihn, das die Buschmänner die ›Laus des Straußes‹ nennen. Der Strauß kratzt sich hinten am Nacken mit dem Fuß. Der Buschmann fühlt etwas am tieferen Teil seines eigenen Nackens, am selben Ort, wo der Strauß sich kratzt. Es ist ein Gefühl wie ein Klopfen. Dieses Gefühl sagt dem Buschmann, daß ein Strauß in der Nähe ist.

Ein ganz besonders wichtiges Tier für den Buschmann ist der Springbock. Da gibt es nun viele Vorgefühle, und sie beziehen sich auf alle möglichen Bewegungen und Eigenschaften des Springbocks.

»Wir haben eine Empfindung in den Füßen, wir spüren das Rascheln mit ihren Füßen im Gebüsch.« Diese Empfindung in den Füßen bedeutet, daß die Springböcke kommen. Es ist nicht etwa so, daß man sie rascheln *gehört* hat. Sie sind noch zu weit entfernt. Aber die Füße der Buschmänner selber rascheln, denn die der Springböcke rascheln in der Ferne. Doch das ist nicht alles, es ist noch viel mehr als die Bewegung der Füße, was vom Springbock auf den Buschmann übergeht. »Wir haben ein Gefühl im Gesicht, wegen dem schwarzen Streifen auf dem Gesicht des Springbocks.« Dieser schwarze Streifen beginnt in der Mitte der Stirn und erstreckt sich bis zum Ende der Nase herunter. Dem Buschmann ist zumute, als hätte er den schwarzen Streifen auf seinem eigenen Gesicht. »Wir haben ein Gefühl an den Augen, wegen der schwarzen Zeichen auf den Augen des Springbocks.«

Einer fühlt ein Klopfen an seinen Rippen und sagt zu seinen Kindern: »Es scheint, daß der Springbock kommt, ich spüre das schwarze Haar. Geht auf den Hügel drüben und seht euch nach allen Seiten um. Ich habe das Springbock-Gefühl.« Dieses schwarze Haar hat der Springbock an seinen Flanken. Das Klopfen an seinen eigenen Rippen bedeutet für den Buschmann das schwarze Haar an den Seiten des Tieres.

Ein anderer, der anwesend ist, während über diese Erscheinungen gesprochen wird, stimmt mit ihm überein. Auch er hat ein Vorgefühl, das sich auf Springböcke bezieht, aber es ist nicht dasselbe: Er spürt das Blut des erlegten Tieres.

»Ich habe ein Gefühl an den Waden meiner Beine, wenn das Blut des Springbocks daran herunterrinnen wird. Ich spüre immer Blut, wenn ich den Springbock töten werde. Ich sitze und habe ein Gefühl im Rücken, wo das Blut herunterrinnt, wenn ich einen Springbock trage. Das Haar des Springbocks liegt auf meinem Rücken.«

Einmal heißt es: »Wir spüren es in unseren Köpfen, wenn wir daran sind, die Hörner des Springbocks abzuschlagen.« Ein andermal: »Die Dinge, die zahlreich sind, pflegen zuerst zu kommen, wenn wir im Schatten der Hütte liegen. Sie denken, daß wir wahrscheinlich unseren Mittagsschlaf halten. Wir legen uns gewöhnlich zu einem Mittagsschlaf nieder. Aber wir halten unseren Mittagsschlaf nicht, wenn die Dinge gehen und ihre Beine bewegen. Wir spüren etwas in den Höhlen unter den Knien, wo das Blut hintropft, wenn wir das Wild tragen.«

Aus diesen Äußerungen von Buschmännern ersieht man, welche Bedeutung sie solchen Vorgefühlen oder Ahnungen beilegen. Sie fühlen es in ihren Körpern, wenn gewisse Ereignisse bevorstehen. Eine Art von Klopfen in ihrem Fleisch spricht zu ihnen und macht ihnen Mitteilung davon. Ihre Buchstaben, wie sie sagen, sind in ihrem Körper. Diese Buchstaben sprechen und bewegen sich und veranlassen sie selbst zur Bewegung. Ein Mann gebietet den anderen Schweigen und verhält sich ganz still, wenn er merkt, daß es in seinem Körper klopft. Das Vorgefühl spricht die Wahrheit. Die dumm sind, verstehen die Lehren nicht und geraten ins Unglück, sie werden von einem Löwen getötet, oder es geschieht ihnen sonst etwas Schlimmes. Die Klopfzeichen sagen denen, die sie verstehen, welchen Weg sie nicht gehen, welche Pfeile sie nicht verwenden sollen. Sie warnen sie, wenn viele Leute auf einem Wagen sich dem Haus nähern. Wenn man auf der Suche nach jemandem ist, sagen einem die Klopfzeichen, auf welchem Weg man ihn suchen soll, um ihn zu finden.

Es ist nicht unsere Sache, hier zu untersuchen, ob die Ahnungen der Buschmänner sich bewähren oder ob sie trügerisch sind. Sie mögen Fähigkeiten ausgebildet haben und in ihrem täglichen Leben üben, die uns abhanden gekommen sind. Sie mögen Grund haben, weiter an ihre Ahnungen zu glauben, auch wenn sie von ihnen zuweilen betrogen worden sind. Wie immer es damit steht, ihre Äußerungen über die Art, wie die Vorgefühle sich bei ihnen melden, gehören zu den kostbarsten Dokumenten über das Wesen der *Verwandlung*. Es gibt nichts, das sich ihnen an die Seite stellen ließe. Denn gegen alles, was man darüber aus Mythen oder Märchen erfährt, läßt sich der Einwand erheben, daß es erdichtet sei. Hier aber erfahren wir, wie einem Buschmann in seinem wirklichen Leben zumute ist, wenn er an einen Strauß oder einen Springbock in der Ferne denkt; was ihm dabei geschieht; was das überhaupt bedeutet, an ein Geschöpf zu denken, das nicht er selber ist.

Ein georgisches Märchen

Der böse Meister, der der Teufel selbst ist, hat den Jungen in die Lehre bekommen und ihm allerhand Zauber beigebracht. Er will ihn aber nie wieder freilassen und ganz in seinen Diensten verwenden. Der Junge entkommt, aber er wird wieder eingefangen und vom Meister in einen dunklen Stall gesperrt. Da sinnt er auf Befreiung und kommt auf nichts, die Zeit vergeht, und er wird immer trauriger.

Eines Tages bemerkt er einen Sonnenstrahl in seinem Stall. Er sieht nach und findet einen Spalt in der Tür, durch den der Sonnenstrahl eingedrungen ist. Rasch verwandelt er sich in eine Maus und schlüpft zum Spalt hinaus. Der Meister bemerkt, daß er fort ist, verwandelt sich in eine Katze und läuft der Maus nach.

Nun beginnt eine wilde Reihe von Verwandlungen. Die Katze öffnet schon den Rachen, um die Maus zu töten, da verwandelt sich diese in einen Fisch und springt ins Wasser. Der Meister wird im Nu zu einem Netz und schwimmt hinter dem Fisch her. Fast hat er ihn gefangen, da wird der Fisch zu einem Fasan. Der Meister macht als Falke auf ihn Jagd. Schon fühlt der Fasan die Klauen seines Feindes, da läßt er sich in Gestalt eines rotbackigen Apfels gerade in den Schoß des Königs fallen. Der Meister wird zum Messer und der König hält es plötzlich in der Hand. Der König will zugreifen und den Apfel zerschneiden, da ist der Apfel gar nicht mehr da und statt seiner ein Häufchen Hirse. Davor steht eine Henne mit ihren Küken – der Meister. Sie picken und picken die Körner auf, bis ein einziges Körnchen übrigbleibt. Das wird im letzten Augenblick zu einer Nadel. Das Huhn und die Küken aber werden alle zusammen zu einem Faden im Öhr der Nadel. Nun flammt die Nadel auf, der Faden verbrennt. Der Meister ist tot. Die Nadel verwandelt sich in den Jungen zurück, und er geht heim zu seinem Vater.

Aufzeichnungen 1958–1960

»Auch jetzt noch hält man strenge darauf, daß ein Tier nicht eher geschlachtet werden darf, bis es, mit dem Trankopfer begossen, durch ein Nicken mit dem Kopfe seine Einwilligung gegeben hat.«

Plutarch, Tischgespräche

1958

Eine schreiende und eine springende Schnecke:

»Die große Achatina marginata hat das Vermögen zu schreien. Diese Tatsache ist den Eingeborenen wohlbekannt: sie waren sehr belustigt über mein Zusammenfahren, als ich eine dieser Schnecken in die Hand nahm und sie zu schreien begann. Man nimmt an, das Geräusch wird erzeugt, indem das Geschöpf an seiner Schale kratzt. Dieses Geräusch ist laut genug, um einen bei der ersten Erfahrung heftig zu erschrecken.

Eine andere kleine Landschnecke hat das Vermögen, 3 oder 4 Fuß in die Höhe zu springen.«

P. A. Talbot, In the Shadow of the Bush

1957/59

Ein feierliches Tier, aus Tiaren zusammengesetzt.

1960

Er sah sie wie Fische durcheinanderschwimmen, in jeder Größe des Mauls, unermüdlich ausgeliefert. *1960*

Der Esel im Tigerfell

›Ein Wäscher hatte einen Esel, welcher imstande war, ganz außerordentliche Lasten zu tragen. Um ihn zu ernähren, bedeckte ihn der Wäscher mit einem Tigerfell und führte ihn dann, wenn es Nacht wurde, in anderer Leute Getreide; und der Esel ließ sich anderer Leute Getreide nach Herzenslust schmecken, denn kein Mensch wagte es, zu ihm zu gehen und ihn zu verjagen, weil jeder ihn für einen Tiger hielt. Einst aber lauerte ihm ein Feldwächter auf. Er hatte einen staubgrauen Mantel über seinen Körper geworfen und hielt seinen Bogen bereit, um das Raubtier zu töten. Als der Esel ihn von weitem sah, regte sich in ihm die Liebe, und er hielt den Mann für eine Eselin. Darum schrie er auf und lief auf ihn zu. Der Feldwächter aber erkannte den Esel als solchen an seiner Stimme und tötete ihn.‹

Diese indische Geschichte vom ›Esel im Tigerfell‹ enthält in wenigen Sätzen ein kleines Lehrbuch der Verstellung. Es ist noch niemand gelungen, auf so knappem Raum so viel darüber zu sagen. Man muß zugeben, daß es sich dabei um ihre Anwendungen und nicht um ihre Ursprünge handelt. Aber manche dieser Anwendungen sind von den Ursprüngen gar nicht so weit entfernt.

Es fängt mit dem Beruf des Wäschers an, der Kleidungsstücke reinigt; diese sind eine zweite *Haut* der Menschen. Er ist ein tüchtiger Wäscher und hat einen Esel gefunden, der ihm viel Lasten trägt. Es ist anzunehmen, daß der Esel die Wäsche austrägt, die sein Herr gereinigt hat. Unter den Häuten, mit denen der Wäscher beruflich zu tun hat, mag sich auch das Tigerfell gefunden haben, von dem die Geschichte eigentlich handelt.

Der Esel, der so gut arbeitet, ist hungrig und braucht

viel Nahrung. Sein Herr bekleidet ihn mit dem Tigerfell und führt ihn in anderer Leute Getreide. Da kann er nach Herzenslust fressen, die Leute fürchten sich vor ihm, sie halten ihn für einen Tiger. Das harmlose Geschöpf ist hier mit dem Fell eines sehr gefährlichen Tieres bekleidet. Es weiß aber nicht, was mit ihm geschehen ist. Der Schrecken, den es einflößt, kann ihm nicht begreiflich sein. Es frißt nach Herzenslust und ungestört. Die Menschen, die sich ihm nicht zu nähern wagen, können gar nicht wissen, was er da tut. Ihre Scheu ist die vor einem mächtigeren Wesen, sie hat etwas von gläubiger Verehrung. Ihre Scheu hält sie davon ab, den Tiger als Esel zu durchschauen. Sie bleiben ihm fern, und solange er nur schweigt, kann er weiterfressen. Nun aber tritt ein Feldwächter auf, der kein gewöhnlicher Mann ist; er hat den Mut eines Jägers und hält seinen Bogen bereit, um den Tiger zu erlegen. Er will ihn in seine Nähe locken und verkleidet sich als Beute, die den Tiger interessieren könnte. Er wirft sich einen staubgrauen Mantel um, vielleicht ist es das Fell eines Esels, und jedenfalls möchte er von dem vermeintlichen Tiger für einen Esel gehalten werden. Seine Verstellung ist die des Gefährlichen, das sich für etwas Harmloses ausgibt. Schon die frühesten Jäger haben sich dieses Mittels bedient, um sich an ihre Beute heranzumachen.

Der Witz der Geschichte liegt nun darin, daß der Esel, der zwar gut gefressen hat, sich einsam fühlt. Sobald er in der Ferne etwas sieht, das ihn an einen Esel erinnert, möchte er, daß es eine Eselin sei. Er schreit auf und läuft auf die vermeintliche Eselin zu. Durch seine Stimme gibt er sich als Esel zu erkennen und wird vom Feldwächter getötet. – Statt als Beute, die ein Tiger gern fressen würde, hat der Feldwächter ahnungslos als Eselin gewirkt. Statt der Liebe, um die es ihm zu tun war, findet der Esel seinen Tod.

Aufzeichnungen 1961–1962

Übertragung von Gedanken, mit denen man sich mehr als zwanzig Jahre befaßt hat, in eine andere Sprache. Ihre Unzufriedenheit, weil sie nicht in dieser Sprache entstanden sind. Ihre Kühnheit erlischt, sie weigern sich auszustrahlen. Sie schleppen Nichtzugehöriges hinter sich her und lassen Wichtiges auf dem Wege fallen. Sie erbleichen, sie ändern ihre Farbe. Sie kommen sich feig und vorsichtig vor, der Winkel, unter dem sie ursprünglich einfielen, ist ihnen verloren. Sie hatten den Flug von Raubvögeln, nun flattern sie wie Fledermäuse. Ihr Lauf war der von Geparden, nun kriechen sie daher wie Blindschleichen.

Demütigend zu denken, daß sie in eben dieser Reduktion, dieser Mäßigung und Entmannung eher Verständnis finden werden! *1961*

Vor den Thronen der Tiere standen demütig Menschen und erwarteten ihr Urteil. *1962*

Schlangen als Wegweiser. *1962*

Dort halten sie sich Schlangen als Ahnen und sterben an ihren Bissen. *1962*

Das Bellen der Hunde dient ihnen dort als Orakel. Wenn die Hunde verstummen, erlischt ihr Stamm. *1962*

Dort wird jeder von einem eingeborenen Wurm regiert und pflegt ihn und ist gehorsam. *1962*

Ein Tier, das seit Anbeginn der Schöpfung lebt.

1962

Die Pferdedunkle

Die Pferdedunkle hat wenig gelernt und versteht sich nicht mit Menschen. Es fehlt ihr nicht an Worten, sie liest und schreibt, aber wenn ein Mensch zu ihr redet und eine Antwort erwartet, verschlägt es ihr die Sprache. Schon daß jemand vor ihr steht, der die Augen auf sie richtet, schon daß ein Mund sich vor ihr öffnet und Laute formt, nimmt ihr den Mut, als Zweifüßler zu reagieren, jedes Gegenüber erschreckt sie.

Sie wendet sich dann ab und weicht mit den Blicken aus, sie zittert, ihre Augen füllen sich mit Tränen. Sie schämt sich aller Worte, die andere so leicht sagen. Warum nur tritt niemand vor sie hin und schweigt. Vielleicht könnte sie sich allmählich an die Konfrontation gewöhnen. Vielleicht könnte sie sich auf Worte, die noch nicht gesagt sind, vorbereiten. Aber niemand gönnt ihr die Zeit dazu. Da kommt einer auf sie zugegangen, schon steht er, schon schaut er sie an, schon öffnet er den Mund und spricht. Noch bevor sie es gewagt hat, ihn ins Auge zu fassen, überfallen sie Worte, und wenn es noch leise, ungewöhnliche Worte wären, Worte, wie sie sie insgeheim in sich trägt, – aber immer sind es rohe und gezielte Formeln, die ihr wie harte, kleine Steine aufs Gesicht prasseln und es verletzen.

Die Pferdedunkle rettet sich in den Stall zu Pferden. Da stellt sie sich zu seiten eines Tieres auf und beruhigt sich an seinen glatten Flanken. Da wird kein Wort gesprochen, Schweife schlagen freundlich hin und her, Ohren spitzen sich, die ihre Gegenwart erkennen, Nüstern beben. Augen wenden sich ihr schweigend zu, sie scheut sich nicht in Augen zu blicken, die niemand kränken.

Die Pferdedunkle ist froh, daß sie selbst kein Pferd ist. Sie will nichts sein, das sie als ihresgleichen empfindet. Nur das Immerfremde ist ihr geheuer. Sie schmeichelt sich nicht ein, sie liebkost nicht, sie hat keine eigenen Laute; so wenig wie sie verstehen möchte, will sie verstanden sein. Die Dunkelheit, in der sie leben muß, findet sie nur unter Pferden. Sie hat es nie mit Tieren versucht, die ihr näher sein wollen. Es wäre ein Irrtum zu glauben, daß sie gern auf Pferden reitet. Aber sie findet ihren Weg in Ställe, die es manchmal noch gibt, findet die Zeit, die sie von Menschen frei sind und bleibt nur, solange keiner zu erwarten ist.

Die Pferdedunkle krankt an keiner übermäßigen Liebe für sich, doch mit Pferden kann sie allein sein.

Aufzeichnungen
1964–1968

Eine Gesellschaft, in der jeder ein Tier zum Sprechen abrichtet, das dann für ihn spricht, aber er verstummt.

1964

Sie hat Fleisch so gern, daß sie im Tod von Raubvögeln zerrissen werden möchte. *1965*

Liebe: eine Schlange mit zwei Köpfen, die sich unaufhörlich bewachen. *1965*

Schweigend verwünschen ihn die Tiere, mit denen er seine Gedanken aufputzt. *1965*

Raubtier der Trauer, Mensch. *1966*

Faszination durch Schlangen. – Weil sie taub sind? Weil sie ihr Gift sozusagen offen, an *einer* Stelle nämlich haben? Aber es faszinieren auch die, die nicht giftig sind. Weil sie so selten essen? Weil auch sie sich lieben?

Die Geschichte der Schlange, die beim Fang durch Dornen ganz um ihre Haut gebracht wurde: die sich rosig nackt unter lachenden Eingeborenen wand, und die Scheu des Fängers, der ihre Erniedrigung nicht ertrug und sie beiseite schaffte. *1966*

Tiere sind schon darum merkwürdiger als wir, weil sie ebenso viel erleben, es aber nicht sagen können. Ein sprechendes Tier wäre nicht mehr als ein Mensch.

1966

Renntier schießt Mann. ›Ein Renntier namens Rudolf, das den Schlitten von drei Jägern zog, schoß einen von ihnen ins Bein. Rudolf verfing sich mit seinen Hörnern in ein Gewehr und zog den Hahn.‹

Wann werden alle Tiere schießen lernen? Wann wird es für jeden Jäger gefährlich werden zu schießen? Wann werden Tiere wie Rebellen Gewehre stehlen, beiseite schaffen und sich im Schießen üben? Horntiere hätten es besonders gut, aber auch mit Zehen und mit Zähnen ließe sich auf Jäger schießen. Und wenn unschuldige Menschen dabei zu Schaden kämen? Aber wieviel unschuldige Tiere ...!

1966

Die neuen, die eigentlichen Entdeckungen an Tieren sind nur darum möglich, weil uns unser Hochmut als Gottsöberste gründlich vergangen ist. Es stellt sich heraus, daß wir eher die Gottsuntersten, nämlich Gottes Henker in seiner Welt sind. *1966*

Das Wunder menschlichen Überlebens: noch mehr ein Wunder, da diese armseligen Geschöpfe sich nachts durch Schnarchen Raubtieren verrieten. Die einzigen wildlebenden Tiere, die schnarchen wie wir, sind Menschenaffen.

1966

Wofür die unsäglichen Opfer, das Blut der Tiere, die Qual und Schuld, – dafür, daß wir auch sterben?

Elend, der weiß. Wie elend müßte Gott sein, allwissend. *1966*

Das Wunderbarste war der Ruf der Brachvögel und in jenem Garten die riesigen Bäume.

Die Demütigung der Bäume: daß wir sie *pflanzen* können, daß sie auf unser Geheiß dort wachsen, wo wir sie haben wollen. *1966*

Von den Tieren sind wir abhängiger als sie von uns: sie unsere Geschichte, wir ihr Tod. Wenn es sie nicht mehr gibt, werden wir sie alle mühselig aus uns erfinden.

1966

Der Stier verbeugte sich vor dem Matador und kehrte dem roten Tuch den Rücken.

Der schenkte dem Stier das Leben und wurde von der Menge zerrissen. *1966*

Das Lachen der Esel und das der Tiger. *1966*

Die Fliege, der er kein Haar krümmen könnte, ist inzwischen gestorben. *1967*

»Das aus dem Wagen eines Schlächters gehobene schlafende Kalb.« *Hebbel, Tagebücher (23jährig)*

1967

Der Hund bellt ihm die Leviten. *1967*

Er fand es schön, zu Hause den Hund zu quälen und dann mit ihm artig spazierenzugehen. *1967*

Als Haustier eine fette Termitenkönigin. *1967*

Der Dichter, der die Bienensprache erfand, und sie wird gesprochen. *1967*

Der Mensch, der alle Tiere, die er ist, auch *kennt*.

1967

Er füttert seine Rehe mit Rosenknospen und flüstert dazu Rilke. *1968*

Es gibt nichts, was Mensch und Tier mehr gemeinsam haben als Liebe.

Der Tod ist beim Menschen etwas anderes geworden. Er hat sich des Todes so sehr bemächtigt, daß er ihn nun auch für alle trägt.

Die Verbindung von Tod und Liebe aber ist eine ästhetische. Daß sie auch zur Höherwertung des Todes geführt hat, ist ihre Sünde, eine der schwersten, sie ist durch nichts zu sühnen. *1968*

Unter den Hunden Faulenzer, die sich zu *riechen* weigern.

1968

Begegnungen mit Kamelen

Dreimal kam ich mit Kamelen in Berührung und es endete jedesmal auf tragische Weise.

»Ich muß dir den Kamelmarkt zeigen«, sagte mein Freund, bald nach meiner Ankunft in Marrakesch. »Er findet jeden Donnerstag am Vormittag statt, vor der Mauer beim Babel-Khemis. Es ist ziemlich weit, auf der anderen Seite der Stadtmauer, ich fahre dich am besten hinaus.«

Der Donnerstag kam und wir fuhren hin. Es war schon spät; als wir am großen, freien Platz vor der Stadtmauer anlangten, war es Mittag geworden. Der Platz war beinahe leer. Am anderen Ende, einige zweihundert Meter von uns entfernt, stand eine Gruppe von Menschen; aber wir sahen keine Kamele. Die kleinen Tiere, mit denen die Leute sich abgaben, waren Esel, und von Eseln war die Stadt ohnehin voll; sie trugen alle Lasten und wurden so schlecht behandelt, daß man es schon gar nicht mehr sehen mochte. »Wir sind zu spät gekommen«, sagte mein Freund. »Der Kamelmarkt ist vorbei.« Er fuhr in die Mitte des Platzes, um mich davon zu überzeugen, daß wirklich nichts mehr zu sehen war.

Aber bevor er hielt, sahen wir eine Schar von Menschen auseinanderstieben. In ihrer Mitte stand ein Kamel auf drei Beinen, das vierte war ihm hinaufgebunden worden. Es hatte einen roten Maulkorb an, ein Strick war ihm durch die Nüstern gezogen worden, und ein Mann, der sich in einiger Entfernung hielt, suchte es daran fortzuziehen. Es rannte ein Stück vorwärts, blieb stehen und sprang dann überraschend auf seinen drei Beinen in die Höhe. Seine Bewegungen waren so unerwartet wie unheimlich. Der Mann, der es führen sollte, gab jedesmal nach; er fürchtete sich davor, dem Tier zu nahe zu kommen und war nicht ganz sicher, was es als Nächstes unternehmen würde. Aber nach jeder Überraschung zog er wieder an und es gelang ihm, sehr langsam, das Tier in eine bestimmte Richtung zu zerren.

Wir blieben stehen und ließen das Fenster des Wagens herunter; bettelnde Kinder umringten uns, über ihren Stimmen, die um Almosen baten, hörten wir das Schreien des Kamels. Einmal sprang es mit solcher Kraft zur Seite, daß der Mann, der es zog, den Strick verlor. Die Menschen, die sich in einiger Entfernung hielten, rannten noch weiter davon. Die Luft um das Kamel war von Angst geladen; am meisten Angst hatte es selbst. Der Führer rannte ein Stück mit und packte blitzrasch den Strick, der am Boden schleifte. Das Kamel sprang mit einer wellenartigen Bewegung seitlich in die Höhe, aber es riß sich nicht mehr los; es wurde weitergezerrt.

Ein Mann, den wir nicht bemerkt hatten, trat hinter die Kinder, die unseren Wagen umstanden, schob sie beiseite und erklärte uns in gebrochenem Französisch: »Das Kamel hat die Tollwut. Es ist gefährlich. Man führt es ins Schlachthaus. Man muß sehr achtgeben.« Er machte ein ernstes Gesicht. Zwischen jedem seiner Sätze hörte man das Schreien des Tieres.

Wir bedankten uns bei ihm und fuhren traurig davon. Während der nächsten Tage sprachen wir oft vom tollwütigen Kamel, seine verzweifelten Bewegungen hatten uns einen tiefen Eindruck gemacht. Wir waren auf den Markt gegangen in der Erwartung, Hunderte von diesen sanften, kurvenreichen Tieren zu sehen. Aber auf dem riesigen Platz hatten wir ein einziges gefunden, auf drei Beinen, gefesselt, in seiner letzten Stunde, und während es um sein Leben kämpfte, fuhren wir davon.

Einige Tage später kamen wir an einem anderen Teile der Stadtmauer vorbei. Es war Abend, der rote Glanz auf der Mauer war am Verlöschen. Ich behielt die Mauer, solange ich konnte, im Auge und freute mich an dem allmählichen Wechsel ihrer Farbe. Da sah ich, in ihrem

Schatten, eine große Karawane von Kamelen. Die meisten hatten sich auf ihre Knie niedergelassen, andere standen noch; Männer mit Turbanen auf dem Haupte gingen geschäftig und doch ruhig unter ihnen umher, es war ein Bild des Friedens und der Dämmerung. Die Farbe der Kamele ging in der der Mauer auf. Wir stiegen aus und mischten uns selbst unter die Tiere. Je ein gutes Dutzend von ihnen kniete in einem Ring um einen Berg von aufgeworfenem Futter. Sie streckten die Hälse vor, zogen das Futter in den Mund, warfen den Kopf zurück und kauten ruhig. Wir betrachteten sie eingehend und siehe, sie hatten Gesichter. Sie waren ähnlich und doch so sehr verschieden. Sie erinnerten an alte englische Damen, die würdevoll und scheinbar gelangweilt den Tee zusammen einnehmen, aber die Bosheit, mit der sie alles um sich herum betrachten, nicht ganz verbergen können. »Das ist meine Tante, wirklich«, sagte mein englischer Freund, den ich taktvoll auf die Ähnlichkeit mit seinen Landsleuten aufmerksam machte, und wir fanden bald manche andere Bekannte. Wir waren stolz, daß wir in diese Karawane geraten waren, von der uns niemand gesprochen hatte, und zählten 107 Kamele.

Ein junger Bursche kam auf uns zu und bat uns um eine Münze. Die Farbe seines Gesichtes war ein dunkles Blau, wie die seines Gewandes; er war Treiber und seinem Aussehen nach einer von den ›blauen Männern‹, die im Süden des Atlas wohnen. Die Farbe ihrer Kleider, so hatte man uns gesagt, teilt sich der Haut mit und so sind sie alle, Männer und Frauen, blau, die einzige blaue Rasse. Wir versuchten, von unserem jungen Treiber, der für die empfangene Münze dankbar war, einiges über die Karawane zu erfahren. Aber er beherrschte nur wenige Worte Französisch: Sie kämen von Gulimin und seien seit fünfundzwanzig Tagen unterwegs. Das war alles, was wir verstanden. Gulimin war weit im Süden unten, in der Wüste, und wir fragten uns, ob die Kamel-Karawane den Atlas überquert habe. Wir hätten auch gern gewußt, was ihr weiteres Ziel sei, denn hier unter den Mauern der Stadt konnte die Wanderung nicht gut zu Ende sein und die Tiere schienen sich für kommende Strapazen zu stärken.

Der dunkelblaue Bursche, der uns nicht mehr sagen konnte, gab sich Mühe, uns gefällig zu sein und führte uns zu einem schlanken, großgewachsenen alten Mann, der einen weißen Turban trug und mit Respekt behandelt wurde. Er sprach gut Französisch und entgegnete fließend auf unsere Fragen. Die Karawane kam von Gulimin und war wirklich seit fünfundzwanzig Tagen unterwegs.

»Und wohin geht es weiter?«

»Es geht nicht weiter«, sagte er. »Sie werden hier verkauft, zum Schlachten.«

»Zum Schlachten?«

Wir waren beide betroffen, selbst mein Freund, der in seiner Heimat ein leidenschaftlicher Jäger ist. Wir dachten an die weite Wanderung der Tiere; ihre Schönheit in der Dämmerung; ihre Ahnungslosigkeit; ihr friedliches Mahl; und vielleicht auch an die Menschen, an die sie uns erinnert hatten.

»Zum Schlachten, ja«, wiederholte der Alte, seine Stimme hatte etwas Schartiges, wie von einem abgenützten Messer.

»Wird denn hier viel Kamelfleisch gegessen?« fragte ich. Ich suchte meine Betroffenheit hinter sachlichen Fragen zu verbergen.

»Sehr viel!«

»Wie schmeckt es denn? Ich habe noch nie welches gegessen.«

»Sie haben noch nie Kamelfleisch gegessen?« Er brach in ein höhnisches, etwas dünnes Gelächter aus und wiederholte: »Sie haben noch nie Kamelfleisch gegessen?« Es war klar, er war der Meinung, daß man uns hier nichts als Kamelfleisch vorsetzte, und er gehabte sich sehr überlegen, so als zwinge er uns, es zu essen.

»Es ist sehr gut«, sagte er.

»Was kostet denn ein Kamel?«

»Das ist verschieden. Von 30 000 bis 70 000 Francs. Ich kann es Ihnen zeigen. Man muß es verstehen.« Er führte uns zu einem sehr schönen, hellen Tier und berührte es mit seinem Stöckchen, das ich erst jetzt bemerkte. »Das ist ein gutes Tier. Das ist 70 000 Francs wert. Der Besitzer ist selber darauf geritten. Er könnte es noch viele Jahre verwenden. Aber er hat es lieber verkauft. Für das Geld kann er zwei junge Tiere kaufen, verstehen Sie?«

Wir verstanden. »Sind Sie mit der Karawane von Gulimin gekommen?« fragte ich.

Er lehnte diese Zumutung etwas verärgert ab. »Ich bin von Marrakesch«, sagte er stolz. »Ich kaufe Tiere und verkaufe sie an die Schlächter.« Er hatte nur Verachtung übrig für die Männer, die den ganzen weiten Weg gekommen waren, und von unserem jungen blauen Treiber sagte er: »Der weiß nichts.«

Er aber wollte wissen, woher wir seien und wir sagten, der Einfachheit halber, beide »von London«. Er lächelte und schien ein wenig gereizt. »Ich war im Krieg in Frankreich«, sagte er. Sein Alter machte es klar, daß er vom Ersten Weltkrieg sprach. »Ich war neben Engländern. – Ich kam nicht gut mit ihnen aus«, fügte er rasch und etwas leiser hinzu. »Aber heute ist der Krieg kein Krieg mehr. Es ist nicht mehr der Mann, der zählt, die Maschine ist alles.« Er sagte noch einiges über den Krieg, das sehr resigniert klang. »Das ist kein Krieg mehr.« Darüber einigten wir uns mit ihm und er schien es so zu verwinden, daß wir aus England kamen.

»Sind alle Tiere schon verkauft?« fragte ich noch.

»Nein. Alle können nicht verkauft werden. Die übrigbleiben, gehen weiter, nach Settat. Kennen Sie Settat? Das ist auf dem Wege nach Casablanca, 160 Kilometer von hier. Dort ist der letzte Kamelmarkt. Da werden die übrigen verkauft.«

Wir bedankten uns. Er entließ uns ohne jede Feierlichkeit. Wir gingen nicht mehr unter den Kamelen herum, die Lust dazu war uns vergangen. Es war beinahe dunkel, als wir die Karawane verließen.

Das Bild der Tiere ließ mich nicht los. Ich dachte mit Scheu an sie, aber doch, als wären sie mir seit langem vertraut. Die Erinnerung an ihre Henkersmahlzeit verband sich mit jenem Gespräch über Krieg. Der Gedanke, den Kamelmarkt am nächsten Donnerstag zu besuchen, blieb in uns lebendig. Wir beschlossen, früh am Morgen zu fahren, und vielleicht hofften wir, diesmal einen weniger düsteren Eindruck von ihrem Dasein zu gewinnen.

Wir kamen wieder vor dem Tor El-Khemis an. Die Zahl der Tiere, die wir vorfanden, war nicht allzu groß: Sie verloren sich in der Weite des Platzes, der schwer auszufüllen wäre. Auf einer Seite waren wieder die Esel. Wir gingen nicht zu ihnen hinüber, wir blieben bei den Kamelen. Es waren nie mehr als je drei oder vier von ihnen beisammen; manchmal stand ein Junges allein neben seiner Mutter. Sie schienen uns erst alle ruhig. Das einzig Laute waren kleine Gruppen von Männern, die heftig feilschten. Aber es kam uns so vor, als ob die Männer manchen unter den Tieren nicht trauten; sie gingen an diese nicht zu nahe heran oder nur, wenn es wirklich notwendig war.

Es dauerte nicht lang und wir wurden auf ein Kamel aufmerksam, das sich gegen etwas zu wehren schien, es knurrte und brummte und drehte den Kopf heftig nach allen Seiten. Ein Mann versuchte, es auf die Knie zu zwingen, und da es nicht gehorchte, half er mit Stockhieben nach. Unter den zwei oder drei anderen Leuten, die zu Häupten des Tieres standen und sich an ihm zu schaffen machten, fiel einer besonders auf: Es war ein starker, gedrungener Mensch mit dunklem, grausamem Gesicht. Er stand fest da, seine Beine waren wie in den Boden verwurzelt. Mit energischen Bewegungen der Arme zog er einen Strick durch die Nasenwand des Tieres, die er durchbohrt hatte. Nase und Strick färbten sich rot von Blut. Das Kamel zuckte und schrie, bald brüllte es laut; schließlich sprang es, nachdem es niedergekniet war, nochmals auf und versuchte sich loszureißen, während der Mann den Strick immer fester zog. Die Leute gaben sich alle erdenkliche Mühe, es zu bändigen, und sie waren noch damit beschäftigt, als jemand an uns herantrat und in gebrochenem Französisch sagte:

»Es riecht. Es riecht den Schlächter. Es ist zum Schlachten verkauft worden. Es kommt jetzt ins Schlachthaus.«

»Aber wie kann es das riechen?« fragte mein Freund ungläubig.

»Das ist der Schlächter, der dort vor ihm steht«, und er zeigte auf den festen, dunklen Mann, der uns aufgefallen war. »Der Schlächter kommt aus dem Schlachthaus und riecht nach Kamelblut. Das hat das Kamel nicht gern. Ein Kamel kann sehr gefährlich sein. Wenn es die Tollwut hat, kommt es bei Nacht und tötet die Leute im Schlaf.«

»Wie kann es die Leute töten?« fragte ich.

»Wenn die Leute schlafen, kommt das Kamel, kniet sich auf sie nieder und erstickt sie im Schlaf. Man muß sehr achtgeben. Bevor die Leute aufwachen, sind sie erstickt. Ja, das Kamel hat eine sehr gute Nase. Wenn es nachts neben seinem Herrn liegt, wittert es Diebe und weckt den Herrn. Das Fleisch ist gut. Man soll das Fleisch essen. Ça donne du courage. Das Kamel ist nicht gern allein. Allein geht es nirgends hin. Wenn ein Mann sein Kamel in die Stadt treiben will, muß er ein anderes finden, das mitgeht. Er muß sich eins ausleihen, sonst bringt er sein Kamel nicht in die Stadt. Es will nicht allein sein. Ich war im Krieg. Ich habe eine Verletzung, sehen Sie, hier«, er zeigte auf seine Brust.

Das Kamel hatte sich ein wenig beruhigt und ich wandte zum erstenmal den Blick auf den Sprecher selbst. Die Brust schien eingedrückt und der linke Arm war steif. Der Mann kam mir bekannt vor. Er war klein, mager und sehr ernst. Ich fragte mich, wo ich ihn schon gesehen hatte.

»Wie tötet man Kamele?«

»Man schneidet ihnen die Halsader durch. Sie müssen

verbluten. Sonst darf man sie nicht essen. Ein Muselman darf sie nicht essen, wenn sie nicht verblutet sind. Ich kann nicht arbeiten, wegen dieser Verletzung. Darum mache ich hier ein wenig den Führer. Ich habe letzten Donnerstag mit Ihnen gesprochen, erinnern Sie sich an das tollwütige Kamel? Ich war in Safi, als die Amerikaner gelandet sind. Wir haben ein wenig gegen die Amerikaner gekämpft, aber nicht viel, dann bin ich in die amerikanische Armee aufgenommen worden. Da waren viele Marokkaner. Ich war in Korsika und in Italien mit den Amerikanern. Ich war überall. Der Deutsche ist ein guter Soldat. Am schlimmsten war das Casino. Da war es wirklich schlimm. Da hab ich meine Verletzung abbekommen. Kennen Sie das Casino?«

Ich begriff allmählich, daß er Monte Cassino meinte. Er gab mir eine Schilderung der erbitterten Kämpfe dort, und wurde, er, der sonst ruhig und gelassen war, so lebhaft dabei, als ginge es um die mörderischen Gelüste toller Kamele. Er war ein redlicher Mann, er glaubte, was er sagte. Aber er hatte eine Gruppe von Amerikanern mitten unter den Tieren erblickt und wandte sich sehr rasch diesen zu. Er verschwand so geschwind, wie er aufgetaucht war, und mir war es recht; denn ich hatte das Kamel, das nun nicht mehr brüllte, aus Auge und Ohr verloren und wollte es noch einmal sehen.

Ich fand es bald. Der Schlächter hatte es stehengelassen. Es kniete wieder. Es zuckte noch manchmal mit dem Kopf. Das Blut aus den Nüstern hatte sich weiter ausgebreitet. Ich fühlte etwas wie Dankbarkeit für die wenigen trügerischen Augenblicke, in denen man es allein ließ. Aber ich konnte nicht lange hinsehen, weil ich sein Schicksal kannte und schlich mich davon.

Mein Freund hatte sich während der Erzählung des Führers abgewandt, er war irgendwelchen Engländern auf der Spur. Ich suchte ihn, bis ich ihn auf der anderen Seite des Platzes fand, er war unter die Esel geraten. Vielleicht fühlte er sich hier weniger unbehaglich.

Während der übrigen Zeit unseres Aufenthaltes in der roten Stadt sprachen wir nie mehr von Kamelen.

Bazar

Bauern in Berbertracht standen umher, mit lebenden Hühnern in der Hand; sie hielten sie an den Beinen, die zusammengebunden waren, ihr Kopf hing nach unten. Wenn Frauen sich näherten, streckten sie ihnen die Hühner zum Abgreifen hin. Die Frau nahm das Tier in die Hand, ohne daß der Berber es freigab, ohne daß es seine Stellung änderte. Sie drückte es, zwickte es, sie griff genau dorthin, wo es Fleisch haben sollte. Niemand sprach während dieser Prüfung ein Wort, weder der Berber noch die Frau, auch das Tier blieb stumm. Dann ließ sie es in seiner Hand, wo es weiterhing, und ging zum nächsten Bauern. Nie kaufte eine Frau ein Huhn, ohne erst viele andere umständlich geprüft zu haben.

Die Lust des Esels

Von meinen nächtlichen Spaziergängen durch die Gassen der Stadt pflegte ich über die Djema el Fna zurückzukehren. Es war sonderbar, über den Platz zu gehen, der nun beinahe leer dalag. Da gab es keine Akrobaten mehr und keine Tänzer; keine Schlangenbeschwörer und keine Feueresser. Ein Männchen hockte mutterseelenallein am Boden, vor sich einen Korb mit ganz kleinen Eiern. Weit und breit um ihn war nichts. Acetylenlampen brannten hie und da, der Platz roch danach. In den Buden der Garköche saßen noch vereinzelt Männer und löffelten ihre

Suppen. Sie wirkten einsam, als hätten sie nirgends hinzugehen. An den Rändern des Platzes legten sich Menschen zum Schlaf nieder. Manche lagen, die meisten kauerten, alle hatten die Kapuzen ihres Mantels über den Kopf gezogen. Sie schliefen reglos, nie hätte man vermutet, daß unter den dunklen Kapuzenmänteln etwas atme.

Eines Nachts sah ich mitten auf dem Platze einen großen, dichten Ring von Menschen, von Acetylenlampen auf das Sonderbarste erleuchtet. Alle standen. Die dunkeln Schatten auf Gesichtern und Gestalten, dicht neben dem scharfen Licht, das die Lampen auf sie warfen, gaben ihnen etwas Grausames und Unheimliches. Ich hörte die Laute zweier einheimischer Instrumente, und dazu die Stimme eines Mannes, der heftig auf jemand einsprach. Als ich näher trat und eine Lücke fand, durch die ich in den Ring hineinsehen konnte, bemerkte ich in der Mitte einen stehenden Mann mit einem Stock in der Hand, der dringliche Fragen an einen Esel stellte.

Der Esel war von allen armseligen Eseln dieser Stadt der ärmste. Die Knochen standen ihm heraus, er war ganz verhungert, sein Fell war abgeschabt, er war sicher nicht mehr fähig, die kleinste Last zu tragen. Man fragte sich, wie er sich noch auf den Beinen aufrecht hielt. Der Mann führte einen komischen Dialog mit ihm. Er suchte ihn zu etwas zu überreden. Als der Esel störrisch blieb, stellte er ihm Fragen; und da er nicht antworten wollte, lachten die erleuchteten Männer laut. Vielleicht war es eine Geschichte, in der ein Esel eine Rolle spielte. Denn nach einem langen Palaver begann das traurige Tier sich ganz langsam nach der Musik zu drehen. Der Stock blieb immer über ihm geschwungen. Der Mann redete rascher und lauter, er tobte förmlich, um den Esel in Gang zu halten, aber seine Worte klangen mir so, als ob er auch selber eine komische Figur verkörpere. Die Musik ging weiter und weiter, die Männer kamen aus dem Lachen nicht mehr heraus und sahen wie Menschen- oder Eselsfresser drein.

Ich blieb nur kurz und so kann ich nicht sagen, was weiter geschah. Mein Abscheu überwog meine Neugier. Längst hatte ich die Esel dieser Stadt ins Herz geschlossen. Auf Schritt und Tritt hatte ich Gelegenheit, über ihre Behandlung Empörung zu empfinden, und war doch ganz hilflos. Aber eine solche Jammerfigur eines Geschöpfs hatte ich noch nie zu Gesicht bekommen, und auf meinem Weg nach Hause suchte ich mich damit zu beruhigen, daß es diese Nacht bestimmt nicht überleben werde.

Der nächste Tag war ein Samstag und ich ging schon früh auf die Djema. Es war einer ihrer belebtesten Tage. Zuschauer, Darsteller, Körbe und Buden drängten sich, es war schwer, sich einen Weg durch die Menge zu bahnen. Ich kam an die Stelle, wo nachts zuvor der Esel gestanden war. Ich blickte hin und traute meinen Augen nicht: da stand er wieder. Er stand ganz allein. Ich betrachtete ihn genau, es war nicht zu verkennen, er war es. Sein Herr in seiner Nähe unterhielt sich friedlich mit ein paar Leuten. Es hatte sich noch kein Kreis um sie gebildet. Die Musiker waren nicht da, die Vorstellung hatte noch nicht begonnen. Der Esel stand genau so da wie in der Nacht zuvor. Sein Fell sah bei strahlendem Sonnenlicht noch abgeschabter aus als bei Nacht. Er kam mir elender, ausgehungerter und älter vor.

Plötzlich spürte ich einen Menschen im Rücken und vernahm heftige Worte im Ohr, die ich nicht verstand. Ich drehte mich um und verlor den Esel für einen Augenblick aus dem Auge. Der Mann, den ich gehört hatte, drängte sich in der Menge dicht an mich, aber es zeigte sich, daß er jemand anderen und nicht mich bedroht hatte. Ich wandte mich wieder dem Esel zu.

Er hatte sich nicht von der Stelle gerührt, aber es war nicht mehr derselbe Esel. Denn zwischen seinen Hinterbeinen, schräg nach vorn, hing ihm plötzlich ein ungeheures Glied herunter. Es war stärker als der Stock, mit dem man ihn nachts zuvor bedroht hatte. In der winzigen Zeitspanne, in der ich mich umgedreht hatte, war eine überwältigende Veränderung bei ihm vorgegangen. Ich weiß nicht, was er gesehen, gehört oder gerochen hatte. Ich weiß nicht, was ihm in den Sinn gekommen war. Aber dieses armselige, alte, schwache Geschöpf, das am Umfallen war und nur noch für störrische Dialoge zu verwenden, das man schlechter behandelte als einen Esel in Marrakesch, dieses Wesen, weniger als nichts, ohne Fleisch, ohne Kraft, ohne rechtes Fell, hatte noch so viel Lust in sich, daß mich der bloße Anblick vom Eindruck seines Elends befreite. Ich denke oft an ihn. Ich sage mir, wie viel von ihm noch da war, als ich nichts mehr sah. Ich wünsche jedem Gepeinigten seine Lust im Elend.

Aufzeichnungen 1969–1972

Worte, vollgesogen wie Wanzen. *1969*

Ein Gott, der alle Tiere wäre, aber nie wie ein Mensch. *1969*

In einer einzigen Nacht hat er durch Lektüre mehr über Flöhe gelernt als in 64 Jahren eines ganzen Lebens. Die Konzentration des Erfahrbaren. – Aber vor 25 Jahren ist er bei Donne dem stärksten Liebesgedicht der englischen Sprache begegnet, es heißt: Der Floh.

Soll er nur diesen Donneschen Floh gegen die Pest abwägen? *1969*

»Wer Tiger füttert, der soll sich hüten, ihnen lebende Tiere zu geben, um der Wut willen, die beim Töten erwacht. Man muß sich hüten, ihnen ganze Tiere zu geben, um der Wut willen, die beim Zerreißen erwacht. Man muß zur Zeit ihren Hunger stillen, um zum voraus ihrer Wut zu begegnen.« *Tschuang-tse, IV, 3*

1969

Ein Tier, das sich durch Nahrungsaufnahme bis ins Unendliche vergrößert. *1969*

Der Hund nahm seinem Herrn den Maulkorb ab, behielt ihn aber an der Leine. *1970*

Die Katze behängte die Maus mit ihren Krallen und entließ sie ins Leben. *1970*

Wie sich die Larve freut, wenn ich von einer anderen Larve erzähle! *1970*

Aufatmen unter Tieren: sie wissen nicht, was ihnen bevorsteht. *1971*

Die Schuld als Karma – unsäglicher Hochmut des Menschen: an den Tieren, in denen sie Aufenthalt nehme, bestrafe sich die Niedertracht seiner Seele.

Wie wagt er es, Tiere mit seiner Seele zu bestrafen? Haben sie sie denn etwa eingeladen? Kann es ihnen erwünscht sein, durch sie herabgesetzt zu werden? Sie wollen die Seele des Menschen nicht, sie verabscheuen sie, sie ist ihnen zu gedunsen und zu häßlich. Sie ziehen ihre anmutige Armut vor und weit lieber als von Menschen lassen sie sich von Tieren fressen. *1971*

Für die Bläue des Pfauenhalses gab er den Mond. Er landete auf der Bläue des Pfauenhalses. *1971*

Alles, woran sich die 75jährige Maus erinnert, ist falsch. Aber niemand spricht zu ihr, wenn sie sich nicht erinnert. So redet sie und behauptet sie, und wenn manche Namen nur stimmen, erlaubt man ihr, älter zu werden und weniger und weniger und weniger zu wissen.

Schließlich ist sie auch für das letzte Loch zu klein und verdunstet. *1972*

Pferde, die kein Futter brauchen: sie nähren sich von ihren Hufschlägen. *1972*

Forellen, die auf Schwalben Jagd machen. *1972*

Kako das Hühnchen

Die Straße vorm großen Tor unseres Hofes war staubig und verschlafen. Wenn es stark regnete, verwandelte sie sich in Schlamm, in dem die Droschken tiefe Spuren hinterließen. Ich durfte nicht auf der Straße spielen, auf unserem großen Hof war mehr als genug Platz und er war sicher. Aber manchmal hörte ich draußen ein heftiges Gackern, das bald lauter und aufgeregter wurde. Dann dauerte es nicht lange, und zum Tor stürzte gackernd und zitternd vor Angst ein Mann in schwarzen, abgerissenen Kleidern herein, auf der Flucht vor den Straßenkindern. Sie waren alle hinter ihm her, riefen »Kako! Kako!« und gackerten wie Hühner. Er fürchtete sich vor Hühnern, und darum verfolgten sie ihn. Er war ihnen einige Schritte voraus und verwandelte sich unter meinen Augen selbst in ein Huhn. Er gackerte heftig, aber in verzweifelter Angst, und machte mit den Armen flatternde Bewegungen. Er stürzte atemlos die Stufen zum Hause des Großvaters hinauf, wagte sich aber nie hinein, sprang auf der anderen Seite herunter und blieb regungslos liegen. Die Kinder blieben gackernd beim Hoftor stehen, sie durften den Hof nicht betreten. Wenn er wie tot dalag, fürchteten sie sich ein wenig und zogen davon. Aber bald stimmten sie draußen ihren Triumphgesang an: »Kako la gallinica! Kako la gallinica!« – »Kako das Hühnchen! Kako das Hühnchen!« – Solange man sie hören konnte, blieb Kako regungslos liegen. Kaum waren sie außer Hörweite, erhob er sich, griff sich ab, sah sich vorsichtig um, horchte noch eine Weile ängstlich und schlich sich dann gekrümmt, aber ganz still aus dem Hof. Jetzt war er kein Huhn mehr, er flatterte und gackerte nicht und war wieder der zerschlagene Idiot des Reviers.

Manchmal, wenn die Kinder nicht weit auf der Straße auf ihn gelauert hatten, begann das unheimliche Spiel von neuem. Meist verzog es sich in eine andere Straße, und ich sah nichts mehr davon. Vielleicht hatte ich Mitleid mit Kako, ich erschrak immer, wenn er sprang, aber wovon ich nie genug bekam, was ich jedesmal in der gleichen Aufregung mit ansah, war seine Verwandlung in ein riesiges schwarzes Huhn. Ich begriff nicht, warum die Kinder ihn verfolgten, und wenn er ganz still nach seinem Sprung am Boden lag, fürchtete ich, er werde nicht aufstehen und nie wieder zum Huhn werden.

Wölfe

In seltenen Jahren fror die Donau im Winter zu, und man erzählte sich aufregende Geschichten darüber. Die Mutter war in ihrer Jugend öfters auf einem Schlitten nach Rumänien hinübergefahren, sie zeigte mir die warmen Pelze, in die sie dabei eingepackt war. Wenn es sehr kalt wurde, kamen Wölfe von den Bergen herunter und fielen ausgehungert über die Pferde vor den Schlitten her. Der Kutscher suchte sie mit Peitschenhieben zu vertreiben, aber das nützte nichts und man mußte auf sie schießen. Bei einer solchen Fahrt stellte es sich heraus, daß man nichts zum Schießen mitgenommen hatte. Ein bewaffneter Tscherkesse, der als Diener im Hause lebte, hätte mitkommen sollen, aber er war ausgeblieben und der Kutscher war ohne ihn losgefahren. Man hatte Mühe, sich der Wölfe zu erwehren, und geriet in große Gefahr. Wenn nicht zufällig ein Schlitten mit zwei Männern entgegengekommen wäre, die durch Schüsse einen Wolf töteten und die anderen vertrieben, hätte es sehr schlecht ausgehen können. Die Mutter hatte große Angst ausgestanden, sie schilderte die roten Zungen der Wölfe, die so nahe gekommen waren, daß sie noch in späteren Jahren von ihnen träumte.

Ich bettelte oft um diese Geschichte, und sie erzählte sie gern. So wurden Wölfe die wilden Tiere, die meine Phantasie zuerst erfüllten.

Eines Nachts, ich war schließlich doch eingeschlafen, weckte mich ein riesiger Wolf, der sich über mein Kinderbett neigte. Eine lange, rote Zunge hing ihm aus dem Mund und er fauchte fürchterlich. Ich schrie aus Leibeskräften: »Ein Wolf! Ein Wolf!« Niemand hörte mich, niemand kam, ich schrie immer gellender und weinte. Da kam eine Hand hervor, griff an die Ohren des Wolfs und zog seinen Kopf herunter. Dahinter stand der Vater und lachte. Ich schrie weiter: »Ein Wolf! Ein Wolf!« Ich wollte, daß der Vater ihn verjagte. Er zeigte mir die Maske des Wolfes in der Hand, ich glaubte ihm nicht, er konnte lange sagen: »Siehst du nicht, das war ich, das war kein wirklicher Wolf«, ich war nicht zu beruhigen und schluchzte und weinte immer weiter.

Kreuzottern

Von Kronstadt in Siebenbürgen, wo wir den nächsten Sommer verbrachten, sehe ich Wälder und einen Berg, eine Burg und Häuser auf allen Seiten des Burghügels, ich selber komme in diesem Bild nicht vor, wohl aber sind mir Geschichten über Schlangen in Erinnerung geblieben, die der Vater damals erzählte. Er war, bevor er nach Wien kam, in Kronstadt in einem Pensionat gewesen. Da gab es viele Kreuzottern in der Gegend, und die Bauern wollten sie loswerden. Die Buben lernten, wie man sie fängt, und bekamen für einen Sack mit toten Kreuzottern zwei Kreuzer. Der Vater zeigte mir, wie man die Kreuzottern packt, gleich hinterm Kopf, so daß sie einem nichts tun können, und wie man sie dann totschlägt. Es sei leicht, sagte er, wenn man es einmal verstehe, und gar nicht gefährlich. Ich bewunderte ihn sehr und wollte wissen, ob sie denn im Sack auch wirklich ganz tot wären. Ich befürchtete, daß sie sich tot stellten und plötzlich aus dem Sack hervorschössen. Der war aber fest zugebunden, sagte er, und tot mußten sie sein, sonst hätte man die zwei Kreuzer nicht bekommen. Ich glaubte nicht, daß etwas ganz tot sein könnte.

Die Mäuse-Kur

Vor Mäusen wurde die Mutter schwach und verlor jede Beherrschung. Kaum hatte sie etwas Schlüpfendes gewahrt, schrie sie auf, unterbrach, was immer sie eben tat – es konnte passieren, daß sie einen Gegenstand, den sie in der Hand hielt, fallen ließ -, und lief kreischend davon, wobei sie sich, wohl um auszuweichen, in den sonderbarsten Zickzacklinien bewegte. Das war ich gewöhnt; seit ich denken konnte, hatte ich es an ihr erlebt, aber solange der Vater da war, berührte es mich nicht sehr, er war gern ihr Schützer und verstand es, sie zu beruhigen. Im Nu hatte er die Maus verscheucht und nahm die Mutter in die Arme, hob sie vom Boden auf, trug sie wie ein Kind im Zimmer herum und fand für sie beschwichtigende Worte. Dazu machte er, fast möchte ich sagen, zwei verschiedene Gesichter: ein ernstes, durch das er ihren Schrecken anerkannte und teilte, ein lustiges, das seine Aufklärung verhieß und vielleicht auch für uns Kinder bestimmt war. Eine neue Mausefalle wurde dann bedächtig und umständlich aufgestellt, er hielt sie ihr erst vor die Augen, ihre Wirksamkeit preisend, lobte das unwiderstehliche Stück Käse darin und führte ein paarmal vor, wie sicher sie sich schloß.

Dann, so rasch wie es gekommen war, war es alles vorüber. Die Mutter, die wieder auf ihren eigenen Füßen stand, lachte und sagte: »Was täte ich ohne dich, Jacques!« Es kam noch ein Seufzer: »Uff! Zu dumm!«, und sobald das »Uff!« einmal ausgestoßen war, erkannten wir sie und sie war wieder wie früher.

In Wien, als kein Vater mehr da war, versuchte ich, seine Rolle zu übernehmen, aber das war schwierig. Ich konnte sie nicht in die Arme nehmen, ich war zu klein, ich hatte nicht seine Worte, auf die Maus hatte ich nicht denselben Einfluß wie er, sie schoß hübsch lange im Zimmer hin und her, bevor ich sie los wurde. So trachtete ich zuerst einmal, die Mutter in ein anderes Zimmer zu verscheuchen, ob das gelang, hing von ihrer Panik ab, die nicht immer gleich stark war. Manchmal war sie so kopflos, daß sie erst recht im Zimmer blieb, wo die Maus sich gezeigt hatte, dann hatte ich besonders schwere Arbeit, denn ihre eigenen Zickzackbewegungen kreuzten sich mit denen der Maus, beide rannten eine Weile hin und her, aufeinander zu, als könnten sie es nicht lassen, sich gegenseitig Schrecken zu bereiten, voneinander fort, aufeinander zu, ein widersinniges Treiben. Fanny, die das Geschrei schon kannte, kam von selbst aus der Küche mit einer neuen Falle, das war *ihr* Amt, und sie war es eigentlich, die die wirksamen Worte fand, die immer an die Maus gerichtet waren: »Da ist Speck für dich, dummes Tier! Jetzt fang dich!«

Statt der Erklärungen, die ich später von der Mutter verlangte, kamen nur Geschichten aus ihrer Mädchenzeit: wie sie auf Tische zu springen pflegte, von denen sie nicht herunterging; wie sie ihre beiden älteren Schwestern mit ihrer Angst ansteckte, die dann auch im Zimmer herumzurennen pflegten, wie sie einmal alle drei auf denselben Tisch flüchteten, da standen sie nun oben nebeneinander und ein Bruder sagte: »Soll ich auch noch zu euch hinaufkommen?« Es gab keine Erklärung, sie versuchte nicht, eine zu finden, sie wollte sich in das Mädchen zurückverwandeln, das sie einmal war, und ihre einzige Gelegenheit dazu war das Erscheinen einer Maus.

Später, in der Schweiz, wann immer wir Hotelzimmer bezogen, war ihre erste Frage an das Stubenmädchen, dem sie zu diesem Zweck eigens klingelte, ob es hier Mäuse gebe. Mit einfachen Antworten gab sie sich nicht zufrieden, sie fragte auf mehrere, für die Antwortende verfängliche Weisen, um ihr auf Widersprüche zu kommen. Ganz besonderen Wert legte sie darauf zu erfahren, wann die letzte Maus im Hotel gesehen worden sei, in welchem Stock, in welchem Zimmer, wie weit entfernt von dem unseren, denn es läßt sich denken, daß in diesem keine Maus sich je gezeigt hatte. Es war schon merkwürdig, wie dieses Kreuzverhör sie beruhigte: Kaum war es zu Ende, ließ sie sich häuslich nieder und packte aus. Sie ging ein paarmal mit Kennermiene im Zimmer auf und ab, machte ihre Bemerkungen über die Einrichtung, trat auf den Balkon hinaus und bewunderte die Aussicht. Sie war dann wieder so souverän und sicher, wie ich sie mochte.

Je älter ich wurde, um so mehr schämte ich mich ihrer Verwandlung, wenn die Mäuseangst über sie kam. In der Yalta-Zeit unternahm ich einen wohlausgedachten Versuch, sie davon zu kurieren. Zweimal im Jahr kam sie mich besuchen und blieb dann mehrere Tage in der ›Yalta‹. Sie bekam ein schönes, großes Zimmer im ersten Stock, unterließ es nie, ihre Fragen an die Damen Herder zu stellen, die kein ganz reines Gewissen in dieser Sache hatten; sie eigneten sich auch gar nicht zu einem Kreuzverhör, wichen aus, lachten und nahmen die Sache so wenig ernst, daß die Mutter, um ruhig schlafen zu können, dann mit mir begann und mich vielleicht eine ganze Stunde lang befragte. Das war, da ich mich auf das Wiedersehen so sehr gefreut hatte und es unendlich viel Gespräche gab, die ich mit ihr vorhatte, ein unwürdiger Beginn. Auch die lügnerischen Antworten, die der Beruhigung dienten, waren nicht nach meinem Geschmack. Als früher Anhänger des Odysseus mochte ich wohl komplett erfundene Geschichten, in denen man zu jemandem anderen wurde und sich verbarg, nicht aber kurzbeinige Lügen, die keine dichtende Aktivität erforderten. So packte ich einmal, sie war eben angekommen, die Sache nach Art des Odysseus an und sagte kurz entschlossen, ich hätte etwas Wunderbares erlebt und müsse ihr davon berichten: in meinem kleinen Dachzimmer oben hätte eine Versammlung von Mäusen stattgefunden. Im Scheine des Vollmondes hätten sie sich eingefunden, viele, sicher ein Dutzend, und da hätten sie sich nun im Kreis bewegt und getanzt. Von meinem Bett aus hätte ich sie beobachten können, jede Einzelheit war zu sehen, es war so hell, es sei wirklich ein Tanz gewesen, kreisförmig, immer in einer Richtung, nicht so rasch, wie sie sich sonst bewegten, eher ein Schleifen als ein Schlüpfen, und eine Mäusemutter sei dabeigewesen, die ihr Junges im Maul hielt und mittanzte. Es sei nicht zu sagen, wie zierlich dieses Kleine, das ihr halb im Maule steckte, ausgesehen habe, aber ich hätte den Eindruck gehabt, daß die kreisende Bewegung der Mutter mit den anderen ihm nicht angenehm gewesen sei, es habe kläglich zu piepsen begonnen, und da die Mutter durch den Tanz gefesselt war und ihn nicht unterbrechen mochte, habe es immer lauter gepiepst, bis die Mutter zögernd, vielleicht sogar etwas unwillig aus der Reihe trat und ein wenig abseits vom Kreise, aber noch im Mondlicht, dem Kleinen zu trinken gab. Ein Jammer, daß sie das nicht selber gesehen habe, es sei wie bei Menschen gewesen, die Mutter biete dem Säugling die Brust, ich hätte vergessen, daß es Mäuse seien, so menschenähnlich sei es gewesen, und erst als mein Blick wieder auf die Tanzenden fiel, sei es mir zu Bewußtsein gekommen, aber auch das Tanzen habe nichts Mäuse-Ähnliches an sich gehabt, es sei zu regelmäßig, zu beherrscht dazu gewesen.

Die Mutter unterbrach mich und fragte hastig, ob ich zu jemandem davon gesprochen hätte. Nein, natürlich nicht, so was könne man doch nicht erzählen, das glaube einem ja niemand, die Bewohner der ›Yalta‹ würden denken, ich sei verrückt geworden, ich würde mich wohl davor hüten, ihnen etwas zu sagen. »Du weißt also, wie sonderbar deine Geschichte klingt. Du hast es geträumt.« Aber ich merkte, trotz der Zweifel, die sie äußerte, daß sie es lieber wahrgehabt hätte. Die säugende Mausmutter traf sie tief, sie fragte nach Einzelheiten, immer wieder, je genauer ich ihr Rede stand, um so mehr hatte ich das Gefühl, daß die Sache eigentlich wahr sei, obwohl mir sehr wohl bewußt war, daß ich die Geschichte erfunden hatte. Ihr ging es ähnlich, sie warnte mich davor, zu den Hausgenossen davon zu sprechen, je mehr ich darauf bestand, daß ich nicht geträumt hätte, je mehr Beweise ich dafür anführte, um so wichtiger schien es ihr, daß ich nichts darüber sage, ich solle lieber erst den nächsten Vollmond abwarten und sehen, was sich dann begebe. Ich hatte noch geschildert, wie der Tanz angedauert habe, bis der Mond sich so weit entfernt habe, daß er nicht mehr in mein Zimmer schien. Die Mausmutter sei aber nicht etwa in den Kreis der Tanzenden zurückgetreten, sie sei noch lange mit ihrem Kleinen beschäftigt gewesen, das sie abgeputzt habe, nicht mit den Pfötchen, sondern mit ihrer Zunge. Kaum schien der Vollmond nicht mehr ins Zimmer, seien sie alle zusammen verschwunden. Ich hätte dann gleich Licht gemacht und mir die Gegend am Fußboden genauer angeschaut, da hätte ich dann Spuren von Mäusen gefunden. Das hätte mich enttäuscht, denn der Tanz sei so feierlich gewesen, Menschen hätten sich während einer solchen Gelegenheit bestimmt nicht einfach gehen lassen. »Du bist ungerecht«, sagte sie, »das sieht dir ähnlich. Du erwartest zu viel. Es sind doch keine Menschen, selbst wenn sie eine Art von Tanz haben.« »Aber wie sie dem Kleinen zu trinken gab, das war wie bei Menschen.« »Das stimmt«, sagte sie, »das stimmt. Ich bin sicher, daß es nicht die säugende Mutter war, die sich gehen ließ.« »Nein, die war's nicht, die Spuren waren an anderen Stellen.« Mit solchen und ähnlichen Einzelheiten befestigte ich ihren Glauben. Wir kamen überein, die Sache für uns zu behalten. Ich möge nicht versäumen, ihr beim nächsten Vollmond nach Arosa zu berichten.

Damit war der Mäuse-Schrecken der Mutter aufgelöst. Auch in späteren Jahren hütete ich mich davor, ihr zuzugestehen, daß ich es alles erfunden hatte. Auf vielerlei Arten suchte sie an der Geschichte zu rütteln, sei es durch Spott über meine Einbildungskraft, die mir selber etwas vormachte, sei es durch Besorgnis über meinen lügenhaften Charakter. Ich aber blieb dabei, daß ich's genau so gesehen hätte, allerdings nur dieses einzige Mal. Kein Vollmond brachte die Mäuse wieder, vielleicht hatten sie sich in meinem Dachzimmer beobachtet gefühlt und verlegten ihren Tanz an eine weniger gefährdete Stelle.

Ankunft der Tiere

Ein Lehrer, wie man ihn sich wünscht, energisch und hell, war Karl Beck. Rasch wie ein Wind betrat er die Klasse, schon stand er vorn, er verlor keine Zeit, schon war er mitten in der Sache. Er war aufrecht und schmal, er hielt sich sehr gerade ohne eine Spur von Steifheit. Lag es an seinem Gegenstand, daß sich sein Unterricht ohne private Komplikationen abspielte? Seine Mathematik war klar und wandte sich an jeden. Er machte zwischen uns keine Unterschiede, jeder bestand für ihn zu Recht. Aber er freute sich ungescheut, wenn man gut mitging, er hatte eine Art, es zu zeigen, die man nicht als Bevorzugung empfand, auch seine Enttäuschung konnte keiner als Benachteiligung empfinden. Er hatte – für sein Alter – nicht sehr viel Haare, aber die, die er hatte, waren seidig und gelb, wenn ich ihn sah, hatte ich das freudige Gefühl von Strahlen. Es war aber nicht so, daß er einen durch Wärme bezwang, viel eher durch eine Art von Furchtlosigkeit. Er warb um uns so wenig, wie er uns bedrückte. Ein ganz leichter

Spott lag auf seinem Gesicht, aber keine Spur von Ironie, Überlegenheit vormachen war nicht seine Sache, es war eher, als hätte er seinen Spott aus Schülertagen behalten und müsse sich nun ein wenig Mühe geben, als Lehrer ihn nicht zu zeigen. Er muß ein Mensch von Kritik gewesen sein, das erkenne ich in der Erinnerung an ihn: die Distanz, die er hielt, war eine geistige. Er wirkte nicht durch Gewicht, wozu Lehrer neigen, er wirkte durch das Gleichmaß seiner Vitalität und durch Klarheit. So wenig Furcht hatte die Klasse vor ihm, daß sie anfangs einen Versuch unternahm, sich über ihn herzumachen. Eines Tages empfing sie ihn mit Gebrüll, er stand schon in der offenen Tür, die Klasse brüllte weiter. Er sah sich die Sache sehr kurz an, sagte zornig: »Ich gebe keinen Unterricht!«, schlug die Türe hinter sich zu und war verschwunden. Keine Strafe, kein Gericht, keine Untersuchung, er war einfach nicht da. Die Klasse blieb mit ihrem Gebrüll allein, und was erst als Sieg betrachtet wurde, endete mit einem Gefühl von Lächerlichkeit und verpuffte.

Unser Lehrbuch für Geographie war von Emil Letsch verfaßt und wir hatten ihn auch als Lehrer. Ich kannte sein Buch, bevor er zu uns kam, ich kannte es halb auswendig, denn es enthielt sehr viel Zahlen. Die Höhe von Bergen, die Länge von Flüssen, die Bevölkerungszahlen von Ländern, Kantonen und Städten, was sich in Zahlen ausdrükken läßt, hatte ich mir eingeprägt und habe noch immer an diesen meist veralteten Zahlen zu leiden. Auf den Verfasser solchen Reichtums setzte ich große Erwartungen, wer ein Buch geschrieben hatte, war eine Art Gott für mich. Es stellte sich aber heraus, daß dieser Verfasser von Gott nur den Grimm hatte und sonst gar nichts. Letsch kommandierte mehr, als er unterrichtete, und zu jedem Gegenstand, den er erwähnte, fügte er den Preis hinzu. Er war so streng, daß er kein einziges Mal lächelte oder lachte. Mich langweilte er bald, weil er nie etwas sagte, was nicht schon in seinem Buche stand. Er war knapp bis zur Tollheit und erwartete dieselbe Knappheit von uns. Die schlechten Noten prasselten wie Prügel über die Klasse nieder, er war verhaßt, so sehr, daß dieser Haß bei vielen seiner Schüler zur einzigen Erinnerung an ihn wurde. Ich hatte noch nie einen so konzentriert grimmigen Menschen gesehen, denn andere, auch grimmig, äußerten sich ausführlicher. Vielleicht war es eine Gewöhnung ans Befehlen, vielleicht war es mehr Wortkargheit als Grimm. Aber die Nüchternheit, die sich von ihm ausbreitete, hatte eine lähmende Wirkung. Er trug einen Spitzbart, er war ein kleiner Mann, das mag zu seiner Entschiedenheit beigetragen haben.

Ich gab die Hoffnung nie auf, einmal etwas von ihm zu erfahren, was seine Befassung mit Geographie, er war sogar auf Expeditionen gewesen, gerechtfertigt hätte. Aber die Verwandlung, die ich an ihm erlebte, war anderer Art. Bei einem Vortrag über die Karolinen- und Marianen-Inseln, zu dem mich Fräulein Herder in ein Zunfthaus mitgenommen hatte, war er zugegen. Der Vortragende war General Haushofer aus München, ein gelehrter Geopolitiker, nicht nur im Rang unserem Letsch überlegen. Es war ein reichhaltiger Vortrag, bestimmt und klar, der mir den Anstoß zur späteren Befassung mit den Südseeinseln gab. In seiner Tendenz war er mir nicht angenehm, ich dachte, es sei der militärische Habitus des Sprechers, was mir mißfiel, und erfuhr Genaueres über ihn erst später. Aber ich lernte sehr viel in dieser kurzen Stunde und befand mich in der expansiven, heiteren Stimmung, die sich bei solchen Gelegenheiten einstellt, als Professor Letsch Fräulein Herder plötzlich grüßte. Sie waren alte Bekannte von einer gemeinsamen Kreta-Reise her, und da er in Zollikon wohnte, hatten wir denselben Heimweg. Ich traute meinen Ohren nicht, als ich ihn mit Fräulein Mina konversieren hörte. Er sprach drei, vier, fünf Sätze hintereinander, er lächelte, er lachte. Er drückte sein Erstaunen darüber aus, daß ich in der Villa ›Yalta‹ wohnte, die er noch als Mädchenpensionat in Erinnerung hatte. Er sagte: »Daher die Geographie bei unserem Jüngling. Das hat er von Ihnen, Fräulein Herder!« Aber das war das wenigste: er erkundigte sich nach den anderen Damen, die er mit Namen nannte. Er fragte Fräulein Herder, ob sie oft nach Italien komme. Die Gräfin Rasponi habe er vor einem Jahr auf der Insel Djerba getroffen. So ging es auf dem ganzen Heimweg hin und her, ein umgänglicher, ein fast höflicher Mann, der sich schließlich noch nachdrücklich, ja herzlich, wenn auch etwas heiser von uns verabschiedete.

Auf der Reise, sagte Fräulein Mina, habe er alle Preise gewußt und nie einen Schwindel geduldet. Die Preise, die der Mann im Kopf gehabt habe – sie könne es heute noch nicht fassen.

Letschs Unterricht hat mir nichts bedeutet und sein Buch hätte ebensogut ein anderer geschrieben haben können. Wohl aber danke ich ihm das Erlebnis seiner plötzlichen Verwandlung, das letzte gewiß, was ich von ihm erwartet hätte.

Besseres wäre von Karl Fenner zu berichten, dem Lehrer für Naturgeschichte. Hier verschwindet mir der Mann in der immensen Landschaft, die er vor mir auftat. Er hat nicht etwas weitergeführt, wozu zuhause der Grund gelegt wurde, er hat mit etwas vollkommen Neuem begonnen. Die Naturvorstellungen der Mutter waren konventioneller Art. Sie schwärmte nicht sehr überzeugend von Sonnenuntergängen und suchte die Wohnungen, die wir bezogen, gern so aus, daß die Zimmer, in denen wir uns zumeist aufhielten, nach Westen gingen. Sie liebte die Obstgärten ihrer Kindheit, weil sie Früchte und den Geruch von Rosen liebte. Bulgarien war für sie das Land der Melonen, der Pfirsiche und Trauben, das war Sache ihres stark entwickelten Geschmacks- und Geruchssinns. Wir hatten aber keine Tiere im Haus und sie hat über Tiere nie ernsthaft zu mir gesprochen, es sei denn, sie betrachtete sie als Leckerbissen. Sie schilderte, wie Gänse in ihrer Kindheit gemästet wurden, und während ich vor Empörung und Mitleid verging, bemerkte sie, wie gut solche fetten Gänse schmeckten. Sie war sich der Grausamkeit der Mastprozedur sehr wohl bewußt, und der unerbittliche

Daumen einer Magd, die mehr und mehr Maisbrei in den Schnabel des Vogels stopfte, den ich nur aus ihrer Schilderung kannte, wurde zu einem Schreckensbild von Träumen, in denen ich selbst, zur Gans geworden, gestopft und gestopft wurde, bis ich schreiend erwachte. Sie war imstande zu lächeln, wenn sie von solchen Dingen sprach, und ich wußte, daß sie dann an den Geschmack von Gänsen dachte. Eine einzige Art von Tieren hat sie mir wirklich nahegebracht, die Wölfe auf der vereisten Donau, vor denen hatte sie Respekt, weil sie sie so gefürchtet hatte. In Manchester führte mich der Vater in den Tiergarten. Es geschah nicht oft, es blieb ihm zu wenig Zeit, sie kam nie mit, sie war nie dabei, vielleicht weil es sie langweilte, sie war ganz und gar Menschen verschrieben. Dank dem Vater hatten jene Erfahrungen an Tieren begonnen, ohne die eine Kindheit es nicht wert ist, gelebt zu werden. Er spielte sie mir zu meinem Entzücken vor, er war sogar imstande, sich in die kleine Schildkröte zu verwandeln, die wir wie alle Kinder in England im Garten hielten. Dann brach alles plötzlich ab. Sechs oder sieben Jahre lang lebte ich nun in der tierlosen Welt der Mutter. Es wimmelte bei uns von großen Figuren, aber keine trug das Angesicht eines Tieres. Die Heroen und Götter der Griechen waren ihr bekannt, obschon sie auch ihnen Menschen vorzog, von den doppelgestaltigen Göttern der Ägypter habe ich erst als Erwachsener erfahren.

Vom Küchenbalkon der Wohnung in der Scheuchzerstraße sahen wir auf einen unbebauten Platz hinunter. Da hatten sich die Bewohner der umliegenden Häuser kleine Gemüsegärten eingerichtet. Einer davon gehörte einem Polizisten, der sich ein Ferkel hielt, er mästete es mit Hingabe und allerhand Schlichen. Im Sommer begann die Schule um sieben, da stand ich um sechs schon auf und ertappte den Polizisten dabei, wie er über die Gitter der Nachbargärten sprang und hastig Futter für sein Ferkel zusammenrupfte. Er sah erst vorsichtig zu den Fenstern der Häuser hinauf, ob niemand ihn beobachte, alles schlief noch, mich bemerkte er nicht, vielleicht war ich zu klein, dann rupfte er hastig aus, was er konnte, und sprang zurück zu Sugie, so nannten wir sein Ferkel. Er hatte seine Polizistenhosen an, der lange Streifen an ihnen hinunter schien ihn bei seinem Unternehmen nicht zu stören, er sprang von einem kleinen Gemüsebeet zum anderen hinüber, ein guter Springer, bediente sich und schonte so seine eigenen Gewächse. Sugie war unersättlich, wir hörten gern sein Grunzen, und wenn Georg, der kleine Bruder, der sehr genäschig war, wieder einmal Schokolade gestohlen hatte, verspotteten wir ihn, unermüdlich grunzend, als Sugie. Er weinte dann und versprach, es nie wieder zu tun, doch das Vorbild des Polizisten wirkte unwiderstehlich auf ihn ein, und schon am nächsten Tag verschwand Schokolade wieder.

In der Früh weckte ich die kleinen Brüder, wir versteckten uns alle drei auf dem Küchenbalkon und warteten atemlos, bis der Polizist erschien, dann sahen wir, ohne zu mucksen, seinen Sprüngen zu, und erst wenn er fort war, grunzten wir heftig los, Sugie war unser Haustier geworden. Leider lebte es nicht sehr lang und wir blieben, als es verschwand, wieder allein zurück, ausgehungert nach Tieren, aber ohne es zu wissen. In dieser ganzen Zeit war die Mutter an Sugie uninteressiert und das einzige, was sie beschäftigte, war der unredliche Polizist, über den bekamen wir ausgiebig Lehren zu hören. Sie verbreitete sich genußvoll über Heuchelei, verstieg sich bis zum Tartuffe und gelobte uns, daß der Heuchler seiner Strafe nicht entgehen werde.

So armselig war damals noch unsere Beziehung zu Tieren. Das änderte sich erst mit Fenner und seiner Naturgeschichte in der Schule, es änderte sich gründlich. Er erklärte uns mit unendlicher Geduld den Bau von Pflanzen und von Tieren. Er hielt uns zu farbigen Zeichnungen an, die wir zu Hause auf das sorgfältigste ausführten. Er gab sich nicht leicht mit diesen Zeichnungen zufrieden, ging auf jeden Fehler darin ein, drängte sanft, aber hartnäckig auf Verbesserungen, und mir riet er öfters, das Ganze lieber wegzuwerfen und es noch einmal zu versuchen. Beinahe die volle Zeit der Hausarbeit verwandte ich auf diese Naturgeschichtshefte. Wegen der Mühe, die sie mich kosteten, hing ich mit Liebe an ihnen. Ich bewunderte die Zeichnungen der Kameraden, die mir prachtvoll erschienen, was gab es da für leicht und schön gezeichnete Hefte! Ich empfand keinen Neid, ich empfand Staunen, wenn mir so ein Heft gezeigt wurde, es gibt nichts Gesünderes für ein Kind, dem Lernen eher leicht fällt, als vollkommenes Versagen auf diesem oder jenem Gebiet. Ich war immer der Schlechteste im Zeichnen, so schlecht, daß ich das Mitleid Fenners spürte, der ein zärtlicher und warmer Mensch war. Er war klein und etwas fett, seine Stimme weich und leise, aber sein Unterricht war sachlich und genau bedacht, von einer Gründlichkeit, die eine Lust war, wir kamen nur langsam vorwärts, aber was man bei ihm durchgenommen hatte, vergaß man nie, es war einem für immer eingezeichnet.

Er unternahm Exkursionen mit uns, die wir alle mochten. Da ging es heiter und gelassen zu, da wurde nichts übersehen, am Rumensee holten wir uns allerhand kleine Wassergeschöpfe, die wir in die Schule zurücknahmen. Im Mikroskop zeigte er uns dieses phantastische Leben auf kleinstem Raum, und alles was wir sahen, wurde dann gezeichnet. Es kostet mich Überwindung, nicht darauf einzugehen und in einen Naturgeschichtskurs zu verfallen, den ich Lesern, die das ohnehin alles wissen, schwerlich zumuten kann. Aber ich muß erwähnen, daß er meine empfindsame Haltung in allen Fragen des Fressens und Gefressenwerdens, die damals begann, nicht teilte. Er nahm es, wie es war, was in der Natur geschah, unterstand nicht unseren moralischen Urteilen. Er war zu schlicht, vielleicht auch zu bescheiden, um sich mit seiner Meinung in diese unerschöpflich grausamen Prozesse einzumischen. Wenn ich bei den Exkursionen, wo zum Sprechen Zeit war, mir etwas Gefühlvolles in dieser Richtung entfahren ließ, schwieg er und antwortete nichts, was sonst nicht seine Art war. Er wollte uns an eine männlich-stoische Haltung in diesen Dingen gewöhnen, aber ohne Salbaderei und Geschwätz, einfach durch seine Haltung. So mußte ich sein Schweigen als Mißbilligung empfinden und hielt mich ein wenig zurück.

Er bereitete uns auf einen Besuch im Schlachthaus vor, den er plante. Während einiger Stunden vorher kam er öfters darauf zurück, immer wieder erklärend, daß man die Tiere nicht leiden lasse, es wäre, anders als früher, dafür gesorgt, daß sie eines raschen, schmerzlosen Todes stürben. Er ging so weit, in diesem Zusammenhang das Wort ›human‹ zu gebrauchen, und schärfte uns ein, wie wir uns, jeder in seinem Umkreis, zu Tieren zu benehmen hätten. Ich achtete ihn so sehr, ich war ihm so zugetan, daß ich auch diese etwas zu umsichtigen Vorbereitungen auf das Schlachthaus hinnahm, ohne mich mit Abneigung gegen ihn zu erfüllen. Ich spürte, daß er uns an etwas Unvermeidliches gewöhnen wollte, und daß er sich so viel Mühe damit gab und lange vor dem Besuch damit begann, gefiel mir. Ich stellte mir vor, wie Letsch an seiner Stelle uns ins Schlachthaus kommandieren und das heikle Problem auf die schroffste Weise, ohne jede Rücksicht auf irgendwen zu lösen versuchen würde. Aber dem Tag des Besuches, der näher rückte, sah ich mit großer Angst entgegen. Fenner, der ein guter Beobachter war, dem auch an Menschen nicht leicht etwas entging, bemerkte das wohl, obschon ich es hartnäckig in mich versperrte und vor den Kameraden, deren Witze ich fürchtete, nie etwas sagte.

Als es soweit war und wir durch das Schlachthaus gingen, ließ er mich nicht von seiner Seite. Jede Einrichtung erklärte er, als sei sie den Tieren zuliebe erdacht. Seine Worte legten sich als schützende Schicht zwischen mich und alles, was ich sah, so daß ich dieses gar nicht klar zu schildern vermöchte. Wenn ich es heute bedenke, kommt es mir vor, als habe er sich wie ein Priester aufgeführt, der einem den Tod wegredet. Es war das einzige Mal, daß seine Reden mir ölig vorkamen, obwohl sie dazu dienten, mich vor meinem Entsetzen zu schützen. Seine Absicht gelang ihm, ich nahm es alles ohne Gefühlsausbruch ruhig auf, er mochte zufrieden mit sich sein, bis seine Wissenschaft mit ihm durchging und er uns etwas zeigte, das alles zunichte machte. Wir kamen an einem eben geschlachteten Mutterschaf vorbei, das offen vor uns dalag. In seiner Fruchtblase schwamm winzig ein Lamm, kaum einen halben Daumen lang, Kopf und Füße waren deutlich zu erkennen, doch alles an ihm war so, als ob es durchsichtig wäre. Vielleicht hätten wir es nicht bemerkt, er hielt uns an und erklärte uns mit seiner weichen, aber ungerührten Stimme, was wir sahen. Wir waren alle um ihn versammelt, er hatte mich aus dem Auge gelassen. Doch jetzt sah ich ihn an und sagte leise: »Mord«. Das Wort kam mir von der eben verflossenen Kriegszeit her leicht über die Lippen, aber ich glaube, ich war in einer Art von Trance, als ich es sagte. Er muß es gehört haben, denn er unterbrach sich, sagte: »Jetzt haben wir alles gesehen«, und führte uns, ohne noch einmal anzuhalten, aus dem Schlachthaus hinaus. Vielleicht hatten wir wirklich alles gesehen, was er uns zeigen wollte, aber er ging rascher, es lag ihm daran, uns draußen zu haben.

Mein Vertrauen zu ihm war erschüttert. Die Hefte mit den Zeichnungen blieben liegen. Ich führte nichts Neues darin aus. Er wußte es, in den Stunden fragte er mich nicht mehr danach. Wenn er an uns vorüberging, um die Zeichnungen zu kritisieren und zu verbessern, blieb meines geschlossen. Er würdigte mich keines Blickes, ich blieb in seinen Stunden stumm, für die nächsten Exkursionen stellte ich mich krank und ließ mich entschuldigen. Niemand außer uns merkte, was geschehen war, ich glaube, er hat mich verstanden.

Heute weiß ich sehr wohl, daß er mir über etwas hinweghelfen wollte, über das hinwegzukommen mir nicht erlaubt war. Auf seine Weise hat auch er sich dem Schlachthaus gestellt. Hätte es ihm, wie den meisten, nichts bedeutet, er hätte uns nicht so rasch wieder hinausgeführt. Falls er, ein 90-, ein 100jähriger, noch auf der Welt sein sollte, so möge er wissen, daß ich mich vor ihm verneige.

Vorgezwitscher – Nachgezwitscher

Karl Schoch, der uns das ›Schatzkästlein‹ brachte, hatte es mit sich und den Schülern schwer. Er hatte einen kleinen, eiförmigen Kopf von rötlicher Farbe und kanariengelbem Haar, das besonders an seinem Schnurrbart hervorstach – war er wirklich so gelb oder erschien er uns so? Vielleicht trugen seine Bewegungen, die etwas Abgehacktes oder Hüpfendes hatten, zu seinem Spitznamen bei: er hieß, sehr bald nachdem wir Bekanntschaft mit ihm gemacht hatten, »der Kanarienvogel« und behielt diesen Namen bis zu seinem Ende. Er war ein noch junger Mensch, dem das Sprechen nicht leicht fiel, es war so, als habe er Schwierigkeiten, die Zunge zu bewegen. Bevor sie hervorbrachte, was zu sagen war, mußte er einen Anlauf nehmen. Dann kamen die Sätze, aber immer nur wenige. Sie klangen trocken und monoton, die Stimme war hohl, sehr bald verstummte er wieder. Wir hatten zuerst Kalligraphie bei ihm, an diesem Fach, dem ich nie etwas abgewann, mag es liegen, daß er pedantisch wirkte. Er nahm das Schönschreiben so ernst wie ein Schüler, der es eben erst erlernt hatte. Da er so wenig sagte, gewann jedes seiner Worte eine übertriebene Bedeutung. Er wiederholte sich, auch wo es nicht notwendig war; was er uns einschärfen wollte, mußte er sich erst selber abgewinnen. An wen immer er sich wandte, sein Ton war derselbe. Man hatte den Verdacht, daß er vor der Stunde einüben müsse, was er uns sagen würde. Aber dann blieb er doch häufig und unerklärlich stecken und alles Einüben war umsonst gewesen. Er wirkte nicht etwa schwächlich, aber fehl am Platz. Er war nicht richtig zusammengefügt, er wußte es und mußte wohl immer daran denken.

Solange es um Kalligraphie ging, passierte er die grausame Prüfung der Schüler noch mit Genügend. Es gab welche, die sich mit Schreiben Mühe gaben und eine gute Schrift bei ihm erlernten. Alles, was sie zu tun hatten, war, die Zeichen, die er an die Tafel malte, sauber nachzumachen. Es war das Fach, das die geringste geistige Anstrengung erforderte, und gab denen, die noch wenig entwickelt waren, Gelegenheit, sich zu bewähren. Er aber, während er etwas an die Tafel schrieb, gewann Zeit für sein Schweigen. Er bezog sich dann auf Buchstaben, nicht auf lebende Schüler, er schrieb groß und genau, für alle zusammen, statt für einzelne, und es muß ihn erleichtert haben, diesen Blicken, die er fürchtete, einstweilen den Rücken zu kehren.

Ein Verhängnis war es, daß er später den Unterricht in Geographie von Letsch übernahm. Er war nicht sicher darin und die Klasse ergriff mit Lust die Gelegenheit, sich für die Unterdrückung durch Letsch an Schoch zu rächen. Nach dem Oberst erschien Schoch wie ein kleiner Rekrut, und nun mußte er auch fortlaufend sprechen. Mit leisem Gezwitscher, das sich auf den Kanarienvogel bezog, wurde er empfangen. Mit lautem Gezwitscher wurde er nach der Stunde entlassen. Er hatte die Tür noch nicht hinter sich geschlossen, als das Gezwitscher losging. Er nahm nie Notiz davon, er verlor kein Wort darüber, und es ist nicht auszumachen, ob er wußte, was es bedeutete.

Wir waren bei Südamerika angelangt, die große Landkarte hing hinter ihm, er hieß uns einzeln vortreten und Flüsse auf ihr zeigen und benennen. Einmal, als ich dran kam, war unter den Flüssen, die ich aufzuzählen hatte, ein Rio Desaguadero. Ich sprach ihn richtig aus, was keine Kunst war, eines der häufigsten Worte, das ich von klein auf gehört hatte und gebrauchte, war agua, Wasser. Er verbesserte mich und sagte, es heiße Rio Desagadero, das ›u‹ dürfe hier nicht ausgesprochen werden. Ich bestand darauf, daß es ›agua‹ heiße, woher ich das wisse, fragte er. Ich ließ mich nicht beirren, ich müsse es doch wissen, sagte ich, Spanisch sei meine Muttersprache. Vor der ganzen Klasse standen wir einander gegenüber, keiner gab nach, ich ärgerte mich, daß er mein Recht auf Spanisch nicht anerkannte. Er wiederholte, ausdruckslos und starr, aber entschlossener, als ich ihn je gesehen hatte: es heiße Rio Desagadero. Wir warfen uns ein paarmal die beiden Aussprachen an den Kopf, sein Gesicht wurde immer starrer, hätte er den Stock, mit dem ich zeigte, in der Hand gehabt, er hätte damit nach mir geschlagen. Dann hatte er einen rettenden Gedanken und entließ mich mit den Worten: »In Südamerika spricht man das anders.«

Ich glaube nicht, daß ich bei einem anderen Lehrer diese Rechthaberei auf die Spitze getrieben hätte. Ich empfand kein Mitleid mit ihm, das er in dieser blamablen Situation gewiß verdient hätte. Wir hatten noch ein paar Stunden bei ihm, dann einmal, als wir ihn erwarteten, das Vorgezwitscher hatte schon eingesetzt, erschien ein anderer Lehrer und sagte: »Herr Schoch wird nicht mehr kommen.« Wir dachten, er sei krank, aber bald erfuhren wir die Wahrheit. Er war tot. Er hatte sich die Adern aufgeschnitten und war verblutet.

Sie war zum Hund geworden

Eines Nachts erwachte ich und sah jemand in meinem Zimmer. Frau Weinreb im Schlafrock stand vor dem Bild ihres Mannes, hob es vorsichtig von der Wand und blickte, als ob sie etwas suche, dahinter. Ich sah sie ganz deutlich, das Zimmer war von der Straßenbeleuchtung draußen hell, die Vorhänge waren nicht zugezogen. Sie glitt mit der Nase ganz nahe an der Wand entlang, sie schnüffelte und hielt unterdessen vorsichtig das Bild mit beiden Händen fest. Dann beschnüffelte sie ebenso langsam die Rückseite des Bildes. Es war so still im Zimmer, daß man das Schnüffeln hörte. Ihr Gesicht, das ich jetzt sah, sie kehrte mir den Rücken zu, war mir immer wie das eines Hundes vorgekommen. Mit einer raschen Bewegung tat sie das Bild an seine Stelle zurück und glitt an die benachbarte Wand, zum nächsten. Dieses Bild war viel größer, es hatte einen schweren Rahmen, ich fragte mich, ob sie die Kräfte hätte, es allein zu halten. Aber ich sprang nicht aus dem Bett, um ihr zu helfen, ich dachte, sie sei im Schlaf, ich mochte sie nicht erschrecken. Sie hängte auch dieses Bild ab und hielt es sicher in den Händen, nur war das Schnüffeln an der Wand dahinter nicht mehr so leicht, ich hörte sie vor Anstrengung schnaufen und etwas stöhnen. Dann stolperte sie, es sah aus, als würde sie das Bild fallen lassen, doch gelang es ihr, es auf den Boden abzusetzen, mit der Rückseite nach vorn, ohne es aber ganz loszulassen. Sie streckte sich wieder in die Höhe, und während die Fingerspitzen noch die obere Leiste des Rahmens berührten, schnüffelte sie die Stelle des Bildes an der Wand weiter ab. Als sie damit zu Ende war, kauerte sie sich auf den Boden nieder und machte sich an die Rückseite des Bildes. Ich dachte, sie schnüffle wieder, es war dasselbe Geräusch, an das ich mich in der kurzen Zeit schon gewöhnt hatte. Aber nun sah ich staunend, daß sie die Rückseite des Bildes ableckte. Sie tat das geflissentlich, ihre Zunge hing weit heraus, wie die eines Hundes, sie war zum Hund geworden und schien es zufrieden. Es dauerte ziemlich lange, bis sie fertig war, das Bild war groß. Sie stand auf, hob es mit einiger Anstrengung in die Höhe, und ohne einen Versuch zu machen, die Vorderseite zu sehen oder damit in Berührung zu kommen, hängte sie es an seinen Nagel und glitt lautlos und eilig zum nächsten. In meinem Zimmer hingen vier Bilder des Herrn Dr. Weinreb, sie vergaß keines davon, sie absolvierte alle. Die beiden anderen waren zum Glück nur so groß wie das erste, so konnte sie ihre Übung stehend verrichten, und da sie nicht mehr am Boden kauerte, kam sie nicht mehr zum Lecken und begnügte sich mit Schnüffeln.

Eine Schreckensvision

Ich war von einer tiefen Abneigung gegen *Namen* erfüllt, ich wollte nichts von ihnen hören, am liebsten hätte ich auf sie alle losgeschlagen. Seit ich mitten in der großen Namensküche [Berlin] gelebt hatte – drei Monate das erste und sechs Wochen das zweite Mal –, hatte ich ein bedrängendes Gefühl des Ekels davor, ich kam mir – eine Schreckensvision schon der Kindheit – wie eine Mastgans vor, die festgesetzt und mit Namen zwangsgefüttert wurde. Der Schnabel wurde einem offen gehalten und Namensbrei hineingestopft. Es war ganz gleichgültig, welche Namen da hineingemischt wurden, wenn es nur ein Brei aus ihnen allen zusammen war und man daran zu ersticken glaubte. Gegen diese vereinte Not und Bedrängnis durch Namen setzte ich jeden Menschen, der keinen hatte, jeden Namens-Armen.

Aufzeichnungen 1973–1985

Du bist von den Tieren besessen. Warum? Weil sie nicht mehr unerschöpflich sind? Weil wir sie erschöpft haben?

1974

Schopenhauer und der Orang-Utan: »Zur Herbstmesse 1854 wurde in Frankfurt eine große Seltenheit in Europa, ein lebender junger Orang gezeigt. Schopenhauer besuchte den ›mutmaßlichen Stammvater unseres Geschlechts‹, auf dessen Bekanntschaft er fast bis zum 70. Jahre vergeblich gewartet habe, fast täglich und er mahnte seine Bekannten, diese Gelegenheit nicht ungenützt vorübergehen zu lassen, ja lieber heute als morgen zu gehen, denn er könnte morgen tot sein.« *Gwinner, Schopenhauer, S. 112*

1974

Ein irrsinniger Zoologe? Undenkbar! *1975*

Tier – Christentum: Erbarmen mit den Menschen.

1976

Ein Tier zum Menschen betören. *1976*

Löwenbändiger unter den Ameisen. *1976*

Zeig mir die *bösen* Fische, sagt das Kind, zeigt auf die Zähne der Haie und führt dann die Finger auf die eigenen.

1976

Ein Tintenfisch kann hypnotisiert werden: er hat das menschlichste Auge. *1976*

Der Riesen-Oktopus, der ein ganzes Hotel vom Strand fortschleppte. *1976*

Den Tod eines Tieres erleben, aber als Tier.

1977

Früh erbarmte sich das Kind aller Namen der Tiere.

1978

Was dich an jedem Tier erschüttert, ist deine Unerreichbarkeit. Es könnte dich vielleicht essen, doch nie erschöpfen. *1978*

Das Wort »Tier« – alle Unzulänglichkeit des Menschen in diesem einen Wort. *1978*

Bruderkuß zwischen Tintenfischen. *1979*

In tausend Jahren: einige gezählte Tiere von ganz wenigen Arten, rar und umschmeichelt wie Götter.

1980

Die Formen der Tiere als Formen des Denkens. Die Formen der Tiere machen ihn aus. Ihren Sinn kennt er nicht. Erregt geht er im Tiergarten umher und sucht sich zusammen. *1980*

Dichter, wie Möwen anzusehen im Flug und wie Möwen abscheulich untereinander. *1980*

Das chinesische Pferd, – wie er der Zeit der Pferde nachtrauert! Aber war es denn ihre Vollendung, als man ihnen Wein zu trinken gab, damit sie tanzen? *1980*

Was wird zuerst erschöpft sein: die Tiere oder die Geschichten? *1980*

Es ist ihm gelungen, Tiere zu erfinden. Was können ihm Menschen noch bedeuten. *1980*

Diese Welt kommt ihm vor, als ob sie sich ganz von Lerchen nähren würde. *1980*

Wie er Tiere für seine Überlegenheit bewundert! *1981*

Die Schnäbel des Staunens füttern. *1981*

Ein unerkennbares Tier. Durch seine Wirkungen vertraut, in seiner Gestalt unbestimmbar, von wechselnder Größe, Geschwindigkeit und Schwere. Es ist nicht sicher, ob es am Leben ist oder vielfach am Leben *war*. Die Laute, die es von sich gibt, haben sich in Träumen erhalten. *1981*

Wer die Angst der graziösesten Tiere fühlen könnte! *1981*

Die Verzauberung durch Tiere dauert an. Sie ist im Alter und besonders seit ein Kind da ist (auch diesem zuliebe) größer geworden. Mehr Träume von Tieren. Zuletzt im Traum die winzigen Mäuse, die in Wellenbewegungen über den Teppich huschen, acht oder neun von ihnen in gewisser Ferne voneinander zusammenhängend, eine davon, die letzte, kleinere, *weiß*, den anderen näher, etwas straffer gehalten. Ich zeige auf sie und sage zu H.: ›Sie ist blind. Die weiße Maus ist blind. Die anderen führen sie mit.‹ Der Traum geht über zu neuen Dingen, kehrt aber immer wieder zur Wellenbewegung der Mäuse zurück und zu der kleineren, weißen, blinden, die sie mitführen.

1981

›Ochsen sterben frühzeitig unter einem verqueren Holzjoch, Esel brechen mit blutig gescheuertem Rücken unter übergroßen Packsätteln zusammen.‹ *1981*

Menschen in anderer Form, sprechende Sachen, ist es das, was bevorsteht?

Die Geschöpfe, die dein Fuß zertreten hat.

1982

Sein Lebtag hat er sich bei den Tieren angesagt, vergeblich. *1982*

Ein Abend aus Gram und Gewürz, vor dem Fenster ein Reiher. *1982*

Geschöpfe, deren Leben nicht länger als Minuten dauert.

1982

Der Esel als Roßtäuscher. *1982*

Ein Tier, das die Menschheit vom Untergang errettet. – Ein Tier, und welche Erinnerung an die untergegangene Menschheit es bewahrt. *1982*

Soutine: »Ich habe einmal den Dorfschlächter den Hals einer Gans aufschlitzen sehen und wie er das Blut auslaufen ließ. Ich wollte schreien, aber sein fröhlicher Blick schnürte mir die Kehle zu.«

Soutine betrachtete seine Kehle und fuhr fort. »Diesen Schrei fühle ich hier immer noch. Als ich als Kind ein primitives Porträt meines Lehrers zeichnete, versuchte ich mich von diesem Schrei zu befreien, aber umsonst. Als ich den Ochsenkadaver malte, war es noch immer dieser Schrei, den ich loswerden wollte. Ich habe es noch immer nicht geschafft!« *Soutine zu Emile Szittya.*

1982

Einer zählt die Ameisenhaufen der Welt. Hoffnung.

1982

Grunzender Löffel. *1982*

Unaufhörlich, während er den Bleistift führt, werden Tiere geschlachtet. Soll man wie jene sein und sagen, man hat nie etwas davon gewußt? *1982*

Die wilden Hunde zerrissen das Haus. *1982*

Es wurden Mäuse wie Elefanten gezüchtet und es gab jede Tierart in allen Größen auf Lager, wie Schuhe.

1982

»Um Schlangen zu quälen, stecken die Kinder sie in einen Sack von ungelöschtem Kalk und schütten dann Wasser darauf; das Zischen der Schlangen, während sie die Pein des Verbrennens erleiden, nennen die Kinder *das Lachen der Schlangen*.« *1983*

Ein künstliches Bein für eine Gazelle. Sie kratzt sich damit ihr Fell. *1983*

Das Anziehende am Gedanken einer Seelenwanderung ist die Vorstellung, daß Tiere dadurch zu Seelen gelangen und sehr hochgestellt werden (wenn auch nicht so hoch wie Menschen, denn es ist eine Strafe für eine Seele, in einen Tierkörper einverleibt zu werden).

Weniger akzeptabel wäre, daß man durch diese Wanderung seiner Seele in irgendein Tier zu einem ganz anderen Wesen wird und dann für die Dauer eines Lebens dieses andere Wesen *bleibt*. Die Verwandlung, an sich anziehend, müßte frei sein und dürfte nicht verfügt werden. Vor allem müßte auch immer die Möglichkeit bestehen, zu sich, wie man jetzt in diesem Leben ist, zurückzukehren. Der Hauptakzent liegt für mich also immer auf diesem Leben jetzt, es ist ein Zentrum der Welt, das ich als Zentrum bewahrt wissen möchte, mit seiner Flüchtigkeit kann ich mich nicht abfinden; selbst wenn etwa die Seele, von ihren Taten beladen, bestehen bleibt. Wenn ich aber Zentrum sage, meine ich keineswegs, daß es das einzige oder wichtigste Zentrum sei, sondern eines unter unzähligen, und jedes ist wichtig.

Mein »Starrsinn« besteht darin, daß ich kein Leben, kein einziges, preisgeben kann, jedes ist mir heilig. Das hat aber mit dem Verdienst eines Lebens nichts zu tun, nicht mit dem Glanz, nicht mit dem Ansehen, das einer sich erworben haben mag. Die Auffassung, wonach niedere Seelen bloß als Nahrung für eine höhere zu dienen hätten, scheint mir niederträchtig.

Es muß die Hoffnung bestehen und genährt werden, daß *jede* Seele nicht nur für sich von Wert ist, sondern auch auf irgendeine nie vorauszusehende Weise auch für andere oder sogar für alle anderen Bedeutung gewinnen könnte.

Die Seelenwanderung, sobald sie sich mit einem Karma verbindet, hat etwas Determiniertes, keine der Verwandlungen, die noch bevorstehen, ist frei, es ist ein in alle Zukunft fortgesetzter, zerstückelter Zwang. Das Wunderbare aber und für den Menschen nicht zu Missende an der wahren Verwandlung ist ihre Freiheit. Da eine Verwandlung zu allem, also in jede Richtung möglich ist, ist nie vorauszusehen, zu welcher es wirklich kommt. Man steht an einem Scheideweg, der sich in hundert Richtungen eröffnet und weiß – das ist daran das Wichtigste – nie zuvor, welche man wählen wird.

Die planende Natur des Menschen ist eine spät aufgesetzte, die seine eigentliche, seine Verwandlungsnatur vergewaltigt. *1983*

Der Reichtum all dieser Tiere, und *ein* Prinzip?

1983

Tollkühnheit und Entschlossenheit eines Käfers. Er geht schnurstracks ins offene Maul der namenlosen Bestie und zwickt sie in die Mandeln. *1983*

Fang und Zähmen von Elefanten.

›Lange, dicke Lianen mit Schlingen werden an Stellen ausgelegt, wo viele Elefanten vorbeikommen. Da sich die Jäger in der Nähe aufhalten, merken sie bald, wann sich ein Tier gefangen hat. Sie zerren es zu Boden, fesseln seine Beine und stellen es dann in ein enges Gestell. Damit das Tier nicht im Schlamm zu stehen braucht, belegen sie den Boden mit Knütteln. Stangen werden so zwischen die

Beine des Tieres gesteckt, daß es sich weder legen noch bewegen kann. Aus einem Bambusrohr, das oberhalb seines Rückens angebracht ist, tröpfelt ständig Wasser auf den Elefanten nieder. Ein Schutzdach wird über ihm errichtet, um ihn vor der Sonne zu schützen. Nach Angabe der Malaien bleibt das Tier etwa zwanzig Tage in diesem Gestell stehen, falls es die Tortur aushalten kann. Dann aber ist es zahm und an seinen Herren gewöhnt, der von Zeit zu Zeit auf seinen Rücken steigt und diesen durch Herumtrampeln massiert. Viele Elefanten jedoch erliegen den Qualen.‹ *Schebesta.*

1983

Der Tier-Berater. *1983*

Die Tiere! Die Tiere! Woher kennst du sie? Von allem, was du nicht bist und zur Probe gern wärest. *1984*

Du hast unter Tieren nicht einen einzigen Freund. Nennst du das Leben? *1984*

»Eine Frau, die einen Elefanten geschenkt bekommt, gibt sich dem Schenker hin. Solche Hingebung um eines Elefanten willen halten die Inder nicht für schimpflich, ja es scheint den Frauen sogar etwas Großartiges, daß ihre Schönheit so hoch wie ein Elefant gewertet wird.«

Arrian.

1984

Kraniche im Flug, wie sie Buchstaben bilden.

Hyginus.

1984

Er sammelt auf einer Seite Götter, auf der anderen Tiere. Dazwischen sammelt er Leute, die sich nach 50 Jahren verlaufen. *1984*

Jener Orang im September 1980, der seinen *Verstand* rettete. *1984*

Wie lang, wie furchtbar lang warst du nicht bei den Tieren!
Und wenn es alles *ein einziges* Tier wäre, das dich narrt?
1984

Die Fledermaus schläft täglich 20 Stunden. Pferde schlafen nur drei bis vier Stunden. Der Tümmler schläft immer nur mit der einen Hirnhälfte, abwechselnd, die andere bleibt immer wach. *Borbély.*
1984

»Mensch« ist für ihn kein Wunder mehr. Ein Wunder für ihn ist »Tier«. *1985*

Ein Tier mit voller Erinnerung – kostbarstes aller Tiere.
1985

Eine Gedanken-Lerche. *1985*

Kein Tier hat ihn erkannt. Er war keinem Tier geheuer. Er weigerte sich, ein Tier zum Diener zu nehmen.
1985

Broch

Auf seinen eiligen Gängen kam Broch nicht selten zu uns in die Ferdinandstraße. Ich sah ihn als einen großen, schönen Vogel, aber mit gestutzten Flügeln. Er schien sich einer Zeit zu entsinnen, da er noch fliegen konnte. Er hatte nie verwunden, was mit ihm geschehen war.

⋆

Obwohl sein Kopf dem eines großen Vogels glich, war sein Auge nie auf Greifen, auf Erbeuten aus. Der Blick ging in eine Ferne, die das Nahe des Gegenübers meistens mitenthielt und was im Blickenden zuinnerst war, lag in ein und derselben Nähe und Ferne.

Werfel

[Anna] saß links von mir und es war sie, auf die ich, wie ich dachte, unbeirrbar verstohlen sah, aber eben in derselben Richtung stieß ich auf Werfels rechtes Froschauge. Es fiel mir ein, daß sein Mund dem eines Karpfens glich und wie sehr sein glotzendes Auge dazu paßte. Bald verhielt sich mein linkes Auge so wie sein rechtes.

⋆

Werfel hatte seine Kampagne gleich eröffnet, er gab sich zwar keine Ohrfeige mehr, fuhr sich aber bald mit der einen, bald mit der anderen Patschhand ins Gesicht, vergrub seine Augen in die Hand, als wäre ein Blick auf den Lesenden nicht mehr zu ertragen, schaute aber dann doch wieder auf und suchte die Augen der anderen, besonders seiner Verlags-Hörigen, denen er sein Mißfallen übermitteln wollte, schüttelte bei jedem Schimpfsatz ernst mit dem Kopf, rutschte massiv auf seinem Stuhl hin und her und rief plötzlich mitten in die Rede des Hausierers hinein: »Ein Tierstimmenimitator, das sind Sie!«, womit er mich meinte. Er hielt das für einen Schimpf, gröber, rücksichtsloser, störender hätte es gar nicht kommen können; er wollte es mir unmöglich machen, weiterzulesen, aber er hatte die gegenteilige Wirkung, das war es ja genau, was ich vorhatte, jede Figur sollte gegen die andere so klar abgesetzt sein wie ein besonderes Tier und an ihren Stimmen sollte es zu erkennen sein, die Geschiedenheit der Tiere übertrug ich in die Welt der Stimmen und es traf mich, als ich seine Beschimpfung aufnahm, wie der Blitz, daß er etwas Richtiges erkannt hatte, allerdings ohne eine Ahnung davon zu haben, wozu diese ›Tierstimmenimitation‹ diente.

Die Fliegenpein

Die Vögel tanzen, wenn sie zusammen nach Afrika fliegen. Ihre Rhythmen, feiner und voller als die unseren, entstammen dem Flügelschlag. Sie stampfen den Boden nicht, aber sie schlagen die Luft, die ist ihnen gut gesinnt. Uns aber haßt die Erde.

Unter den Toten finden sich auch die Tiere, die nicht gefressen wurden.

Die Tiere in unserem Denken müssen wieder mächtig werden, wie in der Zeit vor ihrer Unterwerfung.

Und immer erwartet man vom Hauch der Tiere, daß er sich zu neuen unerhörten Worten formt.

Die Krähen über dem gelben Korn geben ihm das heftigste Gefühl des Lebens.

Er denkt in Tieren, wie andere in Begriffen.

Die gierigsten Fische schmecken ihr am besten.

Die heidnischen Stimmen der Vögel.

Das Denken wird klarer, sobald man sich mit den Formen der Tiere vertraut gemacht hat.

Die toten Menschen sind schon zu mächtig in ihm. Was soll aus ihm werden, wenn die toten Tiere über ihn kommen?

An jener Nachricht über die Mauersegler, die bei Nacht in großen Höhen schlafend fliegen, hat mich ergriffen, daß Traum und Flug noch zusammenfallen.

Ein Riese, der auf Zehenspitzen »Fliegen von der Decke fängt«. Militär-Pferde im Stall scheuen vor dem Riesen. »Pferde-Augen sollen Gegenstände viel mehr vergrößern als die von Menschen.«

Jahre meines Lebens gäbe ich dafür, für kurze Zeit ein Tier zu sein.

Die Pflanzen hielt er für beschränkt, die Tiere für überholt.

Ein Ameisen-Streik.

Verwirrende Vorstellung: daß die Unsterblichkeit erst an einem Haustier gelingt, an einem Hund z. B.: der unsterbliche Hund.

Dieser Tanz der Kraniche – wie erfrechen sich Menschen noch, einen Schritt zu tun!

Andere Herzen einsetzen, statt von Hyänen die von Pferden.

Alle Tiere ausgestorben. Werden die Menschen, wenn sie auf keine Tiere mehr sehen, einander immer ähnlicher werden?

Das Gedeihen der Welt hängt davon ab, daß man mehr Tiere am Leben erhält. Aber die, die man nicht zu praktischen Zwecken braucht, sind die wichtigsten. Jede Tierart, die stirbt, macht es weniger wahrscheinlich, daß wir leben. Nur angesichts ihrer Gestalten und Stimmen können wir Menschen bleiben. Unsere Verwandlungen nützen sich ab, wenn ihr Ursprung erlischt.

Ein Tiger, der kein Blut mehr sehen kann.

Andere mögen ihren Schutzengel haben, er hat einen *Schutzvogel.*

»Die Ewe in Togo halten sich Meerkatzen, die so gezähmt und gelehrig sind, daß man sie als Verkäufer verwendet; man hängt ihnen eine Kürbisschale um den Hals, die Bündel von Tabakblättern zu je 5 Pfennigen enthält, und schickt sie damit auf den Markt. Nimmt ein Käufer ein Bündel heraus, ohne das entsprechende Geldstück in die Schale zu legen, *so folgt der Affe ihm so lange, bis er bezahlt hat.*«

Diedrich Westermann, Die Kpelle.

Es ist an Tieren etwas, das ihn besänftigt, an allen nämlich, die ihn zum Verstummen reizen.

»Das Leben ist nichts Wichtiges. Alle deine Sklaven leben, alle Tiere.« *Seneca*, erbärmlich!

Haustiere wichtiger als Geld.

»Für zehn Prozent der befragten Engländer waren die Haustiere wichtiger für das persönliche Glück als der Ehepartner. Zwanzig Prozent der Befragten fanden Haustiere wichtiger als Kinder und mehr als ein Drittel der Befragten hielten ihre Haustiere für wichtiger als ihre Arbeit. *Fast die Hälfte aller Interviewten fanden Haustiere wichtiger als Geld*, und 94 Prozent beschäftigten sich lieber mit ihren Tieren als vor dem Fernseher zu sitzen!«

Die Laute der Wale: Im Grunde empfinde ich Scham, diese friedlichen Laute von Geschöpfen zu hören, die sich gegen uns nicht zur Wehr setzen können. Wir haben uns nicht nur wie von allen ihren Leib, wir haben uns auch ihre Regungen füreinander zugeeignet, doch dürfen wir sie zur Strafe nicht verstehen. Ich *verzichte* darauf, weiter in sie einzudringen. Ich lasse ab von ihnen. Mein Mitgefühl für sie ist vergiftet. Sie *bleiben* Beute.

Es beruhigt ihn, daß er die Namen der Tiere nennt. Er ist stolz auf ihre Namen. »Den gibt es. Den haben wir doch nicht ausgerottet.«

Wohl gibt es Tiere, die Menschen durch ihren Stumpfsinn ähneln. Aber nie wird man das Gefühl los, daß der Stumpfsinn von Tieren es nicht wirklich ist und jedenfalls unschuldiger ist als der unsere.

Ich habe den Kopf eines Pferdes gesehen, auf einem Bild von Munch, Wildheit und Sklaverei in einem, und weiß nun endlich, warum ich Pferde so *schmerzlich* liebe.

Ich las von den Sprüngen des Gazellenkindes in jener Oase, ein Menschenkind, das vier Meter weit sprang, wie die Gazellen, zu denen es gehörte, und fragte mich, während ich las und frage mich seither: ist es das, was ich mit *Verwandlung* gemeint habe?

Das Unerlangbare an Tieren: wie *sie* einen sehen.

Leonardo, der von den Tieren ergriffen war und von der Niedertracht des Menschen, der sie bedrückt.

Sein unablässiges Denken, das ihn nicht schlecht macht.

»Von Eseln, die wir schlagen. O gleichgültige Natur ... und sie verbringen ihr ganzes Leben, indem sie ihren Bedrückern Gutes tun.«

»Von Schafen, Kühen, Ziegen und ähnlichem. Unzähligen von ihnen werden ihre kleinen Kinder weggenommen, und sie werden aufs Barbarischste gevierteilt.«

Die Kraft des Träumens, meint er, sei an die Vielgestaltigkeit der Tiere gebunden. Mit ihrem Verschwinden sei das Versiegen des Träumens in Sicht.

Die schrecklichste Geschichte fand ich heute, in den Erinnerungen einer Frau, der Misia Sert. Ich nenne es die *Fliegenpein* und setze sie wörtlich her:

»Eine meiner kleinen Schlafgefährtinnen war eine Meisterin in der Kunst des Fliegenfangens geworden. Geduldige Studien an diesen Tieren hatten es ihr ermöglicht, genau die Stelle zu finden, durch die man die Nadel stechen mußte, um sie aufzufädeln, ohne daß sie starben. Sie verfertigte sich auf diese Weise Ketten aus lebenden Fliegen und geriet in Entzücken über das himmlische Gefühl, das ihre Haut bei der Berührung der kleinen verzweifelten Füße und zitternden Flügel empfand.«

Den größten Teil der Zeit verbringen Ameisen *untätig*. Revolution in der Vorstellung von Ameisen.

Von den Tieren redet viel, wer sich der Menschen schämt.

Statt der Tiere hält er sich an ihre Formen. Die werden nicht gemordet.

Welcher Dichter hat nicht zu seiner Fliege gesprochen?
Wen erkenne ich nicht an seiner Fliege?
Wer hält sich nicht eine Fliege, die für ihn trippelt?

Alle vergeblichen Gefühle, wie die der Tiere, bevor sie geschlachtet werden.

Aufzeichnungen 1992–1993

Tiere, sagst du. Was meinst du? Du meinst alles Lebendige, das du liebst, weil du es nicht verstehst. *1992*

Lektüre über einige Insektenarten. Deprimierend dieses Leben für Fraß und Eier. Deprimierend diese entsetzliche Kurzlebigkeit. Unsinn die Einbildung, sich in solche Wesen einfühlen zu können!

Tausende und Aberhunderttausende von Arten! Durch Selektion entstanden? Wir wissen *nichts* darüber und erst recht nichts über diese Ausbildung von Millionen von Arten.

Eine Grausamkeit in dir, die du immer unterschätzt hast. Es ist die Grausamkeit deines Todes-Bewußtseins.

Eichhörnchen, an Namen knabbernd.

Haustiere – gesittete Hoffnung auf Verwandlung.

›Schaggo, der Papagei Albert Schweitzers, ist gestorben. Er sprach Französisch und Baseldeutsch, zudem mehrere afrikanische Sprachen und Dialekte. Er konnte auch drei verschiedene Stimmen imitieren.‹

Er wird ausgestopft.

Ist alles Beute? Ist alles Fraß?

Man hält sich nicht umsonst an den Tieren schadlos. Je ernster man sie nimmt, je unablenkbarer man ihnen zu ihrem Recht verhilft, umso mehr bestätigt sich die Welt in ihrem Netz des Fraßes. Kein Ausweg.

Verzweiflung durch Erbarmen.

Die Übertreibungen werden selbständig, wie die Beutelratten aus den Achseln Karoras.

An den Tukanen wird die Selektionslehre zuschanden. An anderem auch, aber an den Tukanen ist es am deutlichsten.

Diese ungeheuren Schnäbel – wozu?

Welche immer größeren Schnäbel haben die anderen überlebt?

Man sieht sie vor sich, wie sie eine Beere *hochwerfen* – um sie dann durch die ganze Länge dieses Schnabels aufzunehmen. Wie kommt es, daß sie nicht verhungert sind? Wie ist ihnen, wenn sie mit diesen Schnäbeln gegeneinander schlagen? Vielleicht spotten sie so der Darwinisten und sind zu keinem anderen Zwecke da.

Er versteht es, von Tieren zu träumen. *Sein* Tempeltraum.

Es sind die Formen der Tiere, immer andere, nach denen man dürstet. Alle, die nie Totemtiere geworden sind. Nun können sie es nicht mehr werden. Die Zeit der *Heiligung* der Tiere ist vorbei. Nun können wir uns nur noch an ihre *Schonung* machen. Das ist alles, wenig, und doch das Meiste.

Eine zehn Meter lange Python-Schlange, die sich über einen Schlafenden zieht, und er wacht erst auf, als er ihr Schwanzende fühlt.

Je mehr uns von den Tieren trennt, umso kostbarer sind sie.

Morde an Tieren und Morde an Behinderten konfrontieren. Ist es dasselbe? *1993*

Die Angst eines Tieres so kennen, als hätte man sie von *innen* erlebt.

Vielleicht ist eben diese Angst die *selbe*.

Und wenn die Tiere uns doch noch loswerden sollten?

In allem, was ich über Tiere gesagt habe, komme ich mir wie ein Schwindler vor, weil ich so wenig mit ihnen *erfahren* habe. Ich habe die Mythen über sie verschlungen, und manchmal habe ich Tiere *angesehen*, nie mehr, aber ergriffen, als wäre ich in einem der alten Verwandlungsmythen.

Sonst war es nichts. Ich habe mich nie über Jahre einem Tier angeschlossen. Meine Scheu davor war zu groß. Wenn es etwas Göttliches in meinem Leben gegeben hat, so war es diese scheue Verehrung für Tiere.

Was hätte Moses mit all meinen goldenen Kälbern getan? Hätte er mich wie einen Ägypter erschlagen? Mich verdammt und verbrannt? Meine Tiere vor mir geschlachtet und sie Opfer genannt?

Wie glücklich sie sind, wenn sie an Tieren menschliche Schliche finden, wie stolz!

So alt wie der Rüssel eines Elefanten. So gefährdet wie sein Stoßzahn.

Wenn die künstlichen Tiere kommen, ist es mit ihrer Verehrung zu Ende. Was können künstliche Menschen von künstlichen Tieren halten?

Nachwort

Tierlos

Canetti-Leser werden mühelos in der vorliegenden Auswahl die Lebensthemen des Autors aufspüren. Etwa unter der empörten Zurückweisung einer absoluten Sonderstellung des Menschen gegenüber dem Tier den generellen Ekel des Autors vor Machtanmaßung; sein Interesse für die Dynamik von Mengen und Massen bei der Darstellung großer Tierherden; seine Weigerung, sich trotz des unwiderleglichen Augenscheins mit dem Faktum des Todes abzufinden, also im Schlachthaus das Schlachten nicht zu akzeptieren, nicht zu glauben, daß etwas (hier die erschlagenen Schlangen im Sack) »ganz tot sein könnte«, als frühe Ankündigung eines lebenslänglichen kindlichen Eigensinns.

Mir selbst hat sich Canetti, davon unabhängig, gleich zu Anfang als vertrauenswürdiger Tierberichterstatter aus anderen Gründen empfohlen, nämlich durch zwei ungewöhnliche, ja aufsehenerregende Formulierungen, vielleicht die schönsten, am meisten zu Herzen gehenden des Buches. Er spricht von der »tierlosen Welt der Mutter«, und er sei als Kind »ausgehungert nach Tieren« gewesen. Wer durch frühes Zusammenleben mit Tieren oder den Wunsch danach, durch regelmäßige Zoobesuche, durch die magischen Konfrontationen mit ihnen in Märchen oder von den idealisierend treuherzigen in Jugendbüchern geprägt wurde, weiß sofort, um welchen Schmerz es sich handelt.

Was zählt eine Kindheit ohne Tiere? Nichts, so Canetti, sie sei nicht wert, gelebt zu werden, und zweifellos meint er ein Manko, das weit hinausgeht über den Mangel an praktischer Lebenserfahrung mit andersgearteten Lebewesen. Die bis in die Träume reichenden Schrecken, die jede andere Art der Vertrautheit überschreitenden Gefühlserlebnisse angesichts von Tieren, das Ahnen einer geheimnisvoll in ihnen sich äußernden Zeichenwelt, die den einzelnen Hund, das einzelne Schwein, Rind, Pferd übersteigt und sich doch nur im jeweiligen Individuum offenbart, haben in der noch nicht durch Begriffe wehrhaft gewordenen Kinderseele volle poetische Gewalt, die dem Kind zugleich konspirative Kraft gibt, sich gegen jene schon wartende, viel abstraktere, zivilisierte Welt der Erwachsenen instinktiv zu wappnen und so einen volleren Klang der Wirklichkeit möglichst unvergeßlich in sich auszubilden. »Er denkt in Tieren, wie andere in Begriffen«, heißt es. »Er« wäre hier das Kind an sich. Wenig später ist es erwachsen: »Die Pflanzen hielt er für beschränkt, die Tiere für überholt.«

Überholte Tiere? Im Gegenteil, sie sind, so scheint es, in Mode gekommen. Die spektakulärsten Motive für das zumindest rhetorische Interesse an ihnen (Genforschung samt den bereits praktizierten und möglichen Konsequenzen, Rinderwahnsinn und Massenvernichtung, sowie, weit abgeschlagen, Veranstaltungen wie die Cites-Konferenzen zur Regelung des internationalen Handels mit bedrohten Tieren und Pflanzen) kennt jeder. Tiere sind im Feuilleton, das schnell wegen Übersättigung ein Thema ad acta legt, so sehr à la mode, daß einem angst und bange werden kann.

Canetti hat das ganze Ausmaß publizistischer Zuwendung gegenüber der Fauna nicht mehr erlebt. Die Fragen, die er aufwirft, sind wesentlich an ihn selbst gerichtete, sind alte und unveraltete. Was den vorliegenden Längsschnitt durch sein Gesamtwerk auszeichnet, ist der Perspektivenreichtum seiner Einwürfe und ihre Widersprüchlichkeit jenseits der ohnehin großen formalen Vielfalt von Auszug aus Roman und wissenschaftlicher Abhandlung, von Erlebnis und Aufzeichnung, wobei letztere häufig den Eindruck von Einfällen zu Grundkonzeption und Figurencharakteristik geplanter Erzählungen erwecken: »Ich kannte ihn noch, wie er aus lauter schönen Tieren bestand. Jetzt ist er zum Schachtelhalm herangewachsen.« Oder: »Sein Lebtag hat er sich bei den Tieren angesagt, vergeblich.«

Die allzeit bereite Systemfalle philosophischer, ethischer, ästhetischer Linearität, Rigorosität, Ideologie vermeidet Canetti. Unsere unterschiedliche, kulturgeschichtlich bestimmte Beziehung zum räuberischen Wolf und wirtschaftlichen Huhn, zur lästigen Fliege, zum emblematischen Pferd, alles gleichermaßen Naturgeschöpfe und vor der Natur gleichberechtigt, muß in dieser Welt offenbar selbst als Utopie eine unlogische, zweideutige bleiben. Das wird in einer Weise belegt, die dazu zwingt, im Nachvollzug von Reflexion und Empfindung eigene, auch lange vergessene Beispiele lesend, erregt oder melancholisch, beizusteuern.

Dabei sammeln sich Canettis Betrachtungen um zwei Pole, die das Gesamte seines Verhältnisses zu den Tieren in ein angespanntes, keineswegs jederzeit austariertes Gleichgewicht bringen. Es ist die Nähe hilflosen Mitgefühls und die Distanz einer kühlen Faszination durch Formen. Beides hält sich, manchmal brüsk wechselnd, gegenseitig in Schach und rettet einerseits vor sterilem Spekulieren, andererseits vor Sentimentalität.

Sehr schnell gerät ja unser Verhältnis zu den Tieren in eine folgenlose Gefühlsdumpfheit. Ob man noch immer Kant zustimmt, der in ihnen »Sachen« sah, da sie nicht mit Vernunft begabt seien, oder den älteren Märchen, deren scharfe Unterscheidung von guten und bösen Menschen sich an deren Verhältnis zu den Tieren orientiert: Wir fühlen uns ihnen gegenüber trotz vieler Verdrängungsstrategien auf unklare, ratlose Weise schuldig – und finden uns im großen und ganzen mit den Leiden, die wir ihnen zufügen, bedauernd ab. Aber ebensowenig erlischt unsere mal schläfrige, mal akute Anteilnahme und steigert sich gelegentlich, je mehr die Verlierer der Evolution durch die ominöse »Vernunft« Schaden nehmen, angesichts ihres Schicksals zu einem schmerzlichen Schrecken, wie ihn die Beschwernisse der Menschen nie in uns erwecken, was eigentlich nicht sein darf und was Kinder, wie Canetti zeigt, noch unbefangener erleben und äußern als die den sorgfältigen Abgrenzungen gegen das Tierreich verpflichteten Erwachsenen. Der Debile rührt uns wie der scheiternde Lehrer nicht obwohl, sondern weil er mit einem Hühnchen oder Kanarienvogel, ähnlich der »Pferdedunklen«, verschwimmt. Ambivalenter noch die hundegleich das Bild ihres Mannes ableckende Frau. Sie alle erhalten durch die jeweilige Tierähnlichkeit bedeutungsvolle Schatten, die unauslotbare Dimension des Abgründigen und eben nicht die des Vernunftlosen!

Unmittelbar daneben die Abstraktion, die kaltblütig professionelle Arbeit an den offiziellen Tötungsstätten, die vollkommene Fühllosigkeit von Kindern, die Schlangen amüsiert zu Tode quälen. Hier kann von der Gefahr uferlosen Mitleids keine Rede sein, eher von einer instinktiven Angst, die zuviel Identifikation mit dem Animalischen ablehnt, weil die Konsequenzen unabsehbar wären.

Etwas Drittes, zwischen spontanem Mitgefühl und Verdinglichung, ist die Projektion. Die Betroffenheit des Autors über die zum Tode verurteilten Kamele, die von ungewöhnlich sublimer Grazie sind, führt zu einer lange nachwirkenden Betrübnis durch das Inbildliche, nämlich des Schönen, das ungeachtet seiner Anmut sterben muß. Es ist dieselbe, das unerschlossene Wesen des Tieres übergehende, aber seinem Anblick gehorchende interpretatorische, symbolisierende Verfügungsgewalt, die aus dem Blakeschen Tiger das Böse macht. Die Tiere schweigen dazu, wie die Natur zu allen Projektionen auf sie schweigt. Zumindest die großen, emblematischen Tiere sind nicht nur, wie der Frankfurter Zoodirektor Grzimek vor fast einem halben Jahrhundert in seinem Dokumentarfilm »Serengeti darf nicht sterben« behauptete, für uns von gleicher Wichtigkeit wie die Kulturdenkmäler – eine etwas knallige Version brachte kürzlich das polnische Wochenmagazin »Polityka«: »Der Wisent ist immer etwas gewesen, auf das wir in der Welt stolz sein konnten wie auf

Kopernikus oder Chopin« –, sie sind längst als ungefragte Protagonisten unserer Kultur ein bis in unsere Träume reichender Teil von ihr!

Das gilt natürlich auch für die Religionen und dabei besonders für die dort stattfindende Liaison von Mensch und Tier. Dabei interessiert sich Canetti wenig für die Kombinations- und Verwandlungsfiguren, die von der angeblich so tierfeindlichen Bibel angeboten werden, über die Engel mit den Tierflügeln, den Heiligen Geist als Taube, Christus als Lamm bis hin zu den grotesken und neuerdings höchst modern erscheinenden Synthesen und verqueren Züchtungen der Apokalypse. Canetti richtet sein Augenmerk auf die Wurzelgründe außereuropäischer Naturreligionen mit ihren fließenden Grenzen zur Tierwelt. Unmittelbares Erlebnis und für den Überlebenskampf genutzte Übertragungen mit symbolischen Handlungen gehen dort unauflösliche Verbindungen ein (»Büffeltanz«, »Springbockgefühl«).

Es sind Manifestationen der Nähe zur Fauna, rituell zelebrierter Einfühlungsgabe wie auch einer Erlesenheit gegenüber weniger ahnungsvollen Mitgliedern des Stammes, die zu mythischen Anverwandlungen, aber auch zu einer provozierenden Gleichsetzung von Mensch und Tier führen können. So heißt es über die Mongolen: »Sie schlachten Menschen wie Tiere. Töten ist ihre dritte Natur, so wie Reiten die zweite. Ihre Schlächtereien von Menschen gleichen aufs Haar ihren Treibjagden, den Schlächtereien von Tieren.« Wäre es frivol, selbst das noch als paradoxes Indiz eines archaisch naiven Verwandtschaftsgefühls zu sehen, das sich freilich mitleidlos äußert wie die Natur selbst?

Das in der Tat verlockende Konstatieren einer frappierenden Tierähnlichkeit in der Physiognomie von Zeitgenossen (Werfel!) bleibt in diesem Zusammenhang nur eine karikierende Seitenlinie. Als ernster, von der Vergangenheit auf die Zukunft projiziert, erweist sich für Canetti zweifellos eine unheimliche, im Individuum maskierte

Tierhaftigkeit. Jenes »jüngste Tier«, das »wilde, saftstrotzende und heiße Tier in uns allen«: die Masse. Sie gleicht dem blutgierigen Tiger des chinesischen Märchens, der den Gelehrten täuscht, eines Tages seine Mädchenhaut abwirft und das Herz des Mannes zerreißt.

Eine zweite Art der Täuschung ist die des Esels im Tigerfell, und Canetti leitete aus ihr ein »kleines Lehrbuch der Verstellung« ab. Er meint im weiteren, hier sei die Trennung von Mensch und Tier vollkommen. Das Tier sei passives Opfer, nur der Mensch sei der bewußten Verstellung fähig. Inzwischen weiß man, daß selbst winzige Lebewesen zu Schutz und Angriff raffinierteste Tarnungsmanöver einsetzen. Vermutlich haben wir ihnen die Tricks und Schliche sogar teilweise abgeschaut. Wie bewußt die Tiere allerdings täuschen, ist noch Geheimnis und vielleicht gar nicht so erheblich. Auch die Menschen haben ihre blind übernommenen Traditionen.

Eine möglicherweise beklagte »vollkommene Trennung von Mensch und Tier« hat aber noch eine ganz andere Seite. »Tiere, sagst du. Was meinst du? Du meinst alles Lebendige, das du liebst, weil du es nicht verstehst.« Ein Motto, ein Fundamentalsatz der späten Aufzeichnungen und Bilanz der Sammlung!

Ein gewaltiger Weitsprung weg von allen Einfühlungs- und Identifikationsanwandlungen?

Es ist nur die Bedingung jeder erotischen Beziehung. Das mißachten all jene, die sich als Besitzer von Ehemännern, Ehefrauen, von ihnen anvertrauten Tieren fühlen, weil sie die ihnen zu Gebrauch stehenden Objekte vollständig zu durchschauen glauben. Keinesfalls nur die exotischen Großtiere verfügen ja über jene fesselnde und unbesiegbare Verschlossenheit, die als Stachel und sine qua non der Erotik fungiert. Auch die auf den ersten Blick anspruchsloseren tierischen Hausgenossen bewahren verstockt ihre Rätsel. Das ältere Verständigungsmittel einer rein sinnlichen Kommunikation aber verlangt von uns eine – nahezu verlernte – Aufmerksamkeit und den Willen, das zwischen Nähe und Andersartigkeit aufreizend Changierende zu akzeptieren.

Ein heute neben der Verdinglichung der Tiere (Haltung, Handel, wirtschaftliche Nutzung, Tierversuche) vorherrschendes, scheinbar weniger pragmatisches Bedürfnis, die Grenzen von Tier und Mensch wissenschaftlich wie gefühlsmäßig zu verwischen, ist aber unter Umständen auch nur eins, das keine Komplikationen will. Es raubt dem Tier sein Spezifisches, den Menschen aber im Umgang mit Tieren das Wunder des plötzlich aufblitzenden und wieder verlöschenden tief Bekannten inmitten des Unbegreifbaren – so wie eine Eule kurz den Kopf herumwirft, uns frontal in die Augen sieht und sofort wieder den Hinterkopf zuwendet.

Nur das Beharren auf der Fremdheit der Tiere und die Lust an ihr gibt uns die Möglichkeit, sie als Kontur, in der Fülle ihrer Formenvielfalt wahrzunehmen, ihre äußere Erscheinung als optischen und psychischen Abdruck in uns und als Innengestalt, das heißt als das, was sie uns von unserem eigenen Innenleben sichtbar machen, als wäre das »Denken in Tieren« der einzige Garant dafür, daß Verborgenes beim Transport ins Bewußtsein vor einer entstellenden Begrifflichkeit gerettet wird.

»Bei allem, was ich über Tiere gesagt habe, komme ich mir wie ein Schwindler vor, weil ich so wenig mit ihnen *erfahren* habe.« Aber: »Wenn es etwas Göttliches in meinem Leben gegeben hat, so war es diese scheue Verehrung für Tiere«, sagt Canetti an seinem Lebensende. Würde man den Aspekt der Form, bei dem sich der Autor von der allgemein menschlichen, mitfühlenden Betrachtungsweise löst, als ausschließlich ästhetischen bezeichnen, wäre das zuwenig. Es ist die Sicht des Künstlers, für den die Gestalt ein Höchstmaß an Konkretheit und gleichzeitig Geist ist, also Ausdruck. Es ist das, was der englische Lyriker Gerard Manley Hopkins mit den Wörtern inscape (Ingestalt) und instress (Inkraft) zu fassen versuchte, das, bei dem sich Künstler und Kinder wohl am nächsten kommen. Nie wird Canetti inständiger als bei diesen Bekenntnissen. Wenn er sich hier gelegentlich ins Spekulieren, sogar Spintisieren versteigen mag, ändert das nichts an der Fruchtbarkeit seiner kühnen Gegensicht zu den wenig überraschenden Verlautbarungen in der gegenwärtigen Pro-und-Kontra-Diskussion über Recht und Nutzen von Kaninchen und Elefant, weil sie eine nie oder selten bedachte und freilich nicht simpel in ein neues Tiertransportgesetz und eine »Mitgeschöpf«-Erörterung umzumünzende Erkenntnis liefert, in deren Helligkeit Natur und Kultur nicht vermengt, aber untrennbar ineinander verzahnt sind.

Auf die menschliche Arroganz konzentriert sich gegen Ende der Aufzeichnungen Canettis Zorn mit wachsender Verzweiflung. Bitter registriert er deren unumschränkte Macht über den Standort von Bäumen, über Fortbestand und Tod nichtmenschlicher Lebewesen. Er nimmt Zuflucht zu einer, wie er weiß, ohnmächtigen Hoffnung auf eine Rebellion, auf eine Umkehrung der Verhältnisse, bei der das Tier sich gegen seinen Domestizierer und Vernichter auflehnt. Das Interesse an Menschen habe er zugunsten der Tiere verloren. Deren Nichtgebrauch der menschlichen Sprache, landläufig als ihr entscheidendes Defizit angesehen und bis heute bequemes Argument für jegliche Willkür bis hin zur mangelnden Würdigung tierischer Schmerzfähigkeit, erscheint ihm zunehmend als ihr Kostbarstes, als treuer Hüter sehr alter Geheimnisse – unter der Wissenschaft und Industrie selbstredend eher grob Rentables oder wenigstens letzten Endes auch materiell Nutzbringendes verstehen –, Mysterien, die, damit sie nicht untergehen, den längst fälligen Aufstand wert wären.

Aufstand der Tiere! Der walisische Schriftsteller Arthur Machen hat 1917 in seinem Roman »The Terror« (»Furcht und Schrecken«) die Fiktion eines solchen Klassenkampfes geliefert, bei dem die Geflügelten und Vierbeinigen, von den Motten bis zu den Kühen, also keineswegs die von Natur aus Schwerbewaffneten, vorübergehend erfolgreich den Gegenangriff auf die Menschen riskieren. »Sie haben sich einmal erhoben – sie mögen sich wieder erheben«, lautete das trotzige Finale. Der kindliche Rest in jedem Leser wird ihm begeistert zustimmen, der andere Teil weiß es besser. Die Insekten werden uns vielleicht überleben, die tierischen Großgestalten nicht.

»Das Gedeihen der Welt hängt davon ab, daß man mehr Tiere am Leben erhält. Aber die, die man nicht zu praktischen Zwecken braucht, sind die wichtigsten ... Nur angesichts ihrer Gestalten und Stimmen können wir Menschen bleiben.« Hier und bis zum letzten traurig drohenden Satz der Sammlung verrät sich, daß Canettis Klage nicht allein den eingebürgerten und neuen Untaten an den Tieren gilt, sondern dem, was sie in Wahrheit für die Menschen sind und was ihr Verlust bedeuten wird.

Es wäre Schlimmeres als eine Kindheit, die tierlos ist, nämlich das Absterben zu einer Gesellschaft, die ihre Kindheit und Kindlichkeit unwiederbringlich verloren hat.

Inhaltsverzeichnis und Nachweise

Die erste Jahreszahl bezeichnet den Erstdruck, die zweite den Druck in der Canetti-Gesamtausgabe; die klein gedruckten Seitenverweise beziehen sich auf die Bände der Gesamtausgabe (mit Ausnahme der späten Aufzeichnungsbände, die dort noch nicht vorliegen). Überschriften in [eckigen Klammern] stammen nicht von Canetti, sondern wurden für diese Sammlung gewählt.